国家社会科学基金青年项目（16CZS061）

STUDY ON THE
LIVING CONDITIONS OF
INDUSTRIAL WORKERS IN
NORTH CHINA (1912-1937)

华北产业工人生存状况研究（1912—1937）

丁丽 著

天津出版传媒集团

天津人民出版社

图书在版编目（CIP）数据

华北产业工人生存状况研究 ：1912-1937 / 丁丽著
. -- 天津 ：天津人民出版社，2021.8
ISBN 978-7-201-17563-8

Ⅰ．①华… Ⅱ．①丁… Ⅲ．①工人—生活状况—研究
—华北地区—1912-1937 Ⅳ．①D412.7

中国版本图书馆CIP数据核字（2021）第165803号

华北产业工人生存状况研究：1912—1937
HUABEI CHANYE GONGREN SHENGCUN ZHUANGKUANG
YANJIU：1912—1937

出　　版　天津人民出版社
出 版 人　刘　庆
地　　址　天津市和平区西康路35号康岳大厦
邮政编码　300051
邮购电话　（022）23332469
电子信箱　reader@tjrmcbs.com

责任编辑　杨　轶
封面设计　春天书装

印　　刷　天津新华印务有限公司
经　　销　新华书店
开　　本　710毫米×1000毫米　1/16
印　　张　24.5
字　　数　300千字
版次印次　2021年8月第1版　　2021年8月第1次印刷
定　　价　69.00元

前　言

　　第二次鸦片战争之后,天津、烟台等地开埠通商,华北地区的近代工业和产业工人随之产生。但晚清时期华北的近代工业仍处于起步时期,产业工人也处于初步发展阶段。民国以后华北近代工业飞速发展,产业工人也随之发展壮大,不仅工人人数逐渐增加,其发展区域也不断扩大。华北地区的煤矿业较为集中,并且修筑了四通八达的铁路干线,还建立了许多轻工业工厂,因此这里聚集了大量的煤矿工人、铁路工人和轻工业工厂工人。这些产业工人主要是来自周边地区的农民、手工业者和城市贫民,青壮年尤其是青年男子所占比例很大。华北地区雇用女工不多,但童工所占比例却不低。另外在华北产业工人中,无技能者和文化水平偏低者较多。

　　民国时期,华北产业工人的工作时间漫长。工厂工人每日工作大约在12小时左右。煤矿工人因为生活艰难经常打连班,每日工作时间基本在16小时以上。铁路工人的工作时间普遍在10小时左右,与其他工矿企业相比较为优越。工人不仅每日劳动时间长,其全年劳动日数也很多,休假很少。除了劳动时间长之外,华北产业工人的劳动环境也极其恶劣,这使产业工人患有许多职业病和传染病。同时由于劳动灾害而引发很多工伤事故,导致工人伤残甚至失去生命,尤其是矿山灾害造成的伤害最大。即使在这样恶劣的条件下工作,产业工人还随时面临失业的威胁,尤其是在经济危机和日本侵华以后,失业问题就愈加严重。

华北产业工人在漫长的劳动时间和恶劣的劳动条件下工作,其得到的工资与付出的劳动并不相符,甚至相差很远,还不足以维持工人们及其家庭的温饱。二三十年代,大部分华北产业工人的工资由每日两三角上升到五角左右。虽然这一时期工资呈上升趋势,但工资的增长赶不上物价增长的速度,工人的实际工资水平还是下降了。货币系统紊乱造成铜圆贬值,也对实际工资产生影响,造成工人购买力降低。另外工人的工资还受到资本家的克扣和盘剥,普通工人的工资与资方上层人员差距很大。工资低下使得工人生活入不敷出或是基本收支相抵,其生活费大多用于食物,而杂费所占的比例很小。华北产业工人的饭食大部分为菜根粗饭,只能果腹;衣服也是粗布陋衣,只能蔽体;住宅大都狭小脏乱、拥挤不堪,不利于工人的健康;业余生活方面,吸烟喝酒、赌博嫖娼的现象较多,正当的娱乐设备和项目极为缺乏。

劳动条件的恶劣和生活水平的低下迫使华北产业工人起来反抗与斗争。民国时期,华北产业工人在中华民国工党的影响下建立了早期工会组织,实际上这是资产阶级用来消弭工人阶级反抗的手段,企图用改良的办法达到阶级调和的目的。五四运动以后,产业工人开始登上政治舞台,在中国共产党的领导下开始建立真正属于工人阶级的现代工会,它除了关心工人的经济利益之外,还向工人们灌输爱国思想,组织各种爱国政治活动。南京国民政府建立后,国民党封闭革命工会并建立黄色工会组织,华北产业工人在中国共产党的领导下,不断展开反对黄色工会的斗争。民国时期华北产业工人的劳资争议案件大多因工资问题引起,1927年前以工资问题所占比例最大,1927年以后雇用与解雇问题、待遇问题引发的争议逐渐增多。这些劳资争议案件规模较小,牵涉厂号数一般为一两家,持续时间以一两天居多,结果以产业工人取得胜利和部分胜利者居多。华北产业工人政治斗争的案件大多以反帝反军阀为目的,包括工会问题、不同派别的分歧问题、声援其他罢工的同情运动以及爱国反帝运动等方面。虽然这些斗争大多在中外反动势力的压迫下以失败告终,但是其意义却大于劳资争议案件,华北产业工人在政治斗争中发挥了重要的作用。

正是因为产业工人不断反抗与斗争,北洋政府和南京国民政府相继出台了一些保护劳工的法律,主要涉及工厂法、矿山交通劳动法、工会组织法、劳资关系法及劳工福利法等类别,对工人的年龄、工资、工时、休假、抚恤、福利及组织等内容做了相关规定。同时政府、企业和社会还建立了保护劳工的设施,包括膳宿设施、安全与医疗卫生设施、教育设施、储蓄与消费合作社等经济设施、劳动保险设施以及娱乐设施等方面。这些举措是从无到有的一大步,但是其实施成效不佳。劳动保障立法大多都没有得到很好的贯彻实施,或是由于法律条文本身的不完备,或是由于政府缺乏执法的诚意,或是由于来自资方的反对,或是由于政局动荡使法案无法实施。劳动保障的相关设施大多名不副实,条件较差,有的为职员提供的设施条件远远优于为工人提供的设施条件,总体来讲成效甚微。

民国时期的社会变迁促进了华北产业工人的产生和发展,而华北产业工人的发展变化进一步推动了社会的变迁。在经济方面,华北产业工人不断增多,为城市工业的发展提供了大量廉价的劳动力,推动工业产量不断提高、企业规模与工业领域逐步扩大。华北产业工人还促进了近代新兴工矿业城市人口的增加并推动了城市建设的发展,在城市化过程中发挥了重要作用。在政治方面,华北工人运动的发展使国共两党为了争取工人阶级采取了不同的政策。国民党由扶助农工的政策改为控制和欺骗劳工的政策,预防、压制共产党对工人运动的领导,试图在工人中建立长期统治。工人认识到国民党对他们的欺骗,在共产党的领导下不断进行反帝反军阀的斗争,产业工人的觉悟不断提高,共产党的影响逐渐增强。在社会方面,华北产业工人大多来自农村,大量农民进入城市做工使社会阶级结构发生变化,又由于这些工人大多为青壮年男子,因此对社会的性别结构和年龄结构产生了一定的影响。另外由于城市生活的困难,工人的家庭与婚姻也发生了变化,核心家庭、晚婚、少育等现象产生,这是符合社会发展趋势的变化。

以往学术界缺乏对产业工人的整体研究,而华北地区又是研究的薄弱之处。本书试图对1912—1937年间华北地区的产业工人状况进行整体研究,把产业工人大体分为煤矿工人、铁路工人和工厂工人等3类,选取其中的典型进行分析,内容包括华北产业工人的产生及发展历程、劳动条件、工资与生活状况、反抗与斗争、劳动保障等问题,最后探析华北产业工人与社会变迁的关系。这一研究不仅有助于加深对近代中国工人阶级的认识和研究,而且也将进一步深化近代中国经济史、社会史的研究。

目　录

表格索引

图示索引

绪　论

第一节　选题缘由与概念界定

一、选题缘由

本书以民国时期1912—1937年间华北产业工人生存状况为研究对象，有如下考虑因素：

（一）为什么研究民国产业工人

在中国近代的经济发展与政治变革中，产业工人起了非常重要的作用。鸦片战争后，外商在华企业相继建立，中国最早的产业工人产生。在外商企业的刺激下，洋务派建立了一批军事和民用企业，中国的民族资产阶级也建立了一些商办企业，中国近代工业和工人阶级由此逐步发展。民国以后尤其是五四运动之后，产业工人登上政治舞台，对近代中国的发展历程更是产生了重大的影响。他们对政府及企业政策、政治形势、工业发展都产生了很大的影响。产业工人由于待遇低下，从产生之日起就不断地进行经济斗争，随着其不断发展壮大，由自发的斗争逐渐发展为有组织的联合斗争。他们的抗议、罢工对企业工厂有很大的威慑作用，"组织起来的工人有力量，是因为他们能导致严重的经济破坏"①。民国时期，国民政府

---

① [美]裴宜理：《上海罢工——中国工人政治研究》，刘平译，江苏人民出版社，2012，第5页。

和企业主迫于工人的强烈要求,适时地制定了一些改善工人生产生活条件的法规和措施。除了经济斗争之外,工人更是参与了近代中国的政治运动和斗争。在五四运动、五卅运动及反抗日本帝国主义入侵的斗争中,工人都发挥了关键作用。国共两党竞相争取工人阶级的支持,国民政府的兴衰和共产党力量的壮大,都深受中国工人运动的影响。同时产业工人的发展壮大,也必将推动中国近代工业的发展,其对于中国近代化的贡献不言而喻,"现代化几乎就是产业化的同义语,工人则被视为发展的代表"①。产业工人在近代中国的地位和作用如此之大,因此我们有必要对其进行深入研究。

一直以来,对于产业工人的研究大多侧重工人运动方面,很少分析中国产业工人的劳动、生活等状况,即使有也是作为工人运动的背景而被简单地提及,没有深入细致地描述分析。同时大多数研究只是侧重政治事件,很少和经济、社会变迁联系起来进行探究。近些年来,关于产业工人的研究领域拓展到劳资关系、工人生活状况、劳动立法、劳动保障等方面。但是个案研究较多,某一家企业、工厂的工人状况不能反映产业工人的整体状况,某一时段的工人状况也不能反映整个民国时期乃至近代时期产业工人的发展状况。对产业工人的研究仍缺乏全局性、长时段的研究。另外近几年研究劳动立法、劳动保障的文章居多,有的学者认为民国时期政府和企业确实实施了一些劳工保障和福利措施,并产生了一定的成效。但是笔者认为仅仅就立法谈立法、就保障谈保障,是不能说明问题的,应该从整体上分析产业工人的全面状况,才可以了解上述立法与保障措施是否实施有效。因此本书欲对民国时期产业工人的状况进行全面分析以求反映其真实面貌,主要包括其产生与发展历程、劳动条件、工资和生活状况、反抗与

---

① [美]裴宜理:《上海罢工——中国工人政治研究》,刘平译,江苏人民出版社,2012,第4页。

斗争、劳动保障等问题,最后分析产业工人与华北社会变迁的关系。对民国时期产业工人整体状况的研究不仅有助于加深对近代中国工人阶级的认识和研究,并且也将进一步深化近代中国经济史、社会史的研究。

(二)为什么以华北为中心

中国近代产业工人的一个特点是分布集中。近代工业绝大部分为集中在沿海沿江地区的大型厂矿企业。其地理分布可划分为6个地区:上海地区和长江口,广州和广东内地以及香港,华中的湖北湖南,山东的低地中心区,直隶的东北边区,东北平原的南部地区。① 上海和长江下游是最重要的地区,因此研究上海、武汉、无锡等地工人的论著较多,而对华北地区的产业工人状况则缺乏专门系统的研究。

华北是我国煤炭和棉花生产基地,也是各种轻工业品的重要产区,其经济发展水平仅次于东北和华东,是全国重要的经济区域之一。② 华北地区的煤矿非常集中,北京有门头沟煤矿,河北省有开滦煤矿、井陉煤矿、临城煤矿、临榆柳江煤矿等,河南省有焦作煤矿、六河沟煤矿,山东有中兴煤矿、博山煤矿等,山西有大同煤矿、保晋煤矿等。华北的交通也十分便利,交通线分布广泛。道清铁路、正太铁路、胶济铁路就位于华北境内,京汉、京奉、京绥、津浦、陇海铁路也都途经华北地区。华北的工厂主要以轻工业为主,集中于天津、唐山、青岛等地,主要以纺纱厂、面粉厂、火柴厂居多,此外还有唐山启新洋灰公司、塘沽久大精盐公司和永利碱厂等重要企业。另外由于华北地区是畿辅之地,其工业发展必然受到中央和各地方政府的重视。如此重要之区域,其产业工人的发展状况当然值得研究。因此本书试图对民国时期华北地区的产业工人状况进行整体研究,以期探究华北产业工人的地位及其与华北社会、经济之间的关系。

---

① 刘明逵、唐玉良主编:《中国近代工人阶级和工人运动》第1册,中共中央党校出版社,2002,第192—193页。

② 张敬之主编:《华北经济地理》,科学出版社,1957,第1页。

二、概念界定

(一)时间界定

本书所述的民国时期,主要讨论时间集中在1912—1937年之间。

研究上限设在中华民国建立以后,有如下考虑因素:

第一,产业工人的真正发展壮大,是在民国以后尤其是五四运动之后。

中华民国建立后,资产阶级掌握了政府的领导权,一些工商界人士也参加了各地军政机构,他们制定了振兴实业的政策,有力地推动了民族工业的发展。第一次世界大战期间,欧洲几个主要资本主义国家暂时放缓了对中国的侵略,中国民族资本获得了较大的发展。由于中国民族工业的迅速发展,中国产业工人也迅速发展壮大。"到1919年前后,中国产业工人约261万人。"①尤其是到了1919年的五四运动,工人阶级作为独立的政治力量登上了政治舞台,开始了从"自在阶级"向"自为阶级"的转变。

第二,产业工人产生早期,主要集中于上海、武汉、广州等南方地区,到了后来华北地区的产业工人才逐渐发展壮大。

第三,关于产业工人的社会调查是在20世纪20年代以后兴起的,由此形成的史料,决定了研究的上限。

研究下限设在抗日战争全面爆发,有如下考虑因素:

第一,抗日战争全面爆发后工矿企业内迁。

抗日战争全面爆发后,为免遭日本掠夺,同时为了适应战时的军事和民用需要,国民政府将大批战区工厂迁往西南地区。天津、郑州、焦作、太原、济南、青岛等地的许多工厂都在战时迁出华北地区。因此研究华北地区产业工人的时限就止于抗日战争全面爆发。

第二,1937年抗日战争全面爆发后,华北地区相继沦陷。

---

① 刘明逵、唐玉良主编:《中国近代工人阶级和工人运动》第1册,中共中央党校出版社,2002,第5页。

　　日本帝国主义在沦陷区实行反动的殖民统治。由日本国家资本与财阀资本相结合的华北开发公司垄断了华北的煤、铁、交通与电力等主要企业,将其定为"统制事业"。"统制事业"之外的工业,即纺织、面粉、火柴、水泥等工厂,由日本公司直接经营。另外日本还在华北沦陷区掠夺大量劳动力去伪满洲国和日本从事各种劳动。华北沦陷后产业工人的状况明显不同于沦陷之前,因此本书将下限止于1937年,试图探讨抗战全面爆发前华北产业工人的状况问题。

　　(二)地域界定

　　本书选定的区域是华北地区,"华北"一词作为地理名词,有很多不同的界定方法。自然地理、人口地理、经济地理、人文地理、城市地理、行政地理等各个学科分别根据不同的研究侧重点界定"华北",历史学家也是根据不同的研究方向有各自的界定。本书研究产业工人,主要涉及经济发展和产业布局,因此主要依据经济地理的界定方法。"经济地理强调地理的区域性、综合性和统一性特征。……它所着力研究的主题即经济与产业布局,总是与具体的地区条件紧密联系……只有按照经济区比较全面深入地分析、探讨各个经济区经济与产业发展、布局的条件、特点与发展方向等问题,着重指明各个经济区的地区优势和特点,揭示各区之间的地区差异,才能突出各个经济区的个性,正确认识和探讨整体与局部的关系。"[1]《华北经济地理》一书认为:"华北区包括河北、山西、山东、河南四省及北京、天津两市。它位于黄河中下游,略偏于我国的北方,但在交通位置上却处于全国的中央位置。东濒渤海、黄海,北、南、西三面和我国现有的工业基地东北、华东和重点建设地区华中、西北、内蒙等大区相邻,与全国各地的联系颇为方便。"[2]

---

[1]张利民:《华北城市经济近代化研究》,天津社会科学院出版社,2004,第13页。
[2]张敬之主编:《华北经济地理》,科学出版社,1957,第1页。

根据经济地理学的界定,本书所指的华北范围限定在晋冀鲁豫四省及京津两市。晚清民国时期的煤矿主要集中于华北和东北地区,华北地区的煤矿主要集中于晋冀鲁豫四省。华北地区是中国最早修建铁路的地区,并形成了密集的铁路网。华北的工厂主要以轻工业为主,集中于天津、唐山、青岛等地。本书将华北产业工人分为煤矿工人、铁路工人和工厂工人等3类。

(三)研究主体及相关概念界定

本书的研究主体是产业工人,在这里需要对产业工人、劳工、职工、里工与外工、劳资争议、劳动保障等概念进行说明。

产业工人:产业工人的劳动直接与机器大生产相联系……随着机器在各生产部门的广泛应用,在工矿企业、交通运输、建筑行业等部门从事生产的劳动者,都被称为产业工人。[1] 因此产业工人指的就是在近代工厂、矿山、交通等企业中从事生产劳动,以工资收入为主要生活来源的工人。他们主要来源于农民、手工业者和城市贫民,集中于各大城市、各大企业,团结性、战斗性很强。

劳工:是指除农民外,所有以劳动换取工资收入者。[2]劳工的范围比较广,大体包括产业工人、手工业工人、苦力工人等。

职工:包括职员和工人。职员是指在企业、工厂中担任一定行政或业务职务的人,一般是从事管理的工作人员。工人则指在一线从事生产的人员。

里工与外工:煤矿工人多分为里工和外工。里工指的是由煤矿企业直接雇用并付给工资的工人。外工是由包工头代企业雇用并发给工资的工人。里工的工作较外工稳定。

---

[1]常凯主编:《中国工运史辞典》,劳动人事出版社,1990,第2-3页。
[2]田彤:《民国时期劳资关系史研究的回顾与思考》,《历史研究》2011年第1期。

劳资争议：1928年国民政府颁布的《劳资争议处理法》规定："本法对雇主与工人团体或工人十五人以上关于雇用条件之维持或变更发生争议时适用之。"[①]劳资争议可以分为劳资纠纷与罢工停业两种。"所谓劳资纠纷，是劳资进行交涉而厂号内并未停止工作的劳资争议案件。所谓罢工停业，是劳方或资方使厂号内暂时停止工作，以求达到某项要求或拒绝某项要求的劳资争议案件。"[②]因此笔者认为劳资争议是劳资双方因利益冲突而发生的经济斗争，这与近代工人参加的政治斗争、政治运动相对应。

劳动保障：劳动保障是现代出现的名词，属于社会保障的范围。晚清民国时期多称之为惠工政策，很多地方设立了惠工局或惠工处，办理工人劳动保险和福利事业。民国时期，政府制定了一些保护劳工的法律及政策，企业主和社会人士也实施了一些劳动保障的措施，主要包括劳动保险和劳动福利两个层面的内容。劳动保险措施包括救济失业、工伤及养老抚恤等内容。劳动福利主要包括为工人提供的膳宿、医疗卫生、教育、消费、储蓄、娱乐等内容。

第二节　学术史回顾

对近代中国产业工人研究的状况，可分为民国和当代两个时期来阐述。

一、民国时期研究状况

（一）社会调查

20世纪20年代以后，出现了很多关于工人的社会调查。主要分为以下三个方面：

---

①实业部劳工司编：《劳工法规汇编》，载张研、孙东京主编：《民国史料丛刊》第767册，大象出版社，2009，第69页。

②邢必信等编：《第二次中国劳动年鉴》中册，社会调查所，1932，第84—85页。

1.工人劳动、生活方面

关于工人劳动状况、生活状况的社会调查很多。工商部于1929年、1930年分别编印的《全国工人生活及工业生产调查统计报告书》统计了工业工人人数、工资工时、工厂概况、工会概况等问题,并对各地工人人数、工资工时等进行了比较。吴至信的《中国惠工事业》(世界书局,1940年8月)调查了全国5条铁路、9座矿山、35家工厂,范围覆盖了苏、鄂、晋、冀、鲁、豫等省,论述了调查地点的惠工待遇和惠工设施问题。作者认为当时我国的惠工事业在规模较大或者管理比较进步的厂矿中已有相当基础,只是各项惠工设施的发展程度不一。关于铁路工人的调查如《调查工人家庭生活及教育程度统计》(铁道部业务司劳工科1930年编印)、贾铭的《铁路工人生活调查》(《铁路职工周报》第33期,1933年2月4日)、刘心铨的《华北铁路工人工资统计》(《社会科学杂志》1933年第4卷第3期)、《国有铁路劳工统计第一种》(铁道部总务司编,1934年)、《国有铁路劳工统计 第二种》(铁道部总务司编,1935年)、《陇海铁路调查报告》(中国国民党陇海铁路特别党部编,1936年)等。这些关于铁路工人的调查报告涉及工人家庭收支、教育、工资、工时、劳动生活设施、工会、消费合作社等情况。关于煤矿工人的调查如施裕寿、刘心铨的《山东中兴煤矿工人调查》(《社会科学杂志》1932年第3卷第1期),以及各种矿业报告[①],都对煤矿工人的一般情形、工资工时、生活与福利、工人组织等情况进行了调查。关于工厂工人的调查较多集中在上海及其他南方城市,如《调查上海住屋及社会情形记略》(朱懋澄,中华基督教青年会全国协会职工部,1926年)、《上海工人生活程度的一个研究》(杨西孟,北平社会调查所,1930年)、《上海工厂工人之生活程度》

[①]《临榆柳江煤矿报告》(虞和寅,农商部矿政司1926年版)、《平定阳泉附近保晋煤矿报告》(虞和寅,农商部矿政司1926年版)、《山东矿业报告》(山东省政府实业厅编印,1930年;山东省政府建设厅印行,1934年版)、《河南矿业报告》(王景尊编,河南省地质调查所1934年版)等。

(丁同力、周世述译,《社会月刊》1930年第2卷第7期)、《上海特别市工资和工作时间》(上海特别市社会局编,商务印书馆,1931年)、《上海市工人生活程度》(上海市政府社会局1934年编印)、《南京工人家庭之研究》(陈华寅,立法院统计处《统计月报》1929年第1卷第4期)、《无锡工人家庭之研究》(童华埏,立法院统计处《统计月报》1929年第1卷第6期)、《广州工人家庭之研究》(余启中编,国立中山大学经济调查处,1934年)、《汉口申新第四纺织厂之劳工概况及其惠工之设施》(剑慧,《劳工月刊》1935年第4卷第10期)、《重庆工人家庭生活程度》(社会部统计处1945年7月编印),这些都是涉及南方工人生活程度的调查。关于华北地区工厂工人的调查有《塘沽工人调查》(林颂河,北平社会调查所,1930年)、《天津面粉厂工人及工资的一个研究》(王子建,《社会科学杂志》1931年第2卷第4期)、《天津市纺织业调查报告》(吴瓯主编,天津市社会局1931年印行)、《天津市火柴业调查报告》(吴瓯主编,天津市社会局1931年印行)、《天津市面粉业调查报告》(吴瓯主编,天津市社会局1932年印行)、《华北纱厂工人工资统计》(刘心铨,《社会科学杂志》1935年第6卷第1期)等,内容主要涉及华北纺纱业、面粉业、火柴业、化学工业等行业,有专门分析一个工厂的,有专门研究工人工资的,也有对整个行业进行调查的。

2.工人组织方面

民国时期也有一些关于工会的调查。有调查全国工会的,如《十七年各地工会调查报告》(工商部劳工司编,京华印书馆,1930年)统计了各省市的工会及会员人数、各特别市工会概况、各省县市工会、会员及工会整理委员会概况。《最近四年之中国工会调查》(吴至信,国际劳工局中国分局,1936年)、《一九三六年之中国工会调查》(《国际劳工通讯》1937年第4卷第10期)、《一九三七年中国工会组织调查》(《国际劳工通讯》1938年第5卷第12期)介绍了职业工会、产业工会和特种工会的发展概况和发展趋势,指出职业工会多集中于手工业及小规模工业,产业工会集中于近代城市之大企业,特种工会集中于国营产业,以铁路工会居多。也有关于特种工会的专门调查,如《二十一年到二十二年特种工会调查报告》(中国国民党中央执行委员会民众运动指导委员会编,1933年10月印行)。还有各地产业工会的专门调查,如《北平工会调查》(于恩德,《社会学界》1930年第4卷)分析了北平工会的历史沿革、会员、组织概况、经济状况、以往工作等问题。《天津各级工会调查概况》(调查股,《社会月刊》1929年第1卷第5、6号合刊)、《天津各业工会现状》(朱晶华,《民众运动月刊》1932年第1卷第5期)调查了天津各业的工会概况,涉及工会建立、会员人数、工人生活状况、工作概况等问题。还有调查工人消费合作社的,如《上海消费合作社调查》(张世文,《社会学界》1930年第4卷)。

3.劳资关系方面

民国时期,有学者对工人罢工、劳资纠纷等进行统计分析。陈达的《近八年来国内罢工的分析》(《清华学报》1926年第3卷第1期)列举了1918年至1925年的国内罢工,大部分是对上海、武汉、广州的罢工分析,个别涉及北京、青岛等华北地区。关于上海及其他南方地区的劳资争议统计很多,如《近十五年来上海之罢工停业》(上海市政府社会局编,中华书局,1933年)、《近五年来上海之劳资纠纷》(上海市政府社会局编,中华书局,1934年)、《广州劳资争议底分析:民国十二年—民国二十二年》(余启中编,国立中山大学出版部,1934年)等。关于华北劳资争议问题的调查统计有《河北省及平津两市劳资争议底分析》(吴半农编,社会调查所,1930年),该调查统计了1927年1月至1929年6月在河北省及平津两市发生的劳资争议案件,并根据案件的性质和重要性具体分析劳资争议。

(二)著作

同是在20世纪20年代以后,出现了许多关于工人问题的著作,主要分为以下几个方面:

1.综述劳工整体问题

陈达的《中国劳工问题》(商务印书馆,1929年)一书论述了工人生活状况、劳工团体、罢工、工资工时、生活费、福利设施、劳工法规等内容,最后提出了解决劳工问题的标准、步骤和方法。骆传华的《今日中国劳工问题》(青年协会书局,1933年)论述了中国劳工运动的起源、重要工会、国共两党的劳工政策、劳动法、工作条件与劳资争议问题、中国几种特殊的劳工状况、劳工教育、失业问题、劳工福利以及中国与国际劳工组织的关系。陈振鹭的《劳动问题大纲》(大学书店,1934年)论述了童工女工、工时工资、劳动伤害、劳动保险、劳动问题的发生及解决等问题。朱学范的《今日中国之劳工问题》(1936年4月)是对第二十届国际劳工大会之报告,也涉及劳工问题的诸多方面。何德明的《中国劳工问题》(商务印书馆,1937年)论述了中国劳工状况,并谈到欧美各国劳工状况。孙本文的《现代中国社会问题》(商务印书馆,1945年)第四册专门讨论劳资问题,涉及劳资问题的起源、西洋劳资问题的内容、中国劳工运动的回顾、中国劳资问题等内容。以上各著作大都涉及劳工问题的各个方面,内容比较宽泛,但是论述较为宏观,没有具体细致地深入分析。

2.具体劳工问题

徐协华的《铁路劳工问题》(东方书局,1931年)是对路工各方面概况的研究,并注意把中国路工与英美路工进行比较,内容涉及工资工时、生活费、福利设施、组织、罢工、法规等问题,最后指出解决路工问题的办法。钟贵阳的《中国妇女劳动问题》(女子书店,1932年)和郭箴一的《中国妇女问题》(商务印书馆,1937年)都谈到了中国妇女劳动的相关问题。关于童工问题有沈丹尼的《童工》(世界书局,1927年),该书论述了英美童工的状况及法令,并阐述了我国的童工问题。关于工人运动和工人组织的著作有贺岳僧的《中国罢工史》(世界书局,1927年)、殷寿光的《工会组织研究》(世界书局,1927年)、国民党中央民众运动指导委员会编《中国国民党领导下之工人运动今昔观》(1934年)和《上海工人运动史》(1935年)、马超俊的《中国劳工运动史》(商务印书馆,1942年)、邓中夏的《中国职工运动简史》(太岳新华书店,1948年)等。关于劳工福利的著作如开滦矿务总局编《开滦矿务总局惠工现况》(开滦矿务局,1923年),介绍了矿局对职工住房、医疗、工伤抚恤、教育、工资等方面的优惠情况。吴至信的《劳工福利事业之现状》(《民族》1936年第4卷第10期)指出了劳工福利事业的范围包括生活、智能、工作设备、救助赔偿等四大类,并对各类展开论述,认为劳工福利事业在近年来有长足发展。陈振鹭的《劳工教育》(商务印书馆,1937年)论述了劳工教育的内容,并对各国劳工教育的情况进行了统计,最后指出了中国劳工教育的改进。鲁竹书所编《失业问题》(中央图书馆,1927年)研究了失业问题。陶孟和的《中国劳工生活程度》(中国太平洋国际学会,1932年)研究了劳工生活。

3.劳动立法及劳工政策问题

关于劳动立法的著作如李剑华的《劳动问题与劳动法》(太平洋书店,1928年）、樊树的《劳动法大纲》(商务印书馆,1933年)、顾炳元的《中国劳动法令汇编》(会文堂新记书局,1937年)、罗运炎的《中国劳工立法》(中华书局,1939年)、南京国民政府社会部编《劳工法规》(社会部1944年)等,大都介绍了民国时期工会组织、劳资关系、工厂检查、劳动保护等方面的立法内容。关于劳工政策的著作如张廷灏的《中国国民党劳工政策的研究》(大东书局,1930年)、朱子爽的《中国国民党劳工政策》(重庆国民图书出版社,1941年)论述了国民党劳工政策的指导原则、方针纲领及实施等内容,最后指出劳工事业在中国国民党的指导下已经初具规模,虽然许多设施还不完备,但只要继续努力,劳工生活自可日渐改良。马超俊、余长河的《比较劳动政策》(商务印书馆,1942年)比较国内外各项劳动政策,最后指出应该奉行三民主义的劳动政策。

（三）年鉴

民国时期统计工人状况的年鉴包括《第一次中国劳动年鉴》（王清彬编，北平社会调查部，1928年）、《第二次中国劳动年鉴》（邢必信等编，北平社会调查所，1932年）、《民国二十一年中国劳动年鉴》（实业部劳动年鉴编纂委员会，1933年）、《民国二十二年中国劳动年鉴》（实业部劳动年鉴编纂委员会，1934年）、实业部中国经济年鉴编纂委员会编《中国经济年鉴》（商务印书馆，1934年）和《中国经济年鉴续编》（商务印书馆，1935年）、邵心石、邓紫拔编《上海市劳工年鉴》（大公通讯社，1948年）等，都涉及工人劳动状况、劳动运动、劳动设施及政策等内容。

（四）国外学者相关研究

民国时期，国外学者也开始研究中国劳工问题。关于工人运动方面的著作有长野朗的《支那的劳动运动》（东京行地社出版部，1927年）、尼姆·威尔士（Nym Wales）的《中国劳工运动》（Nym Wales, *The Chinese Labor Movement*, New York: The John Day Company, 1945）等。关于工人劳动与生活状况方面的著作有藤平田文吉的《满洲矿山劳动者》（大连南满铁道矿业部地质课，1918年）、宫本通治的《满洲工业劳动事情》（大连南满铁道株式会社庶务部调查课，1925年）、津金常知的《最近上海劳动事情》（兴亚院华中联络部，1940年）、埃莉诺·M.欣德尔（Eleanor M.Hinder）的《上海劳工生活》（Eleanor M.Hinder, *Life and labour in Shanghai: a decades of labour and social administration in the international Settlement*, New York: International Secretariat, Institute of Pacific Relations, 1944）、中村孝俊的《北支那的矿山劳动》（东京龙文书局，1945年）等。

二、当代研究状况

新中国成立后，关于产业工人的研究一开始侧重工人运动方面，继而又研究劳资关系、工人生活状况及劳动立法等方面。

（一）著作

工人运动史方面的著作较多，而且偏重中国共产党与工人运动的关系。如《正太铁路工人斗争史》(中共石家庄市委党史征编室编,1985年)、齐武的《抗日战争时期中国工人运动史稿》(人民出版社,1986年)、薛世孝《中国煤矿工人运动史》(河南人民出版社,1986年)、王建初和孙茂生的《中国工人运动史》(辽宁人民出版社,1987年)、《井陉煤矿工人斗争史》(中共石家庄市委党史征编室编,1987年)、武汉市总工会工运史研究室编《武汉工人运动史》(辽宁人民出版社,1987年)、天津市总工会工运史研究室编《天津工人运动史》(天津人民出版社,1989年)、青岛市总工会工运史研究室编《青岛工人运动史(1897—1949)》(中共党史资料出版社,1989年)、沈以行等编《上海工人运动史》(辽宁人民出版社,1991年)、唐山市总工会工运史研究室编《唐山工人运动史(1878—1949)》(中央文献出版社,1993年)、刘明逵和唐玉良编的6卷本《中国工人运动史》(广东人民出版社,1998年)、高爱娣《中国工人运动史》(中国劳动社会保障出版社,2008年)等。从上述所列我们可以看出研究工人运动的著作之多,其有宏观研究,也有对某一地区、某一行业和某一时段的工人运动的研究。总体来看,都是以中国共产党领导工人反对帝国主义和封建主义的阶级斗争运动为主要研究内容。

工会史方面的著作例如王永玺《中国工会史》(中共党史出版社,1992年)和《中国工会纵横谈》(中共党史出版社,2008年),以及中华全国总工会编《中华全国总工会七十年》(中国工人出版社,1995年)等。

其他方面的著作例如朱邦兴的《上海产业与上海职工》(上海人民出版社,1984年),述及上海各个行业的发展概况、工人生活、劳动条件及罢工情况。郭士浩主编的《旧中国开滦煤矿工人状况》(人民出版社,1985年)从经济剥削、政治迫害、精神奴役、工伤失业等方面论述近代中国开滦煤矿工人的劳动及生活状况。董保华的《"劳工神圣"的卫士——劳动法》(上海人民出版社,1997年)和谢振民的《中华民国立法史》(中国政法大学出版社,2000年)等涉及劳动立法问题。解学诗、松村高夫的《满铁与中国劳工》(社会科学文献出版社,2003年)介绍了伪满洲国劳动统制政策和满铁劳务体制,阐述了铁路、码头、煤矿及钢铁工人的劳动及生活状况,并论述了东北工人运动的概况及其特点。池子华的《农民工与近代社会变迁》(安徽人民出版社,2006年)一书以苏南为中心进行典型研究,分析社会变迁与农民工的产生以及农民工与社会变迁的关系。宋钻友等著《上海工人生活研究(1843—1949)》(上海辞书出版社,2011年)分别论述了上海工人生活基本状况、女工童工社会生活和社会组织与工人生活等3部分内容。池子华的《近代中国"打工妹"群体研究》(中国社会科学出版社,2015年)对长三角地区打工妹群体的劳动状况、日常生活和政治生活等问题进行了研究。

(二)资料集

资料集是前人对相关史料的整理,也可以代表前人的研究成果。

综合性的资料集如刘明逵、唐玉良主编的《中国近代工人阶级和工人运动》(中共中央党校出版社,2002年)14册,涉及中国近代工人阶级的各方面状况,如工人的劳动时间、劳动条件、工资、生活状况、劳动政策和法令、劳资争议和工人运动等问题。李文海主编的《民国时期社会调查丛编·社会保障卷》(福建教育出版社,2004年)、《民国时期社会调查丛编·社会组织卷》(福建教育出版社,2005年)、《民国时期社会调查丛编·城市(劳工)生活卷》(福建教育出版社,2005年)、《民国时期社会调查丛编 二编 社会组织卷》(福建教育出版社,2009年)、《民国时期社会调查丛编 二编 近代工业卷》(福建教育出版社,2010年)包含了工会、工业、工人生活状况等内容的调查。

工人运动史资料也有一些,如《焦作煤矿工人运动史资料选编》(河南省总工会工运史研究室编,河南人民出版社,1984年)、《济南机车工厂工

运史资料专辑》(公佩钦、徐中民主编,1988年)、《中国工会运动史料全书·
轻工业卷》(《中国工会运动史料全书》总编辑委员会编,北京图书馆出版
社,1998年)等。

许多企业史资料也都涉及企业中的工人状况。其中有关上海的企业
史资料较多,如《南洋兄弟烟草公司史料》(中国科学院上海经济研究所、上
海社会科学院经济研究所编,上海人民出版社,1960年)、《荣家企业史料》
(上海社科院经济研究所经济史组编,上海人民出版社,1962年)、《刘鸿生
企业史料》(上海社科院经济研究所编,上海人民出版社,1981年)、《英美
烟公司在华企业史料》(上海社科院经济研究所编,中华书局,1983年)等。
武汉地区的如《裕大华纺织资本集团史料》(《裕大华纺织资本集团史料》编
辑组编辑,湖北人民出版社,1984年)等。华北地区的有《启新洋灰公司史
料》(南开大学经济研究所、南开大学经济系编,生活·读书·新知三联书店,
1963年)、《旧中国开滦煤矿的工资制度和包工制度》(南开大学经济研究
所经济史研究室编,天津人民出版社,1983年)、《范旭东企业集团历史资
料汇编——久大精盐公司专辑》(赵津主编,天津人民出版社,2006年)等。

(三)学位论文、期刊论文

近20年尤其是近几年来,各大高校的硕博研究生及学者相继发表了
若干篇关于产业工人的学位论文及期刊论文。大体包括以下几个方面:

关于产业工人整体状况的研究:于洋洋的《民国时期产业工人的劳动
状况》(吉林大学2006年硕士学位论文),阐述了产业工人的劳动环境、劳
动待遇及在劳动中寻求生活改善的问题。马之巍的《二十世纪二、三十年
代新式劳动力生活状况研究》(郑州大学2010年硕士学位论文),阐述了产
业工人、苦力工人和职员全体的收入状况和生活状况等问题。

关于女工童工的研究:谷正艳的《论中国近代产业女工(1872—1937)》
(郑州大学2002年硕士学位论文)论述了近代产业女工的产生与发展、群
体特点、经济地位与生活状况、觉醒与斗争等问题。钮圣妮的《近代中国的

民众团体与城市女工——以中华基督教女青年会的劳工事业为例》(《历史研究》2005 年第 5 期)论述了基督教女青年会为城市女工所做的工作。王媛媛的《近代中国童工问题研究——以 20 世纪二三十年代上海为例》(苏州大学 2007 年硕士学位论文)分析了上海童工现象产生的原因、童工的构成、劳动条件及待遇、劳动保护问题,指出童工在 20 世纪二三十年代的中国是普遍的,并以上海最为典型。高晓玲的《近代上海产业女工研究(1861—1945)》(上海师范大学 2008 年硕士学位论文)论述了上海女工的工作与生活状况,并分析女工与近代上海社会的关系。王丽丽的《民国时期天津工厂女工研究》(河北大学 2010 年硕士学位论文)以天津为中心,对工厂女工进行了研究。经先静的《战争时期上海女工的日常生活(1937—1945)》(华东师范大学 2017 年博士学位论文)对全面抗战时期上海女工的工作、生活及抗争进行了研究。

关于某行业的产业工人状况研究:杨敬的《近代江南地区缫丝业女工研究》(华中师范大学 2006 年硕士学位论文)、沈宁的《20 世纪 20—30 年代火柴工人的生存状态——以刘鸿生企业为例》(辽宁师范大学 2010 年硕士学位论文)、孙自俭的《民国时期铁路工人群体研究——以国有铁路工人为中心(1912—1937)》(华中师范大学 2012 年博士学位论文)、孙好飞的《民国时期焦作煤矿工人研究》(郑州大学 2015 年硕士学位论文)、孙莹的《民国时期淮南煤矿工人生活状况研究(1930—1949)》(安徽大学 2017 年硕士学位论文)、刘丹的《全面抗战时期重庆地区兵工厂工人生活研究》(西南大学 2019 年硕士学位论文)等。

关于某地区或某企业的产业工人研究:孙庆章的《抗日战争时期华北沦陷区工人阶级的历史状况》(中国人民大学 2001 年硕士学位论文)以华北沦陷区工人为研究对象,对其一般状况、斗争状况、流动状况进行了研究。胡彦旭的《抗战时期大后方劳工问题初探》(西南大学 2008 年硕士学位论文)对全面抗战时期大后方劳工问题的成因、表现、影响等问题进行了分析。匡丹丹的《上海工人的收入与生活状况 1927—1937》(华中师范大学 2008 年硕士学位论文)分析了上海工人的工资收入、福利收入、实际生活状况,并将之与其他社会群体进行比较,指出上海工人的绝对工资在全国来说是比较高的,但是内部分化严重,工人虽不至于沦为棚户区的贫民,但是和教师、职员相比较之后,其生活还是停留在温饱线上。吴昊翔的《近代南通大生企业工人状况研究 1895—1949》(山东大学 2009 年硕士学位论文)和董长胜的《驻华英美烟公司工人状况研究》(河北大学 2010 年硕士学位论文)两篇论文论述了具体企业中的工人状况。张晶的《抗战时期重庆工人收入与生活状况研究》(重庆师范大学 2011 年硕士学位论文)以战时重庆为中心,考察工人的收入与实际生活状况,指出战时重庆工人家庭生活处于较低的水平,因此工人发起许多斗争争取自己的利益,迫使国民政府出台了劳资协调、劳工福利等诸多政策。

关于工人运动方面:曹婧好的《解放战争时期党领导上海工人运动的历史实践研究》(华东师范大学 2006 年硕士学位论文)、荣宏亮的《一九三二年上海邮政工人罢工事件研究》(四川大学 2007 年硕士学位论文)、邹积森的《近现代大连地区工人运动发展历程及特点研究》(大连理工大学2007 年硕士学位论文)、范春玲的《论满铁煤矿系统压迫下中国劳工的反抗斗争(1906—1945)》(东北师范大学 2008 年硕士学位论文)、吕蕾的《淄博煤矿工人运动三个历史阶段的发展研究》(山东大学 2009 年硕士学位论文)、刘莉的《京汉铁路工人大罢工再研究——以原因、影响为重点的探索》(苏州大学 2017 年博士学位论文)等。

关于劳资争议方面:王奇生的《工人、资本家与国民党——20 世纪 30 年代一例劳资纠纷的个案分析》(《历史研究》2001 年第 5 期)以三友实业案为例,分析劳资纠纷中工人、资本家与政府三方的博弈与互动。田彤的《南京国民政府时期(1927—1937)劳资争议总体概述》(《近代史学刊》2006 年第 3 辑)对劳资争议的规模、成因和结果进行总体的统计和分析。陈光的

《冲突到稳定——上海劳资关系研究(1925—1931)》(华东师范大学 2007 年博士学位论文)考察了上海劳资关系从产生、发展到稳定的历史过程,并分析了政府在劳资冲突中扮演的角色。彭贵珍的《上海棉纺织业劳资争议研究(1912—1937)》(北京师范大学 2007 年博士学位论文)以上海棉纺织业为中心,分析了劳资双方的特点、劳资争议案件的发生、调处及其结果。胡张苗的《劳资纠纷与武汉地方政府(1946—1949)——以武汉第一纱厂的劳资纠纷为个案》(华中师范大学 2007 年硕士学位论文)通过论述武汉第一纱厂的劳资纠纷,分析了武汉处理劳资纠纷的模式,认为其管控模式在一定程度上暂时缓解了劳资纠纷,但随着武汉政局的变动而失去意义。关于劳资争议处理制度的研究有周卫平的《南京国民政府时期劳资争议处理制度研究——以上海为主要视角》(华东政法大学 2008 年博士学位论文)、任姝欣的《民国时期广东劳资争议处理制度研究(1925—1948)》(华南理工大学 2015 年硕士学位论文)等。

关于劳动保障、劳工福利方面:汪华的《近代上海社会保障研究(1927—1937)》(上海师范大学 2006 年博士学位论文)涉及劳动保障的问题,作者对其成效进行了研究,并指出国民党政府实施劳动保障的实质是"寓控制于施惠"。李琼的《20 世纪 40 年代川北盐场盐工保险述论》(《民国档案》2006 年第 4 期)以全面抗战时期的川北盐工为个案,对其劳动保险进行了专门论述,并指出其在民国时期社会保障制度现代化转型过程中的意义。安江虹的《民国时期民族企业福利的发展、特征与效应初探》(天津师范大学 2007 年硕士学位论文)论述了民国时期民族企业福利的产生、发展、特征与作用。江红英《国民政府与抗战时期的劳工福利》(《四川师范大学学报》2009 年第 1 期)指出国民政府在全面抗战时期实施了一些劳工福利的措施,取得了一定成效,但其政策贯彻乏力,劳工福利水平很低。何晓坚的《农民工待遇问题的历史考察——以近代苏南地区为中心》(苏州大学 2010 年博士学位论文)考察了近代苏南农民工的物质、精神和社会待遇问题。李忠的《近代中国劳工教育的历史变迁》[《河北师范大学学报》（教育科学版)2010年第5期]论述了劳工教育发展的四个阶段,并分析其最后衰落的原因。刘秀红的《南京国民政府时期劳工社会保障制度研究(1927—1937)》（扬州大学2013年博士学位论文)研究了劳工法和劳动保障制度的建立等问题。刘可的《抗战后失业工人救济研究——以武汉、上海为例(1945—1949)》（华中师范大学2019年硕士学位论文)对抗战后武汉、上海两地失业工人的救济工作、救济结果及启示进行了探讨。

关于劳动立法方面:岳宗福的《理念的嬗变 制度的初创——近代中国社会保障立法研究(1912—1949)》（浙江大学2004年博士学位论文)对社会救济立法、社会保险立法、社会福利立法及社会抚恤立法进行了详细的论述,其中涉及了劳工立法问题。刘长英的《中国多元劳工法制的近代考察》（广西师范大学2006年硕士学位论文)阐述了北洋政府、广东革命政府、南京国民政府及中国共产党的劳动法。夏慧玲的《南京国民政府〈工厂法〉研究(1927—1936)》（湖南师范大学2006年硕士学位论文)和邓慧明的《南京国民政府劳资争议立法研究 1927—1937》（华东政法大学2007年硕士学位论文)都是对某一部专门法规的制定、修改及实施进行了分析和评价。李峰松的《中共苏区政权劳动立法研究》（河南大学2007年硕士学位论文)对中国共产党在苏区的劳动立法的内容、机构、特点及影响进行了系统的梳理。张周国的《南京国民政府时期劳动契约制度研究》（华东政法大学2010年博士学位论文)从法律史的角度分析了劳动契约制度的产生、发展、内容及意义。高学强的《新民主主义革命政权的劳动保护立法》（《史学月刊》2011年第5期)阐述了中国共产党在成立到大革命失败前、工农民主政权时期、抗日民主政权时期、解放区人民民主政权时期等四个阶段劳动保护立法的发展历程,认为其虽然有一些不足,但在保护劳动者权益、保障新民主主义革命胜利方面发挥了重要作用,和国民党的劳动立法相比,中国共产党是真心地保护劳动者的权益。

关于劳工政策方面:孙玉玲、孙永安的《东北沦陷时期日伪的劳工政策及其后果》(《社会科学辑刊》2000年第5期)、居之芬的《关于日本在华北劳务掠夺体系与强制劳工人数若干问题考》(《抗日战争研究》2002年第3期。)以及赵坤的《日伪时期的劳工压迫政策的评析》(东北师范大学2002年硕士学位论文)都是对抗战时期日本在沦陷区的劳工政策进行探讨。周良书、汪华的《国民党初掌政权后的劳工政策解析》(《学术界》2006年第3期)和赵洪顺的《国民党政府劳工政策研究1927—1949》(山东师范大学2007年硕士学位论文)都认为国民党实施的各种劳工运动政策、劳资协调政策、劳工福利政策都是为了达到控制劳工的目的。张胜永的《试析南京国民政府时期上海工人住房问题及政府对策》(华东师范大学2007年硕士学位论文)、冀文彦的《上海市政府对工人失业问题的解决1945—1947》(华东师范大学2008年硕士学位论文)、张红卫的《武汉国民政府时期工人失业问题研究》(武汉理工大学2010年硕士学位论文)等文都是对上海、武汉劳工的住房、失业等具体问题进行研究。李锦峰《国民党治下的国家与工人阶级1924—1949》(复旦大学2011年博士学位论文)考察分析了国民大革命开始后国民党与工人阶级的关系,认为二者是权力关系,即国家利用政治权力支配资本、剥削劳动者,从而为统治集团服务。

(四)国外学者的相关研究

这一时期的国外研究大多仍侧重工人运动方面,例如户田义郎的《中国工业劳动论》(东京严松堂书店,1950年)、中村三登志的《中国劳动运动史》(王玉平译,中国工人出版社,1989年)均系统论述了中国近代工人阶级及工人运动的产生、发展和变化。裴宜理的《上海罢工——中国工人政治研究》(刘平译,江苏人民出版社,2001年)注重比较研究,从地缘政治、党派政治及产业政治等3个层面分析了近代上海工人运动与中国政治的关系。韩起澜的《姐妹们与陌生人:上海棉纱厂女工,1919—1949》(韩慈译,江苏人民出版社,2011年)探讨了上海纱厂女工的劳动、生活及工运状况。贺萧的《天津工人,1900—1949》(许哲娜、任吉东译,天津人民出版社,2016年)以天津工人为研究对象,从雇用制度与管理方式、劳动方式与斗争策略、阶层内部纠葛与跨阶层冲突、日常生活与风俗习惯、工人组织与工人运动等方面进行了深入研究,被称为新劳工史代表性著作。

通过学术史回顾可以发现,在研究方向上,关于中国近代产业工人的早期专著较多集中于工人运动,近年来侧重工人生活;早期论文多研究工人运动、劳资争议,近年来多研究劳动保障、劳动立法、劳工政策及工人劳动生活状况等问题,但仍缺乏对产业工人的整体研究。在研究区域上,多集中于上海、武汉等地区,对其他区域的产业工人研究较少,华北地区即是研究薄弱之处。关于工人的社会调查资料多集中于上海及其周边城市,而有关华北工人的社会调查或是较多地集中于天津地区,或是只涉及部分行业或企业,或是只涉及工人状况的某一方面如工资问题。关于华北工人运动史的著作相对其他研究方面较多,但在整个工人运动史研究中所占比例不大。关于华北工人劳动生活状况的专门研究更是稀少,现有的成果是涉及天津、开滦工人状况及华北沦陷区工人状况的论著。在研究时段上,多集中于1927年至1937年,即全面抗战前南京国民政府统治的这10年,而缺乏长时段的整体研究。在研究资料上,多使用民国时期调查资料、著作、企业史、工业史资料及《申报》《大公报》《东方杂志》等著名报刊,对于各地的档案资料及其他小型报刊的相关内容使用不足。因此本书试图对民国时期华北工人状况进行整体研究,以期弥补上述薄弱之处。

第三节 研究思路与方法

一、研究思路

第二次鸦片战争以后,天津、烟台等地开埠通商,华北地区的近代工业和产业工人随之产生。但是晚清时期华北的近代工业还处于起步时期,产业工人也处于初步发展阶段。民国以后,尤其是第一次世界大战时期,西方帝国主义国家忙于战争,使华北近代工业获得了发展的机会,其产业工人也因此不断发展壮大,到了1919年的五四运动,开始以独立的姿态登上政治舞台。从此以后,产业工人在近代中国的发展进程中,在争取民族独立和推动近代化的过程中,发挥了重大作用。包括北京、天津在内的华北地区在全国的地位十分重要,因此有必要对华北地区的产业工人进行研究。本书试图考察民国时期华北地区产业工人的总体状况,把产业工人大体分为煤矿工人、铁路工人和工厂工人等3类,选取其中的典型进行分析,内容包括其劳动条件、生活状况、反抗与斗争、劳动保障等问题,最后试图分析华北产业工人与社会变迁的关系。全书除绪论外共分6章进行论述,大体内容如下:

第一章主要介绍华北产业工人的产生及发展历程。此章会追溯到晚清时期华北产业工人的产生情况,并阐述民国时期其发展历程。具体围绕以下要点进行阐述:中国近代工业及工人的产生、华北工业的产生及特点、华北产业工人的特点、北洋政府时期的发展概况、南京国民政府时期的发展概况。

第二章主要论述华北产业工人的劳动条件,包括劳动时间和休息时间、劳动环境、灾害及工伤事故、失业问题等。

第三章主要分析华北产业工人的工资与生活状况。通过对比工资收入与物价、生活费的差距,分析其实际工资收入及衣食住等各方面的生活状况。

第四章主要探讨华北产业工人的反抗与斗争。首先分析工人组织即工会的产生与发展,再把工人的斗争分为经济与政治两个方面分别论述。对经济斗争即劳资争议问题进行统计和分析重要案件之后,对其成因、规模及结果进行分析。对华北产业工人参与的重要政治斗争事件进行阐述之后,分析其在政治斗争中的地位与作用。

第五章主要研究华北产业工人的劳动保障。首先,对北洋政府和南京国民政府时期的劳动立法进行介绍。其次,论述政府、企业与社会对于华北产业工人劳动保障实施的具体措施,涉及膳宿、安全与医疗卫生、教育、经济、劳动保险、娱乐等各个方面。最后,对其成效进行分析。

第六章考察华北产业工人与社会变迁的关系,主要涉及工人与经济发展、政治形势和社会结构变化等方面的关系。在经济上,推动工业产量的增加及城市化的进程;在政治上,华北工人运动的发展使国共两党为了争取工人阶级采取了不同的政策,工人在共产党的领导下不断进行着反帝反军阀的斗争;在社会结构上,使社会阶级结构发生变化,并对社会性别结构、年龄结构产生影响,最后分析在社会变迁中华北产业工人家庭及婚姻的变化。

二、研究方法

马克思主义研究方法,即历史唯物主义和辩证唯物主义的研究方法。在梳理历史文献的基础上,对史实进行客观的分析,辩证地看待华北产业工人的发展过程,对其发展状况的诸多方面具体问题具体分析。

归纳方法。"史学家治史,第一种必须使用的方法,应是归纳方法。……史学家尽量搜集可能搜集到的史料,再得结论,是所谓史学上的归纳方法。"[①]本书因涉及内容较多,史料较为分散,所以在写作前的工作即搜集大量史料,梳理后进行归纳总结。

比较方法。法国年鉴学派史学家布洛赫把比较方法比喻为"有神力的魔杖"。这一比喻实际很有道理,众多的史实罗列在一起,只有通过比较才能看出其中不同现象所具有的特点。本书的研究对象是华北地区的产业工人,为了体现华北工人的特点,在谈及某些问题时将华北工人与上海及外国工人进行比较。

计量史学的研究方法。计量史学的最大特征就是运用计算、统计等方

[①]杜维运:《史学方法论》,北京大学出版社,2006,第46页。

法对历史资料进行定量分析。传统史学多运用定性分析的方法,即主要研究事物的性质,缺乏对历史资料的统计分析、量化研究。经济史的研究更应该注重量化分析,在量化分析的基础上得出结论。本书对华北产业工人的工资、劳资争议案件的成因、规模、结果等问题进行了量化分析。

跨学科的研究方法。本书也借鉴了地理学、经济学、社会学、社会保障学等学科的研究视角。

第四节　史料来源与研究创新

一、史料来源

本书的史料大体分为以下5个方面:

（一）社会调查资料

民国时期对产业工人的社会调查很多,其内容涉及产业工人的劳动、生活、工人组织、劳资关系等诸多方面。关于华北地区的社会调查如下:

《调查工人家庭生活及教育程度统计》《铁路工人生活调查》《华北铁路工人工资统计》《陇海铁路调查报告》等涉及华北铁路工人的劳动条件、生活情况及组织等问题。

《山东中兴煤矿工人调查》《临榆柳江煤矿报告》《平定阳泉附近保晋煤矿报告》《山东矿业报告》《河南矿业报告》等是关于华北煤矿工人的调查。

《塘沽工人调查》《天津面粉厂工人及工资的一个研究》《天津市纺织业调查报告》《天津市火柴业调查报告》《天津市面粉业调查报告》《华北纱厂工人工资统计》等是关于华北工厂工人劳动条件、生活状况、劳动保护等方面的调查资料。

《十七年各地工会调查报告》《最近四年之中国工会调查》《一九三六年之中国工会调查》《一九三七年中国工会组织调查》《二十一年到二十二年特种工会调查报告》《北平工会调查》《天津各级工会调查概况》《天津各业工会现状》等调查涉及华北地区的工会组织发展状况。

《近八年来国内罢工的分析》《河北省及平津两市劳资争议底分析》等涉及华北产业工人的劳资争议问题。

(二)劳动年鉴

民国时期统计工人状况的劳动年鉴包括《第一次中国劳动年鉴》《第二次中国劳动年鉴》《民国二十一年中国劳动年鉴》《民国二十二年中国劳动年鉴》,都涉及华北产业工人的劳动状况、劳动运动、劳动设施及政策等内容。

(三)档案资料

中国第二历史档案馆编《中华民国史档案资料汇编》是已出版的档案资料汇编,其中涉及产业工人生活劳动状况、工人运动及政府劳工法令等方面的内容。此外河北省档案馆、北京市档案馆、天津市档案馆所藏档案也有相关内容。

(四)民国著作和报刊

陈达的《中国劳工问题》、骆传华的《今日中国劳工问题》、何德明的《中国劳工问题》等著作对劳工问题进行了概述。

徐协华的《铁路劳工问题》、钟贵阳的《中国妇女劳动问题》、沈丹尼的《童工》、马超俊的《中国劳工运动史》、吴至信的《劳工福利事业之现状》对具体的劳工问题进行了分析,包括铁路工人、女工童工、劳工运动、劳工福利等问题。

实业部劳工司的《劳工法规汇编》、朱子爽的《中国国民党劳工政策》等著作对劳工法规、劳工政策进行了论述。

民国时期的报刊如《大公报》《益世报》《晨报》《民国日报》《矿业周报》《东方杂志》《新青年》《社会科学杂志》《劳工月刊》《社会月刊》《国际劳工通讯》等都有关于华北产业工人的报道和论述。

(五)资料汇编

刘明逵、唐玉良主编的《中国近代工人阶级和工人运动》涉及中国近代

工人阶级的各个方面,如工人的劳动时间、劳动条件、工资、生活状况、劳动
政策和法令、劳资争议和工人运动等问题。李文海主编的《民国时期社会
调查丛编·社会保障卷》《民国时期社会调查丛编·社会组织卷》《民国时期
社会调查丛编·城市(劳工)生活卷》《民国时期社会调查丛编二编社会组织
卷》《民国时期社会调查丛编二编近代工业卷》包含了工会、工业、工人生活
状况等内容的调查。

《焦作煤矿工人运动史资料选编》《济南机车工厂工运史资料专辑》《中
国工会运动史料全书·轻工业卷》等是涉及华北工运方面的资料汇编。

《启新洋灰公司史料》《旧中国开滦煤矿的工资制度和包工制度》《范旭
东企业集团历史资料汇编——久大精盐公司专辑》等资料是关于华北产业
工人的企业史资料。

二、研究创新

(一)内容层面

鉴于以往的研究弱点,本书在研究方向上注重整体研究,总体考察产
业工人的劳动条件、生活状况、劳资争议、政治运动、劳动保障等诸多方面,
试图展现当时产业工人的原貌。在研究领域上,以研究薄弱的华北地区为
中心,范围包括晋冀鲁豫和京津共四省两市,将这些地区的产业工人分为
煤矿工人、铁路工人及工厂工人等3类进行考察。在研究时段上,对全面
抗战前的民国时期进行长时段的整体研究,不再像以前的研究多限定在
1927—1937这10年,而是拉长时段,将民国建立作为研究上限。在研究资
料上,搜集更多的社会调查资料、企业史资料,并使用京津冀档案馆的档案
资料及《矿业周报》《劳工月刊》《劳工月报》《社会月刊》《实业部月刊》《新青
年》等报刊资料,丰富了本书的史料。在研究内容上,关于产业工人的斗争
方面,以前大多数文章是侧重研究反帝反军阀的政治运动,也有文章单独
研究劳资争议,本书第四章从整体上进行探讨,把产业工人的反抗与斗争
分为劳资争议和政治斗争两方面分别论述和分析。关于劳动立法、劳动保

障方面,近年来的文章多是单独以其作为研究对象进行探讨,本书是对华北产业工人总体状况进行考察之后,再去探究其劳动保障的成效如何,这样的论述更加清晰、更有逻辑性。本书最后一章是对全书的总结和提炼,分析华北产业工人与华北社会变迁的关系,如果单独就工人状况论工人状况,而没有与当时的政治、经济、社会联系起来进行考察,是不会得出深刻的结论的。

（二）现实层面

对民国时期华北产业工人状况的研究具有一定的现实意义和贡献。以往关于产业工人的研究较多侧重工人运动史方面,多限制在政治史的框架内,从经济、社会史的角度研究的成果所占比例不大。池子华的《农民工与近代社会变迁》和宋钻友等人的《上海工人生活研究(1843—1949)》是从社会经济史角度研究工人问题的较好的代表。他们一个以苏南为中心,一个以上海为中心,分析了工人阶级的劳动、生活诸多方面及其与当地社会变迁的关系。本书也是以社会经济史的视角分析华北产业工人问题,因此本书对产业工人的研究及近代中国社会经济史的研究都有一定的贡献。在经济建设快速发展的今天,产业工人的作用更加重要,社会更应重视工人的工资、福利等问题。因此本书的内容对研究当今产业工人的问题也有很大的借鉴意义。

第一章　华北产业工人的产生及发展历程

第一节　华北产业工人的产生

一、中国近代工业及工人的产生

19世纪中叶以后,西方列强的侵入对中国的经济发展和社会结构产生了巨大的影响。中国近代工业产生了,产业工人也随之诞生。可以这样说,中国近代工业及产业工人是伴随着不平等条约的签订而产生的,因为近代工业发端于外资在华建立的企业。"对中国来说,近代历史从这里起步",对西方列强来说,"则打开了一个封闭多年的偌大禁区"。[①]由于不平等条约的签订,很多城市被迫开埠通商,在这些城市里,中国近代工业及产业工人逐渐产生。

从第一次鸦片战争以后签订的《南京条约》开始,一直到中日甲午战争后签订的《马关条约》及后来列强在中国划分势力范围所签订的各种租界条约,中国被迫开放多处通商口岸,从最开始的东南沿海城市一直扩展到内陆城市,为列强对中国的经济侵略大开方便之门。

《马关条约》第六款第四点规定:"日本臣民得在中国通商口岸、城邑任便从事各项工艺制造,又得将各项机器任便装运进口,只交所订进口

---

① 董丛林:《龙与上帝——基督教与中国传统文化》,生活·读书·新知三联书店1992,第133页。

税。"① 也就是说，此条约给予了日本臣民在中国通商口岸建立工厂的权利。其他国家根据"一体均沾"的原则也都享有此项权利，这就使外国资本在中国建厂变为"合法"。但是在甲午战前，外国资本主义国家虽未取得此项权利，但他们早已在中国非法建立了一批近代企业，而清政府的态度则是听之任之。这些企业最早集中在东南沿海，因为根据《南京条约》"恩准英国人民带同所属家眷，寄居大清沿海之广州、福州、厦门、宁波、上海等五处港口，贸易通商无碍"②的规定，中国第一批通商口岸开放，东南沿海门户大开。甲午战争前，外国资本在开放口岸建立的近代工业主要包括船舶修造业、加工工业、轻工业和公用事业等4个种类。在这些工业建立的同时，中国最早的产业工人就产生于此。

外资最早在中国经营的近代工业是为了适应航运需要而建立的船舶修造业。为了进行商品输入，外国资本在广州、香港、上海、厦门、福州等地建立了船舶修造厂。"十九世纪中国航运业主要掌握在英国商人手里，所以这些船舶修造厂是英国资本经营的。"③ 在这里产生了中国最早的产业工人，截至1894年，外资经营的船舶修造业中的雇用工人人数为9000人。④

第二类是为了推销商品、掠夺原料而经营的各种进出口加工工业。它主要包括在汉口、九江、福建等地建立的砖茶制造业，以及在上海、烟台等地经营的机器缫丝业及其他一些制糖厂、制革厂、轧花厂、打包厂与油箱制造厂等。这是早期外国资本在华经营的近代工业中最重要的组成部分，因此在这类工业中雇用工人的人数也较多。根据1894年的数据统计，砖茶制造业中雇用工人人数约7000人，机器缫丝业中雇用工人共计6000人，其

① 王铁崖编：《中外旧约章汇编》第1册，生活·读书·新知三联书店，1957，第616页。
② 同上书，第31页。
③ 孙毓棠编：《中国近代工业史资料》第1辑（上）"序"，科学出版社，1957，第9页。
④ 孙毓棠编：《中国近代工业史资料》第1辑（下），科学出版社，1957，第1175页。

他各种加工工业雇用工人总计为6000人。[1]上述共计19 000人。

第三类是各种小规模的轻工业。这种工业与主要为了出口的加工工业不同，它所制造的商品是要销往中国国内市场的。这些工业主要集中在上海，大体包括饮食工业、化学工业、砖瓦锯木业、印刷业、铁锅制造厂、水泥公司、卷烟业等。1894年，各种轻工业中雇用工人人数估计约为4600人。[2]

第四类是外国资本在中国经营的公用事业。这类公用事业同样集中于上海，主要包括自来火房、自来水公司、电气处、煤气公司等。甲午战争以前，这些公用事业中雇用工人人数估计为1400人。[3]

据估计，甲午战前，外国资本在华工业的投资额约为2800万元[4]，雇用工人人数共计3.4万人[5]，见下图所示：

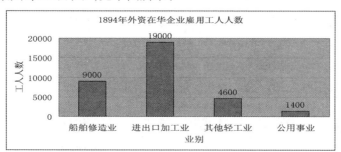

图1-1 外国资本在华经营的近代工业雇用工人人数（1894年）

资料来源：
孙毓棠编：《中国近代工业史资料》第1辑（下），科学出版社，1957，第1182页。

中国近代产业工人是伴随着外国资本、官僚资本和民族资本工业产生的。上文分析了鸦片战争以后，外国资本在华建立的近代企业及在这些企

---

①孙毓棠编：《中国近代工业史资料》第1辑（下），科学出版社，1957，第1178-1179页。

②同上书，第1181页。

③同上书，第1182页。

④孙毓棠编：《中国近代工业史资料》第1辑（上）"序"，科学出版社，1957，第14页。

⑤孙毓棠编：《中国近代工业史资料》第1辑（下），科学出版社，1957，第1182页。

业中产生的早期中国产业工人。随着内忧外患形势的加剧,从19世纪60年代开始,清政府举办了一场长达30余年的洋务运动,在中国建立了一批官办、官督商办的近代企业,在这些企业中又产生了一批近代产业工人。

首先是官办的军事工业的创办。19世纪六七十年代,为了军事需要,清政府以"求强"为口号,建立了一批军事工业,其中规模较大的就是江南制造总局、金陵机器局、福州船政局、天津机器局和湖北枪炮厂等。华北的近代工业就始于天津机器局。下面列表介绍清政府经营的主要军事工业及其雇用的工人人数。

表1-1 清政府经营的军事工业(1861—1894年)及其雇用工人人数表(1894年)

名称	时间(年)	地点	主要产品	工人人数	备注
安庆内军械所	1861	安庆	子弹、火药、炸炮	不详	1864年后裁撤
上海洋炮局	1862	上海	子弹、火药	[50]	1863年迁至苏州
苏州洋炮局	1863	苏州	子弹、火药	[60]	1865年迁至南京
江南制造局	1865	上海	轮船、子弹、火药、枪炮	2800	规模最大
金陵制造局	1865	南京	枪炮、子弹、火药	700~1000	规模较大
福州船政局	1866	福州	轮船	1730~2000	规模最大的轮船修造厂
天津机器局	1867	天津	枪炮、子弹、火药、水雷	1400~2500	规模仅次于江南制造局
西安机器局	1869	西安	子弹、火药	[不详]	1872年迁至兰州
福建机器局	1869	福州	子弹、火药	60	规模小
兰州机器局	1872	兰州	枪、子弹、火药	[不详]	规模小,1880年停办
云南机器局	不详	昆明	子弹、火药	60~100	规模小
广州机器局	1874	广州	轮船、子弹、火药、水雷	200	初办规模小,后扩充
山东机器局	1875	济南	枪、子弹、火药	250	中等规模
四川机器局	1877	成都	枪炮、子弹、火药	250	中等规模
吉林机器局	1881	吉林	子弹、火药、枪	300	中等规模
神机营机器局	1883	北京	西式枪炮	[不详]	1890年毁于火灾
浙江机器局	1883	杭州	子弹、火药、水雷	50	规模小

续表

名称	时间(年)	地点	主要产品	工人人数	备注
台湾机器局	1885	台北	子弹、火药	100	规模小
湖北枪炮厂	1890	汉阳	枪炮、子弹、火药	1200	规模较大
总计				9100~10 810	

注:[]中的数字因该厂在1894年已不存在,故其工人人数不算在总计中。
资料来源:
孙毓棠编:《中国近代工业史资料》第1辑(上),科学出版社,1957,第565页。
孙毓棠编:《中国近代工业史资料》第1辑(下),科学出版社,1957,第1188页。
苑书义等:《艰难的转轨历程——近代华北经济与社会发展研究》,人民出版社,1997,第345页。

从19世纪70年代开始,清政府又提出"求富"的口号,创办了一批民用工业,以解决军事工业兴办过程中的财政困难及原材料和燃料供给、交通运输等问题。这些企业大多采取官督商办的形式。在采矿、炼铁和纺织等民用企业中,产业工人又有所发展。炼铁方面规模最大的就是张之洞创办经营的汉阳铁厂,甲午战争之前其雇用工人人数约为3000人。新式纺织工业最为主要的是张之洞创办经营的湖北织布官局,根据1894年数据统计,其雇用工人为2500~3000人。[1]这段时期开采经营的矿业包括煤矿及各种金属矿,下面将其开办时间及雇用工人人数列表于下:

表1-2 清政府经营的主要矿业中雇用工人人数的估计(1894年)

类别	名称	开办年	工人人数	备注
煤矿	台湾基隆煤矿	1876	200	1881年约1000人
	直隶开平煤矿	1878	3500~4500	包括林西煤矿
	山东淄川铅矿与煤矿	1887	300~500	
	湖北大冶王三石煤矿	1891	——	1894年停歇
	湖北江夏马鞍山煤矿	1891	1500~2000	——
铁矿	贵州青谿铁矿	1886	300~500	——
	湖北大冶铁矿	1890	1500~1700	——
铅矿	热河土槽子、遍山线银铅矿	1887	300	
铜矿	云南铜矿	1887	1500~2400	

---

[1]孙毓棠编:《中国近代工业史资料》第1辑(下),科学出版社,1957,第1189页。

续表

类别	名称	开办年	工人人数	备注
金矿	黑龙江漠河金矿	1889	2800~3600	包括观音山金矿
共计	—	—	11 900~15 700	—

资料来源：
孙毓棠编：《中国近代工业史资料》第1辑(下)，科学出版社，1957，第1172、1193页。

通过上表我们可以看出，清政府经营的煤矿规模较大的就是直隶开平煤矿和湖北江夏马鞍山煤矿，这两者的雇用工人人数加起来在5000~6500人之间。铁矿中湖北大冶铁矿规模较大，雇用工人在1500人以上。云南铜矿雇用工人在1500~2400人之间。黑龙江漠河金矿规模也较大，雇用工人人数在2800~3600人之间。其他矿业1894年雇用工人人数均在300人左右。

在外国资本主义在华企业和洋务派建立的近代军事、民用企业的影响和刺激下，中国的一部分官僚、地主和商人于19世纪70年代开始投资近代工业，民族资本主义工业和中国民族资产阶级就此产生。民族企业在近代中国的环境下发展相当艰难，到甲午战前建立的100多个企业，多集中于上海和广州两地，但规模都较小，"大部分企业的资本都在十万两以下，少的只有几万两甚至几千两"，个别厂矿的资本达到几十万已经是很高的了。[1]这些企业主要是小型的轻工业，包括纺织业、面粉业、火柴业、造纸业、印刷业等。同时民族资本家也投资于公用事业、船舶修造业、机器修理业和一些小规模的采矿业，但是限于资金与技术的问题，都没有取得太大成就。以采矿业为例，清政府经营的采矿业的规模明显大于民族资本投资经营的规模，前者的厂矿雇用人数多在千人以上，而后者却只有几百人的规模而已。即使如此，在这些民族资本企业中，又有一批产业工人产生了，据1894年统计，其人数总计约为27 250人。[2]

---

[1]孙毓棠编：《中国近代工业史资料》第1辑(上)"序"，科学出版社，1957，第48页。
[2]孙毓棠编：《中国近代工业史资料》第1辑(下)，科学出版社，1957，第1201页。

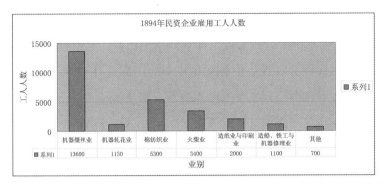

图1-2 民族资本经营的近代工业雇用工人人数的估计（1894年）

资料来源：
孙毓棠编：《中国近代工业史资料》第1辑（下），科学出版社，1957，第1201页。

表1-3 近代工业中雇用工人人数的总估计（1894年）

业别	工人人数
外资在华工业	34 000
清政府军事工业	9100~10 810
官办及民办矿业	16 000~20 000
清政府炼铁、纺织工业	5500~6000
民族资本工业	27 250
总计	91 850~98 060

资料来源：
孙毓棠编：《中国近代工业史资料》第1辑（下），科学出版社，1957，第1201页。

综上所述，随着外国企业、洋务企业和民族企业的建立，中国近代工业及产业工人产生了。"在1870年前后，中国近代产业工人不到一万人，而到1894年，则达到九万数千人。"[1] 这个时期的产业工人主要集中于东南沿海地区，华北的产业工人产生于第二次鸦片战争以后，但在甲午战前发展较为缓慢，因此关于华北产业工人的产生及特点，将在下面的章节具体阐述和分析。

二、华北近代工业的特点

华北的近代工业和上海、广州、汉口等地相比，起步较晚，发展较为缓

---

[1]孙毓棠编：《中国近代工业史资料》第1辑（上）"序"，科学出版社，1957，第59-60页。

慢。从第二次鸦片战争以后,一直到20世纪初为其初步发展阶段。从清末"新政"时期、第一次世界大战时期到南京国民政府建立前,华北的近代工业飞速发展。到抗日战争全面爆发前,华北地区基本形成了自己的工业体系。下面就对华北近代工业的特点进行分析。

(一)华北地区的近代工业起步于第二次鸦片战争以后

1842年《南京条约》签订后,上海、广州等地开埠通商,东南沿海地区开始建立一些近代企业。第二次鸦片战争以后,华北地区才开始开埠通商,走向近代化。根据1858年的《天津条约》,开放了牛庄(后改营口)、登州(后改烟台)、镇江、南京、九江、汉口、淡水、台湾(后选定台南)、潮州(后改汕头)、琼州等10处通商口岸。其中登州位于华北的山东省,后来英国侵略者认为烟台的地理位置优于登州,遂由烟台取代登州,烟台从此对外开放。1860年的《北京条约》又增开天津为商埠。烟台、天津即成为华北地区最早开放的通商口岸。但是与东南沿海地区不同的是,外国近代工业并没有马上随着通商口岸的开放而在华北地区建立。东南沿海城市的情况是,外资近代工业最先在各通商口岸建立,随后清政府洋务派官僚经营的近代工业及民族资本创办的近代工业才相继出现。华北地区则与之不同,其近代工业最早出现的为洋务派建立的军事工业,而外国近代工业在华北地区建立较晚。华北最早的近代军事工业即1867年洋务派创办的天津机器局,而最早的外资近代工业是1872年德国资本经营的烟台蛋粉厂。[①]这与华北地区是畿辅之地有关,对外开放的进程相对较慢。华北地区的军事工业主要包括1867年崇厚和李鸿章在天津创办的天津机器局、1875年丁宝桢在济南建立的山东机器局、1883年奕譞在北京创办的神机营机器局和1898年胡聘之在太原建立的山西机器局。[②]这些军事企业采

---

① 孙毓棠编:《中国近代工业史资料》第1辑(上),科学出版社,1957,第237页。
② 同上书,第565页。

用官办方式,生产出来的产品也是为了军用,不进行市场交换,因此真正推动华北工业发展的应该是随后建立的民用工业和商办企业。

(二)华北地区的煤矿业较为集中

洋务运动中兴办的军事和民用企业对于燃料的需要,使煤矿业的建立和经营变得十分重要。同时因为华北地区的煤炭蕴藏量很高,政府及一些商人陆续在这里兴建煤矿企业。华北地区的主要煤矿分布见下表所示:

表1-4　华北地区主要煤矿分布表

地点	名称	创办时间(年)	性质	备注
河北省	开平煤矿	1878	官督商办	后为中英合办
	临城煤矿	1882	官督商办	后为中比合办
	井陉煤矿	1898	商办	后为中德合办
	滦州煤矿公司	1907	官商合办	后与开平合并
	柳江煤矿	1914	商办	河北临榆
	长城煤矿	1915	商办	
河南省	焦作煤矿	1898	英资	福公司创办,后与中原公司合并
	六河沟煤矿	1902	商办	河南安阳
	中原煤矿公司	1914	官商合办	河南修武
山东省	中兴煤矿	1880	官督商办	后为商办
	淄川煤矿	1887	官办	后为德、日控制
	博山、坊子煤矿	1899	中德合资	华德煤矿公司开办,后为中日鲁大公司控制
山西省	保晋矿务公司	1908	商办	山西阳泉、大同、寿阳等地
	晋北矿务局	1929	官商合办	山西大同
北京	通兴煤矿	1896	中美合资	1920年二者合并
	门头沟煤矿	1915	中英合资	

资料来源:

严中平等编:《中国近代经济史统计资料选辑》,科学出版社,1955,第96-97页。

《中国近代煤矿史》编写组编著:《中国近代煤矿史》,煤炭工业出版社,1990,第40-42、124-126、165-168页。

汪敬虞编:《中国近代工业史资料》第2辑(上),科学出版社,1957,第140-144页。

通过上表我们可以看出，华北地区的煤矿业在河北省、河南省、山东省、山西省、北京都有所分布。成立最早的是洋务派建立的官办、官督商办及官商合办的煤矿企业，如开平煤矿、中兴煤矿、临城煤矿、淄川煤矿等。到了甲午战后，外资控制的煤矿企业增多，如中美合资的通兴煤矿、英国福公司经营的焦作煤矿、华德煤矿公司开办的博山、坊子煤矿等。同时以前是洋务派建立的企业后来也多变为外资控制。如开平煤矿1900年被英国骗占，改名为开平矿务有限公司，临城煤矿1902年改为中比合办，淄川煤矿后来为德、日所控制。在20世纪初开始的收回利权运动的推动下，出现了民族资本办矿的高潮，如六河沟煤矿、北洋滦州官矿有限公司、保晋矿务公司、中原煤矿公司和晋北矿务局等企业相继建立。下面简单介绍一些典型煤矿企业的情况。

开滦矿务总局：开滦煤矿是近代煤矿企业成功的典型，它是由开平与滦州煤矿合并成立，位于河北省滦县境内。1877年，李鸿章命唐廷枢调查开平煤矿，第二年以120万两银资本建立开平矿务局，开采成绩较佳。1900年义和团运动兴起后，该矿担心被各国侵占，于是改隶英国商会，由英国保护，改名为开平矿务公司。义和团运动过后，中国政府屡次试图收回开平煤矿均未成功。1907年，直隶总督袁世凯命周学熙筹办滦州矿务公司，以图以滦收开。后因两公司互相跌价倾销所出之煤，亏累巨大，故于1912年合并联合经营，名为开滦矿务总局。[1]

福公司与中原煤矿公司：福公司矿区位于河南省修武县之焦作镇。1898年，英商福公司以借款与山西商务局签订煤矿开采合同，后又扩展矿区至河南省河北道全境。因山西绅民群起反对，福公司放弃在山西采矿，仅在河南经营矿业。为了抵抗福公司的势力，当地的中州、豫泰、明德各公司于1914年合并组成中原煤矿公司。1915年，福公司与中原公司合并为福中公司。[2]

---

[1]胡荣铨：《中国煤矿》，商务印书馆，1935，第28-29页。
[2]同上书，第330-333页。

华德矿务公司与中日鲁大公司：1899年，德国在青岛建立华德矿务公司，专门经营山东矿业。1914年，日本占领青岛及胶济铁路，德国在山东所经营的坊子、淄川等煤矿由日本经营。1922年，华盛顿会议议决山东煤矿移归中国，但准收日股。1923年，坊子、淄川等煤矿遂由中日合办的鲁大公司接管。[①]

中兴煤矿：该矿位于山东峄县之枣庄，1880年李鸿章派人设立，1895年山东巡抚令其关闭。1899年，该矿拟借德款开办，但因当地绅民极力反对，故于1908年改为商办，名为中兴煤矿公司。该公司发展较为迅速，可以说是民族资本经营煤矿规模最大之公司。[②]

保晋矿务公司：保晋煤矿位于山西省平定县之阳泉村。1900年以后，福公司派人到山西勘矿，并指出潞泽平盂及平阳府属各矿均不准他人开采，激起当地人民的愤怒。1906年，山西人民发起了收回利权的运动，创设了保晋矿务公司，并与福公司订立赎矿合同，将山西矿产赎回自办。[③]

通兴煤矿与门头沟煤矿：通兴煤矿位于宛平县门头沟，1879年由华商开办，1896年改为中美合办，是中国煤矿史上最早的中外合办企业。中美合办后不久，该矿又为英商独办。门头沟煤矿公司创办于1913年，初为中比合办，称为裕懋公司，1915年改为中英合办。[④]1920年，英国麦边财阀吞并了通兴煤矿，二者合并为门头沟煤矿公司。[⑤]

（三）华北地区是中国最早修建铁路的地区并形成了密集的铁路网

中国第一条标准铁路，是1881年建成的唐山至胥各庄的唐胥铁路，它

---

①胡荣铨：《中国煤矿》，商务印书馆，1935，第224-225页。

②同上书，第251页。

③同上书，第183-184页。

④同上书，第81、83页。

⑤北京师范大学历史系三年级、研究生班编写：《门头沟煤矿史稿》，人民出版社，1958，第4页。

是为了便利开平煤矿运煤而发起兴建的,后来逐渐延伸为京奉铁路。[①]甲午战后尤其是20世纪以后,清政府为了挽救危机振兴实业,开始大规模兴建铁路,在华北地区形成了四通八达的铁路干线,包括在华北境内的胶济铁路、道清铁路和正太铁路,还有途经华北地区的京奉铁路、京汉铁路、京绥铁路、陇海铁路和津浦铁路。这些铁路大多以北京和天津为起点,通往周边地区,形成了密集的铁路网。

表1-5 华北地区兴建的铁路干线

名称	修建时间	起止地点	里程(千米)
京奉铁路	1878—1912	北京—沈阳	849.39
京汉铁路	1898—1906	北京—汉口	1214.49
胶济铁路	1899—1904	胶州—济南	394.10
道清铁路	1902—1907	道口—清化	229.07
正太铁路	1903—1907	正定—太原	249.95
京绥铁路	1905—1923	北京—包头	813.80
陇海铁路	1905—1945	连云港—天水	1356.07
津浦铁路	1908—1911	天津—浦口	1009.48

资料来源:
严中平等编:《中国近代经济史统计资料选辑》,科学出版社,1955,第172-174页。

甲午战争之后,帝国主义国家出于进一步侵略中国的需要,凭借不平等条约向中国政府索取了修筑铁路的各项特权,他们在借款合同中都附加了若干项不合理的规定。这些规定主要分为3类:第一类是列强直接经营中国铁路,如德国直接经营胶济铁路,英国直接经营道清铁路;第二类是列强参加管理中国铁路,如英国控制的京奉铁路、比利时控制的京汉铁路和法国控制的正太铁路都有此项规定;第三类是外国工程师、会计师等人占据技术职位,如比、荷操控的陇海铁路及英、德控制的津浦铁路均为此种情

---

①唐山市政协文史资料委员会编:《唐山文史资料》第16辑《开滦》,1992,第14-15页。

况。① 因此上表所列各铁路干线虽然为华北国有铁路干线，但是后来大多为列强所操纵，成为他们侵略中国的工具。尽管如此，华北境内毕竟建立了中国最早的铁路网络，这对于华北近代工业的发展有很大的推动作用。在修建铁路的同时，铁路沿线也建立了一批修理厂，如京奉铁路唐山制造厂、京汉铁路长辛店机厂、京绥铁路张家口机厂、正太铁路总机厂、胶济铁路四方机车厂、津浦铁路济南机器厂等。随着各条铁路干线及附近的机车修理厂的兴建，铁路工人产生并逐渐壮大。除此之外，华北铁路的修建为矿产品及其他工业品的运输提供了极大的便利。很多城市因为矿业和铁路的发达而逐渐兴起，如唐山、石家庄、阳泉、博山、郑州等地，这也带动了周围城市发展及其他产业的发展。

（四）华北地区的工厂以轻工业居多

除了煤矿、铁路之外，近代以来华北地区还建立了许多工厂，主要集中在纺织、面粉、火柴等轻工业。因为轻工业投资少、规模小，比较适合资本有限的华商兴办和经营。

表1-6 华北地区主要华商纱厂一览表

名称	创办时间(年)	所在地	名称	创办时间(年)	所在地
裕元纱厂	1915	天津	大兴纱厂	1921	石家庄
恒源纱厂	1916	天津	华新唐山纱厂	1922	唐山
华新纱厂	1916	天津	鲁丰纱厂	1915	济南
北洋纱厂	1919	天津	华新青岛纱厂	1920	青岛
裕大纱厂	1919	天津	成通纱厂	1933	济南
宝成纱厂	1920	天津	仁丰纱厂	1934	济南
广益纱厂	1906	河南安阳	晋华纺织公司	1919	山西榆次

资料来源：
吴瓯主编：《天津市纺纱业调查报告》，天津市社会局，1931。
严中平：《中国棉纺织史稿》附录一，科学出版社，1955。
汪敬虞编：《中国近代工业史资料》第2辑(下)，科学出版社，1957，第892页。

———————————
① 严中平等编：《中国近代经济史统计资料选辑》，科学出版社，1955，第181~185页。

华北地区早期出现的纱厂为1911年在直隶宝坻建立的利生祥纱厂，但规模很小，后在外资企业的竞争下而停业。华北纺织业有较大发展是进入民国以后。从上表我们可以看出，华北地区的纺纱厂以天津和山东的青岛、济南等地居多，山西省和河南省地处华北腹地，工业水平自然不如沿海省市。

表1-7 华北地区主要华商面粉厂一览表

名称	创办时间(年)	地点	名称	创办时间(年)	地点
福星面粉公司	1919	天津	丰年面粉公司	1915	济南
民丰年记面粉公司	1920	天津	惠丰面粉公司	1919	济南
陆记庆丰面粉公司	1922	天津	恒兴面粉公司	1920	济南
嘉瑞合记面粉公司	1923	天津	成丰面粉公司	1921	济南
三津寿丰面粉公司	1925	天津	华庆面粉公司	1921	济南
三津永年面粉公司	1929	天津	茂新面粉公司	1921	济南
中兴面粉公司	1916	青岛	烟台瑞丰面粉厂	1922	烟台
大和恒面粉厂	1915	安阳	通丰面粉公司	1919	新乡
天丰面粉公司	1918	开封	晋丰面粉厂	1921	太原

资料来源：
吴瓯主编：《天津市面粉业调查报告》，天津市社会局，1932。
上海市粮食局等编：《中国近代面粉工业史》，中华书局，1987，第278-295页。

华北地区是我国主要的面粉生产和消费地。近代早期面粉磨坊还较为普遍，到了1920年前后，规模较大的机器面粉厂才相继在华北建立。从上表我们可以看出，华北的面粉厂以天津、济南等地较多。天津是华北最大的面粉市场，年销量为2000万包左右。[1]上表所列济南的面粉厂规模也较大，其中的成丰面粉公司日生产能力为6000包。[2]

---

[1]上海市粮食局等编：《中国近代面粉工业史》，中华书局，1987，第278页。
[2]同上书，第286页。

表1-8 华北地区主要华商火柴厂一览表

名称	创办时间(年)	地点	名称	创办时间(年)	地点
丹华火柴公司	1910	天津	滦县火柴厂	1919	唐山
北洋火柴公司	1910	天津	双福火柴厂	1902	太原
荣昌火柴公司	1928	天津	荣昌火柴厂	1915	新绛
振业火柴公司	1913	济南	云龙火柴厂	1921	大同
振业火柴公司济宁分厂	1920	济宁	大中华火柴公司	1913	开封
振业火柴公司青岛分厂	1928	青岛	大有火柴公司	1927	洛阳
洪泰火柴厂	1930	济南	民生火柴厂	1927	开封

资料来源:
吴瓯主编:《天津市火柴业调查报告》,天津市社会局,1931。
青岛市工商行政管理局史料组编:《中国民族火柴工业》附录一,中华书局,1963,第293~296页。
汪敬虞:《中国近代工业史资料》第2辑(下),科学出版社,1957,第888页。

上表所列各厂,以丹华火柴公司规模最大,1917年它与北京丹凤火柴公司合并,"其规模较全国任何火柴厂为尤大"①。济南和青岛的火柴业也在华北地区占有一定的地位,上表所列山东省的几家火柴厂资本均在10万元以上。河南省和山西省的工厂规模较小,只有少数工厂资本在10万元以上。

除了纺纱、面粉和火柴这几种行业外,华北地区还建立了一些化学工厂,较为著名的有1914年建立的塘沽久大精盐公司和1920年创办的永利碱厂、1907年建立的唐山启新洋灰公司、1904年建立的山东博山玻璃厂和1922年创建的秦皇岛耀华玻璃公司等。

综上所述,在1931年九一八事件爆发之前,华北地区基本建立了以轻工业为主的工业体系,但是北京和山西的情况稍有不同。北京作为首都,作为政治文化中心,其"经济很不发达,工业较为落后,近代工业出现较迟,多为手工业生产,一直到抗日战争胜利后,其手工业仍占80%以上,在全国

①吴瓯主编:《天津市火柴业调查报告》,天津市社会局,1931,第6页。

工业产值中的比重仅为1.93%"①。虽然北京地区的工业水平不高,但它的公用事业有一定的发展。如1904年成立的京师华商电灯公司,资本180万元;②1908年建立的京师自来水厂,资本300万元;③1921年设立的北京电车公司,股本400万元。④另外华北地区机械工业总体水平较低,但是山西省的机械工业在阎锡山的统治下有所发展。阎锡山在辛亥革命后掌握了山西政权,他以发展军事、机械工业来巩固自己的统治。尤其是1933年西北实业公司在太原成立后,山西机械工业得到迅速发展。到抗日战争全面爆发前,该公司已控制了许多机械工厂,如西北农工器具厂、熔化厂、育材炼钢机器厂、西北铸造厂、西北机车厂、汽车修理厂、水压机厂等。⑤

(五)华北地区近代工业的创立受到政府及官僚的扶持

因为华北地区是畿辅之地,区域内的工业发展必定会受到政府及其官僚的关注与扶持,在华北地区建立和经营的近代工矿企业在投资与管理等方面也会受到政府的控制,同时获得政府给予的特权。

华北最早的近代工业是洋务派建立的军事工业,其经费均来自官方。天津机器局开办经费约为21.3万两,1867年"崇厚奏准以津海、东海两关四成洋税为常年经费",1880年至1887年"每年在户部西北边防饷内增拨一万两",从1870年以后,每年经费自13万至42万两不等。⑥山东机器局和神机营机器局的创办经费均为数十万两。清政府官僚投资的民用工业中较为重要的如1907年成立的滦州煤矿公司,"其招股及组织事宜,皆由袁

①中国人民大学工业经济系编著:《北京工业史料》,北京出版社,1960,第1页。
②陈真编:《中国近代工业史资料》第4辑,生活·读书·新知三联书店,1961,第872页。
③北京市档案馆等编:《北京自来水公司档案史料》,北京燕山出版社,1986,第1-2页。
④北京市档案馆等编:《北京电车公司档案史料》,北京燕山出版社,1988,第555页。
⑤陈真编:《中国近代工业史资料》第3辑,生活·读书·新知三联书店,1961,第1206-1210页。
⑥孙毓棠编:《中国近代工业史资料》第1辑(上),科学出版社,1957,第366、565页。

世凯札饬天津官银号办理"①。直隶总督袁世凯任命周学熙、孙多森分别任该公司的总理、协理,并"拨官股50万两,作为建设局厂、购买机器之用",在袁世凯的支持下,滦州官矿公司取得了延阔矿界、垄断矿地经营管理所有权及免缴矿照税等特权。②启新洋灰公司是近代中国最早的水泥厂,其前身为唐山细棉土厂,它一直都是在封建官僚的扶持下兴建和发展的。如袁世凯、周学熙、龚仙舟、颜惠庆等人,都是扶持启新洋灰公司的大官僚。启新洋灰公司凭借着这样的优势,必然取得了许多生产和销售方面的特权。③

民国建立以后,官僚、军阀继续扶持、推动近代企业的建立,他们在纺织业的投资较多。1915年在济南成立的鲁丰纱厂就是当时的实业司司长潘复创办的。民国时期天津的六大华商纱厂中,有四家为官僚资本创办,即周学熙投资的华新纱厂、直隶派曹锟投资的恒源纱厂、安福系投资的裕元纱厂及王克敏、屠振鹏、吴鼎昌投资的裕大纱厂。其中华新纱厂规模最大,在天津、唐山、青岛、河南汲县均设有工厂。④华新还获得了直、鲁、豫三省的垄断特权,即"三十年内如有欲在直鲁豫三省开设纺织公司者,须给华新公司以津贴"⑤。除此之外,秦皇岛的耀华玻璃厂、烟台的通益精盐公司及天津的利中制酸厂等,都是在官僚资本的支配下建立和发展的。

(六)外国资本对华北近代工业的渗透兴起于甲午战后

近代以来,外国资本主义不断地向中国的工矿企业渗透,最早是在东南沿海地区,而对华北工业的投资是在甲午战争以后逐渐兴起。甲午战后,《马关条约》的签订使列强获得了在中国通商口岸开设工厂的权利,此

①汪敬虞编:《中国近代工业史资料》第2辑(下),科学出版社,1957,第770页。

②唐山市政协文史资料委员会编:《唐山文史资料》第16辑《开滦》,1992,第38-39页。

③南开大学经济研究所、南开大学经济系编:《启新洋灰公司史料》,生活·读书·新知三联书店,1963,第4页。

④陈真、姚洛合编:《中国近代工业史资料》第1辑,生活·读书·新知三联书店,1957,第301页。

⑤陈真编:《中国近代工业史资料》第3辑,生活·读书·新知三联书店,1961,第664页。

后列强对中国的经济侵略从以商品输出为主转变为以资本输出为主。这个时期是列强认为他们"不应该坐着不动,应该行动起来"的时期,是他们在中国"处于所向无敌的地位"的时期。①据统计,在全面抗日战争以前,华北主要产业棉纺织业中的外国资本所占比例为90.1%,中国资本占9.9%。②可见外国资本扩张之快。

在华北地区,近代工业的主要投资者为英德日三国。1898年中德签订的《胶澳租界条约》"允准德国在山东盖造铁路",并于"所开各道铁路附近之处相约三十里内……允准德商开挖煤斤等项"。③这就给予了德国在山东开矿筑路的特权。同年英国通过《山西采矿条约》《河南开矿制铁章程》获得了在山西、河南采矿的权利。1900年英国骗占了直隶的开平煤矿,1912年又与滦州官矿公司合并为开滦矿务总局。同时英国通过借款合同控制了京奉、京汉、津浦和道清铁路的修筑。1917—1918年,日本趁欧洲国家忙于战争之际加大对华投资,其中对河北和山东两省的投资总额为1250万日元,占对华"合办"事业总投资额的45%。④第一次世界大战之后,日本取得了德国在山东的全部权益。自九一八事变后,日本大力推行侵略中国的"大陆政策"。华北事变以后,日本对华北资源的掠夺愈加严重。它专门设立兴中公司,加强对华北的经济侵略。一直到抗日战争全面爆发之前,华北建立了很多中日合办企业,较为重要的有天津电业公司、冀东电业公司、鲁东电力公司、长城煤矿公司、塘沽运输公司、惠通航空公司等。⑤在日本军事力量的支持下,日本资本家对纺织、面粉等华商工厂也

---

①汪敬虞编:《中国近代工业史资料》第2辑(上)"序",科学出版社,1957,第12页。
②陈真、姚洛、逄先知合编:《中国近代工业史资料》第2辑,生活·读书·新知三联书店,1958,第953页。
③王铁崖编:《中外旧约章汇编》第1册,生活·读书·新知三联书店,1957,第739页。
④陈真、姚洛、逄先知合编:《中国近代工业史资料》第2辑,生活·读书·新知三联书店,1958,第403页。
⑤同上书,第404页。

进行了兼并和收买。

三、华北产业工人的特点

华北的近代工业主要包括煤矿企业、铁路及其附近的机车厂，以及以轻工业为主的各种近代工厂，因此本书将华北产业工人分为煤矿工人、铁路工人及工厂工人等3类。下面就从这三类工人的来源与籍贯、规模与分布、内部结构及文化程度等方面来考察华北产业工人的特点。

（一）来源与籍贯

华北产业工人主要来源于农民、手工业者和城市贫民。

近代以来，外国资本主义在华倾销商品、掠夺原料，逐步破坏了中国的农业和家庭手工业相结合的自然经济。同时由于灾害、战争、人地矛盾等方面的影响，大量农民为了谋生，开始涌入城市做工。例如，"从人口过剩的山东来的贫困农民，就为华北的铁路、工矿企业提供了大量的劳动力。……1920—1921年直隶的一次饥荒就让大批灾民涌入城市工业中心，进入天津的棉纺织厂工作"[1]。因为工厂对技术水平的要求不高，所以这些农民很快就构成产业工人队伍的主要组成部分。久大精盐公司中农民出身的工人占59.3%，永利碱厂的农民工占44%。[2]

煤矿企业的工人更是以农民为主。山东中兴煤矿的里工"到矿以前的职业以农民为最多，占全体里工的44.1%，有田产者占20.8%"。外工之中，农民所占比例更大。采矿处的工人在外工中占了大多数，因而可以代表外工的大致情形。据调查，"采矿处的农人占该处全体职业已明者的59.6%"。[3]需要注意的是，这些农民并非全部都是失去生产资料的破产

---

[1]刘明逵、唐玉良主编：《中国近代工人阶级和工人运动》第1册，中共中央党校出版社，2002，第168页。

[2]同上书，第167页。

[3]参见施裕寿、刘心铨：《山东中兴煤矿工人调查》，载李文海主编：《民国时期社会调查丛编·城市（劳工）生活卷》，福建教育出版社，2005，第902-905页。

者,其中有的人是农闲季节在厂做工,农忙时节返乡务农。1920年保晋煤矿每月到工矿工的统计数字大体可以反映这个情况,该矿矿工12月到工人数最多,有1705人,而3月、4月、6月到工人数却很少,最少时仅583人。[1]可见不同季节到工人数差别很大。即使是在农村无法生存下去的破产农民也未和农村割断联系,他们"认为夏天去当收割短工可得更多收入",因此"夏收季节旷工现象经常发生,如天津的一个棉纺织厂,1928年1月工人的出勤率为93.67%,到7月下降为88.15%"。[2]

华北产业工人的另一个来源是熟练手工业工人。近代企业由于使用机器生产,操作程序简单,雇用的工人大部分为非技术工人,但企业也需要一定比例的技术工人即熟练工人。中国近代最早的熟练工人出现在东南沿海,因此华北许多工厂都是从这里雇用熟练工人的。例如,京奉铁路在唐山建立修配厂时,其熟练工人是从广州招募的。修筑京汉铁路时,从福州雇用了一批机械工人。山东煤矿的机械修理工人有的是从宁波和广州等地招募来的。19世纪20年代前后,天津棉纺织厂中的技术工人是从棉纺织业中心上海雇来的。[3]城市贫民也是华北产业工人的来源之一。一些商店店员、街头小贩、短工、退伍士兵等生活贫困且工作不稳定,于是他们便在工矿、交通运输企业中寻找固定的工作。"济南振兴火柴公司设在西关石棚街,这一带正是贫困回族居民和小手工业者聚居的地方。"[4]久大精盐公司的工人入厂前为城市贫民的占29%,永利碱厂则占24%。[5]

下面再来看看华北产业工人都是从哪些地区招募而来的。

---

[1] 王清彬等编:《第一次中国劳动年鉴》第1编,北平社会调查部,1928,第375页。
[2] 刘明逵、唐玉良主编:《中国近代工人阶级和工人运动》第1册,中共中央党校出版社,2002,第169页。
[3] 同上书,第171–172页。
[4] 青岛市工商行政管理局史料组编:《中国民族火柴工业》,中华书局,1963,第159页。
[5] 刘明逵、唐玉良主编:《中国近代工人阶级和工人运动》第1册,中共中央党校出版社,2002,第172页。

表1-9 华北各类产业工人来源地比例表

类别	本市(%)	本省各地(%)	邻省(%)	其他省份(%)
天津棉纺织厂工人	24.9	53.3	18.9	2.9
天津面粉厂工人	5.7	53.4	40.9	—
天津纺织工人	3.8	77.0	18.9	0.3
中兴煤矿工人	—	70.0	16.5	13.5

资料来源:
刘明逵、唐玉良主编:《中国近代工人阶级和工人运动》第1册,中共中央党校出版社,2002,第174页。

从上表可以看出,这几类工人主要来自本省各地,其次为邻省,来自其他省份的很少。来自企业所在城市的也较少,只有天津棉纺织厂工人有24.9%来自天津市,而中兴煤矿工人则没有来自本市的,大多数来自企业所在省的其他地区。

下面列举几个重要企业工人的籍贯情况。

唐山启新洋灰公司的工人"多数来自唐山及邻近各县和山东农村,机械工人最初则来自天津机器局及银元局。来自唐山附近的工人在农忙季节多回乡务农,农闲时期再回唐山做工。……山东籍的工人因返乡费用甚多,流动性较小"[1]。

天津裕元、恒源和华新三家纱厂之工人总共4825名,其原籍天津者仅有927人,只占总数的19.21%,其余多来自河北省,占总数的63.88%,还有一部分来自邻省,山东占8.48%,河南占6.07%,有极少数的工人来自江苏、浙江、安徽、山西和辽宁等地,他们加在一起的比例才占2.36%。[2]这少数的工人中可能有一部分就是纱厂雇用的技术工人。

根据久大精盐公司86位住厂工人和61位住家工人的选样调查计算得知,来自直隶的工人占总数的49.7%,山东籍工人占38.1%,来自北京的占

[1]南开大学经济研究所等编:《启新洋灰公司史料》,生活·读书·新知三联书店1963,第274-275页。

[2]方显廷:《中国之棉纺织业》,国立编译馆,1934,第133-134页。

9.5%,河南籍工人占2%,来自山西的为0.7%。[①]看来久大工厂工人籍贯以直隶、山东居多。久大地处直隶,因而就近劳动者多。山东地狭人稠,很多农民出来谋生。"久大工厂很喜欢录用勤苦耐劳的农民,制盐工作又不要什么技能,只要山东人所最擅长的气力,于是山东农民都争先恐后来厂做工。"[②]永利碱厂是久大的姊妹厂,二者均在塘沽。根据对该厂505位工人籍贯的调查显示,仍以直隶、山东居多,二者人数即占76.7%,其次是来自北京和河南的工人,还有极少数来自广东、湖南、浙江、江苏和安徽,这几处的工人只有13人,比例为2.57%。[③]

据1926年对山西保晋煤矿的调查,该公司平定各矿各种工人的籍贯,以山西人最多,占总数88.5%,直隶人占9.96%,河南占1.49%。[④]直隶临榆柳江煤矿的矿工"本地人为最多,唐山、口外、抚宁次之,山东、河间及南方人又次之"[⑤]。根据1931年对中兴煤矿的调查显示,其雇用的外工几乎全部为本省人,占总数的97.3%。里工之中,山东籍工人占68.9%,河北籍占16.4%,同时还有来自全国各地的其他工人。这反映了里工与外工在雇用方面的区别,里工是由公司直接雇用的人,工资由公司付给;外工是包工制度下包工头代为雇用的工人,工资由公司付给包工头,再由包工头从中克扣付给工人。[⑥]在这种情况下,包工头为了获利更多,剥削更为方便,选择雇用本地工人。

---

①参见林颂河:《塘沽工人调查》,载李文海主编:《民国时期社会调查丛编·城市(劳工)生活卷》,福建教育出版社,2005,第818、838页。

②同上书,第786页。

③同上书,第862页。

④王清彬等编:《第一次中国劳动年鉴》第1编,北平社会调查部,1928,第363页。

⑤同上书,第366页。

⑥参见施裕寿、刘心铨:《山东中兴煤矿工人调查》,载李文海主编:《民国时期社会调查丛编·城市(劳工)生活卷》,福建教育出版社,2005,第898—899、894页。

（二）规模与分布

表1-10 华北地区雇用500人以上的工厂工人人数及占全国比例表

时间（年）	北京（人）	天津（人）	青岛（人）	全国（人）	占全国比例（%）
1895	—	2000	—	41 900	4.8
1910	—	1350	2430	169 036	2.2
1933	650	20 339	22 788	324 918	13.5

资料来源：
刘明逵、唐玉良主编：《中国近代工人阶级和工人运动》第1册，中共中央党校出版社，2002，第192页。
刘明逵、唐玉良主编：《中国近代工人阶级和工人运动》第7册，中共中央党校出版社，2002，第150页。

通过上表我们可以看出，从1895年到1933年这30多年间，华北地区雇用500人以上的规模较大的工厂主要集中在天津和青岛。天津工业发展较早，但1895年其雇用500人以上的工厂工人人数仅占全国的4.8%，而上海则占56.6%。[①]当时北京和青岛还没有规模较大的工厂。北京地区的工业发展较为缓慢，到1933年其雇用500人以上的工厂人数只有650人，占全国比例仅为0.2%。青岛的工业发展较快，1910年其雇用500人以上的工厂工人人数已超过天津将近一半，1933年已达到两万多人，将近是1910年的10倍。1933年，天津雇用500人以上的工厂之工人人数也已达到两万多人，华北地区占全国的比例已达到13.5%。

华北地区工厂工人主要分布在哪些行业呢？根据1932年《劳动年鉴》统计数字记载，唐山市的纺织工人有2188人，占该市各业工人人数的88%。天津市纺织业工人人数为16 270人，占各业人数的41.8%；面粉业工人有2500人，火柴业工人有2385人，这些行业的工人人数较其他行业为多。北平市的织布和地毯工人总共有4909人，占各业工人总数的35.2%；

[①]刘明逵、唐玉良主编：《中国近代工人阶级和工人运动》第1册，中共中央党校出版社，2002，第192页。

工人人数较多的为印刷和五金制造业工人。青岛的棉纺织业和火柴业工人最多,分别占该市各业工人总数的58.8%和10%。济南市以棉纺、火柴、面粉业工人居多,占各业工人总数的比例分别为30.9%、14.6%和10%。郑州的棉纺织业工人人数达4504人,占该市各业工人总数的64.8%。太原的机械工人居多,有30 000人,占该地各业工人总数的80.9%。[1]综上所述,除了山西的机械工业较为突出外,纺织业是华北地区的主要产业及工人主要集中和分布的行业。

再来看看煤矿业工人的情况。1910年,华北地区雇用500人以上的煤矿主要分布在河北省、河南省和山东省,其中河北省总计13 500人,占全国的27%,河南省总计8400人,占全国的16.8%,山东省总计6700人,占全国的13.4%。华北地区雇用500人以上的煤矿工人总数占全国的57.2%。[2]1933年,河北省雇用500人以上的煤矿工人人数为60 207人,占该省工人人数的90%;山东省总计25 972人,占该省96.5%;山西省为4623人,占该省24.1%;河南省为14 182人,占该省工人数的75.3%。由此可知,山西省雇用500人以上的煤矿企业比例很小,而河北省、河南省和山东省规模较大的煤矿企业占多数,尤以河北省为最多。另外在华北各矿中,外资或中外合办企业比例很大。据1910年的统计显示,河北和河南地区的煤矿业工人主要分布在外资及中外合办各矿,山东的煤矿企业也有一半为外资及中外合办企业。1933年的统计显示,河北省雇用500人以上的中外合办煤矿的工人人数是华商煤矿人数的3.8倍,河南省的中外合办煤矿人数则是

---

①参见《民国二十一年中国劳动年鉴》,实业部劳动年鉴编纂委员会,1933,第20-47页。

②刘明逵、唐玉良主编:《中国近代工人阶级和工人运动》第1册,中共中央党校出版社,2002,第201页。

华商煤矿人数的2.6倍。[①]

因为铁路干线较长,铁路工人并不像其他工矿企业工人那样集中,而且缺少每条铁路干线的不同区段的统计数字,因此只列举华北地区各铁路干线工人的总人数于下。

表1-11　华北各铁路干线工人人数表

单位:人

	1916年	1920年	1925年	1930年
京汉	11 761	16 572	20 000	14 689
京奉	14 100	18 053	16 000	19 980
津浦	10 739	14 614	20 000	12 033
京绥	6121	8336	19 000	8810
正太	2996	2424	3000	1811
道清	1041	1264	1000	1146
陇海	1303	1408	10 000	4813
胶济	——	——	5000	6347
共计	48 062	62 671	94 000	69 629
全国	59 857	77 622	139 065	99 754

资料来源:
刘明逵、唐玉良主编:《中国近代工人阶级和工人运动》第1册,中共中央党校出版社,2002,第160-163页。
邢必信等编:《第二次中国劳动年鉴》第1编,北平社会调查所,1932,第6页。
注:(1)1916年和1920年陇海路的统计数字为其中段汴洛路的人数统计。
(2)1925年的统计数字源于上海《商报》,系根据全国铁路总工会统计,工人数包括小工在内。《铁路职工教育旬刊》亦有另一份统计报告,系根据各路调查员的报告统计,与《商报》的统计数字有所出入,其统计只限于各路常年工人,其他临时工、小工等均未列入。故此表采用上海《商报》的统计数据。

通过上表数字计算得出,华北这几条主要铁路干线工人人数的总和在1916年、1920年、1925年和1930年分别占该年全国国有各路工人人数的80.3%、80.7%、67.6%、69.8%。比例的下降是因为随后其他线路的修建需

[①]刘明逵、唐玉良主编:《中国近代工人阶级和工人运动》第7册,中共中央党校出版社,2002,第144页。

要雇用更多工人。但无论如何,这几条铁路干线的工人人数及占全国的比例都是非常高的,其中又以京汉、京奉、津浦铁路所占的比例最高,可以看出其重要性。另外在各条铁路沿线附近还设有许多铁路工厂,如京奉路唐山制造厂、山海关铁工厂,京汉路郑州修理机车及车辆厂、长辛店机务电务厂,津浦路济南机器厂、天津机器厂,陇海路洛阳机器厂,道清路修武汽机厂,正太路石家庄、太原、阳泉修车厂等。据1926年统计,华北地区铁路工厂的雇用工人人数总计为7611人,占全国总数的62%,其中尤以京奉铁路唐山制造厂规模最大,雇用工人人数为2943人,其他铁路工厂大多为几百人而已。[①]

（三）内部结构

主要从年龄结构、女工与童工、熟练工与非熟练工这几个方面,对华北产业工人的内部结构进行探析。

华北产业工人多来自农村,因此年轻工人所占比例很大。青岛华新纱厂的住厂工人中,16~20岁的工人最多,占总数的40.9%,15岁以下的童工比例也不小,达到21.2%。青岛火柴工厂中制轴、整轴和涂磷、涂砂等部门的工人多在18~30岁之间,包盒、装盒工人年纪最小,多在20岁以下,最小才十三四岁。[②]据1928年天津市社会局对中小工厂工人的调查,其年龄平均数为24岁。[③]1927年塘沽久大精盐公司住厂工人的选样调查显示,20~29岁之间的工人最多,占总数的66.3%,20岁以下的工人仅占1.2%。同年对永利碱厂工人的年龄调查显示,20~29岁的工人也占多数,比例为58%,而20岁以下者比久大工厂的比例高,为12%。[④]因为矿山的工作较为辛

①王清彬等编:《第一次中国劳动年鉴》第1编,北平社会调查部,1928,第31页。

②刘明逵、唐玉良主编:《中国近代工人阶级和工人运动》第1册,中共中央党校出版社,2002,第187页。

③刘明逵、唐玉良主编:《中国近代工人阶级和工人运动》第7册,中共中央党校出版社,2002,第160页。

④参见林颂河:《塘沽工人调查》,载李文海主编:《民国时期社会调查丛编·城市(劳工)生活卷》,福建教育出版社,2005,第819、870页。

苦,矿工大都在50岁以下,开滦煤矿工人大多在20~30岁之间,最小的工人只有9岁。[1] 根据1931年对矿业工人的调查,华北矿工年龄16~25岁的占总数的26.4%,26~35岁的占38.6%,36~45岁的占23.6%,46~55岁的占10.1%,56岁以上的仅占1.3%。[2] 1925年,铁路职工教育委员会的调查数据显示,华北各路工人最低年龄平均为17岁,最高年龄平均为61岁。京汉、京奉两路工人最高年龄均为72岁。津浦路职工中,15~20岁者占总数的10%,20~30岁者占25%,30岁以上者占50%。京奉铁路的职工,20~49岁之间的占总人数的87.5%,19岁以下的工人只占3.76%。京汉路工,24~44岁之间的人数占总数的74.18%,19岁以下的仅占1.28%。[3] 综上所述,华北各业工人年龄较小,轻工业工厂还雇用童工,铁路工人中没有童工,而且工人年龄比工矿企业工人较高。

就全国来讲,尤其是在纺织业等轻工业部门,女工占有相当高的比例。据北洋政府农商部统计,1912年至1920年全国女工人数在工人总数中所占的比例,最高时为44.7%,最低时为33.7%。[4] 但就华北而言,企业很少雇用女工。

表1-12 华北女工人数及占各省工人人数比例表(1920年)

省别	全省工人总数	全省女工人数	女工占比(%)
京兆	8921	160	1.8
直隶	128 414	2007	1.6
山东	18 461	6470	35.0
河南	14 561	2431	16.7
山西	12 222	543	4.4

资料来源:
王清彬等编:《第一次中国劳动年鉴》第1编,北平社会调查部,1928,第549页。

[1] 许元启:《唐山劳动状况(二)》,《新青年》1920年第7卷第6号。
[2] 陶镕成:《全国矿山工人的现状》,《劳工月刊》1934年第3卷第8期。
[3] 刘明逵、唐玉良主编:《中国近代工人阶级和工人运动》第1册,中共中央党校出版社,2002,第189-190页。
[4] 同上书,第218页。

从上表可以看出，华北地区雇用女工并不多。直隶省女工比例最小，与江苏、安徽等地无法相比。同年，江苏省女工人数占该省工人总数的73.7%，安徽省女工占该省工人总数的54%。[①] 即使是在最适合雇用女工的棉纺织业中，华北的女工人数也不多。据1928年统计，"天津各纱厂共有工人16 798人，女工为1842人，仅占10.97%"[②]。1931年，天津裕元、华新、北洋、裕大和宝成等纱厂雇用女工所占比例分别为各厂工人总数的9.74%、11.32%、10.44%、7.25%、22.45%，而恒源纱厂没有女工。[③] 据1930年的调查数据显示，山东青岛棉纺织业女工仅占该业工人总数的6.37%，而上海棉纺织业女工则占该业工人总数的72.87%。[④]雇用女工之所以没有在华北地区盛行，这与当地社会风气闭塞及观念保守有关，"女子外出做工被看做不光彩的事。同时，女子的缠足风俗也是她们外出的障碍"[⑤]。而东南沿海城市开放较早，社会风气早已改变。

华北地区的童工，大多数为手工业的学徒，就新式工厂而言，其主要分布在纺织、火柴等行业中。"京津之火柴工厂，大多使用童工装盒封包。丹华津厂有工人1000人，童工有500人。丹华京厂有工人800人，其中童工有500人。"[⑥]可见童工比例之大。华北的童工以天津纺纱厂为最多，据1928年对天津各纱厂工人的统计，"童工所占的百分比为8.68%，并不低于华中华南诸省童工所占比例"[⑦]。又根据1931年《天津纺纱业调查报告》数据计算，天津六

---

①王清彬等编：《第一次中国劳动年鉴》第1编，北平社会调查部，1928，第549页。

②方显廷：《中国之棉纺织业》，国立编译馆，1934，第175页。

③参见吴瓯主编：《天津市纺纱业调查报告》，天津市社会局，1931，第52、166、201、252、285、134页。

④方显廷：《中国之棉纺织业》，国立编译馆，1934，第174页。

⑤罗澍伟主编：《近代天津城市史》，中国社会科学出版社，1993，第543页。

⑥王清彬等编：《第一次中国劳动年鉴》第1编，北平社会调查部，1928，第572页。

⑦方显廷：《中国之棉纺织业》，国立编译馆，1934，第176页。

大纱厂雇用童工的比例平均约为15%。[①] 通过1933年中国经济研究所对各地工业的调查数据计算,青岛市火柴业童工所占比例为25.6%,棉纺织业童工占4.5%;北平市火柴业童工占该业人数的54.4%,棉织业童工占57.4%;济南市火柴业童工所占比例为13.5%,棉纺织业占9.6%;河南安阳的棉纺织业童工占该业人数的32%。[②] 可见华北童工在工人总数中所占的比例不低。

在华北工厂中,熟练工人所占比例较小,大部分被雇用者没有技术,只会从事简单的操作。例如,1927年久大精盐公司有技能的工人只占13.5%。[③]1929年,天津某面粉厂全体工人中,有技能者占17.3%,半技能工人为46.4%,无技能的则占36.4%。[④] 1924年,中兴煤矿采矿处有技能工人占4.5%,这主要包括电机匠、电线匠及各处细工等,无技能工人占89.7%;机务处有技能工人占36.3%;电务处技能工人为18.4%。[⑤]看来采矿处的普通工人最多,技能工人最少。据1920年对京汉、京绥、京奉、胶济四路工人的统计,有技能工人所占比例为20.08%,半技能工人17.32%,无技能者占62.59%。但是华北铁路附近的修理工厂所需技术工人较多,1923年这四条铁路附近修理工厂的技能工人占47.9%,1929年达到51.1%。[⑥]

---

① 参见吴瓯主编:《天津市纺纱业调查报告》,天津市社会局,1931,第52、166、201、252、285、134页。

② 刘大钧:《中国工业调查报告》(下),经济统计研究所,1937,第21、26、196、233、296页。

③ 林颂河:《塘沽工人调查》,载李文海主编:《民国时期社会调查丛编·城市(劳工)生活卷》,福建教育出版社,2005,第786页。

④ 王子建:《天津面粉厂工人及工资的一个研究》,载李文海主编:《民国时期社会调查丛编·城市(劳工)生活卷》,福建教育出版社,2005,第947页。

⑤ 参见施裕寿、刘心铨:《山东中兴煤矿工人调查》,载李文海主编:《民国时期社会调查丛编·城市(劳工)生活卷》,福建教育出版社,2005,第896、908页。

⑥ 参见刘心铨:《华北铁路工人工资统计》,载李文海主编:《民国时期社会调查丛编·城市(劳工)生活卷》,福建教育出版社,2005,第978、984页。

（四）文化程度

华北产业工人来源于农民、小手工业者和城市贫民，很多人没有机会接受教育，文化程度普遍较低。据1927年对久大精盐公司住厂工人的选样调查统计，在被调查的86位工人中，"有47人能识字看报，27人识字而不能看报，12人不识字"。对该厂住家工人的选样调查显示，被调查的61户家庭，总人数为227人，不识字者即为176人，占77.5%。看来久大住家工人比住厂工人文化程度低，其"年龄较长，又有家事缠身，因此读书的人数，非常之少"。永利碱厂共有工人505人，对其中50位住厂工人进行选样调查后显示，识字人数为34人，占总数的68%，这个比例算是很高的了。[1]1931年，在天津六大纱厂工人中，其识字者仅占22.98%，不识字者是识字者3倍还多。女工不识字者人数最多，占女工总人数的95.66%。[2]天津丹华、北洋、荣昌各火柴公司雇用工人的文化程度也较低，其不识字者分别占73.3%、85.21%和73.93%。[3]天津面粉厂不识字工人大多占百分之六七十，三津寿丰面粉公司工人不识字者居多，占78%；陆记庆丰和民丰年记面粉公司的工人文化程度较高，其识字者分别占54.1%和68.31%。[4]

根据1931年对矿业工人的调查，华北矿工不识字的占62.9%，略识字的只占27.3%，初小毕业者占7.3%，后期小学毕业占2.4%，初中程度的只有0.1%。[5]在煤矿工人中，里工与外工的受教育程度也有所区别。里工中有一些技术工人，而外工多是纯体力劳动者。1931年，中兴煤矿里工中未受过教育者占里工总数的78.4%，外工中不识字者更多，占全体外工的

---

①参见林颂河：《塘沽工人调查》，载李文海主编：《民国时期社会调查丛编·城市（劳工）生活卷》，福建教育出版社，2005，第834、854—855、871页。

②吴瓯主编：《天津市纺纱业调查报告》，天津市社会局，1931，第49页。

③参见吴瓯主编：《天津市火柴业调查报告》，天津市社会局，1931，第29、47、54页。

④参见吴瓯主编：《天津市面粉业调查报告》，天津市社会局，1932，第12、24、40、50、57页。

⑤陶镕成：《全国矿山工人的现状》，《劳工月刊》1934年第3卷第8期。

96.9%。不同部门的里工受教育程度也不同。中兴煤矿受过教育的里工，机务处占21.9%，电务处占25%，采矿处仅占14.6%，这是由于机、电两处有较多技能工人的缘故。[1]

据1925年北京交通部铁路职工教育委员会对京奉、京汉、津浦、京绥四路工人的受教育情况的调查得知，各路工人在职工学校学习的人数占该路职工总数的比例分别为6.61%、10.81%、8.98%和7.32%，这说明正在受教育的人数不多。[2] 1925年，京奉铁路未受教育的职工占21.03%，京汉铁路未受教育的人数占45.6%。[3] 1932年的《劳动年鉴》记载，津浦路、胶济路和北宁路不识字工人分别占该路工人人数的55.5%、36.6%、44.5%。[4]可以看出，铁路职工比工厂、矿山工人的受教育情况稍好一些。

第二节 民国时期华北产业工人的发展历程

民国时期是华北近代工业迅速发展的时期，也是华北产业工人发展壮大的时期，主要表现为工人人数的由少到多，发展区域的由点到面，工人运动由自发阶段到自觉阶段的转变和工人组织的逐步建立，以及在工人要求改变自身状况和保护自身利益的呼声下劳动立法的从无到有，等等方面。本节试图从北洋政府统治时期和南京国民政府统治时期两个阶段对上述几个方面进行分析。

一、北洋政府时期的发展概况

从1912年3月袁世凯窃取革命果实，在北京就任中华民国临时大总统

---

①施裕寿、刘心铨：《山东中兴煤矿工人调查》，载李文海主编：《民国时期社会调查丛编·城市（劳工）生活卷》，福建教育出版社，2005，第903-904页。

②刘明逵、唐玉良主编：《中国近代工人阶级和工人运动》第1册，中共中央党校出版社，2002，第585页。

③王清彬等编：《第一次中国劳动年鉴》第1编，北平社会调查部，1928，第388-389页。

④《民国二十一年中国劳动年鉴》第1编，实业部劳动年鉴编纂委员会，1933，第191-192页。

起,北洋军阀开始统治中国。袁世凯之后,中国还经历了皖系、直系和奉系三派军阀的统治,一直到1928年,奉系军阀的统治在北伐战争中被推翻,这段时间即为北洋政府统治时期。民国建立以后,资产阶级代表人物掌握了政府的领导权,不少工商界人士参加各地军政机构,他们制定了振兴实业的政策,有力地推动了资本主义工业的发展。因此产业工人也随之发展壮大,首先就表现在工人人数的迅速增长上。

表1-13 华北地区工厂职工人数累年比较表(1912—1920年)

地区	职工人数								
	1912	1913	1914	1915	1916	1917	1918	1919	1920
京兆	5382	4828	5783	6483	7316	6058	6811	7694	8920
直隶	25 691	18 668	25 851	43 183	42 854	23 100	40 309	39 336	128 414
山东	98 070	100 949	30 996	24 774	19 971	22 292	25 492	33 303	14 561
河南	4731	14 070	12 126	14 891	14 266	14 169	14 042	12 541	12 222
山西	39 302	56 230	19 948	14 047	17 492	15 373	12 649	12 302	12 861
总计	173 176	194 745	94 704	103 378	101 899	80 992	99 303	105 176	176 978

编者注:表中所列均为中国人所办工厂的工人人数,外商在华工厂工人未算在内。
资料来源:
刘明逵、唐玉良主编:《中国近代工人阶级和工人运动》第1册,中共中央党校出版社,2002,第145页。

通过上表我们可以看出,1912年至1920年间,华北各地工厂工人人数虽有所起伏,但通过计算,北京、直隶、山东、河南、山西几地工厂的工人总数最终是有所增加的。尤其是直隶省较为明显,1912年其工厂工人总数为25 691人,到了1920年增至128 414人,是1912年的5倍。

在华北地区各类工厂中,工人多集中于纺织工厂。我们以华北纺织业中心天津和青岛为例,看看这两地纱厂工人人数的变化。1924年,天津纱厂工人人数为14 100人,1927年增至15 432人,1928年增至16 018人。青岛纱厂1924年有工人5200人,1927年就增至16 147人,到1928年为16 523人。可见青岛市纺织工人比天津市增长速度更快,三四年的时间就增长了两倍多,其占全国纺织业工人总数的比例也由2.7%上升到6.9%。[1]

表1-14 华北地区矿工人数累年比较表（1912—1920年）

地区	矿工人数								
	1912	1913	1914	1915	1916	1917	1918	1919	1920
京兆	839	286	195	492	781	141 544	29 376	305 132	303 865
直隶	4812	4588	16 090	18 349	19 557	7 643 925	7 311 752	7 801 141	1 889 007
山东	7680	4775	5960	5543	3732	1 673 342	1 761 105	1 187 276	2 178 088
河南	2523	5360	7545	7091	14 275	3 457 253	3 851 815	1 415 923	1 797 631
山西	12 135	8930	11 196	11 217	17 540	2 409 874	4 704 473	4 478 253	4 107 358
总计	27 989	23 939	40 986	42 692	55 885	15 325 938	17 658 521	15 187 725	10 275 949

资料来源:
刘明逵、唐玉良主编:《中国近代工人阶级和工人运动》第1册,中共中央党校出版社,2002,第149-159页。

通过上表可以看出,1912年到1920年这几年间,华北各地矿业工人的人数基本呈上升趋势。1917年以后的数目较大是因为前后统计方法不同。1916年之前的数据,矿工一项以人数计算,1917年以后以工数计算,即一人一日为一工,故数目较大。[2] 如果单看1916年之前的数据,华北各地矿业工人人数增长是较为迅速的。1916年各地矿工人数总和是1912年的两倍。直隶和河南矿工人数增长最快,直隶1916年矿工人数是1912年的4倍,河南1916年矿工人数是1912年的5.7倍。

再举几个华北地区典型煤矿的例子来看看矿工人数的变化。1921年,直隶柳江煤矿矿工440人,各种工人总数为1362人,1923年其矿工数增至800人,各种工人总数增至1912人。1918年,山西保晋煤矿采煤工人为601人,各种工人总数为792人,1922年其采煤工人人数增为1103人,各

---

[1]方显廷:《中国之棉纺织业》,国立编译馆,1934,第132页。
[2]刘明逵、唐玉良主编:《中国近代工人阶级和工人运动》第1册,中共中央党校出版社,2002,第159页。

种工人总数增至1528人。[1] 1917年,山东中兴煤矿采矿处工人人数为530
人,1927年增至821人。[2]

表1-15 华北各铁路干线工人人数累年比较表(1916—1925年)

	1916	1917	1918	1919	1920	1921	1922	1923	1924	1925
京汉	11 761	12 177	13 111	14 687	16 572	17 780	20 216	22 517	23 423	20 000
京奉	14 100	14 735	14 817	16 400	18 053	19 198	19 283	16 231	19 124	16 000
津浦	10 739	10 743	12 545	15 750	14 614	16 230	15 355	16 478	16 788	20 000
京绥	6121	6042	5954	6648	8336	9214	9336	13 231	13 587	19 000
正太	2996	2257	2263	2305	2424	2533	2588	2684	2748	3000
道清	1041	1051	1175	1258	1264	1408	1417	1517	1720	1000
陇海	1303	1496	1521	1375	1408	1413	2579	2665	3294	10 000
胶济	—	—	—	—	—	—	—	8409	8683	5000
总计	48 062	48 501	51 386	58 423	62 671	67 776	70 774	83 732	89 367	94 000

编者注:1916—1921年陇海路的统计数字为其中段汴洛铁路的人数统计。
资料来源:
刘明逵、唐玉良主编:《中国近代工人阶级和工人运动》第1册,中共中央党校出版社,
2002,第160-163页。

通过上表我们可以看出,1916年至1925年这10年间,华北铁路工人
总数是不断增长的。1925年,各路工人总数达94 000人,是1916年工人总
数的将近两倍。另外在铁路沿线还设有许多铁路工厂。1919年,华北各
路附近的铁路工厂职工人数为4592人,其中尤以京奉铁路唐山制造厂规
模最大,人数为1847人。[3]1926年,华北地区铁路工厂雇用的工人人数总
计增至7611人,京奉铁路唐山制造厂雇用工人人数增为2943人。[4]

---

[1]王清彬等编:《第一次中国劳动年鉴》第1编,北平社会调查部,1928,第203-205页。

[2]施裕寿、刘心铨:《山东中兴煤矿工人调查》,载李文海主编:《民国时期社会调查
丛编·城市(劳工)生活卷》,福建教育出版社,2005,第896页。

[3]刘明逵、唐玉良主编:《中国近代工人阶级和工人运动》第一册,中共中央党校出
版社,2002,第164页。

[4]王清彬等编:《第一次中国劳动年鉴》第1编,北平社会调查部,1928,第31页。

除了产业工人人数迅速增长外,其发展区域也不断扩大。

对于华北工厂工人来说,民国以前雇用500人以上工人的工厂分布情况是,1895年主要集中在天津,1910年主要分布在天津和青岛,两地雇用500人以上的工厂工人总计3780人,而且青岛的人数是天津的将近两倍。[1]可见此时工人集中分布的区域已经扩大。让·谢诺在《中国工人运动(1919—1927)》一书中分析,中国产业工人在1919年前后主要分布在6个地区,其中山东的低地中心区和直隶的东北边区就是工人集中分布的两个区域。德国和日本先后控制山东地区,外国企业在这里发展较快。青岛的棉纺织厂、火柴厂,济南的卷烟厂、面粉厂和铁路工厂,博山、淄川、坊子等地煤矿企业都聚集了很多产业工人。直隶没有制造业的传统,其工业的兴起和发展是由于天津开埠和唐山建立开滦煤矿。大量中外企业集中于天津,有棉纺织厂、面粉厂、火柴厂等,塘沽还有久大精盐厂和永利碱厂,唐山的开滦煤矿、京奉路唐山制造厂及启新洋灰公司等都聚集了大量产业工人。[2]

从表1-14我们可以看出,华北的煤矿工人主要集中在晋冀鲁豫四省,而且人数在逐年增长,有的矿务公司还不断地在各地设立分公司以拓展业务。例如,保晋煤矿总公司初设在太原,"1916年又迁至阳泉,下设9个分公司,分布在北京、天津、保定、石家庄、正定、大同、泽州、寿阳、上海等处。1925年,该公司辖有矿区11处,其中阳泉6处,大同3处,晋城1处,寿阳1处"[3]。开滦煤矿的矿井除了之前建成的唐山矿、林西矿、马家沟矿、赵各庄矿外,还于1925年建成唐家庄矿。[4]煤矿工人的分布区域也随着这些矿区

---

①刘明逵、唐玉良主编:《中国近代工人阶级和工人运动》第1册,中共中央党校出版社,2002,第192页。

②同上书,第192、195页。

③《中国近代煤矿史》编写组编:《中国近代煤矿史》,煤炭工业出版社,1990,第137页。

④开滦矿务局史志办公室编:《开滦煤矿志(1878—1988)》第2卷,新华出版社1995,第111页。

的拓展而扩大。

对于铁路工人来说，其工人人数及分布区域是随着铁路线路的修建而发展的。北洋政府时期，华北各路修建了一些支线。1912年津浦路建成兖州—济宁支线。1910年至1921年，京汉路修建了丰乐—六河沟支线。1914年至1916年，京奉路修建了北戴河—海滨支线。1915年京绥路修建了北京环城支线，1918年建成大同—口泉支线和宣化—水磨支线。1918年至1919年，胶济路修建了金岭镇—铁山支线。1924年，正太路修建了凤凰山矿道支线。[1]随着华北各路扩建支线，铁路工人的分布区域也越来越广。

正是在北洋政府时期，中国产业工人觉悟逐渐提高，五四运动以后开始从自在阶级向自为阶级转变，工人运动和工会组织都有所发展。在1919年五四运动之前，产业工人运动还是以经济斗争为主。这段时间全国的经济斗争主要发生在上海、广州和东北等地，华北地区工人经济斗争所占的比例相当之小，主要有1912年山西汴晋煤矿工人要求增加工资的罢工、1912年北京白纸坊印刷局工人要求分红加薪发生的罢工、1913年山东淄川煤矿工人要求增加工资的罢工、1914年焦作煤矿工人反对裁减工资的罢工和1916年北京财政部印刷局要求分给红利而发生的罢工这几个事件。[2]我们可以看出，华北产业工人早期的经济斗争主要是以争取工资为中心的，这也是与工人切身利益最相关的内容。

除了经济斗争之外，华北地区产业工人早期参加的反帝爱国运动中较为突出的就是1916年反对法国侵占老西开的罢工斗争。老西开是天津法租界与华界接壤之地，1916年法国占领了此地，立刻引起了天津人民的反对。这次反帝斗争是由天津商会领导，但是产业工人的罢工起了非常重要的作用。"自十一月十三日以来，凡受法人雇用者一律罢工。此项工人无虑

---

①严中平等编：《中国近代经济史统计资料选辑》，科学出版社，1955，第178-179页。

②刘明逵、唐玉良主编：《中国近代工人阶级和工人运动》第2册，中共中央党校出版社，2002，第350-354页。

数千之众。灿烂繁荣之法租界以我民一怒之故,几化鬼市荒墟。"①此次斗争持续五六个月,使法国承认老西开由中法共管。在这次斗争中,我们可以看到天津工人的伟大力量,但是斗争的领导者是以天津商会为代表的资产阶级,说明产业工人还没有作为独立的力量登上政治舞台,此时只是资产阶级的追随者,直到五四运动以后才开始改变了这种状况。

1919年由于中国在巴黎和会上的外交失败,在北京爆发了以青年学生为先锋的五四运动。随后运动中心转移到上海,工人阶级开始成为运动的主体,以工人罢工为中心展开了三罢运动。此时华北地区的产业工人也展开了"同情罢工"和其他爱国活动。所谓同情罢工就是为了声援五四运动而展开的罢工运动。京汉铁路长辛店工人组织"救国十人团"开展爱国宣传活动,共组织20余团之多。因副厂长阻挠铁路工人的爱国活动,长辛店工人还举行了罢工。南口铁路工人"誓不为日人做工,永不购日货"。京奉铁路唐山制造厂建立职工同人会,开展爱国活动,这个组织后来就变为铁路工会组织。唐山制造厂工人在五四运动之后也组织了"救国十人团",抵制日货、反对卖国条约。天津电车工人罢工,要求公司给予爱国学生乘车免费的权利。②在山东济南的三罢斗争中,面粉厂工人率先举行了罢工。津浦铁路济南工厂的工人还前去阻止军阀镇压学生的行为。③上述产业工人的斗争显示出他们已经以独立的姿态登上政治舞台。

五四运动以后,北京、天津、唐山、济南等地相继建立了中国共产党早期组织,他们开始帮助工人组织工会,如京奉铁路唐山制造厂职工同人会、京汉铁路长辛店铁路工人会、京汉铁路郑州工人俱乐部等。这些中共早期组织还利用1921年的五一劳动节纪念活动,向产业工人进行马克思主义

---

①《老西开事件》,《新青年》1916年第2卷第4号。

②参见刘明逵、唐玉良主编:《中国近代工人阶级和工人运动》第3册,中共中央党校出版社,2002,第96-102、181页。

③刘明逵、唐玉良主编:《中国工人运动史》第2卷,广东人民出版社,1998,第73页。

宣传,为党组织的成立做准备工作。从长辛店工人为庆祝五一劳动节游行时唱的歌曲就能看出产业工人的觉悟已经有所提高。歌词是:"如今世界不太平,重重压迫我劳工。一生一世做牛马,思想起来好苦情。北方吹来十月的风,惊醒了我们苦兄弟。无产阶级快起来,拿起铁锤去进攻。红旗一举千里明,铁锤一举山河动。只要我们团结紧哪,冲破乌云满天红。"[①]在这样的背景下,中国共产党于1921年7月诞生了,同时成立了领导工人运动的中国劳动组合书记部。中国产业工人有了领导者,实现了从自在阶级向自为阶级的根本转变。

劳动组合书记部除了继续健全工会组织外,还领导了第一次工运高潮,在华北地区表现为北方铁路工运高潮和开滦五矿同盟罢工。当时正逢1922年第一次直奉战争,直系打败了奉系,军阀吴佩孚控制了北京政权。为了稳固新政权,他提出保护劳工的主张,而且试图利用共产党对抗交通系的势力,中共便利用这种机会开展斗争。[②]京汉铁路长辛店、京奉铁路山海关、唐山制造厂、京绥铁路和正太铁路工人相继罢工,提出了改善待遇和工会具有推荐工人权利的要求,最后均取得胜利。在这些铁路工人罢工的同时,各路的工会组织也都有所发展,工人俱乐部纷纷成立。与此同时,开滦五矿举行了同盟大罢工,但是由于事起仓促又缺乏经费,在资本家和军阀的镇压下复工。资本家提出的调解条件与工人最初的要求相差甚远,但是此次罢工的规模较大,对帝国主义和北洋军阀政府造成了沉重的打击。1923年的京汉铁路工人罢工使第一次工运高潮达到顶点。这次罢工是因为成立京汉铁路总工会遭到军阀吴佩孚的禁止而引起的。最后吴佩孚在帝国主义的支持下对罢工工人进行镇压,制造了"二七惨案"。此后工人运

①中华全国总工会中国工人运动史研究室编:《中国工运史料 第1至8期》(下),工人出版社,1984,第20页。

②刘明逵、唐玉良主编:《中国近代工人阶级和工人运动》第4册,中共中央党校出版社,2002,第361页。

动进入低潮。

1924年国共合作正式形成,国民党确立了"联俄、联共、扶助农工"的政策。随后第二次直奉战争爆发,冯玉祥倒戈发动北京政变,直系势力被消灭,冯玉祥、张作霖、段祺瑞组织联合政府。冯玉祥在一定程度上同情革命,因此这些变动对北方工运很有利,工人运动开始恢复。[①]1924年2月7日,也就是"二七惨案"一周年纪念之际,全国铁路总工会在北京成立。它是"现代中国产业工会的中心",其成立"乃为工人阶级日常生活的利益不断作经济和政治的奋斗"。[②]华北地区的工人罢工斗争开始恢复和发展,如北京财政部印刷局工人罢工,天津宝成、北洋、裕元和华新纱厂组成工会联合会与资本家展开的一系列斗争,唐山制造厂工人开展反裁员斗争及唐山华新纱厂工人反对工头虐待的斗争,青岛四方机车厂工人因工友被开除及要求发放年终奖金举行的罢工,等等。[③]

1925年4月,在上海日商纱厂罢工的影响下,青岛日商纱厂工人开始组织工会,因遭到资本家的反对而举行罢工并取得了胜利,这对正在恢复和发展中的华北工人运动产生了极大的影响。1925年5月,上海日本纱厂资本家枪杀工人顾正红案引发了震惊全国的五卅运动。这场反帝爱国运动以上海为中心,全国各地纷纷响应。在华北地区,北京产业工人通过发放传单和捐款的方式对五卅运动进行支援。天津日商纱厂工人举行同盟罢工,遭到奉系军阀的镇压。青岛日商纱厂工人进行第三次罢工,遭到军阀张宗昌的镇压。河南豫丰纱厂工人罢工,资本家指挥流氓打手对其进行

---

① 王建初、孙茂生主编:《中国工人运动史》,辽宁人民出版社,1987,第98页。

② 中华全国总工会中国工人运动史研究室编:《中国工运史料 第1-8期》(下),工人出版社,1984,第82页。

③ 参见刘明逵、唐玉良主编:《中国近代工人阶级和工人运动》第5册,中共中央党校出版社,2002,第96-100、150页。

镇压。① 这些罢工斗争虽均遭镇压，但其精神鼓舞了产业工人的斗志，对五卅运动形成有力的支援。

五卅运动之后，华北工人继续开展经济斗争和"反奉倒段"的运动，同时工会组织有很大发展。北京市总工会、天津市总工会、唐山开滦煤矿工会、济南总工会及河南总工会都纷纷成立，华北各铁路工会也都相继恢复和发展。截至1926年，除去各铁路工会外，直隶有工会会员103 200人，河南有80 000人，山西省工会会员为20 000人，山东省有13 940人，共计217 140人，占全国总数的20%。② 1926年，国民革命军的北伐战争节节胜利，沉重地打击了北洋军阀，使其进一步加强了对华北的控制。这段时间"华北的工人运动基本处于消沉之中"③，与北伐军所到地区的工运发展情况截然不同。1927年4月，蒋介石发动了四一二反革命政变叛变革命，随后建立南京国民政府，一改之前的劳工政策，使工人运动进入了另一个阶段。1928年的二次北伐结束了北洋军阀在中国的统治。

另外有一点值得注意的是，在工人要求改变自身状况和保护自身利益的呼声下，北洋政府被迫制定了一些劳工立法。1923年，在京汉铁路罢工的压力下，北洋政府制定了《暂行工厂通则》，同年又制定了《矿工待遇规则》。1925年，颁布了《国有铁路职工通则草案》。随着劳资纠纷的增多，北洋政府又于1925年颁布《工会条例草案》。1927年，北京农工部将《暂行工厂通则》加以修订后发布《北京农工部工厂条例》，同时颁布《北京农工部监察工厂规则》。④ 因北洋政府时期政局动荡，上述法规大多很难施行，但

①参见刘明逵、唐玉良主编：《中国近代工人阶级和工人运动》第5册，中共中央党校出版社，2002，第370-387、394-397页。

②王清彬等编：《第一次中国劳动年鉴》第2编，北平社会调查部，1928，第30页。

③刘明逵、唐玉良主编：《中国工人运动史》第3卷，广东人民出版社，1998，第504页。

④参见王清彬等编：《第一次中国劳动年鉴》第3编，北平社会调查部，1928，第183、207、210、244、198、203页。

是它开了中国政府保护劳工立法的先河,到了南京国民政府时期劳动立法更加普遍。

二、南京国民政府时期的发展概况

1927年4月12日,蒋介石发动反革命政变叛变革命,于18日在南京建立国民政府。1928年4月,蒋、冯、阎、桂各派进行二次北伐,继续向奉系军阀进攻,张作霖很快退出北京并在沈阳附近被害。不久张学良宣布东北易帜,南京国民政府在名义上统一了中国。北洋军阀统治时期就此结束,中国开始了以蒋介石为首的南京国民政府的统治时期。这个时期实际上是国民党新军阀代替北洋旧军阀的统治,实行国民党一党专政的独裁统治时期。这个时期由于军阀混战及随后的日本侵华,使得华北产业工人在曲折中发展。

总的来说,华北产业工人的人数、规模和活动区域仍在不断扩大。关于华北地区工厂工人人数的统计不多,而且较为零散,因此根据材料笔者只列出1920年和1932年的数据做一比较(见表1-16),而两者正好分别处于北洋政府和南京国民政府统治时期的中期。

表1-16　华北地区工厂工人人数比较表(1920年、1932年)

地区	1920年	1932年
京兆	8920	13 934
河北	128 414	157 033
山东	14 561	50 312
河南	12 222	14 902
山西	12 861	37 091
总计	176 978	273 272

编者注:表中河北省的数据包括天津市在内,1932年天津工人人数的统计误记入矿工及职业工人若干,因此该年河北省工厂工人人数比实际数要高出一些。
资料来源:
刘明逵、唐玉良主编:《中国近代工人阶级和工人运动》第1册,中共中央党校出版社,2002,第145页。
《民国二十一年中国劳动年鉴》第1编,实业部劳动年鉴编纂委员会,1933,第3-5页。

通过上表我们可以看出,南京国民政府时期华北产业工人规模又有所发展。1932年华北各地区工厂工人人数均较1920年有所增长,其总数是1920年人数的1.54倍。其中山东省和山西省的工人人数增长较为迅速,1932年山东省工厂工人人数是1920年的3.5倍,山西省工厂工人是1920年的2.9倍。

至于矿工人数,我们也以1920年和1932年这两年的数据做对比。根据所掌握的资料,1920年的矿工统计方法是以工数(一人一日为一工)计算,数目较大,而1932年的统计是以人数计算,二者统计出来的数字不具有可比性,故不在此列举华北各省矿工人数的数字,而是就其在全国矿工中所占的比例进行比较。根据表1-14的数据显示,1920年华北地区的矿工工数统计为10 275 949,当时全国矿工工数为27 499 077,故1920年华北矿工总工数占全国的37.4%。[1] 1932年华北各省有矿工110 582人,全国总数为251 762人,故华北地区所占比例为43.9%,[2]较之1920年有所提高。1933年的《劳动年鉴》和《中国经济年鉴》还分别对1933年和1936年的矿工数字进行了统计,但是都未把东北地区计算在内,因此无法计算华北占全国的比例。但就各省数据来看,基本上是呈上升趋势的,尤其以河北省增长最快,由1932年的47 650人上升到1936年的67 969人(北平门头沟煤矿被计算在河北省数据里)。[3]

---

①刘明逵、唐玉良主编:《中国近代工人阶级和工人运动》第1册,中共中央党校出版社,2002,第157-158页。

②《民国二十一年中国劳动年鉴》第1编,实业部劳动年鉴编纂委员会,1933,第88-89页。

③刘明逵、唐玉良主编:《中国近代工人阶级和工人运动》第七册,中共中央党校出版社,2002,第103-104页。

表1-17 华北各路工人人数统计表(1930—1934年)

名称	1930年	1932年	1933年	1934年
北宁	19 980	11 681	10 010	10 855
平汉	14 689	16 299	15 044	15 471
津浦	12 033	16 100	13 475	14 428
平绥	8810	81 939	9039	9238
正太	1811	1811	2198	2244
道清	1146	1146	1360	1355
陇海	4813	4813	6118	6971
胶济	6347	6257	6251	6536
总计	69 629	140 046	63 495	67 098

编者注:1934年北宁路仅调查了关内段,关外段未算在内;1932年平绥路统计数字过大,疑似统计错误。

资料来源:
邢必信等编:《第二次中国劳动年鉴》第1编,北平社会调查所,1932,第6页。
《民国二十一年中国劳动年鉴》第1编,实业部劳动年鉴编纂委员会,1933,第82页。
《民国二十二年中国劳动年鉴》第1编,实业部劳动年鉴编纂委员会,1934,第284-285页。
铁道部总务司编:《国有铁路劳工统计第二种》,南京京华印书馆,1935。

通过上表我们可以看出,1930年至1934年这几年间,除北宁路外,华北各路工人人数基本呈缓慢上升趋势,总数变化不大。其中1932年平绥路工人人数统计数字过大,与该路每年人数发展不甚相符,疑似统计或录入失误。其他各路基本变化不大,对照表1-15可以看出,20年代华北各路工人规模就已经与30年代接近,表明华北各路工人人数发展稳定,这是由于南京国民政府时期"把铁路建筑重点转移到华东、华南地区"[1]的缘故。这段时期,除了陇海铁路修建台儿庄—赵墩支线[2]之外,华北地区基本没有新修铁路。

这段时期华北产业工人的活动区域也有所扩大。民国初期,华北地区

---

[1]刘明逵、唐玉良主编:《中国近代工人阶级和工人运动》第7册,中共中央党校出版社,2002,第46页。

[2]严中平等编:《中国近代经济史统计资料选辑》,科学出版社,1955,第179页。

雇用500人以上工人的工厂主要分布在天津和青岛。1933年的统计显示，这种规模的工厂在北平有所分布。天津和青岛的工厂发展速度较快，1933年其雇用500人以上工厂的工人总数分别是1910年的15倍和9.4倍。此外青岛地区的外资企业比重较大，雇工人数是当时华资企业雇用工人的4.2倍。[①]民初华北地区雇用500人以上的煤矿企业主要集中在河北省、河南省和山东省，而且这些大型企业大都是外资及中外合办性质的，说明当时华资各矿中没有规模较大的企业。[②]而1933年雇用500人以上的煤矿企业除了河北省、河南省和山东省以外，还在山西省有所分布。此时华资煤矿中的大规模企业也占有相当比例，与中外合办企业雇用工人人数达到3∶5的比例，占当时华北雇用500人以上煤矿工人总数的37.2%，其中尤以河北省和山东省为最多。[③]

南京国民政府时期，华北产业工人运动在曲折中缓慢发展。1927年大革命失败以后，国民党反动派大肆镇压工人运动，屠杀工人及工人领袖，解散和封闭革命工会。与此同时，共产党建立起革命根据地，开始进入独立领导革命战争、创建人民军队和武装夺取政权的时期。在国民党控制的地区（白区），共产党的活动只能在秘密中进行，因此华北工人运动就此转入低潮。

南京国民政府建立初期，为了和共产党争夺工人的拥护，除了封闭革命工会之外，还在各地建立起御用工会。因为"在大革命时期发展起来的工会几乎都是共产党领导的，国民党在工人中没有根基，他们要夺取工人运动的领导权以稳定其统治，不能像旧军阀那样不要工会，于是采取了御

---

①刘明逵、唐玉良主编：《中国近代工人阶级和工人运动》第7册，中共中央党校出版社，2002，第150页。

②刘明逵、唐玉良主编：《中国近代工人阶级和工人运动》第1册，中共中央党校出版社，2002，第201页。

③严中平等编：《中国近代经济史统计资料选辑》，科学出版社，1955，第112页。

用工会的方式以达到控制工人运动的目的"。御用工会不是真正代表工人利益的组织，"它的成员大都是党政军界人士，经费由政府供给，是政府统治工人运动的工具"。御用工会的建立，使得"革命工会急剧萎缩"，工人的政治、经济利益得不到保障。[1]在国民党的指挥下，各地对原有工会展开整理工作。1928年，华北地区的河南省、山西省和山东省分别成立了该省的工会整理委员会，津浦、陇海、平汉、平绥、北宁各路及枣庄和淄博矿区都纷纷成立了工整会。经过重新登记审查的工会会员人数比原有人数减少很多，如津浦路工会筹备委员会由13 827人减少到8865人，陇海路工整会人数由6000人减少至3116人，枣庄矿区工整会也由6000人减少到2271人。[2]华北地区产业工人此时并没有因为国民党的镇压政策而停止斗争，河南卫辉纱厂工人、唐山煤矿工人和津浦铁路工人仍继续坚持罢工斗争。不久国民党制定了控制工人运动的《工会法》，各地依据该法又新建了一些国民党控制下的工会，与共产党的赤色工会相对应，这些工会被称作黄色工会。1931年，国民党控制下的华北地区晋冀鲁豫四省的工会会员人数为123 857人。[3]除了煤矿和铁路之外，纺织业是华北地区的重要产业。在国民党的控制下，天津六大纱厂、石家庄大兴纱厂、青岛日商纱厂和河南裕丰纱厂都有国民党的工会，但是由于它们都不代表工人的利益，所以这些地区的产业工人经常进行反对国民党工会的斗争。

这段时期，由于国民党的镇压政策以及共产党白区工运政策反复出现的"左"倾错误，使得白区赤色工会力量越来越弱。[4]关于铁路工会，1930

---

①刘明逵、唐玉良主编：《中国近代工人阶级和工人运动》第8册，中共中央党校出版社，2002，第7-8页。

②工商部劳工司编：《十七年各地工会调查》，工商部总务司编辑科，1930，第4页。

③邢必信等编：《第二次中国劳动年鉴》第2编，北平社会调查所，1932，第18页。

④参见刘明逵、唐玉良主编：《中国近代工人阶级和工人运动》第8册，中共中央党校出版社，2002，第375-376页。

年平汉路的赤色组织主要在河南信阳,只有400余人;平绥路的南口、大同和绥远有秘密的赤色支部,但总人数才100人;陇海路在开封只有13人组成赤色组织,在洛阳只有20余人受赤色工会领导;津浦路华北段没有赤色工会,在天津和济南都是受黄色工会控制;胶济路、正太路等都未建立赤色组织。关于煤矿组织,1930年唐山五矿加入赤色组织的人数较多,有8000人,河南焦作的赤色工会会员仅有500人。[1] 关于各省工会,1928年河南全省"赤色工会会员不足500人"[2]。山西省赤色工会会员较多,1928年有1万人以上,但其统计还包括一些手工业工人;产业工人方面,"阳泉矿工工会有3000余人,绛州纱厂工人只有三四百人有组织"[3]。据1931年统计,"山东全省有产业工人20多万人,但赤色工会会员只有98人"[4]。

尽管白区赤色工会力量如此薄弱,中国共产党还是领导产业工人继续坚持政治经济斗争。1929年,由于日本资本家开除工人,青岛日商纱厂、丝厂和火柴厂共九大工厂的工人举行了一场反日同盟大罢工。参加者达到2万多人,罢工持续4个月之久,在政府当局的协商下被迫复工。但由于工人们继续坚持怠工斗争,使企业主最终恢复录用部分被开除的工人,并答应了增加工资及改善待遇等条件。[5] 除了反帝斗争之外,华北产业工人的斗争主要还是经济斗争。如华北各铁路线工人普遍开展索薪运动,天津裕元纱厂工人为要求工厂给予吃饭休息时间而进行斗争,天津嘉瑞面粉厂工人因失业进行请愿,唐山启新

①中华全国总工会中国职工运动史研究室编:《中国工会历史文献》第3册,工人出版社,1958,第61-67页。

②陈恒文主编:《河南工会志(1897—1987)》,河南人民出版社,1993,第125页。

③刘明逵、唐玉良主编:《中国近代工人阶级和工人运动》第8册,中共中央党校出版社,2002,第524-528页。

④陈曰武主编:《山东省工会组织史资料(1921—1990)》,山东友谊出版社,1994,第4页。

⑤青岛市总工会工运史研究室编:《青岛工人运动史(1897—1949)》,中共党史资料出版社,1989,第130-137页。

洋灰公司和华新纱厂工人要求增加工资而怠工,秦皇岛耀华玻璃公司工人要求改良待遇而怠工,开滦五矿工人为增加工资改善待遇而罢工,等等。[①]

1931年,日本发动了入侵我国东北的九一八事变,此时民族矛盾开始上升为主要矛盾,全国各地工人迅速兴起了抗日救亡运动。华北各地积极建立反日组织,北平、天津、开封等地纷纷成立了各业工会救国联合会。各地相继展开了反日斗争。在山东,鲁大公司淄川煤矿工会召集工友进行抗日救国宣传,高呼"打倒日本帝国主义",提倡不合作主义。在河南,开封各业工会组织反日宣传队,许昌工人团体在中共党组织的领导下举行抗日游行运动,中原煤矿职工捐款慰劳抗日战士。1933年,日本将侵略魔爪伸向华北地区,日军占领山海关和热河后,又向长城沿线进攻。各路工人纷纷声援长城抗战,平津各路"呈请政府允准工人在战区附近成立工人自卫团体",陇海路员工捐薪数千元作为对抗战将士的援助,正太路员工捐款10万元购买飞机以助国防,津浦铁路、胶济铁路工人也纷纷捐款捐物支援前线战士。[②]

但最终国民政府与日本签订了《塘沽协定》,承认冀东为非武装区,民族危机更加严重。1935年,日本又发动了策划华北"自治"的华北事变,抗日救亡运动出现高潮。在民族危机的关键时刻,中国共产党的策略由反蒋抗日向逼蒋抗日转变,决定利用国民党控制的工会争取群众开展活动。在中共中央北方局的领导下,石家庄的正太铁路工人建立抗日救国会,在这个基础上,石家庄又建立了石门工人救国会和由铁路工人家属及大兴纱厂女工组织的妇女救国会,以更好地开展工人运动。[③] 这些抗日团体的出

---

①参见刘明逵、唐玉良主编:《中国近代工人阶级和工人运动》第8册,中共中央党校出版社,2002,第705、738、838页。

②参见刘明逵、唐玉良主编:《中国近代工人阶级和工人运动》第9册,中共中央党校出版社,2002,第691-695、712-713、635-636页。

③刘明逵、唐玉良主编:《中国工人运动史》第4卷,广东人民出版社,1998,第558页。

现,表明共产党抗日民族统一战线政策对工人产生了极大的影响。1936年,青岛日商纱厂工人举行大罢工,它是在上海日商纱厂罢工的影响下发生的。这次罢工是在民族危机日趋严重的形势下,在中共抗日民族统一战线政策的影响下举行的。各个日商纱厂的工人在罢工中互相帮助,虽然罢工斗争最后被破坏了,但是它确实对华北抗日救亡运动起了很大的推动作用。[①]

从九一八事变到抗日战争全面爆发前,国民党置民族危机于不顾,对外采取不抵抗政策,对内则是在"攘外必先安内"的政策下,对共产党的革命组织进行破坏。同时国民党还加强自己控制的工会组织。在华北地区,1936年国民党控制工会共计81个,会员总数为66 876人,[②]而赤色工会基本被破坏。尽管如此,在共产党抗日民族统一战线政策的感召下及人民抗日救亡运动蓬勃高涨的影响下,国共开始了合作抗日的阶段。

南京国民政府统治时期,国民党为了欺骗、控制工人还制定了一批劳动法。北洋政府时期开了中国政府保护劳工立法的先河,南京国民政府时期的劳动立法则逐渐完备。当时颁行的主要法令有《工厂法》《工厂检查法》《工会法》《劳资争议处理法》《团体协约法》《铁路员工服务条例》《矿场法》及一些工人福利方面的法令等。这些法律主要是为了调和劳资矛盾以稳定国民党的统治,其中有许多限制和束缚工人的条文,因此遭到产业工人的反对。例如,1929年北平市总工会呈请中央取消《工会法》,它提出"工会法对厂方极端袒护,对工人则层层束缚。本党第一次全国代表大会宣言,为农工而奋斗,今则适得其反耳"[③]国民政府迫于压力对已制定法律的某些条款进行了修订。华北各省市也颁布了许多地方法规,如《天津

---

① 刘明逵、唐玉良主编:《中国近代工人阶级和工人运动》第9册,中共中央党校出版社,2002,第640-642页。

② 《一九三六年之中国工会调查》,《国际劳工通讯》1937年第4卷第10期。

③ 邢必信等编:《第二次中国劳动年鉴》第2编,北平社会调查所,1932,第149页。

特别市政府劳资仲裁委员会章程》《河北省工商厅监察工厂规则》《河北省暂行工厂规则》,①以及《北平特别市工人休假待遇暂行规则》《北平市职业介绍所登记规则》《青岛市劳资争议处理法施行细则》《青岛市工厂职工补习学校实施办法》《河南中原煤矿公司工人抚恤条例》《山西省保护工人暂行条例》②等等。国民党制定这些法规的目的是为了控制和限制工人的活动,但其中也有一些有利于产业工人的条款。只是条款制定以后,其实施又是另外一回事了。

---

①参见天津市档案馆编:《天津商会档案汇编(1928—1937)》(下),天津人民出版社,1996,第1370-1376、1638-1641页。

②参见《民国二十一年中国劳动年鉴》第1编,实业部劳动年鉴编纂委员会,1933,第48、56、140、161-164页。

第二章　华北产业工人的劳动条件

资本家为了榨取更多的剩余价值,向来都想方设法延长工人的劳动时间并增加其劳动强度。民国时期,华北产业工人的劳动时间一般都较长,休息和休假时间很短,致使工人身心疲劳,工作效率很低。除此之外,劳动环境的恶劣导致工人极易患上职业病和传染病。由于企业主对于生产设备缺乏检查和维护,使劳动灾害和工伤事故经常发生,尤其以矿山更加严重。同时工人生活非常贫困,并时常面临失业的威胁。本章试图从上述几个方面考察民国时期华北产业工人的劳动条件。

第一节　劳动时间与休息时间

民国时期,华北产业工人的工作时间相当漫长,一般长日班为12个小时甚至更长时间。有的企业实行轮班制,工人由于工资较低不能维持生活,经常打连班,夜班是最有害工人身体的。产业工人几乎每天都在工作,休息和假期相当少,工人无暇顾及家事,更不用说有幸福可言了。工人身心因此受到很大损害,据调查,"工人工作12小时的平均寿命,为28岁;11小时的平均寿命,为35岁;10小时的平均寿命,为41岁半;8小时的平均寿命,为46~52岁"①,看来劳动时间过长使工人寿命明显缩短。下面就对工人每日劳动时间与休息时间,以及工人全年劳动日数与休息日数两个方面

①徐协华:《铁路劳工问题》,东方书局,1931,第67-68页。

进行考察。

一、每日劳动与休息时间

华北地区的工厂主要以纺织、面粉和火柴厂为主,因此在这里就分析这几类工厂工人的劳动和休息时间。

(一)纺织工厂

据1926年北京农商部的调查统计,天津的裕大、恒源、裕元、华新、裕华等纺织厂的产业工人每日均工作12小时,宝成纱厂成年工人工作11小时,童工10小时。据日本学者的调查,天津纱厂"有夜工的三工厂,每周日夜班换班,休息24~33小时"[1],其他长日班工人基本在吃饭的时候才得以休息。北京织染工厂工人最长工作时间为14小时,最短为9小时,平均每日工作11.4小时。山东的纺织业工人每日工作12小时,从早6点到晚6点,午餐休息半小时。山东的丝厂工人工作时间11~13小时不等,午餐休息时间能达到1小时。[2]据《新青年》的调查,山西实业实验所即太原的一个织工厂,其工人每日工作时间约为11小时。[3]据《劳动年鉴》统计,1932年天津棉纺织业工人最长工作时间为12小时,普通为11小时;北平纺织业工人最长劳动时间为11小时,最短为8小时,普通一般为10小时;唐山、太原、济南、青岛、开封等地纺织工人工作时间普遍为12小时;烟台最长是13小时,一般也为12小时;河南郑县和开封的棉纺织工人一般每日工作10小时,与其他各地相比时间较短。[4]根据1933年《劳动年鉴》的数据显示,在山东省纺织业工人中,男工每日工作时间最长达15小时,最短8小时,普通

---

① 刘明逵,唐玉良主编:《中国近代工人阶级和工人运动》第1册,中共中央党校出版社,2002,第239-240页。

②同上书,第239-241页。

③《山西劳动状况》,《新青年》1920年第7卷第6号。

④《民国二十一年中国劳动年鉴》第1编,实业部劳动年鉴编纂委员会,1933,第148-162页。

为10小时,女工最长12小时,最短也是8小时,普通为10小时,童工工作8小时;河北省纺织工人最长工作12小时,普通为8小时;在山西省纺织业工人中,男工最长工作11小时,一般为10小时,女工普遍工作8小时;河南省棉纺织工厂工人工作时间较短,最长为9小时,最短为7小时,但是成年工与童工情况相同。[①]通过上述统计数字我们可以看出,民国时期华北地区纺织业工人的工作时间一般在12小时左右,童工的工作时间在10小时左右。但这只是一班或叫一工。在棉纺织厂里由于机器不停运转,晚上亦须上班,因此一般实行两班制。下面举几个例子来说明白班和夜班的工作情况。

石家庄大兴纱厂的工人实行两班倒,白班工作是从早6点到晚6点,夜班工作是从晚6点到早6点。虽是早6点上班,但工人一般都须早到,因为工厂从5点15分就鸣笛,一直到6点一共响3次,第三次笛响过后工人如果迟到就不能进厂了。"许多工人家里没有钟表,只能'晴天看星星,阴天听鸡鸣'。因为担心迟到,很多工人半夜就上路,到工厂门口提前等着,听到鸣笛就立刻进厂"[②]。

天津六大纱厂的工作也分为日夜两班,日班的工人工作12小时后下班,夜班的工人开始交替上班并同样工作12小时。但因为夜班工作辛苦,故日班和夜班工人每周都轮流换班一次。"天津的裕元、宝成和裕大纱厂每日工作时间自早6点至晚6点;恒源纱厂自早6点半到晚6点半;华新纱厂和北洋纱厂自早7点至晚7点"[③],夜班与之交替对应。工人的用餐时间即为每日休息时间,每日正午或凌晨即为工人吃饭时间,基本为半个小时,饭后马上回归工作。大部分纱厂工人用餐不出厂屋,而且夜班工人需自备食

---

①《民国二十二年中国劳动年鉴》第1编,实业部劳动年鉴编纂委员会,1934,第172-178页。

②杨俊科、梁勇:《大兴纱厂史稿》,中国展望出版社,1990年,第70-71页。

③参见方显廷:《中国之棉纺织业》,国立编译馆,1934,第164、167页。

物。恒源纱厂"在厂吃饭者,即相率至饭厅,当时由原动部将电关闭,停车半小时吃饭",而宝成纱厂工人用餐"不停止工作,随作随食"。夜间本为休息时间,因此夜班工人工作较为疲劳。工人从夜班开始一直到12点之前,精神状态尚可,12点以后到凌晨4点之间,工人精神萎靡,处于"不得不睡又不敢沉睡"的状态,到四五点钟因检查者进厂,故此时工人状态开始恢复。[1]由此得知,这样的工时制度使工人极其疲劳并影响工作效率。因此宝成纱厂于1930年实行三班制,即每班工作时间为8小时,并规定女工和童工在第一班即早6点至午后2点工作。[2]改制后,工人工作效率有所提高,但在实行3年后因为劳资冲突而被废止。

（二）面粉工厂

据《新青年》记载,北京贻来牟和记面粉公司的工人每日工作11个小时;[3]山西大同的大通面粉工厂工时较短,仅为8小时。[4]据1925年日本学者记述,山东的制粉公司工时为12小时。[5]根据《劳动年鉴》记载,1932年天津面粉业工人最长工作时间为12小时,一般为11小时;唐山、太原、济南、开封等城市面粉工人工时均为12小时,烟台工时较短,仅为8小时。[6]根据1933年《劳动年鉴》的数据显示,山东省面粉厂工人一般每日工作10小时;河北省面粉业工人最长工时为12小时,最短为10小时,一般是11小

---

①参见吴瓯主编:《天津纺织业调查报告》,天津市社会局,1931,第135、204、287、288页。

②方显廷:《中国之棉纺织业》,国立编译馆,1934,第167页。

③李幽影:《北京劳动状况》,《新青年》1920年第7卷第6号。

④高君宇:《山西劳动状况》,《新青年》1920年第7卷第6号。

⑤刘明逵、唐玉良主编:《中国近代工人阶级和工人运动》第1册,中共中央党校出版社,2002,第248页。

⑥《民国二十一年中国劳动年鉴》第1编,实业部劳动年鉴编纂委员会,1933,第148-162页。

时;山西省最长 11 小时,普通的为 8 小时。[①]通过上述数据我们可以看出,民国时期华北地区的面粉工厂工人每日工作时间大概也在 12 小时左右。另外华北地区的面粉厂也是实行日夜两班制。据《中国工业调查报告》统计,河北省和青岛市的面粉工厂平均每日开工时数为 24 小时,山东为 20 小时,山西为 20.7 小时,河南为 21.3 小时。[②]以河北省和青岛市最长,机器日夜不停连续生产。

下面以天津面粉厂为例,对其工时制度进行阐述。天津各大面粉厂的工作时间以 12 小时的两班制为主,除了陆记庆丰面粉公司是 5 点 30 分换班外,大多为早晚 6 时接替班。不同部门的工人工作时间也略有不同。寿丰面粉公司原动部各机工,每日工作 12 小时,修机部工人每日工作 10 小时。永年面粉公司工人大部分工作 12 小时,"惟锅炉房之看火夫,分三班轮流,每班 8 小时"。陆记庆丰面粉公司之"接粉抬煤工人分为三班,每班 6 小时,其余工人每昼夜分两班,12 小时工作"。至于用餐休息时间,寿丰面粉公司工人有 1 小时的吃饭时间,陆记庆丰和民丰年记面粉公司,"其每日用饭时,机器不停,工人轮流用饭"[③]。

(三)火柴工厂

据北京农商部 1926 年调查,丹华火柴公司津厂工作时间为 11 小时,北洋第一火柴公司为 12 小时。北京丹华火柴公司工时为 12 小时,其每日休息时间为 2 小时。据日本学者的调查统计,山东省火柴工厂工作时间一般为 12 小时,但青岛市火柴工厂工作时间长达 14 小时,即从上午 4 点到晚上

①《民国二十二年中国劳动年鉴》第 1 编,实业部劳动年鉴编纂委员会,1934,第 172-177 页。

②刘大钧:《中国工业调查报告》(中),经济统计研究所,1937,第 369 页。

③参见吴瓯主编:《天津市面粉业调查报告》,天津市社会局,1932,第 13、25、33、42、51 页。

6点。① 根据《劳动年鉴》记载，1932年天津火柴工厂工人最长每日工作12小时，普通为10.5小时，童工与成年工情况相同；北平火柴业中，男工一般工作10小时，女工和童工为8小时；烟台火柴厂中，男女工、童工的普遍工作时间均为10小时；青岛最长为12小时，普通为10小时。② 根据1933年《劳动年鉴》的数据显示，山东省火柴工人最长工作时间12小时，一般为10小时；河北省火柴工人工时较短，最长为9小时，最短为7小时；山西省最长为10小时，普通为8小时。③

通过以上调查统计我们可以看出，民国时期华北地区火柴工厂的工作时间最初为12小时左右，到了30年代工作时间有所缩短，大概在10小时左右。据《中国工业调查报告》显示，河北省、山东省和北平火柴工厂平均每日开工时数均为10小时，青岛市为11小时，都高于全国火柴工厂平均每日开工时数（9.9小时）。④ 同时值得注意的是，在华北火柴工厂中，男工与女工、童工的工作时间几乎没有差别，这对于女工和童工来说是非常不合理的。在火柴厂中，童工主要从事包装工作，他们的劳动非常廉价但工作时间不少于成年工人。北京丹华火柴厂建立初期就招募了一批十二三岁的童工入厂做工。他们每天凌晨3点45分就被工头叫起床，4点就开始工作，直到晚上10点左右才收工。"中间除了吃两顿饭外，别无休息时间。"童工要上厕所亦受到限制，"上厕所时须到工头处领牌，而每一百个童工仅有两块上厕所牌"。这个"早起三刻三，晚下十点后"的制度，"直到1926年后，在大革命形势的逼迫下才改变，变成早六点至晚六点的十二小时制"。

---

① 刘明逵、唐玉良主编：《中国近代工人阶级和工人运动》第1册，中共中央党校出版社，2002，第246-247页。

② 《民国二十一年中国劳动年鉴》第1编，实业部劳动年鉴编纂委员会，1933，第148-152页。

③ 《民国二十二年中国劳动年鉴》第1编，实业部劳动年鉴编纂委员会，1934，第172-177页。

④ 刘大钧：《中国工业调查报告》（中），经济统计研究所，1937，第357-358页。

劳动时间的缩短,只能意味着其劳动强度会被资本家加大了。[①]

(四)其他化学工厂

华北较为重要的化学工厂还有启新洋灰公司、久大精盐公司和永利碱厂等。唐山启新洋灰公司劳动时间过长,从建厂以后工人每天工作时间一直是12小时,周日"昼夜两班换班时,工人连续工作18小时"。"普通工人有一小时吃饭时间"可以作为休息时间,"管理机器的工人,没有吃饭和休息时间"。童工每天也要工作11个小时。该公司的夜班还安排了童工,时间是下午7点至第二天凌晨5点,这对未成年人的成长造成很大的损害。[②]塘沽久大和永利二厂是姊妹厂,因此二者的工时制度是一致的,即在1927年3月之前,"普通工人每天工作12小时,有技能工人工作10小时"。自1927年3月起,实行8小时三班制,这是针对锅炕灶等主要工人而言,"第一班早六点到下午两点,第二班下午两点到晚上十点,第三班晚上十点到次日早上六点。每周日换班一次,第一班换第三班,休息32小时,即为歇大班,第二班换第一班,第三班换第二班,休息8小时","有技能的附属工作采取8小时一班制",无技能的附属工作时间不定,但比有技能者工作时间较长。[③]8小时工作制能增进工作效率,对于工厂或是工人都是有益处的,但是大部分工厂并未实行此制度,企业主只是一味地延长工人的劳动时间。

(五)煤矿工人

再来看看华北煤矿工人的情况。开滦煤矿矿上工作时间为9.5小时到

①北京市总工会工人运动史研究组:《北京工运史料》第2期,工人出版社,1982,第229页。

②南开大学经济研究所、南开大学经济系编:《启新洋灰公司史料》,生活·读书·新知三联书店,1963,第277-279页。

③参见林颂河:《塘沽工人调查》,载李文海主编:《民国时期社会调查丛编·城市(劳工)生活卷》,福建教育出版社,2005,第789-790、864页。

10个小时,井下工人实行8小时的三班制。[1]但是每班的实际工作时间要超过规定的8小时。因为矿工大多住在离矿区较远的农村,"上工前还要通过进矿搜身等几道关口","有的把头还把采煤的运料工序安排在8小时以外",算作准备工作。[2]矿工为了避免迟到,经常半夜从家里赶过来,再加上收工后上交矿灯等手续,实际每班所费时间大概有10小时。因为矿工的工资微薄,不够养家糊口,大部分工人工作不止一班,有的每日连做两班,有的每两日做三班。据统计,1932年开滦矿工每日连做两班的工人达50%以上,到1934年底达到30.2%。另外矿工的休息时间也被资本家无情剥夺,连吃饭的时间都没有。"饿了,只好勒勒裤腰带,渴了,只能捧口煤沟里的水。"一旦停下来喘口气,就会遭到工头的打骂。工人甚至连上厕所的时间也受到管制,如果超过时间就会被工头把当天的工勾掉。[3]

临榆柳江煤矿采煤工人也是三班制,每班8小时,机械工每天工作9小时,如遇紧要工程需加班3小时。[4]井陉煤矿实行两班制,每班工作12小时。[5]每天6点的班,5点就得下井,吃饭也没有时间,只能"拿着干粮边吃边干"。[6]门头沟煤矿实行8小时的三班制,"早上5点就鸣笛,第一班工人须马上入井工作"[7],小窑则为12小时的两班制。

1927年以前,山东中兴煤矿工人每日均工作12小时,两班轮流,包括吃饭休息时间在内。1927年,北伐军要求该矿缩短工时,到1929年中兴煤

①刘明逵、唐玉良主编:《中国近代工人阶级和工人运动》第1册,中共中央党校出版社,2002,第256页。

②郭士浩主编:《旧中国开滦煤矿工人状况》,人民出版社,1985,第52页。

③同上书,第52-55页。

④虞和寅:《临榆柳江煤矿报告》,农商部矿政司,1926,第39-40页。

⑤刘明逵、唐玉良主编:《中国近代工人阶级和工人运动》第1册,中共中央党校出版社,2002,第256页。

⑥参见《井陉煤矿工人斗争史》,中共石家庄市委党史征编室,1987,第13、113页。

⑦《工人生活状况拾零》,《劳动季报》1934年第1期。

矿工时制度改成机务处每日工作9小时,井下工人实行三班制,每班8小时。每次换班,上井下井大概需要45分钟,工人可在换班时休息。另外每班工人工作疲劳时可稍加休息,时间平均约为15分钟。[①]可见中兴煤矿工人的休息时间比其他煤矿要多。

淄川博山煤矿机器工人每日工作8小时,井下工人"每两日一班,每班24小时,且间一日之休息"[②]。可见淄博煤矿工人是工作一天一夜就休息一日,虽休息时间很长可以从事农事,但其连续工作时间亦过长。博东煤矿的工作时间,"里工为8小时;采煤工人大部分为24小时工作制,也有12小时两班制的;掘炭洞者为8小时的三班制"[③]。潍县坊子西煤矿工人工作12小时,每日两班,中午可以休息40分钟。坊子东煤坑也是12小时两班制,坑外工作是每天10小时,中午可休息1小时。[④]山西平定阳泉保晋煤矿工人"不论坑内坑外,日分三班,每班8小时;机械各工,每日10小时,如遇工程紧要,复加夜班"[⑤]。大同保晋煤矿和晋北煤矿的工时制度也与之相同。河南焦作中福煤矿公司也是8小时的三班制,[⑥]但是矿工也经常打连班,有时甚至半个月不上井,装车工人则一直要守在厂矿。[⑦]

综上所述,华北矿工在不同的制度下有不同的工作时间。大多数企业以8小时的三班制为主,如河北省的开滦煤矿和柳江煤矿、北京的门头沟煤矿、山东省的中兴煤矿、山西省的保晋煤矿和晋北煤矿、河南省的中福煤

---

①施裕寿、刘心铨:《山东中兴煤矿工人调查》,载李文海主编:《民国时期社会调查丛编·城市(劳工)生活卷》,福建教育出版社,2005,第905-906页。

②《山东矿业报告》,山东省政府实业厅编印,1930,第408页。

③《山东矿业报告(第四次)》,山东省政府建设厅印行,1934,第200页。

④刘明逵、唐玉良主编:《中国近代工人阶级和工人运动》第1册,中共中央党校出版社,2002,第257页。

⑤虞和寅:《平定阳泉附近保晋煤矿报告》,农商部矿政司,1926,第60页。

⑥陶镕成:《中国矿业劳动者的一个研究》,《劳工月刊》1936年第5卷第二、第三期合刊。

⑦薛毅:《焦作煤矿史》,河南人民出版社,1986,第66-67页。

矿公司等;也有12小时的两班制,如河北省的井陉煤矿、北京门头沟煤矿的小窑、山东省的坊子煤矿等;还有隔日做一班的,即为了减少上下井的耗费时间,一班就连续工作24小时,如山东省的淄博煤矿。这些轮班的矿工因为生活的艰辛大多打连班,"8小时轮班制的工人大多每日均做两班,12小时轮班制的工人大多两日做三班,所以每日的工作时间基本在16小时以上"①。另外有一点需要注意的是,以上所说主要是针对井下采煤工人来讲,对于井上的里工,即有些技术的工人来说,其工作时间每天大约为八九个小时。

相对于工厂、矿山工人来讲,铁路工人的工作时间相对较短。因为华北各路主要为国营铁路,故铁路工人工作时间较为稳定。由于铁路工人的工作事关行车安全,因此休息时间较多,以避免发生事故。各部门工作时间略有不同,"机务处的工人,多半自9小时至10小时不等;工务处的工人,自8小时到10小时不等;车务处的工人自8小时至12小时不等。一般来讲,夏天工作时间较长,冬天工作时间较短"②。机务处中各路机厂的工人是固定上白班,"车头房的工人分日夜班,工时与机厂工人同,日夜两班工人按月轮流。司机及行车工人,是跑一次车休息一次车",车务处中"在车站服务者为轮班制,行车工人与机务处同",工务处中"在厂内工作者与机厂工人同,大部分是在道路上工作,工作无定时,如遇车轨或路基损坏,工作日夜相继",因此工务处工人可以说是最辛苦的。③以上所述是铁路工人的大概情形,下面具体阐述华北各路工人的工作时间。

据1925年日本学者记述,京奉、京绥铁路工人每日劳动时间为9~10小时,京汉、津浦、正太、陇海、汴洛各路工时均为10小时。另据1925年铁路职工教育委员会调查,京奉铁路职工工作时间为10小时的,占该路职工的

①陶镕成:《中国矿业劳动者的一个研究》,《劳工月刊》1936年第5卷第二、第三期合刊。
②徐协华:《铁路劳工问题》,东方书局,1931,第92页。
③贾铭:《铁路工人生活调查》,《铁路职工周报》1933年第33期。

41.06%,京汉路职工工时为10小时的,占该路职工的48.44%。津浦铁路机务处工人每日工作10~11小时,车务处10小时,工务处为9.5~11.5小时。胶济铁路工厂工人每日工作10小时,车厂为8小时,休息时间为1个小时。据1924年农商部统计数字计算,华北各铁路工厂平均每日工作时间为9.7小时。[①]根据北平社会调查所1929年调查,平绥路车务处工人"依车次往返工作,无分昼夜,轮日休息";机务处每日工作10小时,午休1小时,冬天下班提早半小时,"工作繁忙时,加添夜班",但另给工资。北宁铁路机务处"车房每日工作10小时,分日夜两班。用餐休息时间为1小时15分钟;工务处冬季工作9小时,夏季10小时;车务处工作较重之人,工作八九个小时,工作较轻之人,工作十一二小时"[②]。1932年《劳动年鉴》记载,胶济铁路工务处工作10小时,午休1小时;车务处"各站多值班一昼一夜,休息一昼一夜";附属机厂工人工作8小时。[③] 1932年,正太铁路接收为国有后,"工务处所属修车厂、机务处所属机车厂及机厂工人,工时均缩短为8小时"[④]。综上所述,民国时期华北铁路工人的工作时间普遍在10小时左右,和其他工矿企业相比较为优越,但是和外国路工每天工作8小时,一周工作44小时或48小时的情况还是无法相比。[⑤]

二、全年劳动日数和休息日数

工人不仅每日劳动时间长,其全年劳动日数也很多,休假很少。我们还是以纺织、面粉、火柴等行业为主,先来看看华北这几类工厂工人的全年劳动日数和休息情况。

---

①王清彬等编:《第一次中国劳动年鉴》第1编,北平社会调查部,1928,第323-326页。
②邢必信等编:《第二次中国劳动年鉴》第1编,北平社会调查所,1932,第89-90页。
③《民国二十一年中国劳动年鉴》第1编,实业部劳动年鉴编纂委员会,1933,第188页。
④正太铁路接收周年纪念刊编纂委员会编:《正太铁路接收周年纪念刊》,正太铁路管理局,1934,第19页。
⑤徐协华:《铁路劳工问题》,东方书局,1931,第93页。

（一）纺织工厂

纺织行业由于受季节影响，夏季炎热时或者缩短工时或者停工一段时间，也有因为农忙而暂时停工的情况。据日本学者1919年的研究，山东烟台制丝工厂工人全年劳动日数为283天。其中，1月上班日数只有10天，6、7月和12月为15天，3月的开工日数为20天，其他月份都是整月正常工作，几乎没有休息日。1月到工数最少，这与过春节有关。工厂工人大多数来源于农村，较为重视农历新年。其他几个月工作时间短应与季节和农忙有关。据1925年日本学者的记述，北京纺织工厂全年工作日数为310天，天津为266~312天，河南是240~300天，山东为280天。[①]

1931年，天津市社会局对六大纱厂进行了调查，裕元纱厂年节放假一周，端阳、中秋、纪念日和国庆日各放假1天，但是修理部和原动部年假只有2天，端阳和中秋也只放假半天；恒源纱厂年节放假5天，端午、中秋及纪念日放假1天，"每周日除了原动厂因修理机器缘故不放假之外，其余都放假一日，但仍有夜班"；华新纱厂工人周日休息半日，端午、中秋及年假共放假7天，后又依《工厂法》添五三、双十和新年3天纪念日，此时每年假期为10天；北洋纱厂"每逢周日，日班休息12小时，年假休息一周，两节及纪念日，日夜两班各休息一工"；裕大纱厂工人除了每周日放假外，劳动节、双十节、端午节和中秋节各放1天，新年假期为5天；宝成纱厂周日放假1天，"旧历年8天，五月节、八月节各1天"。[②]可以看出天津六大纱厂基本每周日都休息，或半天或一天，过年放假5~7天，端午、中秋及其他纪念日各放假1天，基本每年节假日就可休息8~10天，而修理机器者放假时间较少。

据中国经济统计研究所的调查数据显示，1932年河北省纺纱厂工人

---

①刘明逵、唐玉良主编：《中国近代工人阶级和工人运动》第1册，中共中央党校出版社，2002，第272页。

②参见吴瓯主编：《天津市纺纱业调查报告》，天津市社会局，1931，第103、155、187、207、281、328页。

全年劳动日数为328天,平均每月例假日数为4天,年节及纪念日放假9天;1932年山东省纱厂劳动日数为331.5天,平均每月例假日数为4天,年节及纪念日放假7天;山西省纺纱厂工人全年劳动日数为310天,平均每月例假日数为3天,年节及纪念日放假26天;河南省纱厂工人全年劳动日数为290天,平均每月例假日数为3.7天,年节及纪念日放假18.7天。[①]通过上述数字我们可以看出,河北和山东两省纺纱工人每年劳动日数较多,休假日较少,而山西和河南两省劳动日数相对较少,休息日较多。就总的劳动日数来讲,河北、山东和山西三省都高于全国的平均数(297.7天)。

(二)面粉工厂

据天津市社会局调查数据,寿丰面粉公司的放假规定是每年废历年(春节)放假5天,端午、中秋、国历年(元旦)、国庆日和总理诞辰日各放假1天,共10天;陆记庆丰面粉公司则是根据国民政府法令规定的纪念日放假,此外别无休假;民丰年记和嘉瑞面粉公司都是每周日放假一天,但忙时需照常工作,其余假期都按政府法令规定放假。[②]又据中国经济统计研究所的调查数据显示,1932年河北省面粉厂工人全年劳动日数为249.7天,平均每月例假日数为1天,年节及纪念日放假8.5天;山东省面粉厂工人1932年劳动日数为264.2天,平均每月例假日数为4天,年节及纪念日放假13.8天;山西省面粉业工人全年劳动日数为256.7天,平均每月例假日数为6天,年节及纪念日放假26.3天;河南省面粉厂工人全年劳动日数为140.3天,平均每月例假日数为2天,年节及纪念日放假30天。[③]通过上述数字我们可以看出,河南省1932年的全年劳动日数只有140天,这不能代表其常态,因为其上半年的工作时间只有15天,这应该是歇业停工的关系。除去

---

①刘大钧:《中国工业调查报告》(中),经济统计研究所,1937,第361页。
②参见吴瓯主编:《天津市面粉业调查报告》,天津市社会局,1932,第17、44、55、63页。
③刘大钧:《中国工业调查报告》(中),经济统计研究所,1937,第369页。

该省,华北其他各省面粉工厂的全年劳动日数都高于全国的平均数(232日)。关于休假,河北省时间较短,山西和河南均高于全国的平均每年年节及纪念日假数(15.4日)。1933年《劳动年鉴》对各省面粉厂工人的统计数字比上述略高,山东面粉厂工人该年劳动日数为290天,河北为320天,山西为300天。[1]

(三)火柴工厂

据《保工汇刊》记载,丹华火柴公司京厂和津厂的工人都是每月休息两次,[2]但调配药剂的调和部因室内空气对身体有害,故工作3天就休息1天。北洋火柴公司的放假待遇较优,除了每周休息半天之外,废历年(春节)放假两周,国历年(元旦)、元宵节、中秋节、端午节各放1天。[3]又据《中国工业调查报告》统计,1932年河北省火柴工厂平均开工日数为330天,平均每月例假日数为3.5天,年节及纪念日假日数为10.2天;山东省1932年火柴业工厂平均劳动日数为250天,每月放假两天,年节及纪念日放假日数为19.7天;北平市火柴工人1932年平均开工日数为315天,每月平均放假两天,平均每年放假50天;青岛市全年劳动330天,每月放假两天,年节及纪念日放假7天。[4]通过上述数字可以看出,河北省和青岛市的全年工作时间较长,均达到330天,而全国的平均数仅为308.7天。青岛市的休息日数最少,年节及纪念日仅放假7天,远低于全国的平均数(18.2天)。

(四)其他化学工厂

启新洋灰公司的工人每周日不休息,每年只有8天例假,"电厂、制造

---

[1]《民国二十二年中国劳动年鉴》第1编,实业部劳动年鉴编纂委员会,1934,第187页。

[2]刘明逵、唐玉良主编:《中国近代工人阶级和工人运动》第1册,中共中央党校出版社,2002,第269页。

[3]参见吴瓯主编:《天津市火柴业调查报告》,天津市社会局,1931,第15、32页。

[4]刘大钧:《中国工业调查报告》(中),经济统计研究所,1937,第358页。

厂的工人在节假日期间仍加班工作"①。该公司1932年全年劳动日数竟达到358天,比全国洋灰厂平均开工日数多出30天。②塘沽久大精盐公司的工人每年共休息8.5天,即农历新年放假5.5天,端午节和中秋节各放假1.5天。久大精盐公司"做锅炕灶工的工人,每三周能歇大班一次,可休息32小时。每日一班或两班的人,平时都没有16小时以上的休息时间";永利碱厂规定工人"每年例假11天,公假24天","但因制碱机器一旦停止工作,受损很大,故永利开工以来,从未停工放假"。③

(五)煤矿工人

在华北各类产业工人中,煤矿工人可以说是最辛苦的,下面就来看看煤矿工人的全年工作与休息情况。1919—1920年开滦煤矿的唐山矿、林西矿、马家沟矿和赵各庄矿工人每年的劳动日数分别为349天、339天、341天和355天,比起1918—1919年的劳动日数都增加了10~15天,这样长时间的劳动使得开滦工人几乎没有休息的时间。山东淄川煤矿工人1919年全年劳动323天,潍县坊子煤矿工人工作309天,这比起开滦算是少的了。④山东中兴煤矿工人一年之中,每周日都不休息,每年放假也只有7天时间,皆依据国民政府公布的放假日期,即1月1日开国纪念日、3月12日总理逝世纪念日、3月29日七十二烈士殉国纪念日、5月1日劳动节、7月9日国民革命军誓师纪念日、10月10日国庆纪念日和11月12日总理诞辰纪

---

①南开大学经济研究所、南开大学经济系编:《启新洋灰公司史料》,生活·读书·新知三联书店,1963,第277-278页。

②刘大钧:《中国工业调查报告》(中),经济统计研究所,1937,第355页。

③参见林颂河:《塘沽工人调查》,载李文海主编:《民国时期社会调查丛编·城市(劳工)生活卷》,福建教育出版社,2005,第791、864页。

④刘明逵、唐玉良主编:《中国近代工人阶级和工人运动》第1册,中共中央党校出版社,2002,第273-274页。

念日。放假日期遇有特殊情况不能停工，则给予双工资。^①临榆柳江煤矿待遇较优，普通工人"每逢周日休息"，机械工"每月逢一日和十五日休息"，此外"元旦放假三天，各纪念日均放假一日"，而且工人在矿工作年久且出力者"准许请假休息一个月"。^②山西保晋煤矿工人农历每月初一和十五两日休息，"春夏秋冬四节各休息一日"，且因为工人信仰，"每届太上老君圣诞休息一天"。阴历年过后虽定为"初六开工"，但工人按时到矿者很少，因矿工多来自农村，较为重视农历新年，因此大多数人都到"阴历二月初二"后才上工。据1926年对保晋煤矿一年中每月工作日数的统计可以看出这一点，二月份工人工作日数只有10天，其他月份均为28天左右，全年工作日数为319天。^③河南焦作中福煤矿矿工每年劳动日数为300天，"依照工厂法规定之纪念日放假"^④。

（六）铁路工人

再来看看华北各铁路线工人的情况。据1925年日本学者的记述，华北各路全年工作情况为：陇海路工人全年工作时间为340天，是各路中最多的。其次是京汉路，工作日数为325~333天。京绥、京奉和津浦三路工作日数接近，分别为320天、299~328天和303~323天。正太路是华北各路工作日数最少的，但也有300天。^⑤经过计算，华北各路平均年工作日数为315~324天。通过上述数据可以看出，华北各铁路线工人全年工作日数基本接近，说明国营企业的工人工作较其他工矿企业稳定。据1924年农商部统计数字计算，华北各铁路线附属工厂年平均工作日数为323天。至于

---

①施裕寿、刘心铨：《山东中兴煤矿工人调查》，载李文海主编：《民国时期社会调查丛编·城市（劳工）生活卷》，福建教育出版社，2005，第906页。

②虞和寅：《临榆柳江煤矿报告》，农商部矿政司，1926，第40页。

③虞和寅：《平定阳泉附近保晋煤矿报告》，农商部矿政司，1926，第60-61页。

④陶镕成：《中国矿业劳动者的一个研究》，《劳工月刊》1936年第5卷第二、第三期合刊。

⑤王清彬等编：《第一次中国劳动年鉴》第1编，北平社会调查部，1928，第333-334页。

各路工人休息情况,据上海《商报》记载,京奉、京汉、京绥三路工人每星期均休息1天。除了周日休息外,京奉和京汉两路每年还有两周的休假日期,且工资照给。[①]京奉铁路唐山制造厂"每周六下午停工",如遇工作繁忙时,"无论周六日均不停工",而且"一切例假全部扣薪",因此工人都不愿意停工休假。[②]胶济铁路附属机厂工人每周日以及在政府既定之例假日均可休息,但该路"其他工人不在此例"。[③]

第二节　劳动环境与劳动损害

民国时期华北产业工人的劳动环境是极其恶劣的,空气污浊、设备简陋是普遍存在的现象。企业主不会为了工人而改善劳动环境,工人为了生存也不得不继续在这非人的环境中劳作,这使产业工人患上许多职业病和传染病。更有甚者,由于劳动设备缺乏必要的检查,劳动灾害经常发生,导致工人伤亡现象屡次出现,尤其以煤矿工人的工伤灾害最为严重。即使在这样的条件下,工人的工作也是不稳定的,因工致伤致残者会被资本家无情解雇,同时由于资本家的歇业停工等原因,也会导致工人时刻面临失业的威胁。

一、劳动环境与工人疾病

产业工人在漫长的劳动时间和恶劣的劳动环境中,身心健康受到了极大的摧残,大多数人经常患有疾病。这些疾病大都与工作环境有关,有的"因有毒或无毒埃气体、烟雾、酸或盐等发生;有的是因有害细菌或微生物而发生;有的因过高或过低气压而发生;有的因过热或过冷之气温发生;有

---

①参见王清彬等编:《第一次中国劳动年鉴》第1编,北平社会调查部,1928,第334、330页。

②无我:《唐山劳动状况(一)》,《新青年》第7卷第6期。

③《民国二十一年中国劳动年鉴》第1编,实业部劳动年鉴编纂委员会,1933,第188页。

的因不适宜之采光发生；还有因过度疲劳而发生"[①]。下面就分析一下华北工厂工人的劳动环境问题。

纺织工厂一般温度较高、棉絮飞扬，空气环境相对恶劣。唐山华新纱厂厂中作业时棉絮四处飞扬，工人经常吸入这些棉絮很容易得病，他们大多看起来面黄肌瘦，"每天都有很多去诊病的"。青岛日本纱厂冬天开窗，为了使纺织工人干活麻利，还不让他们穿棉衣。夏天为了不进湿气而禁止开窗，童工因此经常中暑。工人吃饭时也不能停止工作，经常吃进很多棉花末。饮水处设于厕所，洗脸洗脚都在同一池中。工人们饮用之水，其实是"发电所的水泥"，而且没有烧开。女工们因为缠足的关系不能长期站立，如果站累了坐下来休息片刻，就会遭到惩罚。童工们也是站立着工作十三四个小时，稍作休息就会遭到资本家的打骂。冬天，日本资本家拿冷水浇童工，夏天用麻绳将童工绑起来吊着作为惩罚。[②]这对工人们的身心造成了极大的损害。

石家庄大兴纱厂也是"花毛和尘土弥漫整个车间"，工人们吸入这些棉絮后经常咳嗽。纺织厂为了纺纱织布一般都是保持高温高湿的环境，大兴纱厂车间在夏季的温度能达到40摄氏度以上。在炎热的夏天，车间的窗户一直关闭着，由于高温高湿，车间房顶不断向下滴水，再加上"布机流下来的面浆经高温发酵蒸发"，使得整个工作环境"臭气熏天"。有时候一天当中有30多人中暑病倒，还有很多工人患上疟疾、霍乱、肺结核等疾病。童工们更是因为劳动环境的恶劣而深受摧残。有的童工因为个子矮而坐着工作，因为腿部长时间悬垂，使"腿脚都浮肿起来"。很多童工还因为劳累过度而患上关节炎、静脉曲张和罗圈腿的疾病。[③]

据开封织绸厂的劳工状况调查可知，其对于"最普通之消毒洒扫一项

---

①王世伟：《职业病之研究》，《劳工月刊》1934年第3卷第3期。

②中国青年社编：《青年工人问题》，上海书店，1925，第16—19页。

③杨俊科、梁勇：《大兴纱厂史稿》，中国展望出版社，1990年，第78—79页。

亦不注意,一入厂内,即见秽物狼藉,臭气逼人,房屋狭小,光线不充足,空气不流通,厂内工人常患眼疾和皮肤病等症"[1]。

表2-1　天津裕元纱厂工人疾病统计表(1926年)

疾病名称	患病工人所占比例(%)	疾病名称	患病工人所占比例(%)
咳嗽	13.5	内热中满	8.5
腿疾	12.8	疟疾	7.32
痢疾	11.8	腰痛	5.35
头痛	10.5	泻肚	2.2
伤寒	10.28	吐血	1.1
腿痛	8.5	其他	8.79

资料来源:
纪广智:《旧中国时期天津工人状况》,《北国春秋》1960年第3期,第20页。

据统计,裕元纱厂99.8%的工人都患有疾病。通过上表我们可以看出,工人患咳嗽的比例最大,这与纱厂棉絮经常被工人吸入有关;腿疾次之,这应该是工人长期站立劳作的后果;痢疾再次之,此病多发于夏秋季节,这是因为工厂湿热导致工人胃肠不适;头痛也占有一定比例,这也和车间空气不好有关;伤寒则是工厂内外温差大造成的。又依据裕元纱厂医院1928—1929年病人投诊记录可知,内科就诊人数最多,占55.2%,外科病占26.8%,再次之为眼科、耳鼻喉科和皮肤科。除了外科病是由于操作机器过程中造成的外伤之外,其他疾病大都与纺纱车间空气质量低下有关。同时根据记录,还可以得知12月和1月两个月的疾病指数较高,这与华北地区正值冬季最冷的时节有关。到了2月,因为过年休假的关系,工人身体多有所恢复,此时疾病指数又有所下降。而到了5月和6月,工人疾病指数又开始上升,这是因为夏季炎热,再加上工厂的高温作业,疾病较易发生。[2] 工人患病的情况基本上是"春天多患瘟疫,夏季多霍乱,秋天常患泻痢,冬天多得咳嗽"[3]。

---

[1]《几个工业区域的劳工状况鸟瞰(三)》,《劳工月刊》1933年第2卷第11期。
[2]方显廷:《中国之棉纺织业》,国立编译馆,1934,第183-185页。
[3]吴瓯主编:《天津市纺纱业调查报告》,天津市社会局,1931,第105页。

再来看看天津其他纱厂的情况。天津恒源纱厂粗纱、细纱等部热度既高机器运转又快,飞絮和油气多,空气不流通,导致工人患上很多疾病,如眼膜炎、肺膜炎、气管炎、痱子、疥癣、伤风、霍乱、痢疾等。华新纱厂摇纱和细纱两部的女工患胫曲症者甚多,这是由于长时间保持相同的姿势造成的。纱厂的工人都要一直连续站立工作十几个小时,尤其是很多女工缠足,这样长时间站立,必然比常人感到吃力。另外各个车间机器的热度甚高,大多都在八九十度,其中以细纱车间机器温度最高,达到97度,因为该车间机器安置得最多,有94台,加上工人也多,必然温度最高,因此该部工人中暑患病者亦最多。该厂虽设有开水炉供工人饮水,但炉内水量有限,工人经常喝不到水,更有无知者用炉内之水冲洗扫帚,使得工人饮用之水不净。厂中厕所空间狭小,臭气弥漫于车间,对于工人的呼吸甚是妨害。北洋纱厂的工人有因长久站立而得寒腿症者,有因厕所"臭气蒸熏"而得霍乱、泻痢者,有因"飞絮迷目"而患各种眼疾者,有因车间潮湿而得疥癣者,有因气温过高而患感冒者,有因饮食不能正常而得胃病者。据宝成纱厂的厂医统计,该厂每天平均有20%的工人患疟疾和痢疾二症,清纱部和粗纱部的工人由于吸入过多棉絮患肺病者较多,润纱车间工人因双脚长期浸于水中而患湿病者居多。[①]

火柴工厂的劳动条件也对工人的身体健康不利。虽然有些火柴厂的"排梗机是电力带动,但是挤板和起箱仍需要人工操作,而一个箱子重达60斤,工人每天要起箱1000多次,因此腰痛成为排梗工人的职业病";烘房的工人每天站在炉灶油锅前工作,其温度高达百度以上,工人"经常发生昏厥的现象";调药和上药的火柴工人由于磷毒的关系而牙床溃烂;装盒的童工、女工长时间高强度地重复着机械似的动作,导致童工发育不良,而怀孕

---

① 参见吴瓯主编:《天津市纺纱业调查报告》,天津市社会局,1931,第157、197-199、246-247、347页。

的女工也容易因过度疲劳而流产。①

火柴工厂最初采用黄磷制造火柴,对工人的牙齿、眼睛和肺部都有很大伤害。1919年国际劳工会议邀请各国签署不制造黄磷火柴的禁令,但中国政府并未签字。直到1925年,在农商部的部令下,我国各火柴工厂才停止制造黄磷火柴。②天津丹华火柴厂"不用黄磷改用红磷"制造火柴,毒气散发虽比黄磷少些,但是"仍有一大部分工人常害眼病"。③厂内的童工最小的只有六七岁,而牛胶和磷的味道极其难闻,常人置身其中不久便会感到头晕目眩,幼小的童工却整天处于这样恶劣的环境,身心遭到很大损害。④就季节而言,该厂工人春天多患眼疾,夏秋季节多患霍乱,冬季多患咳嗽。就部门而言,卸轴部和列轴部工人多患痨伤,油灶部和药盘部工人多患牙骨病和眼疾,包装部工人多患得手毒症。每天去医院就诊的工人一般有20~50人不等。⑤

北京丹华火柴厂通风条件不好,冬冷夏热,夏天工人们经常热得昏倒,冬天经常冻得手指红肿,在冰冷的水泥地上站立十几个小时,大多数人因此患有寒腿病。工厂的自来水只有资本家有资格饮用,工人不能喝,一旦被发现饮用自来水就会遭到打骂。工人们喝的是井里的苦水,水经常没烧开就放到一个油桶里,"有时候竟然从桶里捞出死耗子来"⑥。

济南的火柴工厂卫生设施全无,厂中工人"时有中磷毒及发生皮肤病、

---

①青岛市工商行政管理局史料组编:《中国民族火柴工业》,中华书局,1963,第161页。

②王清彬等编:《第一次中国劳动年鉴》第1编,北平社会调查部,1928,第342页。

③吴瓯主编:《天津火柴业调查报告》,天津市社会局,1931,第14页。

④刘明逵、唐玉良主编:《中国近代工人阶级和工人运动》第1册,中共中央党校出版社,2002,第291-292页。

⑤吴瓯主编:《天津火柴业调查报告》,天津市社会局,1931,第27-28页。

⑥北京市总工会工人运动史研究组:《北京工运史料》第2期,工人出版社,1982,第218-219页。

脑病、肺病、眼病等症象,瞎眼、落耳、脱鼻者,时有耳闻"[1],厂方置之不理。

唐山启新洋灰公司也没有为工人提供一个良好的工作环境,其烧成车间是"高温车间",到了夏天工人就像蒸桑拿一样,但是工厂"并无降温设备";"推斗车的工人连个休息的工棚都没有",遇到下雨的情况也没地方躲避,只能蹲在车下避雨。[2]工厂的企业主对这些状况并不曾改善。

塘沽久大精盐公司的主要工作有"锅炕灶池及推煤洗池"几种。"锅工的工作就是捞盐,冬天锅里的蒸汽遇冷,侵入皮肤容易发生疾病,夏天肩胛用力后,一受风凉,便致酸痛";炕工的工作就是烤盐,夏天在盐炕上工作,工人的腿毛被烤得脱落;灶工的工作就是烧火,夏天时炎热难当;池工的工作就是铲盐,并推煤至灶间,露天工作,冬天风沙扑面甚是寒冷;洗池的工作即"洗去化盐池的泥渣",冬天池里的水在零度以下,工人经常"冻指裂肤"。据公司附属医院的统计,工人常患感冒和皮炎等症。因为久大的工作主要靠力气,工人用力后,偶受风寒,极易感冒,肩胛、腰和足部等常用力的地方,一受风寒,经常肿痛。另外久大工人制盐环境潮湿,易引发皮肤炎症,此症状全年达437次之多。永利碱厂锅炉的火夫守着炎热的炉火,用很大力气添煤生火,筋肉紧张以后,容易受凉,以致全身酸痛;蒸氨塔所发出的氨气,偶尔泄露,会妨害工人的呼吸和消化;擦洗修理制碱机器塔管的工人,因常遇到塔管里浓厚的化学混合物而导致疾病的发生。据1924—1925年久大、永利附属医院分科分类疾病统计表的数据显示,一年中工人就诊总数为9059人,平均每日就有25人看病,工人疾病以内科最多,内科中肠胃病和感冒最多,眼科中多为结膜炎和沙眼,皮肤病以肾囊湿疹为多,

---

①《几个工业区域的劳工状况鸟瞰(二)》,《劳工月刊》1933年第2卷10期。
②南开大学经济研究所、南开大学经济系编:《启新洋灰公司史料》,生活·读书·新知三联书店,1963,第277页。

传染病则多为疟疾。[1]

综上所述,华北各主要工厂的产业工人受环境影响,患有多种职业病和传染病,而华北煤矿工人的情况比工厂工人更加严重,从下面几首煤矿歌谣就能看出其劳动环境的恶劣和劳作的艰辛:[2]

阎王槽,三尺高,往里一进要弯腰,

坐不起来站不起,只好躺下把煤刨。

后背磨得流鲜血,好像挨了几刺刀,

两手磨得出血泡,腰酸背痛两膀酸。

流传地区:河北开滦煤矿

四壁漆黑难吐气,血汗滴洒在胸前。

左爬右爬煤上滚,满嘴泥浆血不干。

背筐拉斗千斤重,一步一步向阴间。

地牢宽来路又长,何日爬出鬼门关。

流传地区:北京门头沟煤矿

踏筐边,跳筐沿,[3]点帮[4]不好就完蛋。

汽壶灯,蛤蟆灯,干起活来路不清。

木柱少,风不通,气喘心虚战兢兢。

流传地区:山东淄博煤矿

---

[1]参见林颂河:《塘沽工人调查》,载李文海主编:《民国时期社会调查丛编·城市(劳工)生活卷》,福建教育出版社,2005,第789、808—809、863—864、887页。

[2]参见薛世孝、薛毅编:《中国煤矿歌谣集成》,煤炭工业出版社,2009,第7、59、14—15页。

[3]矿工下井站在筐中,踏筐边、跳筐沿是为了保持平衡。

[4]点帮是矿工下井时拿木棍点击井壁,以防筐碰到井壁。

通过上面几首歌谣我们可以看出煤矿工人过着非人的生活。民国时期很多煤矿企业已经使用机器采煤，这在当时被称为新式开采或西法开采。相对于机器采煤而言，使用手工工具采煤，被称为旧法采煤或土法采煤。但有一点应当注意的是，当时所谓机器采煤，是指"提升、通风、排水三个生产环节，使用以蒸汽为动力的提升机、通风机、排水机，而其他环节仍然是依靠人力和畜力"[①]。因此煤矿工人还是矿山的主要劳动力，这也是近代新式煤矿与现代机械煤矿的区别。下面我们就来看看华北煤矿工人的劳动环境。

门头沟煤矿通风设备不好，井里面"就像沸水煮鸡子似的那么热，王致和臭豆腐也没有那么臭"。那些拉煤的工人嘴唇发紫，脸色发绿，眼眶深陷，头顶着"电石灯或棉子油灯"，"一步三喘，两步一咳，从三四十讨（一讨约为5尺）的井下，背着八九十斤的煤上来"。[②]工人们每天处于封闭的矿井内，里面的煤灰和空气都让他们感到不适，容易得"肺病及贫血等症"。又因为矿井是在黑暗的地下，煤矿工人"所用灯光极其微弱"，矿中的煤末又不断进入眼中，因此工人常患眼疾。[③]

井陉煤矿工人每日在井下从事重体力劳动，井下不通风，不但闷热而且臭气熏天。工人们"头被淋水浇，脚被黑水泡"，经常有人在工作时昏倒。井陉煤矿还雇用童工在井下运煤，而且规定每天要运两车煤。因为巷道狭窄低矮且有数百米长，童工们经常弯腰驼背地在井下爬来爬去，这对其身心发育造成极其不良的影响。[④]

开滦煤矿上面几层已经没有煤炭可供开采了，资本家要求工人们继续

---

① 《中国近代煤矿史》编写组编：《中国近代煤矿史》，煤炭工业出版社，1990，第1页。

② 《工人生活状况拾零》，《劳动季报》1934年第1期。

③ 刘明逵、唐玉良主编：《中国近代工人阶级和工人运动》第7册，中共中央党校出版社，2002，第458页。

④ 《井陉煤矿工人斗争史》，中共石家庄市委党史征编室，1987，第13页。

向下开采。每层都有大路、支路和小路，据对第7层和第8层的调查，"大路宽11尺高10尺，路旁有水沟，水深过膝。小路宽7尺高4尺半，须俯伏行走，伸腰须覆在地上。矿顶和两旁用木柱支撑，煤矿不时掉落。空气污浊昏暗，令人窒息，气温高达华氏83度，气压达到水银柱32寸7/10"①。矿工在井下使用铁锤打眼，铁锤重达12磅，一天工作下来肌肉酸痛。更严重的是打起眼来，矽尘飞扬，"像在浓雾中一样"。矿工耳鼻喉中进入很多矽尘，从事这项工作的矿工"百分之七八十患有矽肺病"。井下不通风，闷热得像蒸笼一样，工人为了避免汗流到眼里去，头上都扎根麻绳。如此环境下资本家却不给工人供水，矿工们渴了只能喝井下的污水，因为水不干净，他们经常患有胃肠炎。有的矿工在漏水的地方工作，脚下踩着脏水沟，头顶被冷水淋着，仍要坚持十五六个小时，因此患上关节炎等病症。②据开滦矿务局统计，1922年至1923年，开滦唐山矿、林西矿、赵各庄矿和马家沟矿工人去唐山总医院就诊的人数有34 593人，尤以唐山矿最多，达19 500人。③像开滦煤矿这样经营成功的企业，其矿工劳作环境却是如此恶劣，两者形成鲜明的对比。

河南焦作煤矿井下通风设备也很差，工人们经常热得昏厥，他们"随身都带一块薄竹板或木板，用来刮身上出的汗"，他们在矿内工作一班或两班，出来的时候从头到脚都是黑的。④工作环境空气污浊，灰尘、煤尘四处弥漫，使矿工经常患有肺病和眼病等。据1931年2月中原公司附设职工医院诊疗人数统计表，就诊人数最多的是外科，其次为内科，再次就是眼科。⑤

山东中兴煤矿也存在同样的劳动环境和劳动损害问题。根据1920—

①许元启：《唐山劳动状况（二）》，《新青年》1920年第7卷第6号。

②参见郭士浩：《旧中国开滦煤矿工人状况》，人民出版社，1985，第163-164，173-174页。

③王清彬等编：《第一次中国劳动年鉴》第1编，北平社会调查部，1928，第357页。

④薛毅：《焦作煤矿史》，河南人民出版社，1986，第67页。

⑤《民国二十一年中国劳动年鉴》第1编，实业部劳动年鉴编纂委员会，1933，第200页。

1930年其附属医院鞠仁医院各科就诊次数的统计可知,除了因工伤灾害就诊于外科的以外,大多投诊于内科和眼耳鼻喉科。1920年,内科就诊次数占各科总数的14.8%,眼耳鼻喉科就诊次数占总数的15.1%;1930年,内科就诊次数占各科总数的24.4%,眼耳鼻喉科就诊次数占20.3%。[1]就诊比例的升高说明工人所患职业病有增无减。

关于铁路工人劳动环境的相关记载不多,下面就通过工人的就诊情况分析其劳动环境及疾病问题。

表2-2　华北各路诊疗员工疾病人数统计表(1931年)

路别	内科病		外科病		传染病		合计
	初诊	复诊	初诊	复诊	初诊	复诊	
北宁	40 349	8437	80 821	9836	1389	375	141 207
平汉	51 348	147 235	35 241	72 822	38 943	75 006	421 195
平绥	9816	30 039	13 525	60 284	1069	3149	117 882
津浦	20 256	35 395	41 373	76 097	6153	17 345	196 619
陇海	10 929	15 079	12 893	23 480	4873	6407	73 661
胶济	6200	14 991	13 779	46 596	309	201	82 076
道清	1814	3019	2102	6214	760	951	14 860
总计	140 712	254 195	199 734	295 329	53 496	103 434	1 046 900

资料来源:
邢必信等编:《第二次中国劳动年鉴》第1编,北平社会调查所,1932,第105页。

通过上表我们可以看出,各路工人就诊外科的较多,这应该与铁路工人行车途中出现的意外伤害有关,或是机务处工人被器械所伤造成的。其次就是内科病居多。铁路工人常年在外工作,尤其是随车工作人员饮食休息不能正常,各站有时"售卖生冷及不洁食物",极易引发胃肠病症,遇到天气炎热时也无处洗浴。工务处的工人在铁道附近进行修理工作,每日风吹

---

[1]施裕寿、刘心铨:《山东中兴煤矿工人调查》,载李文海主编:《民国时期社会调查丛编·城市(劳工)生活卷》,福建教育出版社,2005,第924页。

日晒,而且铁道附近的卫生环境不佳,长年累月容易引发各种疾病。再次就是传染病,火车上旅客众多,有些"不愿清洁鼻涕口痰任意唾弃,最易发生病菌,且旅客行李往往夹带臭虫虱蚤,传播于卧榻中"[1],这些都易导致传染病的发生。工务处工人的工作又脏又累,也易患上传染疾病。同时通过上表可以看出,无论何种疾病,其复诊的人数大都比初诊的人数要多,这不仅说明当时医疗效果不好,也说明工人的劳动环境只要不改善,这些疾病就会一直发生,而且内科病症很多都容易复发。

再来看看各路的具体情况。据《劳动年鉴》记载,平绥铁路各医院在1921年到1929年间,就诊人数最多的是内科,平均约占就诊总数的48.6%。1929年,胶济铁路四方、高密、张店和坊子医院的统计数字显示,该路工人患病最多的除了外伤之外,依次为皮肤病、消化器病、眼科病、耳鼻喉病和呼吸器病。[2]这个稍加分析便可得知,皮肤病、眼耳喉鼻和呼吸疾病都是因为在外工作环境不洁造成的,消化器病则是因为饮食不能正常引起的,随车工作的人员长途劳累容易引发消化道疾病,尤其是司机久坐和目视前方会导致消化不良和视力疲劳。据平汉路华北段信阳、郑州、彰德、石家庄、长辛店、北京和大同各医院的统计,1926—1928年该路就诊者不住院的占多数,这与铁路工人的工作性质有关,其工作必须常年外出,没有条件久住医院。在不住院患者的统计中,这几年中就诊人数基本呈上升趋势。其中长辛店、信阳和郑州医院的就诊人数较多,3年来就诊人数分别共计161 218人、50 549人和36 848人,以长辛店医院为最多。[3]又据平汉路1931年12月至1932年11月的医务工作报告可知,这一年来各科就诊人数

①《平汉铁路二十一年工作报告》,载张研、孙燕京主编:《民国史料丛刊》第639册,大象出版社,2009,第153页。
②参见邢必信等编:《第二次中国劳动年鉴》第1编,北平社会调查所,1932,第106、108页。
③同上书,第107页。

总计94 242人,传染病中以流行性感冒人数最多,有15 652人,其次为疟疾、肺痨和痢疾等病;内科病中以呼吸和消化疾病患者最多,分别为11 046人和10 449人;其他疾病则是皮肤病、鼻病和眼病较多。[1]道清铁路工人人数相对其他各路较少,据1932年统计仅有1146人,但该路当年平均每月就诊人数有2140人。[2]可以看出,道清铁路就诊人数超过该路工人人数,说明该路部分工人每月不止就诊一次。正太铁路路线较短,工人也较少,据1933年统计仅有2198人,但该年就诊人数总计33 790人,平均每月2816人,其中以夏秋季节患病者较多,从5月到10月平均每月就诊人数达3300人,除了外伤外,各科疾病仍以内科居多。[3]

二、劳动灾害与工伤事故

除了由于劳动环境恶劣而导致产业工人患有职业病之外,还由于劳动灾害而引发很多工伤事故,有的致伤致残,有的甚至失去了宝贵的生命。

表2-3 华北地区工业灾害次数及伤亡人数表(1935年)

地域	灾害发生次数	受伤人数	死亡人数	总计
天津市	39	42	36	78
北平市	28	71	20	91
青岛市	13	63	24	87
河北省	17	199	325	524
河南省	16	73	13	86
山西省	13	32	9	41
山东省	7	321	537	858

①《平汉铁路二十一年工作报告》,载张研、孙燕京主编:《民国史料丛刊》第639册,大象出版社,2009,第151-152页。

②道清铁路管理局编:《道清铁路三十周年纪念》,道清铁路管理局,1935,第222页。

③正太铁路接收周年纪念刊编纂委员会编:《正太铁路接收周年纪念刊》,正太铁路管理局,1934,第53-54页。

地域	灾害发生次数	受伤人数	死亡人数	总计
总计	133	801	964	1765

资料来源:
刘明逵、唐玉良主编:《中国近代工人阶级和工人运动》第7册,中共中央党校出版社,2002,第465-466页。

通过上表我们可以看出,华北地区仅1935年一年就发生工业灾害133次,死伤达1765人。其中北平市和天津市发生灾害次数最多,河北省和山东省灾害死伤人数最多。虽然山东省工业灾害次数最少,仅为7次,但是伤亡人数最多,共计858人,说明其灾害最为严重。下面我们具体分析一下华北工厂工人、煤矿工人和铁路工人的工伤问题。

各个工厂由于使用机器生产,无论是工人操作的原因还是机器设备失修的原因都可能造成对工人的人身伤害。石家庄大兴纱厂由于"机器设备缺少必要的安全装置",致使工伤事故经常发生。如有时车间的机器掉了皮带,工人在装皮带、蹬皮带的过程中,经常不小心"把脚卡进皮带圈里"而被绞死,很多工人在类似的事故中失去手脚。很多童工因过度疲劳加之饮食缺乏营养而患有关节炎和静脉曲张,严重者后来发展至终身残疾。大兴纱厂招聘女工要求未婚,很多女工为了温饱而隐瞒婚姻状况,因为怕被开除就连怀孕了也刻意掩饰和隐瞒,临产前被发现后都会遭到痛打,有的生产以后怕丢了工作还没有休息就赶紧上班,结果因为身体过度虚弱而丧命。①

天津裕大纱厂工人手指被机器碰伤者较多,因手指受伤就诊于该厂医疗室的工人,"摇纱部年约70余人,细纱部30余人,粗纱部10余人",其余的外伤如"原动部之烫伤,机修部之轧伤"等,但尚无伤及性命者。②

---

① 杨俊科、梁勇:《大兴纱厂史稿》,中国展望出版社,1990年,第78-80页。
② 吴瓯主编:《天津市纺纱业调查报告》,天津市社会局,1931,第275页。

1928—1929年,裕元纱厂工人医院中,外科病人有2804名,占病人总数的26.8%,病人投诊次数为5562次,占全部病人投诊次数的35.8%,比例之高一目了然。同时还可以看出投诊次数要多于实际病人人数,说明部分病人就诊不止一次,也反映出各种工业伤害频繁发生。除了内科和外科之外,"眼科病位居第三位",这除了因为纺纱厂棉絮飞扬进入眼睛导致的各种炎症外,工伤事故也占有一定比例,"棉织机均设有飞梭",稍一不慎,就会伤及眼睛导致失明。[①]

据1933年青岛市纺织工厂工人的伤病调查显示,被调查的23名华兴纺纱公司患者中,有18人的外伤是被机器所伤,5人是被误伤。被机器所伤的工人中,有11人是手部受伤,4人为四肢受伤,其余是头部及肩胛骨受伤。被误伤的5名患者中,有4人是手指挫伤,1人右脚烫伤。隆兴纱厂被调查的6人中,4人被机器所伤,2人被误伤,所有受伤者中有4人四肢受伤,2人右手指挫伤。[②]通过上面的调查我们可以看出,纺纱工人工作常用的双手受伤概率极高,四肢次之,其他部位较少受伤。

火柴工人除了深受磷毒影响患有职业病之外,还遭遇很多工伤灾害。"装盒部的童工、女工每日和火柴接触,很容易把手灼伤"[③]。火柴是易燃品,会引发爆炸和火灾,如1927年北京丹华火柴厂发生火灾,给工人带来极大灾难。北京丹华火柴厂的童工一般被安排在装盒部,并且每天要完成规定的数量。童工们在快速装盒的过程中,经常被火柴匣旁边的玻璃砂刮破手指。他们的手指经常"被磨得见肉",并且动作稍一不慎,"火柴一碰匣边,就会起火",因此童工的手指还经常被火烧伤。厂中冬冷夏热,夏天时,经常有工人热得昏死过去;冬天有童工去火炉旁取暖,因为"身上沾满硝

①参见方显廷:《中国之棉纺织业》,国立编译馆,1934,第181、183页。

②陆涤寰:《几处工厂工人伤病调查之研究》,《劳工月刊》1935年第4卷第1期。

③青岛市工商行政管理局史料组编:《中国民族火柴工业》,中华书局,1963,第161页。

末",遇火燃烧,结果被烧死。此外还有很多工人因无法忍受高强度的劳动得肺病而死。① 天津火柴厂的工人经常因为"机械冲击、药气熏毒燎燃"而受伤。②

塘沽久大精盐公司的工人极易发生烫伤。"盐锅的沸卤,盐坑的热烟,坑间的通火条"都容易烫伤工人。"冬天蒸汽弥漫",工人看不清锅台,跌倒滑入锅中,就会烫伤四肢。这在久大工人的外伤中占很大比例。永利碱厂的工人由于多来自乡间,不熟悉精密机器的操作而经常受伤,即使有技师在旁指导,稍有疏忽,也会发生危险。锅炉的火夫也经常被烫伤,永利的锅炉有一次发生爆裂,将很多工人烫伤,其中还有全身被烫伤者,这给工人带来极大痛苦。据1924—1925年久大永利附属医院的疾病统计,外科就诊数为3612人次,占所有就诊人次的39.9%。在各种外伤患者中,以四肢炎症和损伤的患者最多,共2195人次,在外科患者中占65.5%。在外科炎症中,火伤占不到1/5,其中1/6为全身烫伤,5/6为"手足头颈部之大局部及一两处烧伤",患者多在"久大盐锅、永利铁工房和白灰窑"中受伤。外科损伤共1050次,大部分为小损伤,大的损伤不过十几次,大多为"永利压伤、跌伤工人及外来病人"③。

通过上述可知工厂灾害很多,但是也不及煤矿工人所受的伤害。通过下面几首歌谣可以看出华北煤矿工人的处境:④

两腿到井沿,小命没一半。

---

① 参见北京市总工会工人运动史研究组:《北京工运史料》第2期,工人出版社,1982,第211、219页。

② 王达:《天津之工业》,《实业部月刊》1936年第1卷第1期。

③ 参见林颂河:《塘沽工人调查》,载李文海主编:《民国时期社会调查丛编·城市(劳工)生活卷》,福建教育出版社,2005,第809、863、885、887页。

④ 参见薛世孝、薛毅编:《中国煤矿歌谣集成》,煤炭工业出版社,2009,第78、84、98页。

一进矿井口,如进阎王殿。

干的阴间活,吃的阳间饭。

流传地区:河北开滦煤矿

昔日矿工悲歌多,矿工血泪染山河。

只见煤车天天走,不见工人几人活。

尸体成堆骨成垛,千愁万恨记心窝。

流传地区:河北井陉煤矿

进罐笼挤死,汉奸敲诈逼死,抢不着工具急死,

通风不好闷死,下井干活累死,伤病没钱等死,

不长眼色打死,冬天无衣冻死,井下干活等死。

流传地区:山东淄博煤矿

通过上面几首歌谣我们可以看出,煤矿工人经常发生工伤事故,下面就来看看华北各矿灾害及工人死伤情况。

表2-4 开滦煤矿灾害类别及伤亡统计表(1913—1935年)[①]

灾害类别	发生时间	发生地点	受伤人数	死亡人数	总计
沼气爆炸	1913-12-21	唐山矿	—	7	7
	1914-05-10	唐山矿	—	19	19
	1920-07-30	马家沟矿	—	3	3
	1920-10-14	唐山矿	122	434	556
	1920-10-22	马家沟矿	—	5	5
	1924-08-20	赵各庄矿	1	6	7
	1926-12-20	唐山矿	14	26	40
	1930-06-05	马家沟矿	3	4	7
	1932-06-13	马家沟矿	11	10	21

[①]本表仅记录一次死亡3人以上的事故。

续表

灾害类别	发生时间	发生地点	受伤人数	死亡人数	总计
	1933-08-06	马家沟矿	12	12	24
坍塌	1924-03-15	唐山矿	—	46	46
	1924-09-25	赵各庄矿	5	8	13
	1932-03-24	赵各庄矿	—	3	3
	1934-07-21	马家沟矿	—	7	7
	1935-05-07	赵各庄矿	—	5	5
蹲罐	1917-10-10	唐山矿	2	10	12
	1934-12-02	林西矿	—	23	23
	1935-08-19	唐山矿	—	14	14
水淹	1933-04-15	马家沟矿	2	6	8
	1934-06-10	唐家庄矿	404	60+	464+
	1935-07-29	赵各庄矿	—	25	25
	1935-08-08	赵各庄矿	10+	24	34+
火灾	1934-05-29	唐家庄矿	100	33	133
总计			686+	790+	1473+

编者注：表格内"+"，表示超过该数量。

资料来源：

开滦矿务局史志办公室编：《开滦煤矿志(1878—1988)》第2卷，新华出版社，1995，第522—523页。

中华全国总工会中国工人运动史研究室编：《中国工运史料》(27)，工人出版社，1985，第100—101页。

上表统计的是开滦煤矿较为重大的灾害事故。据开滦查工处统计，该矿"平均不到三天就死亡一人"[1]。通过上表可以看出，在各种矿山灾害中，沼气爆炸是最频繁的，其中以唐山矿1920年的沼气爆炸最为严重，死伤矿工556人。所谓沼气爆炸就是瓦斯爆炸，瓦斯是"煤中普遍存在的无色无味无形的有害气体"，当矿井中通风状况不好时，瓦斯大量积聚能燃烧爆炸，"使人窒息死亡"。[2] 其次为坍塌事故，也就是工人采煤时，由于缺少安

---

[1]郭士浩：《旧中国开滦煤矿工人状况》，人民出版社，1985，第175页。

[2]焦作矿务局史志编纂委员会编：《焦作煤矿志1898—1985》，河南人民出版社，1989，第270页。

全支护及煤质等方面的原因,头顶的煤落下来造成坍塌。更有甚者,矿坑内被采空的地区形成了老塘,但包工头仍然让矿工继续开采,这种危险的行为很容易造成大面积的坍塌,也就是所谓的冒顶、落顶。蹲罐事件也常有发生,即罐笼运载矿工们上下井时发生的事故。开滦煤矿的罐笼分为3层,共容纳50余人。资本家为了减少上下井的时间,尽量在罐笼中多塞工人,有时一次竟装近百人,经常因为人多拥挤而发生挤伤、摔伤乃至摔死的事故。[①] 再次就是水患和火灾。由于矿井排水、防水的设施不完备,以及矿工开采方法不当而引发水灾,将矿工淹死。1934年6月10日唐家庄矿的水灾,死伤矿工超过464人。井下除了沼气爆炸外,因灯火、炉火和其他电器设备出现问题亦能引发火灾。1934年5月29日的唐家庄矿火灾,就是因为"绞车房电滚起火,燃及矿质"[②]而发生的,其造成的损害极为严重,死伤共计133人。

　　下面举几个开滦矿灾的典型例子来说明矿工的劳动损害。1920年的唐山矿沼气爆炸是一次严重的事故。"10月14日午后,开滦煤矿公司之唐山矿内忽发大爆裂,延烧煤炭及坑道中之木料,烟焰弥漫,矿工遂窒息而死",惨剧发生后,资本家还想把责任推到矿工身上,他们指出"本局竭力防备,专用安全灯,防止煤气爆炸,惟闻工人带土灯入矿致有此祸,还因开灯取火吸烟之故,死者身上有纸烟,可见一二"。[③]但是经调查,"矿中发现煤气,不在下午四点,而是十二点三刻",但包工头并不理会,才导致事态的严重,沼气本来发生在"第九煤槽,蔓延至第八、第七、第六等煤槽"[④]。因此这次事故发生的主要原因应该不是工人,矿局所谓的工人携带纸烟和土灯的

①参见郭士浩:《旧中国开滦煤矿工人状况》,人民出版社,1985,第162、166页。

②刘明逵、唐玉良主编:《中国近代工人阶级和工人运动》第7册,中共中央党校出版社,2002,第477页。

③《唐山矿工惨剧之外论》,《晨报》1920年10月20日。

④《唐山惨剧与矿局自述》,《晨报》1920年10月25日。

说法也站不住脚,一是携带纸烟并不能证明其确实在矿井内吸了烟,二是如果矿工将危险品带入矿内也和检查者的疏忽有关。因此这次沼气爆炸是因为矿内通风设施及救险设施欠缺及矿局没有及时救助造成的。1934年的林西矿蹲罐事故也是开滦煤矿较为严重的灾害事故。12月2日上午,该矿4号井绞车在运载工人时,因绞车年久失修而未更换,"提罐的大绳突然出槽,坠入两轮中间,绳子被轮轴铁链咬断,罐笼坠入井底,23名矿工均粉身碎骨"[①]。可见设备的失修给工人们造成了极大的伤害。

据对井陉煤矿历年伤亡的统计,该矿每年伤亡人数较多,1925年因矿山灾害受伤的有6469人,死亡24人;1926年受伤5016人,死亡8人;1927年受伤3781人,死亡12人;1928年半年之内受伤者有991人,[②]1931年被机器伤害者有98人。[③]

山东中兴煤矿的大部分灾害与"旧空积水有关",因此常常发生水灾。历年来发生的水患灾害主要有以下几次:1915年2月1日早6点,"因打钻透水,致旧井积水及煤中沼气,骤然水涌气燃,煤巷、石巷多为煤末所塞,顷刻电泵淹没,罐笼亦不能升降,伤者215人,死者达458人";1918年也是因为打钻透水,工人死亡数十人;1923年亦是同样原因死亡数十人。[④]1933年2月11日,矿工钻探释放积水,因炭壁太薄以致积水崩溃,淹毙工人3名。[⑤]看来中兴煤矿的积水问题一直存在,并一直引发灾害,但是并没有引起矿局重视,导致工人不断受到伤害。据该矿附属医院鞠仁医院就诊统计,1920—1930年各科病人中以外科居多,平均约占各科患者的50%左

---

①郭士浩:《旧中国开滦煤矿工人状况》,人民出版社,1985,第180页。

②邢必信等编:《第二次中国劳动年鉴》第1编,北平社会调查所,1932,第100页。

③《民国二十二年中国劳动年鉴》第1编,实业部劳动年鉴编纂委员会,1934,第282页。

④高树校:《中兴煤矿公司调查纪实(二)》,《劳工月刊》1933年第2卷第6期。

⑤《山东矿业报告(第四次)》,山东省政府建设厅印行,1934,第130页。

右。①可见矿山的工伤事故经常发生。

山东淄博煤矿矿工经常遭受透水和冒顶之灾。1924年的一次透水事故中矿工死亡36人,1927年的透水事故矿工死亡达151人之多。1935年,淄博煤矿的水灾是全国各矿发生水灾中最为严重的一次,遇难者有536人。该矿自"5月13日上午11时开始透水,水势汹涌,40分钟后,排水机即遭淹没。据专家测验,此次透水,每分钟涌量平均为5200立方尺,每小时约8700吨,数小时后竟增至三倍以上,达15 600立方尺,有五六百名工人均遭没顶"②。此次惨案的发生实属人祸而非天灾。最近该公司采用"长壁式采炭法,所用材料细小软弱",此外"此次矿井出水源为淄河上游之湖水",煤矿开采主持者对此一概不知,从无调查。还有就是该矿本有"通风道3处,一旦发生危险,可从此逃出,不料公司将之荒废弃置,因之堵塞不通",以致工人无法逃生。③由此得之,该矿企业主不重视工人的人身安全,矿场内各种安全设备极度缺乏。冒顶事故就是由于缺乏安全支护而形成的坍塌。1936年,一名年仅13岁的童工在拉煤途中遇到冒顶灾害,但由于日本监工阻止周围矿工前去营救,结果这名年幼的童工被活活砸死。④据淄川煤矿死伤人数统计,1925年到1927年因为落石坍塌造成受伤者332人,死亡者15人。⑤1932年,该矿受伤人数有555人,死亡人数为27人;1933年受伤人数为620人,死亡28人。⑥可以看出矿工的死伤人数不但没

①施裕寿、刘心铨:《山东中兴煤矿工人调查》,载李文海主编:《民国时期社会调查丛编·城市(劳工)生活卷》,福建教育出版社,2005,第924页。

②吴汝滨:《淄川鲁大公司矿工水劫惨案详纪》,《劳工月刊》1935年第4卷第6期。

③《淄川鲁大煤矿淹水惨剧》,《劳动季报》1935年第1卷第6期。

④参见淄博矿务局、山东大学编:《淄博煤矿史》,山东人民出版社,1986,第211-212、217-218页。

⑤刘明逵、唐玉良主编:《中国近代工人阶级和工人运动》第1册,中共中央党校出版社,2002,第328页。

⑥《山东矿业报告(第四次)》,山东省政府建设厅印行,1934,第151页。

有减少反而越来越多。

　　1935年淄博煤矿的水灾是全国各矿发生水灾中最为严重的一次。该矿自"5月13日上午11时开始透水,水势汹涌,40分钟后,排水机即遭淹没。据专家测验,此次透水,每分钟涌量平均为5200立方尺,每小时约8700吨,数小时后竟增至三倍以上,达15 600立方尺,有五六百名工人均遭没顶"。①此次惨案的发生实属人祸而非天灾,最近该公司采用"长壁式采炭法,所用材料细小软弱"。此外"此次矿井出水源为淄河上游之湖水",煤矿开采主持者对此一概不知,从无调查。还有就是该矿本有"通风道3处,一旦发生危险,可从此逃出,不料公司将之荒废弃置,因之堵塞不通",以致工人无法逃生。②由此得之,该矿企业主不重视工人的人身安全,矿场内各种安全设备极度缺乏。

　　河南煤矿也频频发生各种工伤事故。1915年,福公司开凿矿井时发生坍塌事件,有4名矿工死亡。1931年,中原煤矿公司发生瓦斯爆炸,矿工死亡16人,受伤25人。1933年3月,中原公司发生火灾,24人死亡,23人受伤,同年4月又发生火灾,17人死亡,30多人受伤。1934年,中福公司发生瓦斯爆炸,有32人死亡。③据1931年统计,中原煤矿公司有矿工万名,这一年的伤亡人数有2742人。④又据中原公司附属医院诊疗统计,1932年仅2月份一个月,到外科就诊的矿工人数就达1621人,占各科就诊人数的73.7%。⑤

---

①吴汝滨:《淄川鲁大公司矿工水劫惨案详纪》,《劳工月刊》1935年第4卷第6期。

②《淄川鲁大煤矿淹水惨剧》,《劳动季报》1935年第1卷第6期。

③参见焦作矿务局史志编纂委员会编:《焦作煤矿志 1898—1985》,河南人民出版社,1989,第251、269-271页。

④薛毅:《焦作煤矿史》,河南人民出版社,1986,第67页。

⑤《民国二十一年中国劳动年鉴》第1编,实业部劳动年鉴编纂委员会,1933,第200页。

表2-5　保晋煤矿工伤事故原因及死伤人数表（1918—1922年）

时间	受伤者		死亡者		总计
	原因	人数	原因	人数	
1918	—	—	下炭或煤车轧死	6	6
1919	炭坠	8	炭坠	7	15
1920	炭坠	14	炭坠	16	30
1921	火烧、撞伤	29	炭坠、下炭	28	57
1922	炭落、火伤、煤车撞伤	67	炭落	24	91

资料来源：
虞和寅：《平定阳泉附近保晋煤矿报告》，农商部矿政司，1926，第64-65页。

通过上表可以看出，山西保晋煤矿大多数的灾害事故是由炭坠或煤车撞击造成的，其中炭坠炭落导致的灾害占了极大比例，并且每年伤亡者的人数呈上升趋势。据统计，1918年保晋煤矿死亡人数占全体矿工人数的0.76%，到了1922年就占到1.58%；1919年受伤人数占全体矿工人数的0.63%，到了1922年就增至4.39%。[1]除了炭坠导致的矿山灾害外，保晋煤矿也发生过几次透水事故，如1916年矿工在下脉打掘进的时候，上脉发生透水，水势大到30多名工人来不及逃走就全部被水淹没。1920年，矿工挖煤时遇上井下透水，21名矿工全部被淹，这个井口就被人们称为"死人坑"。[2]

再来看看铁路工人的工伤事故情况。

铁路工人常年在外工作，容易遭受意外伤害。上表所谓的"飞灾"即指意外的灾害，虽然所列数字不仅指铁路员工，而是包括所有在飞灾中死伤的人数，但是也能反映铁路员工的受伤情况。通过该表可以看出，因为意外灾害导致工人死亡的、终身残疾的，还有治愈的。这里"治愈"就代表曾经受伤但最后没有留下后遗症和致残的人员。通过计算可以得知，华北各

---

[1]虞和寅：《平定阳泉附近保晋煤矿报告》，农商部矿政司，1926，第65页。
[2]阳泉矿务局矿史编写组：《阳泉煤矿史》，山西人民出版社，1985，第100页。

路1930年因"飞灾"而死亡的人数占患者总数的32%,残疾者占22.8%,治愈者约占45.1%。1931年死亡人数占患者总数的28.4%,残疾者占21.7%,治愈者约占49.9%。治愈者虽占大多数,但是死亡和残疾的人数却超过一半,而且死亡人数比残疾人数还要多。各路中以津浦路和陇海路的"飞灾"伤亡人数为最多。

表2-6　华北各路"飞灾"死伤人数统计表(1930—1931年)①

路别	1930年				1931年			
	死亡	残废	治愈	总计	死亡	残废	治愈	总计
北宁	79	8	13	100	62	2	12	76
平汉	—	—	—	—	62	17	114	193
平绥	34	1	5	40	24	5	—	29
津浦	41	52	206	299	52	70	250	372
陇海	34	96	87	217	39	102	79	220
胶济	53	15	29	97	41	17	35	93
道清	3	2	4	9	1	2	5	8
总计	244	174	344	762	281	215	495	991

资料来源:
贾铭:《铁路工人生活调查》,《铁路职工周报》1933年第33期。

据表2-2统计的华北各路员工疾病诊疗情况可知,外科的就诊人数最多,占全部就诊者的47.8%,说明铁路工人受外伤者较多,因为随车工作人员在途中可能发生意外,一些机械工人也容易被机器所伤。此外华北各路就诊于外科的病人中,津浦路和平汉路的工人所占比例较大,分别占该科病人的23.7%和21.8%。据平绥铁路各医院1921年至1929年历年病症记载,就诊于外科的患者平均约占30%,仅次于内科的人数。1929年,胶济铁路四方、高密、张店和坊子医院的统计数字显示,该路患者就诊于外科

----

①本表所列人数,指的是所有因飞灾而致死伤者而言,不仅限于铁路员工。

的最多,分别占各个医院病人总数的34.2%、33.9%、34.2%和33%。[1]1932年至1933年一年中正太铁路就诊人数总计33 790人,就诊于外科的工人有17 216人,占总人数的51%。[2]这些数据均反映出铁路工人所受工伤灾害之大。

三、工人失业问题

所谓工人的失业问题,是指"产业劳动者纵有劳动能力及劳动意思,而不能获得与其相应的劳动机会的状态"[3]。民国时期失业问题的发生主要有以下7个原因:一是外国资本主义在中国经营工厂,倾销商品,中国企业无力与之竞争而停工减产导致工人失业;二是破产农民纷纷涌入城市,与城市劳工竞争而导致失业的发生;三是世界经济萧条,影响中国工业的发展,工厂倒闭工人失业;四是天灾人祸导致的停工失业,如水灾、火灾及军阀混战的影响使得工矿等企业无法继续生产;五是工人罢工导致的停业失业;六是资本家为了降低工资,以新工人代替老弱的旧工人,以女工和童工代替成年男工而导致一批工人失业;七是产业工人在劳动灾害中致伤致残者,被资本家无情解雇而导致失业。失业问题一直是普遍存在的社会问题,但是1929年发生的世界经济危机,影响我国经济的发展,失业问题较以前严重。尤其到了1931年日本发动九一八事变占领我国东北地区以后,侵略势力不断向华北地区渗透,使得华北地区的失业问题就呈严重化趋势发展。

---

①参见邢必信等编:《第二次中国劳动年鉴》第1编,北平社会调查所,1932,第106、108页。

②正太铁路接收周年纪念刊编纂委员会编:《正太铁路接收周年纪念刊》,正太铁路管理局,1934,第53页。

③何德明:《中国劳工问题》,商务印书馆,1936,第157页。

1934年第1期《劳动季报》刊载的漫画《顺流而下》

以上图片来自《劳动季报》,名为"顺流而下",说明了日货倾销对我国经济造成的不良影响,经济的萧条就会导致停业失业问题的发生,因此这段时期的失业问题较之前严重。关于工人失业的统计数据向来不多,根据所掌握的材料和工人失业严重的情况,笔者主要分析华北地区1928年以后到抗日战争全面爆发前工人失业的情况。

表2-7　华北各地失业人口占就业人口比例表(1928—1933年)

地区	时间	失业人数	就业人数	百分比(%)
北平各业工人	1928	14 408	91 467	15.8
北平各业工人	1929	29 902	91 467	32.7
天津工会会员工人	1929	2642	23 890	11.1
青岛工业工人	1932	1368	9457	14.5
太原工业工人	1933	413	6701	6.2

编者注:1929年北平各业工人的统计中,就业人数系1928年数字。
资料来源:
刘明逵、唐玉良主编:《中国近代工人阶级和工人运动》第7册,中共中央党校出版社,2002,第656页。

通过上表可以看出,北平失业工人占就业人数的比例较高,但是北平的统计数据涉及各个行业,因此比其他地区失业人数较多。除此之外,青岛工业工人的失业人数比例较高而太原工业工人失业人数比例较低。由于统计材料的限制,我们无法对各省市的失业人数有一个既精确又全面的认识,下面仍就具体工厂、煤矿和铁路的工人失业情况分别进行分析。

天津各大纱厂在雇工契约中都定有解雇规则,为其日后解雇工人提供"合理"的依据。凡遇以下情形之一即行解雇:

> 工人因病不能工作,或因病请假超过两个月者;
>
> 工人因事请假超过一个月者;
>
> 工人不能胜任其应有之工作者;
>
> 厂方为缩小营业或减少工作,得甄别裁减工人;
>
> 厂方以特殊情形停工逾一月,得解约;[1]
>
> 未请假,一周以上不到工者;
>
> 保证人退保,无继续保证者。[2]

通过上面的条款我们可以看出,资本家从雇用工人开始就为以后的解雇做好了打算。即使这些条款使工人的劳动毫无保障,但工人为了生存也只能接受。

据统计,1929—1930年天津华新纱厂有工人2348名,解雇工人988人,解雇率为42.1%。裕元纱厂1927年雇有工人5700人,下半年内解雇1012人,该年解雇率为35.3%;1928年有工人6083名,解雇1266人,解雇率达20.8%;1929年雇用工人6395人,上半年解雇工人392名,该年解雇率为12.3%。恒源纱厂1927年有工人2850人,下半年解雇405人,该年解雇率为28.4%;1928年有工人3200人,解雇502人,解雇率为15.7%;1929年有

---

①方显廷:《中国之棉纺织业》,国立编译馆,1934,第138页。

②天津市档案馆编:《天津商会档案汇编(1928—1937)》(下),天津人民出版社,1996,第1436页。

工人3262人,解雇214人,解雇率为6.6%;1930年上半年解雇工人79人,该年解雇率为5.8%。北洋纱厂1930年有工人2000人,4—9月解雇工人768人,按全年计算解雇率高达76.8%。通过这些数字我们可以看出,除了北洋纱厂和华新纱厂的解雇率过高外,其他纱厂都相对较低。此外根据1929年天津纱厂解雇工人理由统计,久缺工、返籍、疾病或受伤这些理由是排在前三位的。[1]

日本发动九一八事变以后,中国工业凋敝之状况更为严重。东三省被日本占领对华北地区也产生了间接的影响,因为"东北是关内轻工业最大的市场",九一八事变以后华北的棉纺织产品等运往东北需缴两重关税,因此纺织业大受打击,使得失业人数随之增加。东北还是"关内过剩人口的消纳地",东北被占后,"冀鲁各省的过剩人口,无处宣泄,只有再挤到都市来,失业问题更见严重"。[2]此后日本的侵略势力又不断向华北扩张,日货的倾销导致华北各民族企业停工减产和工人失业。1933年,恒源纱厂宣布停工半年,厂里2700多名工人大受打击。同年,华新纱厂裁撤工人120人,裕元纱厂裁人1043名。宝成纱厂遣散工人634人,在被裁的200多名女工中,"80余人为四五十岁之寡妇,均抚育幼稚子女五六人,恃此收入而生活。突闻被革后,有3人立刻晕倒,1人突患疯症,四五人神经错乱,痛苦失声"。北洋纱厂宣布停业,失业工人达1300人。[3]1934年,"裕元纱厂停工,失业者达四千数百名,其后交涉复工,亦有1600余人被解雇。恒源纱厂、北洋纱厂停业,影响工人亦达6000以上,后虽复业而被裁者亦在2000左右"[4]。

石家庄大兴纱厂向工人转嫁经济危机,大量裁减工人。1932—1936

---

①方显廷:《中国之棉纺织业》,国立编译馆,1934,第140-141页。

②林颂河:《民国二十一年之劳动界》,《社会科学杂志》1933年第4卷第2期。

③同人合编:《全国工业凋敝之惨况》,《劳动季报》1934年第1期。

④程海峰:《一年来的中国劳工》,《民族杂志》1935年第3卷第1期。

年,大兴纱厂不断解雇工人,1932年裁撤工人170名,1933年又向工人提出"工作一星期休息一星期,假期工资免给,维持三个月,如发生特殊情形停工"①的规定。仅1935年,又裁减工人537名。1936年工人人数比1932年减少了666名,相当于1932年工人人数的22.2%。同时大兴纱厂"把技术差的工人改为替工,不安排工作,不发工资"②。1932年,山东"临朐的丝厂原有三百家,现在仅存两百家",长山最大的4家丝厂全部停业,"失业工人达四五千人"。③ 1933年,河南豫丰纱厂因"纱市不振,营业受亏,棉花缺乏,于7月29日宣布停工",全厂5000多名工人立刻失业,以致"群情惶悚,妻哭子号",经调解后于1934年1月5日复工,"仅继续雇用工人3582人",因此仍有1500名工人失业。④ 1934年,河南彰德豫新纱厂之停业风潮"影响两千余名工人之生计"⑤。

华北火柴业工人的失业状况也很严重。"自1930年以来,瑞典火柴在华倾销",我国火柴业所受打击"不亚其他轻工业","两年来更加上日货倾销",民族火柴业陷入危机。1933年,天津北洋火柴公司曾宣告停工,"工人八百余名准备暴动未果","荣昌等六家亦有停办之拟议"。太原的昆仑火柴公司及其他4家火柴公司宣告歇业。"山东仅留青岛华北一厂,余均停歇。"⑥ 这些工厂的破产停业均导致一批工人失业。

到了1934年,"因增加统税之影响,青岛所有火柴厂相率停业,失业工人达一万以上。而火柴制造厂受连带影响亦停业,计有两千余名工人失业。天津荣昌火柴公司亦裁减工人十分之四,另有停业者一家。北平丹华

---

① 同人合编:《全国工业凋敝之惨况》,《劳动季报》1934年第1期。
② 杨俊科、梁勇:《大兴纱厂史稿》,中国展望出版社,1990年,第127页。
③ 林颂河:《民国二十一年之劳动界》,《社会科学杂志》1933年第4卷第2期。
④ 同人合编:《全国工业凋敝之惨况》,《劳动季报》1934年第1期。
⑤ 程海峰:《一年来的中国劳工》,《民族杂志》1935年第3卷第1期。
⑥ 同人合编:《全国工业凋敝之惨况》,《劳动季报》1934年第1期。

火柴公司亦实行紧缩政策"[1]。各工厂的相继减工停业使火柴工人到了走投无路的地步。

天津各面粉厂的厂规中也都含有解雇规则,发生以下情形之一即行解雇:工厂因不可抗力停工歇业时,工人不能胜任工作或患有传染病时,工人违反工厂规则时,临时工因本厂事务减少无须续雇时。工人分为临时和长期两种,临时工人厂方得随时解雇之,长期工人遇歇业或违犯厂规时解雇之。无论何种工人入厂前都需经人介绍,立具志愿书。从入厂志愿书中就可以看出在工人入厂前,企业主就做好了随时裁减工人的打算。我们以嘉瑞合记面粉公司的志愿书为例:

立志愿书:　　年　　岁　　人现承　　介绍愿入嘉瑞合记面粉厂充当　　职任,每日/月工资　　角/元。因厂方临时短期租用嘉瑞面粉股份有限公司之机器磨积存小麦,以本年国历六月底左右为期满之日,亦系临时短期雇用,情愿承认。临时辞退或解散,绝不发生争执及各种要求。以后如有发生以上情事以及违背厂章舞弊情事,或对内对外有不法行为,均由保人担负完全责任,概与厂方无涉。如厂方因此受有损失时,均由保人立即担负完全照数赔偿之责。恐口无凭,立此志愿保证书存照。

立志愿书

铺保

中华民国　　年　　月　　日通信处[2]

以上是嘉瑞合记面粉厂让工人立具的志愿书,通过该志愿书的内容我

---

[1] 程海峰:《一年来的中国劳工》,《民族杂志》1935年第3卷第1期。

[2] 参见吴瓯主编:《天津市面粉业调查报告》,天津市社会局,1932,第55、63、64页。

们可以看出,工厂主只强调对工人行为的要求和限制,并没有提到任何对工人的保障。如果发生辞退,工人也不能闹事,因为入厂前已经签好志愿书,并且如果违背此志愿书,一切责任由保人担负,工厂把责任推得一干二净。由此可以看出工人的劳动和生活是毫无保障的,而且工厂更倾向于雇用短工,以备生产减缩或发生其他状况时随时将之裁退。

不仅工厂的规定使工人随时面临失业的威胁,外在的经济环境和市场状况也把他们逼到了失业的边缘。九一八事变以后,我国的东北市场丧失,1933年"热河失守,冀北又在战事时期,华北销场大受打击"[①]。天津地区日俄面粉倾销,导致各厂存货堆积,遂纷纷宣告停工,工人生计难以维持。

唐山启新洋灰公司的工人经常面临失业的威胁。工人如若"有病请假三四天即被开除","上夜班打盹被发现也被开除","得罪了工头职员亦被开除";公司经常在农历年末裁人,1935年农历十月,公司开除了1000多人,为了防止工人闹事,还把保安队长请来维持秩序;遣散费没有发到失业工人手中而是被职员贪污,以致被开除的山东工友"无法生活,满街讨饭"。[②]看来资本家对工人是极其残忍的,工人被开除已经没有生活来源了,但连最后的遣散费他们也要剥夺,真是把工人逼上了绝路。

再来看看煤矿工人的失业问题。

开滦煤矿每年都要解雇工人几千人,1931年解雇矿工2600多人,[③]1933—1934年度解雇2300多名,1934—1935年度解雇2083人,1935—1936年度解雇5704人,1936—1937年度解雇工人3820人,其解雇工人人

---

①同人合编:《全国工业凋敝之惨况》,《劳动季报》1934年第1期。

②南开大学经济研究所等编:《启新洋灰公司史料》,生活·读书·新知三联书店,1963,第299页。

③《民国二十二年中国劳动年鉴》第1编,实业部劳动年鉴编纂委员会,1934,第282页。

数分别占工人总数的6.2%、18%、15%和12%。其中以外工被解雇者较多，因为外工是包工头招募的，与煤矿公司没有直接的关系，多为临时工，故容易被辞退。据开滦惠工处登记的里工失业人数，到1930年有256人登记。失业原因大部分是被裁，"占全体失业人数的70.6%"。工人在被裁前并不知道，当得到解雇的消息后，自然备感突然和痛苦万分。[1] 开滦煤矿解雇工人有经济方面的原因也有政治方面的原因。经济上，当市场萧条，煤炭销售受阻时，企业主就要缩减生产规模，解雇工人。如1920—1923年间，由于军阀混战造成社会动荡、铁路运输不畅、市场不景气，开滦就"关闭了唐山西北井矿井"，这样就造成一批矿工失业。到了20世纪30年代，由于世界经济危机的波及和日本的入侵，开滦煤炭市场又受到影响，于是资本家又想方设法解雇工人，如规定矿工连续半个月缺勤就算作自动告退。同时开滦煤矿还经常辞退一些老弱的矿工，以新工人代替老工人。政治上的原因大体上就是为了镇压工人罢工而解雇工人。如1936年开滦煤矿关闭马家沟矿，造成4000人失业。这就是由该矿工人罢工引起的，关闭该矿就是为了镇压其反抗活动。失业的马家沟矿工人生活无着，有的卖儿典女，有的沦为乞丐，有的全家自杀。[2] 可见失业给矿工带来了极大的灾难。

柳江煤矿"因沪战发生，营业不振，于1932年3月30日裁去工人四百余人。沪战停止后，日煤大量倾销到上海，国煤的推销极感困难"，华北煤矿的失业工人有增加之趋势。[3] 1934—1935年，门头沟煤矿水淹停工，工人因此而失业者竟达到1万人之多。[4]

---

①参见施裕寿、刘心铨：《山东中兴煤矿工人调查》，载李文海主编：《民国时期社会调查丛编·城市(劳工)生活卷》，福建教育出版社，2005，第896、919-920页。

②郭士浩：《旧中国开滦煤矿工人状况》，人民出版社，1985，第208-212页。

③林颂河：《民国二十一年之劳动界》，《社会科学杂志》1933年第4卷第2期。

④陶镕成：《中国矿业劳动者的一个研究》，《劳工月刊》1936年第5卷第二、第三期合刊。

山东中兴煤矿1927年由于战事波及沦为战区,矿务停止,到1928年裁去工人400多人。1931年,鲁大公司因整理矿务导致947名工人失业。同年,潍县坊子煤矿有3500名工人被裁。[①]1934—1935年间,淄川鲁大公司又裁减工人118名。[②]

1931年,山西大同保晋煤矿公司有357名矿工失业。[③]1934年,"晋煤因运费过昂,销路极滞,保晋公司煤积如山,近已将某些矿区关闭停工,因此失业者日众";同年,河南焦作中福煤矿"以公司亏空,积煤难销,亦裁减工人八百余人"。[④]

关于铁路工人失业问题的统计和记载不多,这里根据材料只列举北宁铁路和津浦铁路工人的情况。北宁铁路当局"对于有关系之私人,虽属犯规章,亦置若罔闻,反之如工友房广即因妻病重,请假一点钟,竟未邀准,反被开除。1929年王会凯、王金海,则因服侍父病,请人代工,亦被开除。迄今未予复工"[⑤]。据《劳动年鉴》统计,1933年北宁路有120名工人失业。[⑥]"北宁路在中国国有铁路中,要算第一条好路,因为它不常受战事的影响"[⑦]。由此可知,除了时局的影响,路局规章制度对工人的限制也是造成失业的原因之一,工人一旦违反那些苛刻的规定就有被开除的可能。1929年津浦铁路"有停职者四百余人,因欠薪九个月,迫于饥寒,在天津三马路

---

①《民国二十二年中国劳动年鉴》第1编,实业部劳动年鉴编纂委员会,1934,第281-282页。

②陶镕成:《中国矿业劳动者的一个研究》,《劳工月刊》1936年第5卷第二、第三期合刊。

③《民国二十二年中国劳动年鉴》第1编,实业部劳动年鉴编纂委员会,1934,第281-282页。

④程海峰:《一年来的中国劳工》,《民族杂志》1935年第3卷第1期。

⑤《京奉铁路工人门头的开端》,《中国工人》1929年第4期。

⑥《民国二十二年中国劳动年鉴》第1编,实业部劳动年鉴编纂委员会,1934,第333页。

⑦徐协华:《铁路劳工问题》,东方书局,1931,第43页。

鼎康里开会讨论办法,在全场充满悲惨空气之中通过了下列决议:'管理局对于欠薪倘无答复,兹再予以短促限期,如届时仍无答复,同人等为有求死之一法!'"[1]欠薪停业把铁路工人逼到了走投无路的地步,甚至想以死来向当局争取属于自己的最基本权利。

劳动者要有工作才能保证基本生活,如果连温饱都解决不了的话,很可能会导致妻离子散,甚至导致流氓、土匪和妓女增多,进而影响到社会秩序的稳定。可是企业主、资本家们为了个人的利益和需要依旧任意裁撤和开除工人,完全不考虑此举对工人们和社会的损害,因此这是一个亟须解决的严重的社会问题。另外我们还应该注意到不仅是失业者生活无着,甚是困苦,就算是在业的产业工人,其工资水平和生活状况也并不乐观。笔者在下一章就对在业工人的实际工资水平及其衣食住等生活状况进行分析。

---

①《应该特别表彰的职工》,《中国工人》1929年第5期。

第三章　华北产业工人的工资与生活状况

"工资是资本家或雇主对于一定劳动时间，或一定劳动所支付的金额，就是劳动力的价格，或劳动价格。劳工工资，多半不是劳心得来的报酬，而是劳力得来的报酬"，"工资是要维持劳工本身和他家庭的生活，所以一定要按照社会的生活程度而定，使劳工所得的工资，不仅维持他个人和他的家属不致于冻饿，同时还要使劳工和他的家庭，能够享受一点精神上的幸福，并且能够有受教育和增进智识的机会"。[①]民国时期华北产业工人在漫长的劳动时间和恶劣的劳动条件下工作，其所得到的工资与他们付出的劳动并不相符，甚至相差很远，还不足以维持工人们及其家庭的温饱，更不用提精神上的幸福了。这一章就试图对民国时期华北产业工人的工资和生活状况进行探究。

第一节　工人的工资收入及工资水平

工人的工资有计时工资和计件工资两种形式，除了基本或固定工资以外还有津贴、红利、节赏和实物工资等收入。这些收入只是工人名义上所得到的工资，单看其表面的涨落无法分析其实质的工资水平。通过分析名义工资与物价之间的关系，通过比较工人工资与产值、利润和资方上层人员薪金的差距，才能看出其所得工资的真实水平。本节就试图对民国时期华北产业工人的工资收入及实际工资水平进行分析。

---

①徐协华：《铁路劳工问题》，东方书局，1931，第63页。

一、华北产业工人的工资收入

先来看看华北工厂工人的工资收入情况。

(一)纺织工厂

据1926年北京农商部调查数据,天津北洋纱厂男工日工资为0.5元,女工0.3元,童工为计月工资,每月仅有0.8~1.0元的工资。宝成纱厂成年工每日工资为0.3~0.8元,童工只给津贴并供衣食。裕大纱厂工人每日工资均为0.5元。恒源纱厂成年工每日工资为0.34~0.5元,童工每月发给0.8~1.0元的工资。裕元纱厂男工日工资0.2~2.0元,女工为0.2~0.6元,童工为0.2~0.3。华新纱厂男工每日工资为0.2~2.0元,女工每日0.2~0.5元,童工为0.2~0.3元。唐山华新纱厂实行计件工资,夜班工资较日班增加1~5厘,其中清花部每班工资为0.3元;粗纱部日工每支0.08~0.085元,夜工每支0.085~0.09元;细纱部日工每六锭0.013元,夜工0.014元;摇纱部日工每车0.013元,夜工0.014元;成包部每大包0.04元,每小包0.004元。据日本学者长野朗的记述,1920年青岛四方纱厂工人每日最高工资为0.48元,最低为0.12元。青岛华新纱厂机械工每日工资为1.5~5.0元,比普通工人工资高出很多,女工每月工资为3元,相当于每日仅有0.1元的工资,其他各部日资0.15~0.45元。鲁丰纱厂男工每日工资0.35元,女工0.25元。内外棉工厂工人每日工资为0.17~0.32元。据1926年满铁对各地织布厂工资的统计,北京织布工厂工人每日最高工资为0.39元,最低为0.18元,普通为0.28元。直隶织布工厂日工资最高为0.4元,最低为0.16元,普通为0.26元。河南织布厂工人每日工资最高0.33元,最低0.24元,普通为0.26元。山东织布工厂工人日工资最高0.36元,最低0.26元,普通为0.3元。[①]

石家庄大兴纱厂新入厂的工人先是作为学徒,学徒期为3个月,在这

---

①王清彬等编:《第一次中国劳动年鉴》第1编,北平社会调查部,1928,第227-229页。

期间工资逐渐增长,从最初的 15 个铜板[1]增加到 1 角,"到 1.9 角就成为正式工",此后实行计件工资制,一般每日工资只有两三角。技术工人工资与一般工人相比较高,但每日工资也只有 4 角。1924 年、1925 年、1927—1930 年大兴纱厂工人的工资每月平均分别为 7.96 元、9.47 元、8.75 元、8.55 元、13 元、15.55 元。[2]按每月 30 天计算,其每日平均工资分别为 0.27 元、0.32 元、0.29 元、0.285 元、0.43 元、0.52 元。

从上面的数据可以看出,20 世纪 20 年代华北纺织工人的工资很低,普通工人每日工资一般最高不超过五角,最低不到两角,一般为两三角,其中男工的工资高于女工和童工,而机械工等技术工人的工资较之普通工人为高。下面我们来看看 1927 年以后华北纺织工人的工资情况有何变化。

据天津市社会局 1931 年的调查报告,天津六大纱厂工人的平均工资为每日 0.44 元,成年工人平均工资为每日 0.46 元,童工工资为每日 0.32 元。成年工中男工工资每日平均为 0.47 元,女工为 0.39 元,童工中男童工每日工资平均数为 0.32 元,女童工为 0.33 元。各大纱厂中,裕元纱厂工资最高,每日平均 0.5 元,恒源纱厂工资最低,每日平均为 0.35 元。[3]

除了上述每日固定的工资外,天津纱厂工人的收入还有奖金及发放的实物。对于半个月或一个月之内从未缺工的工人,厂方给予全工奖金。如自 1927 年起,裕元纱厂"对于一月之中从未缺工者,酌予五角奖金",1929 年改为半月未缺工者给予此种奖励;华新纱厂从 1929 年起规定,"半月之内未缺工者,予以该工人一日工资之奖金",到了年终,厂方对于"终年未缺工之工人,予以十元赏金,缺工未及十日者,予以五元,未及十五日者,予以二元";但是这些奖金是以长时间不缺工为前提的,很多工人不一定符合条

---

[1]15 个铜板相当于 2 分 8 厘。

[2]杨俊科、梁勇:《大兴纱厂史稿》,中国展望出版社,1990,第 72 页。

[3]参见吴瓯主编:《天津市纺纱业调查报告》,天津市社会局,1931,第 45~47、66、140 页。

件,各大纱厂有时还给工人发放物品,如裕元纱厂每至夏季,"发给工人瓜赏五角,作为工人购瓜或其他凉品之用"①。恒源纱厂到年终多发放衣服等奖品,1927年年终发给工人每人"半截大氅一件",价值7元,1928年年终发给工人每人"毛呢裤褂一套",价值6元余。② 石家庄大兴纱厂1931年生产经营陷入困境以后,不但大量裁减工人还降低工人工资。1936年该厂给工人发放的工资数额比1932年降低了33.4%。同时厂方还于1935年取消周日工资和年终双薪,以及夜班给予点心洋3分、一月不请假者给予奖金等待遇。这几项加起来大兴纱厂每年可以节省7万元。③

据1932年《劳动年鉴》记载,天津棉纺业工人男工每日工资普遍为0.4元,女工仅0.2元;纺纱业男工每日一般为0.48元,童工为0.2元。唐山棉织业工人每日工资男工最高为1元,最低者0.24元,普通为0.5元;女工最高为0.5元,最低为0.24元,普通为0.4元,童工普通为0.2元。青岛纺纱厂工人男工最高日工资为2元,最低为0.3元,一般为0.7元;女工最高为0.9元,最低为0.25元,普通为0.6元。在供膳的情况下男工的普遍工资仅为0.07元。济南棉织业工人每日工资男工为0.3~0.9元,普通为0.5元;女工为0.3~0.8元,普通为0.55元;童工为0.25~0.4元,普通为0.3元。这是不供膳的工资情况。由厂方提供膳食的工人工资则较低,男工日工资一般为0.23元,女工0.13元,童工仅有0.06元。烟台由厂方供膳的棉织工人男工工资最高为0.33元,最低为0.13元,普通为0.2元,童工只有0.03元。河南郑县纺纱厂工人男工每日工资为0.34~2.3元,普通为0.45元;女工工资为0.32~1.6元,普通为0.42元,童工普遍为0.27元。山西太原染织工厂工人日工资男工为0.35~1.5元,普通为0.5元;女工为0.35~0.9元,普通为0.5元;童工

---

① 参见方显廷:《中国之棉纺织业》,国立编译馆,1934,第142-143、156页。
② 吴瓯主编:《天津市纺纱业调查报告》,天津市社会局,1931,第144页。
③ 杨俊科、梁勇:《大兴纱厂史稿》,中国展望出版社,1990,第128-129页。

工资为 0.35~0.6 元,普通为 0.45 元。①由上述数字可以看出,此阶段工人日工资普遍达到 5 角左右,其中青岛纺纱工人日工资最高,普遍达到六七角。

(二)火柴工厂

据 1926 年《保工汇刊》记载,北京丹华火柴厂成年工人工资每日 0.6~1.0 元,女童工每日 0.2~0.3 元,女工实行计件工资,"公司对于成绩优良者,每月给予奖金自三到五角不等,成年工每年可加两元以下工资"。1922 年天津丹华、北洋、东亚三个火柴厂工人的工资相同,"计时工每月 15 元,计件成年工人每月 14~15 元,计件童工每月仅有 5~6 元"。天津中华火柴厂"计时工人每日 50 文,童工每日 35 文",计件工人中,糊盒工人每 10 000 盒给资 160 铜圆,装盒工人每 180 盒给 2.5 铜圆,包盒工人每吨给资 36 铜圆。山西太原双福火柴公司"计时工人每月工资 3~5 元,由厂供食。计件工人每日 10~35 铜圆,不供食"②。

据天津市社会局 1931 年的调查报告,天津丹华火柴厂工人平均每月工资为 10.37 元,按每月 30 天计算,合每日 0.35 元。北洋火柴厂工人包装件工最高工资每日 0.5 元,排轴件工 0.7 元,月工最多者 5 元并且由厂方提供膳食,至日计工资,每日平均仅为 0.39 元。荣昌火柴厂计件工人中,涂砂工人每日最高工资为 0.5 元,最低为 0.4 元;携板工人每日最高工资为 0.3 元,最低为 0.13 元;排轴工人最高 0.75 元,最低 0.58 元;卸轴工人最高 0.7 元,最低 0.55 元;包装工人最高 0.5 元,最低 0.27 元。该厂以日计资的工人每日平均工资为 0.38 元。荣昌火柴厂每至节假日,只发工人工资 0.2 元。中华火柴厂"工资最高者每日一元,最低者每日二角"③。从上述数据可以

---

①《民国二十一年中国劳动年鉴》第 1 编,实业部劳动年鉴编纂委员会,1933,第 95–108 页。

②王清彬等编:《第一次中国劳动年鉴》第 1 编,北平社会调查部,1928,第 249–250 页。

③参见吴瓯主编:《天津市火柴业调查报告》,天津市社会局,1931,第 29、46、55–58 页。

看出,天津火柴工人计件者工资较高,其中以排轴和卸轴部工人工资最高,而按日计资者的工资比纺织工人还低,每日只有三四角。童工更为廉价,北京丹华火柴厂装盒部就雇用大量童工。该厂规定180盒火柴为一盘,"每盘工资7厘,每多装5盘,工资增加1厘"。1932年童工每人每天一般装二十五六盘,即4500~4680盒火柴,这样高强度的劳动一个月仅换来6元工资,合每日2角。①

据《劳动年鉴》统计,1932年北平火柴男工工资每日0.33~1元不等,普通为0.5元。天津火柴工人男工日工资为0.25~0.7元,普通为0.42元;女工工资为0.1~0.3元,普通为0.2元,童工普通为0.22元。青岛火柴工人男工每日工资为0.5~0.67元,普通为0.6元;女工为0.27~0.5元,普通为0.33元,童工普通为0.17元。在供膳的情况下,男工一般工资为0.35元,童工为0.1元。②

1933年山东省火柴厂每月工资,男工为9~30元,普通为13.5元,合每日0.45元;女工为6~20元,普通为10元,合每日工资0.33元;童工为5.6~10元,普通为7.5元,合每日0.25元。河北省火柴工人每月工资,男工为6~12元,普通为9元,合每日0.3元;女工和童工为3~9元,普通为6元,合每日0.2元。山西省火柴男工每月工资最高为9元,最低为3元,普通为6元,合每日0.2元。③从上述数据可以看出,在华北火柴工厂中,以山东省尤其是青岛市的工人工资为最高,山西省火柴工人工资较低,其成年男工的工资只相当于河北省女工和童工的工资。

---

①北京市总工会工人运动史研究组:《北京工运史料》第2期,工人出版社,1982,第225页。

②《民国二十一年中国劳动年鉴》第1编,实业部劳动年鉴编纂委员会,1933,第95-97页。

③《民国二十二年中国劳动年鉴》第1编,实业部劳动年鉴编纂委员会,1934,第105-111页。

（三）面粉工厂

1920年山西大同大通面粉厂"工资按月计算，最多二十元，若临时添雇工人，则按日发给，每日工资约银一角，食宿均由厂方供给"[1]。根据日本学者长野朗1920年的调查，山东惠丰面粉厂工人工资最低，每月平均7.5元，合每日0.25元，即使把厂方补助的3元伙食费算进去，每日工资也仅为0.35元。丰年面粉公司的工资较高，每月12~18元，合每日0.4~0.6元，该公司机械工工资每月平均五六十元，合每日1.7~2元，说明普通工人的工资与技术工人的工资有很大的差距。据1926年调查数据，天津面粉工厂"小工平均每日可得大洋3角至4角，引擎房及面厂工人每日可得银7角"。保定乾义面粉公司机器匠每人每月19~35元，合每日0.63~1.17元；小工每人每月仅获工资6~10元，相当于每日0.2~0.33元。[2]据《全国工人生活及工业生产调查统计报告书》显示，1926—1930年青岛市面粉厂男工每月平均工资分别为14元、15元、15元、16元、16元，[3]按每月30天计算，合每日平均工资分别为0.47元、0.5元、0.5元、0.53元、0.53元。

据1932年天津面粉业调查报告统计，三津寿丰面粉公司工人每日工资平均为0.46元，每到年终公司根据工人工作情况给予奖金，最多者70元，最少者3元。福星面粉厂工人工资"以机器、面粉二部为最高，工长月资80元，值班月资最高46元，最低44元，其余机工工资最高每月38元，最低18元，小工工资最高每月15元，最低10.5元"，该厂年终"赏工人一月薪金或酬劳金十数元"。三津永年面粉公司工人工资最高者每日2.6元，最低者0.3元。陆记庆丰面粉公司工人每月平均工资为17.6元，合每日0.59元。民丰年记面粉公司工人平均每日工资为0.55元，工人在休息日加班工作，

---

[1]高君宇：《山西劳动状况》，《新青年》1920年第7卷第6期。

[2]王清彬等编：《第一次中国劳动年鉴》第1编，北平社会调查部，1928，第256-257页。

[3]《全国工人生活及工业生产调查统计报告书·历年工资统计表》，工商部编印，1930，第52页。

在原工资基础上,加给一日工资。嘉瑞合记面粉公司月资平均12.89元,合每日0.43元,该公司技师和总领班有分红的权利,机工及小工有年终双薪但无红利,更夫、厨夫和临时木匠等无年终双薪和红利。[①] 烟台瑞丰面粉厂为工人提供膳宿,工资每日最高0.5元,最低0.3元。开封市天丰、德丰两面粉公司提供工人宿舍但不提供膳食,工资每日最高为0.6元,普通0.4元。[②]

根据《劳动年鉴》的记载,1932年天津面粉厂男工最高工资为每日1.07元,最低为0.35元,普通为0.77元。唐山面粉厂工人在厂方提供膳食的情况下,男工工资普遍为0.4元,童工为0.33元。济南面粉厂工人在厂方不提供膳食的情况下,男工工资为0.35~2.60元,普通为0.7元,在厂方提供膳食的情况下,男工工资普遍为0.4元,童工仅为0.03元。烟台面粉工人由工厂提供膳食者,工资普通为0.5元。太原面粉工厂男工每日最高工资为1.55元,最低为0.35元,普通为0.55元。[③] 河南开封面粉厂男工日工资为0.4~1.25元,普通为0.7元。[④] 通过上述数据可以看出,华北面粉工人的工资比纺织、火柴业工人略高一些。

---

①参见吴瓯主编:《天津市面粉业调查报告》,天津市社会局,1932,第12、15、23、21、32、40、50、55、60、63页。

②《几个工业区域的劳工状况鸟瞰(三)》,《劳工月刊》1933年第2卷第11期。

③《民国二十一年中国劳动年鉴》第1编,实业部劳动年鉴编纂委员会,1933,第95-108页。

④陈问路:《最低工资与中国劳工的生活水准》,《劳动季报》1934年第3期。

表3-1　华北各地面粉工人月工资统计表(1932年)

单位:元

省市	工人最高工资				工人最低工资			
	供膳宿		不供膳宿		供膳宿		不供膳宿	
	技工	普通	技工	普通	技工	普通	技工	普通
河北	45	14	43.33	21.67	10	5	12	7.58
山东	30	18	70	30	8	5	10	5
山西	20	7	50	9.50	3	6	20	9.53
河南	30	24	52	15	10	21	8	8
青岛	—	—	60	25	—	—	15	15
全国	45	24	90	60	0	0	4	2

资料来源:
刘大钧:《中国工业调查报告》(中),经济统计研究所,1937,第332页。

　　通过上表可以看出,不由厂方提供膳宿者工资较高,因为如果由厂方提供膳宿,工厂必然要从工人工资中扣除这些费用。技术工人比普通工人工资高,如山西省面粉厂工人不由厂方提供膳宿的技工工资为每月50元,普通工人为9.5元,前者是后者工资的近5.3倍。在华北各省市中,即使是工资较高的山东省也与全国的最高水平相差甚远,其中不由厂方提供膳宿的技工工资,全国最高数是山东的1.3倍,普通工人工资全国最高数是山东的2倍,可以看出华北面粉工人工资水平之低。

　　(四)制盐制碱工厂

　　据1927年调查,塘沽久大精盐公司的工薪包括"工资、申薪、奖金、溢盐金和加工津贴"5种。工资即月薪,"普通工人自8.25元至16.75元不等,有技能工人自8.75元至31.75元不等,以普通工人最低级为最多"。各部工人每月平均工资为西厂9.97元,东厂9.57元,工人室10.55元,盐滩管理处11.55元,铁工房12.47元,电机房13.28元,全厂工人平均工资为10.15元,合每日0.34元。申薪即年终双薪,在厂工作一年以上的工人年底都得到双份工资,在厂工作不到一年的工人,按在厂月数,折合成应得的申薪,如在厂工作一个月,即得一个月申薪的1/12。奖金即年节赏金,"平常工人初来一两年,奖金大体在15到20元之间,两年以上的工人即按照工作的成绩,按等增加,最多可得28元"。溢盐金,即"奖励精盐量的增加",工人在工厂规定的制盐量之外又多制造出精盐就获得此项奖金,一般主要出力的"锅炕灶及推煤工人,每人每月可得4~7元,化盐、洗池、唧卤等工人,每人每月不过一两元而已";加工津贴"用以奖励额外的工作,加工一天的工人,按两天工资计算,加工4或6小时以上的工人按一天工资计算,不到4或6小时者按半天计算",这种津贴只限于一小部分工人才能得到。[1]社会调查部经调查该厂147名工人上述各种收入情况,计算出其每年所得平均数:工资121.76元,双薪9.64元,奖金19.24元,溢盐金10.37元,加工津贴0.23元,物品馈赠8.97元,特别收入0.16元,共计171.24元。[2]仅合每月14.27元,每日0.47元而已。

塘沽永利碱厂工人的工薪,有"工资、双薪、加工工资、馈赠和年终奖金"五项。工资为日薪制度,每月月末发给,各部每月平均工资分别为学徒8.34元、常工9.04元、助手10.19元、火夫17.14元、工匠20.40元,各部平均每人每月11.25元,按一个月30天计算,仅合每日0.38元。双薪即年终奖励不请假的工人一月工资。加工工资是给延长工作时间和增加例外工作的工人的,1927年3月以前,"工作时间延长4小时,增加日薪1/5,例外工作加工1小时,增加一又三分之一小时的工资,加工6小时,增加一日工资,除年节加工外,此项加工工资较少";1927年以前,厂方年节发给工人衣帽和食物,1927年3月以后,厂方把这些实物馈赠折合成现金津贴,每年9元,年终奖金"因公司营业无盈余,暂不发给",社会调查部经调查该厂50名工人上述各种收入情况,计算出其每年所得平均数:工资131.51元、加工津贴

①参见林颂河:《塘沽工人调查》,载李文海主编:《民国时期社会调查丛编·城市(劳工)生活卷》,福建教育出版社,2005,第791-795页。

②王清彬等编:《第一次中国劳动年鉴》第1编,北平社会调查部,1928,第261页。

15.55 元、双薪 9.84 元、馈赠 8.96 元,合计每人每年所得工薪为 165.86 元。[1] 合每月 13.8 元,每日 0.46 元,与久大厂相差无几。

据《中国工业调查报告》显示,华北精盐工厂中,河北省工厂普通工人最高月工资为 20 元,最低为 10 元;技术工人最高工资为 40 元,最低为 10 元。山东省工厂普通工人最高工资为 18 元,最低为 12 元;技术工人最高为 50 元,最低为 16 元。青岛市精盐厂普通工人最高工资每月 18.6 元,最低者为 10.5 元;技术工人最高为 30 元,最低为 10.5 元。[2] 从这些数据可以看出,河北省精盐工厂普通工人工资比山东省略高,而技术工人工资则比山东省低。

(五)洋灰工厂

据日本学者长野朗 1923 年调查,沧口山东洋灰公司工人工资每日最高为铸工 0.55 元,最低为烧灶工 0.26 元,各部平均工资为 0.39 元。[3] 唐山启新洋灰公司的工资分为计时和计件两种,造砖、机修和洋灰栈等部分实行计件工资,其余各部工人以计时工资为主。1921 年前,童工每日工资最低 0.15 元,成年工每日工资最低 0.22 元,"如若成绩良好,每天可增加工资两分,但以增至 0.32 元为限"。技术工人每日最高工资为 2.3 元,一般为 0.4~0.5 元,每月还可以领取燃煤 0.25~1.5 吨不等。到了年终该公司给工人发放普通奖金和优异奖金,普通奖金按工人全年所作工数,"每工奖给两分",优异奖金是根据工人全年所请假日数,"在 30 日以内给一个月工资,40 日以内给 20 日工资,50 日以内给 10 日工资"[4]。据中国工业调查报告统

---

[1] 参见林颂河:《塘沽工人调查》,载李文海主编:《民国时期社会调查丛编·城市(劳工)生活卷》,福建教育出版社,2005,第864-866、874 页。

[2] 刘大钧:《中国工业调查报告》(中),经济统计研究所,1937,第336 页。

[3] 王清彬等编:《第一次中国劳动年鉴》第1编,北平社会调查部,1928,第247 页。

[4] 南开大学经济研究所等编:《启新洋灰公司史料》,生活·读书·新知三联书店,1963,第279-280 页。

计,30年代启新洋灰公司普通工人月工资最高为15元,合每日0.5元,最低为9.6元,合每日0.32元,技术工人最高每月工资达150元,最低每月工资为12元,相当于每日0.4元。该厂技术工人的最高工资在当时全国是最高的,而普通工人的最高工资在全国则算较低的,全国最高数是该厂的2倍,同时该厂普通工人的最低工资又是全国最低的。[①]

(六)玻璃制造厂

据日人长野朗1923年调查,天津玻璃厂工资为0.3~1.5元不等,普通为0.35元,由厂方提供膳食。据日人长野朗1925年调查,北京玻璃厂工人工资每日为0.4~0.5元。据北京农商部1926年调查,光明料器厂工人每月工资,最高者达30元,最低者在10元左右。1926年北京农商部的调查显示,天津北洋料器厂工人由厂方提供膳宿,每月最高工资40元,最低15元;公利玻璃瓶工厂也提供膳宿,每月工人工资仅为10元,比北洋料器厂低很多。秦皇岛耀华玻璃厂工人每日工资最高1元,最低0.39元。[②]据《劳动年鉴》记载,1932年,天津、唐山和青岛的玻璃工厂由厂方供膳的男工每日工资普通均为0.5元;山东烟台的玻璃厂由厂方供膳的男工工资较低,每日仅有0.33元;河南郑县则较高,每日工资一般为0.6元。[③]

分析了华北各类主要工厂工人的工资情况后,我们再来看看华北煤矿工人的工资收入。

据地质调查所1928年的调查,门头沟煤矿工人平均每日(即每日上8小时)工资0.45元,最低为0.35元。[④]据北平中国新闻社1933年的调查统计,门头沟煤矿工人的工资“按技术的高下与工作强度为标准,电务处、机

---

①刘大钧:《中国工业调查报告》(中),经济统计研究所,1937,第308页。

②王清彬等编:《第一次中国劳动年鉴》第1编,北平社会调查部,1928,第245-246页。

③《民国二十一年中国劳动年鉴》第1编,实业部劳动年鉴编纂委员会,1933,第96-105页。

④邢必信等编:《第二次中国劳动年鉴》第1编,北平社会调查所,1932,第58页。

务处的工人工资是按月由公司直接发给的,每月三四十元,内工是由公司每日直接发给三四角,井下的工人是包给包工头的,每日可得六七角",但由于受到包工头的剥削,实际数目就减少了。[1]又据1935年调查,门头沟煤矿里工工资为每月12~50元,普通为19.5元,合每日0.65元;外工工资每月最高为46.5元,最低为10元,普通为15元,合每日0.5元。[2]

开滦煤矿工人的收入包括基本货币工资、实物工资和补充工资等3种。基本货币工资即每日或每月的固定工资收入。井下煤工的工资可以代表开滦煤矿大部分工人的工资情况:1920年开滦煤矿井下煤工的每班工资额为0.32元,1922年为0.35元,1924年为0.38元,1927年为0.42元,1929年为0.50元,1931年为0.58元,1935年为0.58元。可以看出这些名义工资[3]基本上是持上升趋势的,这与20年代后开滦矿工的斗争有关。

在20世纪20年代中期,开滦煤矿"向里工中之部分技术工人销售廉价煤"(即所谓的实物工资),"冬季每月供应1吨,夏季每月供应半吨,全年共计9吨"。[4]"1935年冬,开滦里工中有4000人领受廉价煤,占里工总数的40%多"。抗日战争全面爆发前,"开滦煤的市场价格平均每吨5元左右,廉价煤每吨1.6元,工人从中受益有限"[5]。

所谓补充工资即包括节假日工资、加工加点工资、年终花红和效率奖金。1929年,开滦的劳资协约中规定了节假日放假"工资照发,加班得双薪",但是礼拜天的工资问题没有明确规定。工人为了维持最基本的生活不得不打连班,因此加班加点工资也是其收入的重要部分。20年代中期,

---

①《工人生活状况拾零》,《劳动季报》1934年第1期。

②陶镕成:《中国矿业劳动者的一个研究》,《劳工月刊》1936年第5卷第二、第三期合刊。

③与实际工资对应。

④参见南开大学经济研究所经济史研究室编:《旧中国开滦煤矿的工资制度和包工制度》,天津人民出版社,1983,第123、86页。

⑤郭士浩:《旧中国开滦煤矿工人状况》,人民出版社,1985,第63-66页。

开滦煤矿给里工发放年终花红,到1931年外工也取得此项权利。[①]年终花红大体根据做工出勤情况分成4个等级,即工人每年做工320班及以上者,获花红一整份,即里工为一个月工资,井下外工为18元,井上外工15元;每年做工290班及以上者,获整份花红的3/4;做工250班及以上者,获整份花红的1/2;做工180班及以上者,获整份花红的1/4。从1931年开始,开滦还根据工人的超额产量,发给相当于煤炭价格20%的奖金,但由于包工头的侵吞未得到显著效果。[②]

临榆柳江煤矿1921年煤工每日平均工价0.4元,机械工较高,达到0.8元,1923年该矿矿工每日工资"自3角到1元不等,平均每工5角"[③],到1932年其每日工资为0.6元。[④]1935年,其里工一般月工资为16.5元,外工普通为21元,按一个月30天计算,分别合每日0.55元和0.7元。[⑤]

井陉煤矿工人1929年每日工资平均为0.44元,最低为0.32元;[⑥]1932年最高工资为每日0.93元,最低0.31元,普通为0.49元。[⑦]

山东中兴煤矿里工中的无技能工人是其主要矿工,据1917—1931年统计数据显示,该矿里工无技能工人的工资是呈上升趋势的。1917—1926年其每月工资基本在8元以下,1927年以后其工资开始上升,1927—1931年月平均工资分别为8.78元、9.42元、10.82元、11.53元、13.02元(如图3-1所示)。

①郭士浩:《旧中国开滦煤矿工人状况》,人民出版社,1985,第63—66页。
②南开大学经济研究所经济史研究室编:《旧中国开滦煤矿的工资制度和包工制度》,天津人民出版社,1985,第103—104、108页。
③虞和寅:《临榆柳江煤矿报告》,农商部矿政司,1926,第37—39页。
④《民国二十一年中国劳动年鉴》第1编,实业部劳动年鉴编纂委员会,1933,第144页。
⑤陶镕成:《中国矿业劳动者的一个研究》,《劳工月刊》1936年第5卷第二、第三期合刊。
⑥邢必信等编:《第二次中国劳动年鉴》第1编,北平社会调查所,1932,第58页。
⑦《民国二十一年中国劳动年鉴》第1编,实业部劳动年鉴编纂委员会,1933,第144页。

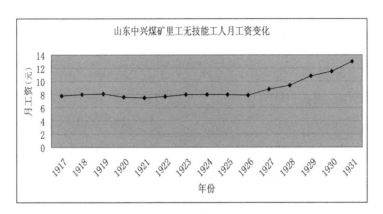

图3-1 山东中兴煤矿里工中无技能工人月工资变化图(1917—1931年)

资料来源:

施裕寿、刘心铨:《山东中兴煤矿工人调查》,载李文海主编:《民国时期社会调查丛编·城市(劳工)生活卷》,福建教育出版社,2005,第912页。

　　1931年,中兴煤矿外工工资中,大工平均每日工资为0.53元,小工为0.39元,大小工平均每日0.46元。外工工资按月计算为每月平均14.57元,里工每月工资平均为13.02元,对比之下外工工资较高,但"里工每人每年由公司贴煤4吨,将煤折价,每月里工工资可上升2.5元"[1]。因此里工的待遇还是较为优越。20年代淄川煤矿采炭工人每日平均工资为0.33元,公司在节假日也给予工人工资,连班工作增加工资,年终给予酬劳费。除此之外还有满车赏与、能率赏与,满车赏与即达到规定数量时,每车赏给两分;能率赏与即根据工作成绩分成三个等级,每车分别赏予4分5厘、2分5厘和1分5厘。[2] 1932年鲁大淄川煤矿平均每日工资为0.45元。[3] 据1934年《山东矿业报告》记载,博东煤矿"里工每日工资多在5角以上,外工5角、

①邢必信等编:《第二次中国劳动年鉴》第1编,北平社会调查所,1932,第62页。

②《山东矿业报告》,山东省政府实业厅编印,1930,第133–134页。

③侯德封编:《中国矿业纪要第五次》,实业部地质调查所、国立北平研究院地质学研究所,1935,第103页。

7角不等,临时工资约三四角之间。里工各有票号及勤劳簿,得享加工之利益,年末酌给酒资"[1]。

山西平定保晋煤矿1918—1922年的每工平均工价分别为0.26元、0.30元、0.38元,0.44元和0.42元,这是通过每年工价总数除以该年所做工数得来的。据保晋煤矿报告统计,1921年保晋煤矿采煤工每日平均工价为0.51元,各种矿工的平均日工资为0.25元;1923年该矿采煤工日工资为0.45元,各种矿工的每日平均工资为0.35元。[2]据《劳动年鉴》记载,1932年保晋煤矿全体矿工的平均日工资为0.42元。[3]1933年大同保晋煤矿公司的机械工中,里工日工资为0.3~1.7元,普通为0.5元,外工为0.3~0.5元,普通为0.35元;里工中的其他工人普遍工资仅为0.3元。[4] 1935年,大同保晋煤矿里工普通月工资为21元,合每日0.7元;外工15元,合每日0.5元。同年,阳泉保晋矿工月平均工资为12元,合每日0.4元,大同晋北公司外工普遍月资仅11元。[5]

1928年,河南中原煤矿公司工人平均每日工资为0.2元,最低为0.18元。[6]1932年,该矿工人每日最低工资为0.28元,最高为3元。同年,六河沟煤矿平均日工资为0.46元。[7]1933年,中福第一矿厂里工每日工资0.3~1.76元不等,普通为0.48元;中福第二矿厂里工工资最高为2.25元,最低为

---

①《山东矿业报告(第四次)》,山东省政府建设厅印行,1934,第200页。

②虞和寅:《平定阳泉附近保晋煤矿报告》,农商部矿政司,1926,第57-59页。

③《民国二十一年中国劳动年鉴》第1编,实业部劳动年鉴编纂委员会,1933,第144页。

④《民国二十二年中国劳动年鉴》第1编,实业部劳动年鉴编纂委员会,1934,第267页。

⑤陶镕成:《中国矿业劳动者的一个研究》,《劳工月刊》1936年第5卷第二、第三期合刊。

⑥邢必信等编:《第二次中国劳动年鉴》第1编,北平社会调查所,1932,第58页。

⑦《民国二十一年中国劳动年鉴》第1编,实业部劳动年鉴编纂委员会,1933,第144页。

0.18元,普通为0.8元。[①]1935年,中福煤矿公司外工每月普遍工资为12元,按一个月30日计算,合每日0.4元。[②]

综上可知,各煤矿公司不同工种的工人工资有所不同,大体里工工资优于外工,机械工等技术工人的工资高于无技能工人。各煤矿中占大多数的无技能工人的工资普遍较低,虽然历年来工资呈上升趋势,但仅由每日两三角上升到5角左右,工人依旧非常贫困。在华北各省煤矿之中,以河北省各矿的工资略高,尤以开滦煤矿矿工工资最高。

表3-2 华北各路工人每日工资表(1925年)

单位:元

路别	全体工人工资		司机工资	
	最高	最低	最高	最低
京奉铁路	—	—	2.60	1.00
京汉铁路	2.70	0.20	1.80	0.70
胶济铁路	2.33	0.20	—	—
道清铁路	1.85	0.23	1.50	0.60
正太铁路	1.63	0.30	1.63	0.92
京绥铁路	2.66	0.25	2.66	0.80
陇海铁路	2.17	0.15	2.17	0.81
津浦铁路	2.60	0.22	2.60	1.87

资料来源:
王清彬等编:《第一次中国劳动年鉴》第1编,北平社会调查部,1928,第293-294页。

表3-2是铁路职工教育委员会1925年的统计数据,通过该表可以看出,华北各路工人每日最低工资仅两三角,但不同部门不同职务的工人工资有很大差距,各路工人最高工资大多为两元多,是最低工资的10倍。在各部门铁路工人中,司机的工资较高,故把它单列出来,正太路、京绥路、陇海路和津浦路的司机最高工资都是该路全体工作人员中的最高工资。

[①]《民国二十二年中国劳动年鉴》第1编,实业部劳动年鉴编纂委员会,1934,第267页。
[②]陶镕成:《中国矿业劳动者的一个研究》,《劳工月刊》1936年第5卷第二、三期合刊。

除了司机之外,机匠的工资也都较高。1920年,胶济铁路工人中的机械夫每日工资为0.39~1.26元,机助工为0.41~1.01元,机见工为0.64~1.07元。1927年,京汉路机匠每月平均工资为25元,京奉路机匠工资在24~50元之间,京绥路机匠工资在22~60元之间。车务工人的工资低于司机和机匠工人,但高于工务及其他工人。1927年,京汉路车务工人每月工资10~21元,工务工人每月平均工资为10元。同年,京奉路车务工人每月工资为15~25元,工务工人为9~13元。[①]

关于华北各路附属工厂工人的工资见下表所示:

表3-3 华北各铁路工厂工人每日工资表(1926年)

单位:元

厂名	地点	工资		厂名	地点	工资	
		最高	最低			最高	最低
京奉铁路制造厂	唐山	1.95	0.25	正太修车厂	石家庄	1.42	0.35
京奉铁路铁厂	山海关	1.55	0.16	正太修车厂	太原	1.42	0.35
京汉修理厂	郑州	1.65	0.35	正太修车厂	阳泉	1.42	0.35
京汉修理机车厂	长辛店	2.20	0.35	陇海机器厂	洛阳	1.75	0.18
京汉工务修理场	长辛店	1.15	0.22	汴洛机器厂	开封	1.95	0.18
京汉工务修理场	黄河南岸	1.25	0.30	汴洛机器厂	洛阳	1.95	0.18
京汉机务电务厂	长辛店	1.05	0.40	道清汽机厂	修武	1.85	0.25
京汉机务电务厂	黄河南岸	1.20	0.45	津浦机器厂	济南	1.45	0.25
京绥铁路机厂	南口	1.55	0.25	津浦机器厂	天津	1.30	0.28
京绥铁路机厂	张垣	1.85	0.30	—	—	—	—

资料来源:
刘明逵、唐玉良主编:《中国近代工人阶级和工人运动》第1册,中共中央党校出版社,2002,第483-484页。

---

①参见王清彬等编:《第一次中国劳动年鉴》第1编,北平社会调查部,1928,第295、299页。

表3-3为华北各路附属工厂工人的日工资情况,最高工资大都在两元以下,最低工资大多为两三角。在各厂每日最高工资中,京汉路长辛店修理机车厂最高,为2.2元,其次为京奉铁路唐山制造厂和汴洛机器厂,每日最高工资为1.95元,而京汉路长辛店机务电务厂的最高工资是各路工厂中最少的。在最低工资中,京奉路山海关铁厂最低工资每日仅为0.16元,是各路工厂中最低的。其次,陇海路、汴洛路工厂工人最低工资也较低。

表3-4 华北各路工人每月工资及每年奖金统计表(1932年)

单位:元

路别	最高工资	最低工资	平均工资	每年奖金
北宁路	99.3	10	—	1~2个月工资
平汉路	60	12	20	1个月工资
平绥路	54	6	—	一次
津浦路	60	10	20	1.25个月工资
陇海路	75	9	15	年终加工一月
正太路	70	10	25	年底双薪一月
胶济路	100	14	—	1.5个月工资

资料来源:
《民国二十二年中国劳动年鉴》第1编,实业部劳动年鉴编纂委员会,1934,第295页。

通过上表可以看出,华北各路每年都会给工人发放年终奖金,最少为一个月的工资。平时的每月工资中,胶济铁路和北宁铁路工人的最高工资较其他各路为高,平绥铁路和陇海铁路的最低工资较其他各路为低。各路工人的最高与最低工资之所以有较大的差距,是由于不同部门不同职务所致,下面就列表各路不同部门工人工资的情况。

表3-5 华北各路各处工人每日平均工资表(1933年)

单位:元

路别	总务处	机务处	车务处	工务处	会计处	总平均
北宁路	0.53	0.86	0.54	0.47	0.65	0.72
平汉路	0.65	0.88	0.70	0.69	0.61	0.76
平绥路	0.35	0.79	0.47	0.65	0.60	0.55
津浦路	0.50	0.96	0.46	0.50	0.66	0.69
陇海路	0.57	0.74	0.59	0.48	0.54	0.58
正太路	0.67	0.97	0.62	0.63	0.65	0.79
胶济路	0.74	1.02	0.72	0.77	0.73	0.89
道清路	0.56	0.80	0.63	0.63	0.57	0.68

资料来源:
铁道部总务司劳工科编:《国有铁路劳工统计第一种》,1933,第6页。

通过上表可以了解不同部门的工资情况。各路机务处工人的工资最高,以胶济铁路为最高,每日工资为1.02元。因为机务处中有很多技术工人,所以该处工人的工资较高。但工务处中的技术工人较少,故工务处工人在各部门中工资较低,以北宁路为最低,每日仅0.47元。车务处工人工资与工务处接近,总务处和会计处因不是铁路中的主要部门,因此工资也较低。各路全体工人的平均工资,以胶济铁路为最高,每日为0.89元,而平绥路最低,仅为0.55元,这应该与当时的日本入侵有关。但是总体来讲,华北铁路工人的工资收入比工矿企业的工人收入要高。这里所说的工资收入的高低也只是工人的名义工资,下面就来分析华北产业工人的实际工资水平。

二、华北产业工人的实际工资水平

"真实工资乃随所得工资之购买力决定。若工资率不增高,而物价增高,则真实工资减少。但若工资率不减低而物价跌落,则真实工资增多。"[1] 如果工资的增长速度赶不上物价增长的速度,则真实工资还是减少

---

①屠哲隐:《生活费与工资率》,《劳工月刊》1934年第3卷第7期。

了,因此分析华北产业工人的实际工资水平必须分析其名义工资与物价之间的差距与变动。

表3-6 华北批发物价指数表(1913—1927年)

1926年=100

年份	各类指数						总指数	银圆购买力
	食物	衣料	金属	建材	燃料	杂项		
1913	64.87	65.47	80.24	70.53	61.02	78.67	67.50	+48.15
1914	63.65	61.20	78.02	79.50	61.51	73.93	66.88	+49.52
1915	63.82	65.53	91.41	74.54	61.75	85.07	68.74	+45.48
1916	66.13	72.98	118.95	80.06	68.97	84.07	74.29	+34.61
1917	71.00	83.29	135.45	84.23	70.59	84.30	80.05	+24.92
1918	67.43	96.64	158.54	87.17	74.63	75.99	82.17	+21.70
1919	66.00	107.06	111.05	86.78	75.71	77.88	81.00	+23.46
1920	83.40	104.33	133.61	81.88	75.71	83.17	89.48	+11.76
1921	82.23	99.78	124.61	88.80	78.75	83.29	88.91	+12.47
1922	80.34	99.33	97.05	90.10	78.47	85.50	86.58	+15.50
1923	84.76	107.41	96.44	94.12	77.02	88.50	90.26	+10.79
1924	88.74	109.70	97.65	83.89	84.10	89.76	93.41	+7.05
1925	95.52	108.21	99.04	94.42	90.60	96.03	97.23	+2.85
1926	100.00	100.00	100.00	100.00	100.00	100.00	100.00	0.00
1927	106.92	99.96	100.79	96.04	101.53	108.11	102.96	−2.87

编者注:"银圆购买力"栏中,以1926年购买力为基数0,用"+"表示购买力增加,"−"表示购买力降低。
资料来源:
刘明逵、唐玉良主编:《中国近代工人阶级和工人运动》第1册,中共中央党校出版社,2002,第530页。

表3-6是关于1913—1927年华北批发物价指数的统计,以1926年为基数,经过对比可以观察出各项指数的变化。食物、布匹及其原料、金属、建筑材料、燃料和杂项等指数都呈上升趋势,其中以食物的历年批发物价指数上升最快,这说明各项生活费用普遍逐年增高。但是银圆购买力的变化则与之相反。通过历年银圆购买力与1926年对比的增减变化数据可以看出,历年银圆购买力的变化是呈下降趋势的,而且下降的速度很快,这就

说明历年的物价增长速度高于工资的增长速度。通过图3-2可以直观地看出历年华北批发物价总指数和银圆购买力的变化趋势。

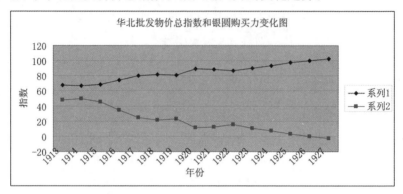

图3-2 华北批发物价总指数及银圆购买力变化图(1913—1927年)
1926=100

编者注："系列1"代表批发物价员总指数，"系列2"代表银圆的购买力。
资料来源：
刘明逵、唐玉良主编：《中国近代工人阶级和工人运动》第1册,中共中央党校出版社,2002,第530页。

从上图可以很明显地看出,1913—1927年华北批发物价总指数基本持续上升,而银圆购买力持续下降,导致二者的差距越来越大。

据汪敬虞等人的研究成果,以1911年天津的工资和小米价格为基数,即指数均为100,1921年工资指数上升为133.3,小米价格指数上升为166.7。[①]这就说明名义工资虽上升了,但是却赶不上物价增长的速度,工人所得工资还不够维持基本生活,因此其实际工资水平是下降了。

据1926—1929年华北纱厂工人工资统计,除了天津恒元纱厂工人实际所得与工资率接近外,其他如天津裕元、华新青厂和华新唐厂的制造工人实际所得工资均低于名义工资,1928年前两者差距较大,1929年以后减小。如天津裕元纱厂,1927年和1928年"工资率高于实际所得约30%",到了1929年差距缩小为6.3%。杂务男工的实际所得大都与工资率接近,而

[①]汪敬虞等：《五四运动的经济背景》,《经济研究》1959年第4期。

杂务女工的实际所得均低于名义工资。[1]

1931年天津市社会局调查结果显示,天津六大纱厂工人每日平均工资为0.44元,按一个月30天计算,每月名义工资为13.2元,而各纱厂工人平均每月家用为21.75元,最低也要消费16元。[2]生活费高出工人工资很多,可以看出当时物价之高与工人实际工资水平之低。

1929年北平社会调查所对天津面粉工厂工人工资进行调查,并统计出1926—1929年的货币工资指数、生活费指数和真实工资指数,以1926年为基数100,这4年间天津面粉工人的货币工资指数分别为100.00、110.14、108.54和109.32,生活费指数分别为100.00、108.59、113.39和116.58,真实工资指数分别为100.00、101.43、95.81和93.77。[3]通过这几组数据可以看出,面粉工人的名义工资在不断增加,但是也赶不上生活费上升的速度,即工人所得工资所能购买的生活用品在逐渐减少。这是因为工资增加的速度比不上物价增加的速度,因此工人的真实工资水平是在不断下降的。

根据天津社会调查所1931年的调查,北洋火柴公司工人每日平均工资为0.39元,合每月11.7元,而工人家庭平均花费为15.33元,[4]差距之大一目了然。

1935—1937年几年间物价飞速增长,1935年华北批发物价总指数为95.51,1936年11月上涨到115.09,12月又增长到122.76,1937年1月为126.33。物价上涨,生活费指数也随之增长。1937年天津的生活费指数比1935年增长24.43%,北平的生活费指数增长28%。华北的面粉由1935年

---

①刘心铨:《华北纱厂工人工资统计》,《社会科学杂志》1935年第6卷第1期。

②参见吴瓯主编:《天津市纺纱业调查报告》,天津市社会局,1931,第52、166、201、252、285、134页。

③王子建:《天津市面粉厂工人及工资的一个研究》,《社会科学杂志》1931年第2卷第4期。

④参见吴瓯主编:《天津市火柴业调查报告》,天津市社会局,1931,第46、48页。

的0.22元涨到1937年的0.39~0.42元,1936年8月份之前棉纱每包卖4.5元,1937年涨到8元多,市布也从6元一匹上涨到9.8元一匹。物价和生活费上涨了,工人需要用比以往更多的货币才能买到跟以往一样的物品,但是工资的增长却跟不上物价的增长,人们的生活水平越来越低。自从日本侵华后,国内局势动荡不安,工人工资普遍下降。华北纱厂的工人每日工资已经从0.55元降低到0.45元以下,原有的一些米贴和奖赏也被取消,因此工人的实际工资水平呈下降的趋势。[1]

除了物价上涨这一因素之外,货币紊乱对实际工资水平也产生影响。工厂发放工资以银圆和铜圆为主,大多时候银圆也折合成铜圆发给,但是银圆与铜圆之间的兑换经常变化,即使工人"铜圆工资有所增加,也赶不上其本身价值的降落"[2]。我国铜圆"受私铸及劣币的影响,价值暴落"。民国初年,一银圆约为铜圆百枚,到了20年代"每元须一百七八十枚至两百余枚"铜圆才能兑换。[3]

表3-7　银币一元可交换的铜币数(1919—1922年)[4]

	1919年	1920年	1922年
1月	132.12	136.27	156.00
2月	134.67	135.05	158.40
3月	135.43	137.08	160.20
4月	135.24	137.59	164.80
5月	135.31	138.08	171.20
6月	135.86	138.31	173.40
7月	135.95	139.34	173.40

[1]齐华:《物价飞涨与工人生活难》,《解放周刊》1937年6月22日。

[2]刘明逵、唐玉良主编:《中国近代工人阶级和工人运动》第1册,中共中央党校出版社,2002,第383页。

[3]唐海:《中国劳动问题》,光华书局,1926,第130页。

[4]同上书,第130—131页。

续表

	1919年	1920年	1922年
8月	136.09	139.75	176.20
9月	136.43	139.65	179.90
10月	136.56	139.87	181.30
11月	136.51	140.42	174.50
12月	136.81	141.36	175.50

通过上表可以看出,1919—1922年间铜圆每个月都在贬值,银圆一元可兑换更多的铜圆。1919年1月一银圆可兑换132.12枚铜圆,而到了1922年12月,一银圆就能兑换175.5枚铜圆了。北京,1921年5月一银圆可交换153枚铜圆,1922年5月可兑换168枚铜圆,1923年8月可兑换200枚铜圆。[1]铜圆的贬值使劳动者的购买力下降,实际工资水平因此下降。

20世纪30年代以来尤其是美国实行白银政策以来,我国"市面的现银顿形收缩","因为白银收缩,国内各地的纸币已开始和它底票面额远离起来,在华北更为严重,津东各地因现银缺乏,要118元的钞票才能换得100元的现洋。工人是使用铜圆的阶级,现在洋价放长,就是铜圆购买力降低"。[2]1935年11月,国民政府实行币制改革,取消银本位,施行法币,这导致"资金外流,国库亏空",货币贬值。1934年的一元钱到了1936年只能"当做九角二分之用了"[3]。

工人的工资在物价上涨和币制改革的影响下已经很低了,但是还受到资本家的剥削。这从资本家对工人工资的克扣和盘剥、工厂企业的剩余价值率、工人工资在产例中所占比例的变动以及工人工资与资方上层人员的工资差距等方面可以看出。

石家庄大兴纱厂的处罚制度规定,工人旷一个工,就扣一个工的工钱,

①参见唐海:《中国劳动问题》,光华书局,1926,第187、132页。
②骆耕漠:《最近中国劳工失业问题》,《申报月刊》1935年第4卷第5期。
③齐华:《物价飞涨与工人生活难》,《解放周刊》1937年6月22日。

若一个月当中,工作半个月,旷工半个月的话,则工钱全部扣完。1923—1936年间,大兴公司的剥削率最高为513.2%,最低也为139.95%。①

北京丹华火柴厂的资本家也经常以各种理由对工人进行罚款,"少干了活儿要罚,出了次品要罚,年轻人闹着玩儿要罚,工作时大声说话要罚,迟到要罚,看着不顺眼也要罚,回嘴分辩加倍罚"。遇到销售不畅的时候,还将工资打折发放,如1931年国民政府实行统税制度,"民族火柴工业受到打击,资本家就将工人的工资打三折发放"。另外丹华火柴厂规定新入厂的工人必须工作满一个月才能领取工资。因为工作时间长,劳动强度大,很多工人工作不到半个月就离开工厂,这样一分钱也领不到。丹华火柴厂雇用大量童工,1932年该厂"一个童工年薪不过72元左右,童工的剩余价值率高达173.6%"。工头还在饭费上对童工进行剥削,工头给童工包饭并从其收入中支取伙食费。童工的伙食大部分是玉米面,1932年玉米面的价格约为每斤0.49分,一个月大约需花费2.2元,但是工头要求童工支付的饭费是3.9元。②

天津北洋火柴公司工人的每日平均工资为0.39元,按一个月30天计算,仅为11.7元,而职员的月薪"高者40元,低者12元",③可见工人工资与职员最高工资有很大差距。即使是这样低的工资还经常拖欠,1935年该公司500余名工人,因生活压迫"一齐绝食要求厂方补发积欠工资"④。

---

①参见杨俊科、梁勇:《大兴纱厂史稿》,中国展望出版社,1990,第72、74、135页。

②参见北京市总工会工人运动史研究组:《北京工运史料》第2期,工人出版社,1982,第213-214、216、233、230页。

③参见吴瓯主编:《天津市火柴业调查报告》,天津市社会局,1931,第46、32页。

④骆耕漠:《最近中国劳工失业问题》,《申报月刊》1935年第4卷第5期。

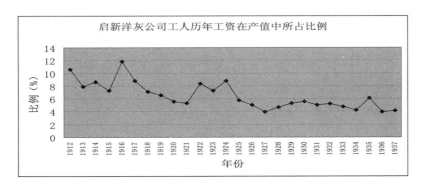

图3-3 启新洋灰公司工人历年工资在产值中所占比例（1912—1937年）

资料来源：
南开大学经济研究所、南开大学经济系编：《启新洋灰公司史料》，生活·读书·新知三联书店，1963，第289-290页。

　　上图是关于1912—1937年启新洋灰公司工人工资在产值中所占比重的变化图，比重是通过工人工资总额除以年总产值得来的。通过该图可以看出，工人的工资在产值中的比重不大，最高也才占百分之十几，而且还是逐年下降的，最后降低到了百分之三四。这些变化说明资本家对工人的剥削越来越严重，个别年份的比重有所提高应该与工人为改善待遇而进行的斗争有关，但总体上呈下降趋势。

　　表3-8 启新洋灰公司工人历年名义工资与真实工资的变化（1913—1937年）

（以1913年物价指数为100）

年份	名义工资（每日）		真实工资（每日）	
	最高	最低	最高	最低
1913	2.3	0.22	2.3	0.22
1914	2.3	0.22	2.309	0.221
1915	2.3	0.22	2.24	0.215
1916	2.3	0.22	2.08	0.199
1917	2.3	0.22	1.93	0.185
1918	2.3	0.22	1.87	0.180
1919	2.3	0.22	1.91	0.182
1920	2.3	0.22	1.74	0.166

续表

年份	名义工资(每日)		真实工资(每日)	
	最高	最低	最高	最低
1921	2.3	0.22	1.74	0.166
1922	2.0	0.24	1.79	0.171
1923	2.0	0.24	1.70	0.163
1924	2.0	0.24	1.65	0.157
1925	2.3	0.26	1.59	0.152
1926	2.5	0.28	1.55	0.148
1927	2.5	0.28	1.50	0.143
1928	2.5	0.28	1.43	0.137
1929	3.1	0.32	1.39	0.133
1930	3.1	0.32	1.33	0.123
1931	3.1	0.32	1.26	0.121
1932	3.1	0.32	1.37	0.131
1933	3.1	0.32	1.53	0.146
1934	3.1	0.32	1.76	0.160
1935	3.1	0.32	1.62	0.155
1936	3.1	0.32	1.40	0.134
1937	3.1	0.32	1.19	0.114

资料来源:
南开大学经济研究所、南开大学经济系编:《启新洋灰公司史料》,生活·读书·新知三联书店,1963,第291-292页。

通过上表我们可以看出,启新工人的名义工资是逐年上升的,但是与真实工资对比后发现,几乎历年的真实工资都低于名义工资,而且真实工资是逐年下降的。这就说明了工人为企业创造的利润大部分被资本家占有,而工人生活的贫困却日趋严重。

当工人生活日趋困苦的之时,启新洋灰公司的职员却享有优厚的待遇。公司化验室的丹麦技师金森每月薪金高达1700元,从1928年10月起涨到2850元,1933年金森离职时,公司另送其2万元酬金。中国职员也享受着较高的待遇,其职俸分为6级,最高级别的总协理每月职俸为320~600元,另外这些职员还享有同人花红及工程人员奖励金。[①]在与公司职员工资的对比之下,启新工人的工资水平就显得更低了。

表3-9 华北各类主要工厂职员与工人工资比较表

省市	管理员或工头薪资（元/月）		工人最高工资（元/月）				工人最低工资（元/月）			
	最高	最低	免费供膳宿		不供或不免费		免费供膳宿		不供或不免费	
			技工	普通	技工	普通	技工	普通	技工	普通
纺织工厂										
河北	64.2	16.5	—	—	45	25.8	—	—	7.5	7.5
山东	105	12	—	—	43.5	15	—	—	6	6
山西	40	23.4	—	—	69	30	—	—	7.2	4.8
河南	260	6	—	—	70	69	—	—	12	3.6
青岛	75	21	—	—	27	16.5	—	—	10.5	9
面粉工厂										
河北	108.3	10	45	14	43.3	21.7	10	5	12	7.6
山东	120	15	30	18	70	30	8	5	10	5
山西	95	35	20	7	50	9.5	3	6	20	9.5
河南	150	11	30	24	52	15	10	21	8	8
青岛	60	25	—	—	60	25	—	—	15	15
火柴工厂										
河北	50	10.5	—	—	24	18	—	—	9	4.5
山东	20	12	18	10	—	—	—	5	4.5	
北平	37.5	12	—	—	18	18	—	—	12	3
青岛	40	20	—	—	30	22	—	—	15	11
精盐工厂										
河北	100	40	—	—	40	20	—	—	10	10
山东	100	20	—	—	50	18	—	—	16	12
青岛	93	23	—	—	30	18.6	—	—	10.5	10.5

资料来源:
刘大钧:《中国工业调查报告》(中),经济统计研究所,1937,第319、331、313、336页。

[①]南开大学经济研究所等编:《启新洋灰公司史料》,生活·读书·新知三联书店,1963,第301-303页。

表3-9是根据《中国工业调查报告》制成,该调查时间为1933—1934年。通过该表可以看出,华北各主要工厂的管理员或工头的每月薪资明显高于技术工人和普通工人的工资,可见工人创造的利润大都进了上层职员的腰包。

下面来看看华北煤矿工人的实际工资水平。

表3-10 开滦煤矿工人平均月名义工资与实际工资对照表
（1913—1937年）

| 年份 | 月基本货币工资 | | | 月平均廉价煤受益值（元） | 摊入每月年终花红额（元） | 月名义工资总计（元） | 实际工资 | | |
	每班工资额（元）	每月平均班数	每月工资额（元）				每袋面粉价格（元）	工资折合面粉袋数	实际工资指数
1913—1914	0.312	26.7	8.33	—	—	8.33	2.54	3.28	83.04
1921—1922	0.380	26.7	10.15	—	—	10.15	3.21	3.16	80.00
1923—1924	0.460	26.7	12.28	0.34	0.41	13.03	3.15	4.14	104.81
1924—1925	0.500	26.7	13.35	0.44	0.51	14.30	3.75	3.81	96.46
1925—1926	0.510	26.7	13.62	0.40	0.53	14.55	3.68	3.95	100.00
1935—1936	0.620	27.9	17.30	0.33	1.24	18.87	4.99	3.78	95.70
1936—1937	0.650	26.7	17.36	0.38	1.46	19.20	5.13	3.74	94.68

资料来源:
郭士浩:《旧中国开滦煤矿工人状况》,人民出版社,1985,第73页。

上表列出了1912—1937年间开滦煤矿全体工人的每月平均名义工资和实际工资,该表把名义工资折算成面粉的袋数以反映工人的实际工资水平,并在此基础上计算出工人每月实际工资的指数,其中以1925—1926年的指数为100。通过该表的数据可以看出,1913—1920年期间,开滦煤矿工人的实际工资处于下降的趋势,这是由于基本货币工资变动不大,而物价却在上涨。1921—1926年间,开滦工人的实际工资又呈上升趋势,"这是由于工人的罢工斗争迫使矿方增加工资,并从1924年起向里工发放年终花红,并向里工中的部分工人提供廉价煤",从而使得矿工的名义工资增长较快,超过了物价上涨的幅度。1935—1937年工人的名义工资虽较以前有所增长,但是其增长速度却赶不上物价增长的速度,工人名义工资折合的面粉袋数减少了,证明其购买力降低,实际工资水平下降。总之,影响工人实际工资变动的主要因素是物价的变化。民国时期的物价总的趋势是上升的,而大多时候工人工资的增长速度落后于物价的上涨,从而导致实际工资的下降。①

民国时期,开滦矿工的工资占煤炭产值的20%左右,而资方获得的利润大约是矿工工资的两倍。在全部的产值中,有40%是旧价值的转移,60%是新创造的价值。在新创造的价值中,矿工工资只占1/3,而剩下的2/3则被资方上层人员所占有。②通过下表我们可以看出普通工人工资与高级职员薪金的巨大差距。

表3-11 开滦煤矿工人工资与高级职员薪金对照表(1921—1931年)

年份	工人工资 折合面粉袋数	高级职员薪金 折合面粉袋数	后者是前者的 倍数
1921—1922	3.16	174.58	55
1923—1924	4.14	181.05	44
1924—1925	3.81	159.04	42
1925—1926	3.95	150.16	38
1936	3.78	97.05	26
1937	3.74	88.52	24

资料来源:
郭士浩:《旧中国开滦煤矿工人状况》,人民出版社,1985,第88页。

通过上表可以看出,开滦煤矿普通工人的工资与高级职员的薪金差距很大,高级职员的每月薪金最高时为工人工资的55倍,最低时也达到24倍。该表统计的高级职员的薪金还只是其底薪,除此之外,他们还享有各种优厚的津贴待遇。据统计,1936—1937年,高级职员一年的7种津贴比

①参见郭士浩:《旧中国开滦煤矿工人状况》,人民出版社,1985,第76、79页。
②同上书,第86页。

11个工人的工资还要多。[①]

开滦工人的待遇不仅和高级职员相比甚是悬殊,而且跟矿区的骡马饲料费相比也有一定的差距(见图3-4所示):

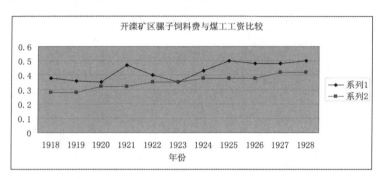

图3-4　开滦矿区每日骡子饲料费与煤工工资比较(1918—1928年)
(单位:元)

编者注:系列1为骡马饲料费折线,系列2为煤工工资折线。
资料来源:
南开大学经济研究所经济史研究室编:《旧中国开滦煤矿的工资制度和包工制度》,天津人民出版社,1983,第132页。

图3-4所示为1918—1928年开滦矿区骡马饲料费与煤工工资的比较,其中系列1为骡马饲料费,系列2为煤工工资,很明显前者高于后者,工人的待遇还不如骡马。

开滦工人除了受到资本家的剥削外,还受到包工头的剥削。矿局规定每产1吨煤平均给包工头0.8元钱,每个矿工每工产煤两吨,包工头即可从矿局得到1.6元,但是包工头却只发给矿工0.5元钱,剩下的1.1元自己占有,这样下来,每个包工头“每年可得四五万元”。在每月末发工资时,工人经常向包工头借贷,“包工头借9角钱算作1元,扣1角利息”。到年底包工头还吞没外工的花红。[②] 开滦包工头还经常设法诱骗工人赌博,工人赌输

①郭士浩:《旧中国开滦煤矿工人状况》,人民出版社,1985,第90页。
②达愚:《开滦五矿之概况》,《大公报》1931年5月28日。

之后他们就可以放债取利。另外包工头还强迫工人送礼，当时盛行"逢年、过节、上工、改工、红白喜事、生日、满月"的八送礼，如果工人不送的话，就会遭到打骂。[1]

井陉煤矿的德国总办汉纳根"一个人的工资收入，就等于700名矿工工资收入的总和"，可以想象矿工遭受外国资本家的严重剥削。工人得到的微薄工资，还要受到包工头的盘剥。克扣工资、放高利贷是包工头常用的手段。另外"工人吃用的米面和生活品，由包工大柜掌管"，他们抬高价钱，从中进行剥削。[2]门头沟煤矿工人的工资本应是一天一发，但是包工头平时把钱存到银行取利，到月底才发钱。工人为了温饱经常向包工头借钱，但要支付高额的利息，当时的工人曾这样说："包工柜，真正坏，借八毛，顶一块。"包工头还和粮商勾结，发放工资时就增长粮价来剥削工人。[3]

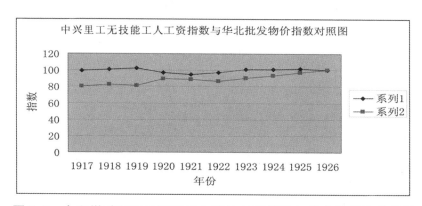

图3-5　中兴煤矿里工无技能工人平均工资指数与华北批发物价指数对照图（1917—1926年）

编者注：系列1为里工中无技能工人平均工资指数折线，系列2为华北批发物价指数折线。
资料来源：
中共枣庄矿务局委员会、山东大学历史系编著：《枣庄煤矿史》，山东人民出版社，1959，第54页。

[1]郭士浩：《旧中国开滦煤矿工人状况》，人民出版社，1985，第98页。
[2]《井陉煤矿工人斗争史》，中共石家庄市委党史征编室，1987，第12—13页。
[3]北京师范大学历史系三年级、研究生班编：《门头沟煤矿史稿》，人民出版社，1958，第16—17页。

图3-5显示了1917—1926年山东中兴煤矿里工无技能工人平均工资指数与华北批发物价指数的发展变化对比。里工中的无技能工人占里工的大多数,同时也能代表广大外工的情况,因此里工中的无技能工人的工资变化基本能代表该公司大多数工人的工资变化。图中的系列1即为里工中无技能工人的平均工资指数,系列2为华北批发物价指数。通过工资和物价指数的对比可以看出,这10年间物价上升了20%,而工资却基本没有较大的变动,1920—1922年还低于其他年份的平均水平,这说明中兴煤矿工人的实际工资水平下降了。在工人实际工资水平下降的同时,资本家所获得利润却在年年上升,见下表所示:

表3-12　中兴煤矿公司平均利润率和剩余价值率统计表(1914—1936年)

年份	平均利润率(%)	剩余价值率(%)	平均利润率指数	剩余价值率指数
1914	9.1	75.7	100	100
1924	28.4	269.9	312	356
1932	22.2	179.1	242	236
1936	59.5	210	654	277

资料来源:
中共枣庄矿务局委员会、山东大学历史系编著:《枣庄煤矿史》,山东人民出版社,1959,第52页。

通过上表可以看出,中兴煤矿公司的利润率增长很快,尤其是1932—1936这4年间增长幅度最大,而且该公司的剩余价值率也基本呈上升趋势,可知中兴公司是通过占有工人越来越多的剩余价值来提高其利润的。将中兴工人的工资同国外矿工比较之后,更可以看出其水平的低下。1925年,美、英、德、法等国的矿工工资分别是中兴煤矿工人工资的54倍、34倍、12倍和9.2倍,可见差距之大。即使这样低水平的工资还经常遭到包工头的克扣,该矿的包工头经常克扣工人工资的1/9甚至更多。[①]

淄博煤矿工人的工资经常遭到中外资本家和包工头的剥削。在德华矿务公司经营时期,德国董事矿山部部长1914年每月平均工资为1250元,矿工中工资较高的机械工每月工资也仅有40元。1914年以后日本掠夺了淄博矿区的管理权,据统计,淄博煤矿1915年的剩余价值率为2047.2%,1916年为2912.5%,可以看出日本经营管理淄博煤矿时期对工人的剥削是非常惊人的。包工头也以各种手段克扣工人工资,如以各种理由扣半工,发工资把尾数抹掉,私吞矿方发给工人的奖金,向工人发放高利贷,等等。[②]

山西保晋煤矿工人的工资以采煤工为例,1918—1922年间其每工工价在0.27~0.42元之间浮动,平均工资为每日0.38元。该矿工人每月大约到工20余天,因此这5年间采煤工平均每月工资在8元左右。这种工资水平按当时物价水平,还能勉强维持三口人的生活。到了1930年,"采煤工的日工资上升为0.675元,但只相当于物价上涨前的0.23元",因为"中原大战以后,晋钞贬值,3元只能当过去的1元钱使用"。[③]在这种情况下,一个采煤工的工资只能勉强维持两口人的生活。从资方上层人员的工资水平可以看出,工人的工资水平与之存在巨大的差距。1918—1920年,保晋煤矿的总协理每月工资为265元,而当时矿工的工资每日仅有两三角,一般每月在七八元左右。[④]1921年,该矿总经理每月工资300元,总协理为280元,而当时采煤工每日工资为0.43元,每月最多为12.9元,总经理的月薪至少是采煤工人的23倍。除了基本月薪之外,总经理的每月津贴就有20元,

---

[①]参见中共枣庄矿务局委员会、山东大学历史系等编著:《枣庄煤矿史》,山东人民出版社,1959,第56、58页。

[②]参见淄博矿务局、山东大学编:《淄博煤矿史》,山东人民出版社,1986,第77-80、98页。

[③]阳泉矿务局矿史编写组:《阳泉煤矿史》,山西人民出版社,1985,第95页。

[④]参见虞和寅:《平定阳泉附近保晋煤矿报告》,农商部矿政司,1926,第19、57页。

远远超过了采煤工人一个月的工资。[①] 1929年晋北矿务局成立,其矿工与职员的工资也有很大差距。工人每日工资在0.2~0.4元之间,员司最高工资为每月270元,相当于每日9元,是普通工人的22~45倍之多。[②]

河南中原公司的一些技术工人工资较高,每月有三五十元,有的只有十几元,大部分的杂工、小工和童工每月工资都在6元以下,而当时的一袋面粉就要两元钱,可见工人的工资很难维持生活。再加上包工头的克扣、诱赌,工人辛辛苦苦挣来的微薄工资又被剥削了。[③] 1925年,福公司的矿工每月工资还不够买一石小麦。[④] 资本家还经常拖欠工人工资,中原煤矿公司经常一个月只发10天或半个月的工资,其余拖欠。[⑤] 到了1936年民族危机的时候,六河沟煤矿工人"减少工资百分之二十,并拖欠四个月"[⑥]。

表3-13 华北四路工人工资率和真实工资指数表(1926—1929年)

1926年=100

年份	北宁铁路		平汉铁路		平绥铁路		胶济铁路	
	工资率	真实工资指数	工资率	真实工资指数	工资率	真实工资指数	工资率	真实工资指数
1926	100.0	100.0	100.0	100.0	100.0	100.0	100.0	100.0
1927	99.4	100.0	99.5	101.7	103.9	99.1	101.2	102.0
1928	98.8	90.7	106.0	111.6	103.4	68.1	104.0	99.7
1929	87.9	84.9	109.7	109.7	107.7	97.3	108.9	100.1

资料来源:
刘明逵、唐玉良主编:《中国近代工人阶级和工人运动》第1册,中共中央党校出版社,2002,第531页。

---

① 阳泉矿务局矿史编写组:《阳泉煤矿史》,山西人民出版社,1985,第95-96页。
② 大同矿务局矿史党史征编办公室编:《大同煤矿史(一)》,人民出版社,1989,第118页。
③ 龚逸情:《河南焦作的民众》,《向导周报》1926年第165期。
④ 焦作矿务局史志编纂委员会编:《焦作煤矿志1898—1985》,河南人民出版社,1989,第530页。
⑤ 青忱:《河南焦作中原公司工人生活状况》,载河南省总工会工运史研究室编:《焦作煤矿工人运动史资料选编》,河南人民出版社,1984,第96页。
⑥ 齐华:《论目前的罢斗潮》,《斗争》1936年第115期。

表3-13为北宁、平汉、平绥和胶济铁路工人的工资率和真实工资指数统计,以1926年的指数为100。真实工资是根据工资率和生活费指数计算得来的,反映工人的实际工资水平。通过对比可以看出,北宁、平绥和胶济铁路工人的真实工资指数均低于工资率,其中平绥铁路工人的工资率与真实工资指数差距最大。平汉铁路的真实工资虽然略高于工资率,但是其真实工资指数也是呈下降的发展趋势,说明工人的购买力在不断下降。

华北各路处于军阀混战的中心,各派军阀都"希望从铁路收入上榨取大批款项作为他们拥兵自卫的资本",因此他们控制着各条铁路并时常拖欠铁路工人的工资;华北各路欠薪最少者有四五个月,最长者达到18个月,工人要求发放拖欠工资,"有时只得到半斤或一袋面粉"。[1]京奉铁路1925—1927年的年终奖金都没有按时发放。京汉路在1926年以后每年欠薪1~6个月不等。京绥铁路向来营业不振,拖欠工人工资的情况更为普遍,1926年欠薪半年,其他发放工资的月份也没有发放全部的工资,年终奖金就更不用提了。[2]1930年,陇海路欠薪2个月,津浦铁路欠薪3个月,原有的米贴也都不发放了。[3]1932年,平绥路欠薪18个月,工人有因此"得疯狂症"者,有"倒卖煤炭及贩卖烟土以求温饱"者。[4]

另外通过对比铁路工人与职员工资而得的差距可以看出工人的工资水平。在日本第一次侵占胶济铁路时期即1914—1922年间,铁道部的日本部长月薪在308~350元之间,日本一级职员的工资为每月250元,最低的十级为85元,而中国最低职员的工资仅有20~30元,养路工人的工资仅有

---

①沧海:《军阀割据下铁路工人的生活与斗争》,《中国工人》1928年第1期。

②刘心铨:《华北铁路工人工资统计》,载李文海主编:《民国时期社会调查丛编·城市(劳工)生活卷》,福建教育出版社,2005,第1024页。

③《津浦陇海铁路工人生活》,《红旗日报》1930年10月12日。

④《民国二十一年中国劳动年鉴》第1编,实业部劳动年鉴编纂委员会,1933,第201页。

11元,杂工5.4~12元。[1]北宁铁路发给职员购煤廉价券,而大多数工人并不享有此项待遇。[2]陇海铁路员司月薪最高为600元,最低为20元,工人每月最高为100元,最低为9元。[3]可见该路员司最高月薪是工人的6倍,最低月薪也是工人的2.2倍。

通过上述分析可以得知,无论是厂矿企业的工人还是铁路工人,其实际工资水平大都低于名义工资,那么这样的工资水平能否维持工人的生活呢?下面就来分析华北产业工人生活费用的分配及其具体的生活状况。

第二节　华北产业工人的生活状况

一、工人的生活费及其分配

工人的生活费就是维持工人个人或其家庭生活所需要的各项开支,主要包括食物、衣服、房租、燃料和杂项等费用。法国学者谢诺的《中国工人运动(1919—1927)》记载了1927年中国产业工人各项生活开支占收入的百分比,其中伙食费占65%,房租占13%,燃料占15%,衣服占7%,可以看出食物的开销所占比重较大。下面列表比较中外工人的生活费支出情况。

表3-14　中外工人各项生活费支出占比表

支出项目	中国 (1917—1930年)	美国 (1918年)	澳洲 (1910—1911年)	日本东京 (1910年)	印度孟买 (1921年)
食品	57.5%	38.2%	35.3%	37.2%	59.2%
衣服	7.5%	16.6%	12.7%	7.3%	14.4%
房租	7.5%	13.4%	15.5%	16.0%	3.4%

---

①中共青岛铁路地区工作委员会等编著:《胶济铁路史》,山东人民出版社,1961,第50页。

②《京奉铁路工人门斗的开端》,《中国工人》1929年第4期。

③中国国民党陇海铁路特别党部编:《陇海铁路调查报告》,1936,第21页。

支出项目	中国 (1917—1930年)	美国 (1918年)	澳洲 (1910—1911年)	日本东京 (1910年)	印度孟买 (1921年)
燃料灯火	10.0%	5.3%	4.0%	6.1%	*
杂项	17.5%	26.5%	32.5%	33.4%	23.0%

编者注:印度孟买的燃料灯火费一处的标志*指的是燃料费并入食品费,灯火费并入房租。

资料来源:

刘明逵、唐玉良主编:《中国近代工人阶级和工人运动》第1册,中共中央党校出版社,2002,第545页。

　　据恩格尔定律的说法:"食品费的百分数,随收入的增高而降低;衣服费和房租燃料费的百分数,随收入的增高大约无甚变动;杂费的百分数,随收入的增高而加高","因为杂费是包括教育费、娱乐费等精神上之消费的"。[1]如果用于食物的开销比例下降,而杂费的比例升高,证明人们的生活水平有所提高,除了温饱之外,还有更多的钱用于教育、娱乐等方面,可以提高生活质量。根据恩格尔定律,我们主要分析食品费和杂费所占的比例即可看出工人的生活水平。通过上表中外工人生活开支的对比可以看出,中国工人用于吃饭的费用比例很高,印度孟买食品费的统计数字虽比中国略高,但印度的此项费用中还包括燃料费,因此中国工人食品费所占比例在表中所列各国中当属最高。澳大利亚、日本东京和美国工人的食品费所占比例分别为35.3%、37.2%和38.2%,都比中国工人低很多,证明他们有更多的钱用于吃饭以外的其他消费。在杂项费用上,他们的开销分别占32.5%、33.4%和26.5%,而中国的杂项开支是表中所列各国中最低的,只占生活开支的17.5%,连印度孟买的杂项费都比中国高,占23%。这些数据说明中国工人每日辛勤劳动所挣来的工资仅仅用于维持温饱,有的还入不敷出,其他的社会文化活动则没有资金投入了。

　　又据中国学者和相关部门20世纪30年代的调查统计,我国工厂工人

---

　　[1]陈问路:《最低工资与中国劳工的生活水准》,《劳动季报》1934年第3期。

平均家庭生活费各项开支中,食物占55%,衣服占7.5%,房租占12.5%,燃料灯火占7.5%,杂项占17.5%。[①]下面就具体看看华北各工厂工人的生活费及其分配情况。

表3-15 华北各地工厂工人家庭生活费之分配表(1927—1932年)

地点	年份	平均每家年收入(元)	生活费各项之分配(元)					
			食物	衣服	房租	燃料灯火	杂项	总计
塘沽	1927	204.77	122.73	20.95	15.65	17.77	43.27	220.37
天津	1932	237.00	107.16	54.00	19.80	—	31.20	212.16
青岛	1930	405.00	222.10	59.96	29.34	34.52	82.49	428.41
青岛	1932	367.56	180.00	62.28	54.00	—	48.00	344.28
济南	1932	445.56	144.00	75.96	39.00	—	36.00	294.96
烟台	1932	339.84	270.00	93.00	24.00	—	84.00	471.00
开封	1932	232.20	114.00	51.72	24.00	—	41.40	231.12
郑州	1932	283.56	168.00	73.56	21.60	—	24.00	287.16
太原	1932	374.40	132.00	96.00	24.00	—	42.00	294.00
平定	1932	324.00	240.00	47.52	12.00	—	60.00	359.52

地点	年份	平均每家等成年男子	生活费各项分配之百分比(%)					
			食物	衣服	房租	燃料灯火	杂项	总计
塘沽	1927	2.74	55.70	9.50	7.10	8.10	19.60	100.00
天津	1932	3.80	50.51	25.45	9.33	—	14.71	100.00
青岛	1930	4.60	51.84	14.00	6.85	8.06	19.25	100.00
青岛	1932	5.00	52.28	18.09	15.68	—	13.95	100.00
济南	1932	4.50	48.82	25.75	13.22	—	12.21	100.00
烟台	1932	5.20	57.32	19.75	5.10	—	17.83	100.00
开封	1932	4.50	49.33	22.38	10.38	—	17.91	100.00
郑州	1932	4.70	58.50	25.62	7.52	—	8.36	100.00
太原	1932	2.00	44.90	32.65	8.16	—	14.29	100.00
平定	1932	4.00	66.76	13.22	3.34	—	16.68	100.00

资料来源:
《中国劳工阶级生活费之分析》,《国际劳工通讯》1938年第5卷第11期。

---

①《中国劳工阶级生活费之分析》,《国际劳工通讯》1938年第5卷第11期。

上表统计了华北各地工厂工人的家庭全年收支情况,除了天津、济南、开封、太原以及青岛(1932年)的工人家庭全年总收入高于生活支出外,其他各城市的工人家庭收入均低于各项生活支出总和,这说明华北大部分地区工厂工人的家庭生活是入不敷出的。关于家庭生活费用的各项分配情况,可根据食物、衣服、房租、燃料灯火和杂项所占的百分比进行分析。有一点值得注意的是,上表中燃料灯火一项大部分没有列出,这不能说明工人家庭没有这项开支,华北地区天气较为寒冷,到了冬天要烧煤取暖,必然要有燃料费用的支出,非住厂的工人家庭每日做饭也要使用燃料,而灯火费也是平时必需的花销。因此这项费用并不是没有,而是很可能在统计时被并入了别的项目,如燃料费有时被算入食物这一项开支,而灯火费用有时被并入房租进行计算。当然这项费用无论并入何处都不太影响我们分析工人的生活水平,因为根据恩格尔定律,我们还是主要根据食物和杂项两种费用所占的比例来分析工人生活状况。华北各地工厂工人家庭的食物费普遍占生活费的50%左右,这是一个很高的比例,其中山西平定工厂工人家庭食物费比例最高,占66.76%,太原最低,占44.9%。华北各地工厂工人家庭杂项费用平均所占比例为15.5%,最高的为塘沽,占19.6%,最低的为郑州,仅占8.36%,看来华北工人无法将时间和金钱投入能够提高生活质量的社会文化等活动,能够保证温饱是他们最主要的追求。另外该表关于青岛的统计有两种,一个是1930年工商部的统计,一个是1932年实业部的统计,把二者的数字加以对比后发现,时隔两年,青岛工厂工人的家庭生活费中,食物费的比例略有上升,而杂项费用的比例下降了不少,看来工人的生活水平没有任何改善。

上述分析了华北各地工厂工人生活费用分配的概况,下面具体考察华北几个主要行业的工厂工人的生活费用及其分配情况。因为相关资料有限,大体以天津的棉纺织业、面粉业和制碱制盐业为例展开论述。

表3-16 天津棉纺织业工人家庭每年生活费支出分配表
(1929—1930年)

入款组(元)	200及以下	201~300	301~400	401~500	全体
支出项	总额(元)				
食品	134.39	163.50	207.16	260.01	185.36
房租	14.98	20.85	19.46	27.12	20.50
衣服	11.34	18.28	25.60	34.88	19.58
燃料	21.63	25.34	31.72	35.30	28.14
杂项	19.29	30.13	46.07	54.67	36.99
平均支出	201.63	258.10	330.01	411.98	290.57
平均收入	192.30	244.20	342.38	434.45	291.37
盈亏	−9.33	−13.90	+12.37	+22.47	+0.80
百分比(%)					
食品	66.65	63.35	62.77	63.11	63.79
房租	7.43	8.08	5.90	6.58	7.06
衣服	5.63	7.08	7.76	8.47	6.74
燃料	10.73	9.82	9.61	8.57	9.68
杂项	9.56	11.67	13.96	13.27	12.73

资料来源：
方显廷：《中国之棉纺织业》，国立编译馆，1934，第166页。

表3-16是1929—1930年的调查数据,该表把天津棉纺织业工人按收入分成4组,并列出了每组家庭以及全体的生活费分配情形。从全年的收支情况看来,200元及以下和201~300元两组收入的家庭生活费支出略高于收入,后两组的生活费支出略低于收入。全体工人的平均情况是收入略大于支出0.8元,基本上是收支相抵,说明工人每年要想有所盈余是很困难的。从各项生活费所占比例来看,食品费依旧占最大比例,全体平均占63.79%,杂项费用依旧不高,平均占12.73%,最低者仅占9.56%,而同期上海棉纺织工人家庭开支中的食品费占56.62%,杂项占20.03%,可见上海工人的生活水平比天津工人高出不少。另外随着天津棉纺织业工人家庭各组收入的增加,食品费所占比例略有下降,杂项费所占比例则呈上升趋势,这是符合恩格尔定律的。工人家庭的各种杂项费主要包括交通、卫生、嗜

好、医药、娱乐、教育、应酬、税捐、装饰品、水筹、祭祀费和特别费。其中嗜好费即工人用于业余活动的费用,在杂项中所占比例较大,为2.46%,而上海棉纺织工人的这项费用则占到3.29%。[①]

　　根据天津市社会局1931年的调查统计,我们可知天津各大纱厂工人的收支情况,裕元纱厂工人每日平均工资为0.5元,按每月30天计算,合每月15元,而其每月家用为26.92元。恒源纱厂工人日工资为0.35元,合每月10.5元,其每月家用平均为24.85元。华新纱厂每日工资0.37元,合月工资11.1元,每月家用为19.5元。北洋沙厂、裕大纱厂和宝成纱厂工人每日平均工资均为0.46元,合每月13.8元,每月平均家用分别为19.7元、18.36元和22.51元。[②] 从上述数据可以看出,天津纱厂工人的工资与家用的差距之大,而且工人每月不一定工作满30天,因此每月工资可能更少。这里的家用指的是工人家庭生活所需的费用,工人家庭一般为4~6人,要供应这些人的花销只靠一个人的工资当然是不行的,因此工人家庭中至少要有两个人工作才能维持生存。宝成纱厂一位来自苏州的女工一家三口都在厂里工作,这位女工每日可得工资八角三分,在全厂算是工资高的,丈夫可得5角,女儿可得三四角,他们一家每日可挣一元六七角,但是南方人在饮食上比北方人讲究,每日要吃米饭和一两种可口的菜,这样下来每月只是稍有余蓄。这位女工家庭的收入算是优越的,而全厂的工人家庭之中,工作的人少、吃饭的人多的家庭很多,这些家庭大多入不敷出。像一位姓周的女工,丈夫去世,自己带着4个孩子过活,她一个人每日工资只有四五角,却要养活一家5口人,连基本的温饱都达不到。[③]

　　据天津市社会局1932年的调查显示,在天津面粉工厂中,福星面粉公

　　①方显廷:《中国之棉纺织业》,国立编译馆,1934,第165-166页。

　　②参见吴瓯主编:《天津市纺纱业调查报告》,天津市社会局,1931,第66、127、140、159、175、197、215、249、263、284、296、350页。

　　③蒋逸霄:《宝成纱厂女工生活概况》,《大公报》1929年8月1日、8月8日。

司大工家庭月消费最高80元，最低12元，每月剩余最多者达到32元，亏空最少者为16元；小工家庭每月支出最高50元，最低5元，每月剩余最多者为3元，亏空最少者为35元。看来小工的生活水平较低，每月盈余者甚少，大部分处于入不敷出的状态，亏空最少的还达到35元之多。陆记庆丰面粉公司工人每月平均工资为17.55元，而每月家用平均为16.65元，从这两个平均数看来，该公司大部分工人的工资普遍能支付生活所需，但也基本上是收支相抵。嘉瑞合记面粉公司工人每月平均工资为12.89元，而家用平均为16.48元，该公司工人的工资就不够维持家庭基本生活的开销。[1]

1927年，北京社会调查所对塘沽久大精盐公司和永利制碱厂工人状况进行了调查，抽取部分住厂工人和住家工人，对他们的生活费用及其分配进行了统计。下表所示为久大、永利住厂工人生活费情况：

表3-17　久大、永利住厂工人各项生活费占比表

生活费各类项目	久大住厂工人（%）	永利住厂工人（%）
食物	62.7	63.9
衣服	15.2	17.8
交通	4.6	2.4
交际	8.3	6.7
杂费	9.2	9.2

资料来源：
林颂河：《塘沽工人调查》，载李文海主编：《民国时期社会调查丛编·城市（劳工）生活卷》，福建教育出版社，2005，第882页。

通过上表可以看出，在久大和永利住厂工人的各项生活开支中，杂费所占的比例相同，均为9.2%。据统计，二者的杂费开销主要用于嗜好和新年等方面。久大住厂工人的食物和衣服的花费略低于永利工人，但交通和

---

[1]参见吴瓯主编：《天津市面粉业调查报告》，天津市社会局，1932，第25、40、41、60、61页。

交际费较大于永利住厂工人。在各项开支中,食物费所占比例仍旧是最大的,二者都占到60%多。但是在开销最大的食品方面,工人不一定吃到了多么好的东西,大多数工人将90%的食品费花在米面上,而对蔬菜肉类的花费较少,唯有永利住厂的工匠、助手饮食较佳。据统计,久大住厂工人的食物每日可供给3500卡路里热量,这些热量虽然足够工人所需,但营养含量明显不足。①

久大住家工人的家庭各项生活费分配情况是:食品费占55.7%、衣服费占9.5%、燃料占8.1%、房租占7.1%、杂项费用占19.5%。食品费的比例仍是第一位,说明工人的生活还是以温饱为主要目标。房租在各项费用中所占比例最小,这是因为"工人所住房屋,或归工厂所有,或距离工厂较远而租金便宜",而且每家成年人数平均也就两三人,所以需要的房屋空间不大。杂费的比例在各项开支中排在第二位,占19.5%,因为统计者把交际和交通费用都算在杂费项中,而住厂工人的交际、交通和杂费是分开统计的。另外住家工人总比住厂工人的杂费种类和开销多一些,其中婚丧费用所占比例最大,为13.38%,但是嗜好、娱乐等费用相对较少。②

关于塘沽工人的全年收支情况是:久大住厂工人每人全年平均收入156.33元,支出平均为124.41元,收入大于支出,足够维持基本生活。久大住家工人每家全年平均收入215.66元,支出220.35元,收入略低于支出,二者基本接近。永利住厂工人每人全年平均收入为165.87元,支出为116.2元,收入大于支出。总体来说,塘沽工厂工人的全年收入基本能够维持其日常生活,但遇有特别开支时,也有借债或当物者。在被调查的86位久大住厂工人中,借债人数为17人,61位久大住家工人中的借债人数为29人,当物人数为3人;在永利被调查的50位住厂工人中,借债人数8人。另外

①参见林颂河:《塘沽工人调查》,载李文海主编:《民国时期社会调查丛编·城市(劳工)生活卷》,福建教育出版社,2005,第828、830、876、882页。
②同上书,第882、848页。

住厂工人中还有因向家乡寄款而有亏短者。久大住厂工人每人每年的寄款数平均为38.71元,永利为39.6元。[①]

表3-18 华北煤矿工人家庭收入及其生活费分配情况表
(1932年调查数据)

煤矿名称	平均每家年收入(元)	生活费各项之分配(元)					
		食物	衣服	房租	燃料灯火	杂项	总计
开滦	270.00	154.20	65.52	12.00	—	60.00	291.72
井陉	411.60	222.00	80.04	12.00	—	29.40	343.44
焦作	222.00	186.00	63.00	5.40	—	6.00	260.40
博山	479.40	216.00	187.56	13.56	—	54.00	471.12

煤矿名称	平均每家等成年男子	生活费各项分配之百分比(%)					
		食物	衣服	房租	燃料灯火	杂项	总计
开滦	2.80	52.86	22.46	4.11	—	20.57	100.00
井陉	4.50	64.64	23.31	3.49	—	8.56	100.00
焦作	5.00	71.43	24.19	2.07	—	2.31	100.00
博山	5.60	45.85	39.81	2.88	—	11.46	100.00

资料来源:
《中国劳工阶级生活费之分析》,《国际劳工通讯》1938年第5卷第11期。

表3-18是1932年实业部对华北地区的开滦、井陉、焦作和博山煤矿工人家庭生活费的调查数据。从各矿全年平均收支情况来看,井陉煤矿和博山煤矿的工人家庭收入大于支出,而开滦和焦作煤矿工人家庭的年收入小于支出。其中博山煤矿的全年平均收入和生活开支在4矿当中是最多的,这应该与家庭人口数量有一定的关系。从上表可以看出,博山煤矿平均每家等成年男子数为5.6,是表中各矿当中最多的,因此家庭收入和支出也相应较多。但是各矿也不完全遵循这个规律,焦作煤矿工人家庭的等成年男子的平均数为5,开滦为2.8,焦作煤矿工人家庭的成年人数比开滦煤矿要

[①] 参见林颂河:《塘沽工人调查》,载李文海主编:《民国时期社会调查丛编·城市(劳工)生活卷》,福建教育出版社,2005,第825、827、844、847、874、875、831、853、878页。

多,但是其收入和支出却低于开滦煤矿,这说明开滦煤矿的工人工资水平比焦作煤矿要高。

通过计算,华北4处煤矿工人家庭每家的平均年收入为345.75元,生活费支出为341.67元,收入略高于支出,收支基本相抵。从各矿工人各项生活费用的分配情况来看,在食物、衣服、房租、燃料灯火和杂项这5项调查内容中,缺少燃料灯火这一项,大概是因为各大煤矿多供给工人燃料灯火,故工人的生活费用中不再将这一项列入计算。食物费所占比例在各项中最大,各矿平均为56.94%,其中焦作煤矿工人家庭的食物费比例最高,达到71.43%,博山煤矿工人家庭的食物费比例在各矿中较低,为45.85%。各矿工人家庭的衣服费之比例较高,平均为28.99%,这是由于"矿工在矿场中工作,衣服时经摩擦,容易损坏"[1],所以在衣服方面的消费较多。再者燃料灯火费统计数据的缺乏,可能导致其他几项支出比例的升高。房租比例在各项支出中最小,平均为3.14%,可能是由于大多数矿工居住在矿场提供的宿舍中,支付较低的租金。华北各矿杂项费的支出平均占10.93%,其中开滦煤矿的这项支出占生活费的20.57%,在各矿中为比例最高的,说明开滦煤矿工人的生活水平较高,除了温饱以外还有一些资金用于个人爱好和社会文化生活,而焦作煤矿的杂项费只占2.31%,是华北各矿中比例最低的,这与其食物费比例最高是相对应的。

总体看来,华北各矿工人家庭收支基本相抵,主要费用用于解决温饱问题,而用于杂项的开支很少,其总体的生活水平低于工厂工人。

我们从下面这段歌谣中也可以看出煤矿工人生活的困苦:

> 生活苦,生活难,家家烟囱不冒烟,
> 受苦受累三十日,工钱到手泪涟涟。

---

[1]《中国劳工阶级生活费之分析》,《国际劳工通讯》1938年第5卷第11期。

买米吃不了八九顿,买了烧柴缺咸盐,

三天两头揭不开锅,妻子孩儿哭苍天。

流传地区:河北开滦煤矿①

这首歌谣流传于河北开滦煤矿,从歌谣中我们可以看出开滦煤矿工人的收入难以维持家庭的基本生活,工人们拼死拼活地在井下劳动,却连一家老小的温饱都不能保证。据开滦煤矿惠工主任费斯克1920年的报告统计,包工头在其开设的锅伙②中每日向单身矿工收取伙食费的情况为:唐山矿一类饭为18枚铜圆,二类饭20枚铜圆;林西矿一类饭为21枚铜圆;赵各庄矿一类饭为18.5枚铜圆;马家沟一类饭为19枚铜圆。③当时外工的工资为每日32枚铜圆,可见伙食费占到工人收入的2/3。单身矿工的生活尚且这样,矿工家庭的生活就更加艰难了。据1932年实业部调查,开滦工人平均每月工资为17.2元,而工人家庭的生活费需要23.31元,二者相差6.11元,矿工的工资入不敷出,仅食物费用即占工资的71.6%。④开滦煤矿是华北地区经营最为成功的煤矿企业,其工人的生活尚且如此,其他地区煤矿工人的生活就可想而知了。

1933年,山东淄川鲁大公司矿工家庭"平均每家四人,每人每日最低生活费四角",而该矿采煤外工每日工资普遍为四角,最低的仅有两角。⑤这说明该矿工人家庭每日最低生活费为1.6元,而一个矿工的工资仅够维持个人的生活所需,有的甚至连个人的生活都不够维持。山西阳泉保晋煤

---

①薛世孝、薛毅编:《中国煤矿歌谣集成》,煤炭工业出版社,2009,第36页。

②"锅伙"即旧时煤矿包工头开设的供给单身工人膳宿的简陋的地方。

③南开大学经济研究所经济史研究室编:《旧中国开滦煤矿的工资制度和包工制度》,天津人民出版社,1983,第313页。

④参见郭士浩:《旧中国开滦煤矿工人状况》,人民出版社,1985,第192、200-201页。

⑤参见陶镕成:《全国矿山工人的现状》,《劳工月刊》1934年第3卷第7、第8期。

矿工人1918—1922年的每月工资平均为8.67元,按照当时的物价水平,仅能勉强维持三口人的生活。有的工人每日工资仅有两角,只养活母亲一人,还常常过着有上顿没下顿的生活。[①] 1933年,大同保晋煤矿工人每日工资普遍为0.3元,而每日生活费最低为0.15元。[②] 说明单是矿工一人,每日生活费就要花去一半工资,如果家庭人口超过两人就不够开支了。据1931年河南中原煤矿公司汇刊统计,该矿里工共1109人,能维持生活者981人,占88.5%,仅可维持生活者128人,占11.5%。工人食物费每月大约4元,合每年48元,衣服费全年10余元,如果家庭人口较少,负担较小者可维持基本生活。[③]

河北省立法商学院1936年对天津铁路工人的生活费进行了调查,其生活费各项分配之比例分别为:食物占45.35%,衣服占8.93%,房租占9.63%,燃料灯火占15.67%,杂项占20.42%。[④] 从这组数据可以看出,天津铁路工人的生活水平高于工厂和矿山工人,其食物费所占比例低于50%,而杂项费比例高于20%。

津浦路华北段的铁路工人大都以面为主食,1932年每袋面粉的价格在4元左右,该路工人最低工资每月10元,仅够维持一人生活,若有家室则负担较重。[⑤] 根据表3-4和表3-5(1933年统计)可知,胶济铁路全体工人每日平均工资为0.89元,按一个月30天计算,合每月26.7元,而最低工资者每月仅14元(见表3-4)。该路工人生活费用,"带眷属者如四方机厂及青岛方面约需35元左右,外站方面约30元左右,不带眷属者约15元左

---

①阳泉矿务局矿史编写组:《阳泉煤矿史》,山西人民出版社,1985,第95页。

②参考陶镕成:《全国矿山工人的现状》,《劳工月刊》1934年第3卷第7、第8期。

③徐景山、潘敬五:《本公司矿工里工工人生活状况》,载河南省总工会工运史研究室编:《焦作煤矿工人运动史资料选编》,河南人民出版社,1984,第93~95页。

④《中国劳工阶级生活费之分析》,《国际劳工通讯》1938年第5卷第11期。

⑤《民国二十一年中国劳动年鉴》第1编,实业部劳动年鉴编纂委员会,1933,第201页。

右"①。看来该路工人的最低工资仅够维持个人的生活费用,而平均月工资离家庭生活所需费用也有一定距离。

在平汉路华北段工人中,以河南郑州、信阳等处的工人生活水平较高,而高碑店、琉璃河较低。每月工资在30元以上者可以维持生活,而每月工资仅10元者在郑州等地则不易维持生活,即使是单身者也仅够维持个人开销。②平汉路一名铁路工人月收入24元,要供养五六口人的家庭,其工资总是入不敷出,该工人家庭的每月生活费用如下所示:

米八斗7元　　菜6元　　　　油1元　　　　酱油1元

盐0.6元　　　糖0.2元　　　柴炭2元　　　房租2.5元

服费4元　　　报费1.2元　　义务费0.5元　杂费2.5元

应酬费1元

根据上述各项数据计算,该铁路工人家庭每月生活费用总计为29.5元,而其收入仅为24元,生活费用还亏短5.5元。从各项费用可以看出,工人将大部分资金用于吃饭,杂费相当之少。杂费、应酬费和报费的总和仅占其全部生活费的15.9%。

平汉路还尚属经营较好,工人生活较为稳定的铁路,平绥铁路的工资在各路中是较低的,该路工人的生活水平也较低。据1933年统计,平绥路工人每日平均工资为0.55元,合每月16.5元,该路工人的收入维持个人的生活都有困难,更不可能供养家庭的其他人口。③

---

①郭曙南:《铁路工人生活状况之一般》,《劳工月刊》1933年第2卷第3期。

②《民国二十一年中国劳动年鉴》第1编,实业部劳动年鉴编纂委员会,1933,第201页。

③郭曙南:《铁路工人生活状况之一般》,《劳工月刊》1933年第2卷第3期。

二、工人的生活状况面面观

笔者分析了华北产业工人的家庭生活费及其分配情况,可以看出很多工人的工资不够支付家庭的开支,因而其生活非常贫困和艰难。下面阐述华北产业工人的具体生活状况,即其衣食住及业余生活等方面的情况。

(一)纺织工厂

天津裕元纱厂工人穿衣极其朴素。在厂工作时,男工多穿短服,"间有衣服褴褛或赤脚光背者",女工多穿"毛月市布或青斜纹布",因工作不便,没有穿旗袍者。在饮食方面,工人以"大米、白面、菜蔬为主要食料,食玉米杂面者很少"。工人无家眷者大多共租厨房,雇用伙夫做饭。日班工人之早晚餐大多为"馒头、稀饭、咸菜、豆芽、白菜等,午餐为米饭、炸酱面、包子等";夜班上工前多吃捞面、干饭,下工时吃馒头和面汤。携带家属之工人大多吃大米、白面,"仅菜蔬稍差而已"。该厂设有工房,带家眷者租房1~2间,屋内陈设除了土炕之外,只有一张破桌子而已。无家眷者三五人合租一屋,陈设尚不及有家属者之房屋,"床铺多用铺板,但并无合铺者"。工人因文化程度较低,加之生活苦闷,多有一些不良嗜好,如赌博、嫖娼等。恒源纱厂工人每日两餐,"早饭为大米干饭、豆腐咸菜、大米稀饭,晚饭为白面馒头、熟菜,以豆菜、矮瓜、南瓜、菠菜、白菜之属为多"[1]。恒源工人的宿舍"每房可住8人,床是两层的小铁床,床板是木板,被褥由厂方发给",宿舍的清洁有专人监督负责。[2] 由于恒源纱厂管理严密,工人大多没有不良嗜好。至于工人娱乐方面,有组织小车会、篮球队和武术团者。华新纱厂工人吃饭不能停车,要边工作边吃饭,经常是冷饭凉菜,狼吞虎咽,只能果腹。北洋纱厂工人中的单身者,饮食方面,大多几个人一起组织饭团或让饭馆代送;居住方面,或住工房或共同租房;衣着方面,大多破烂污秽,因其工作

---

①参见吴瓯主编:《天津市纺纱业调查报告》,天津市社会局,1931,第120-124、153页。
②《天津恒源纱厂的女工》,《益世报》1937年1月17日。

忙碌无暇清洗。有家庭者的饭食由家人做好送入厂中,衣服因家里帮助清洗,较单身者整洁,居住方面也是住工房或在外租房,因为每家只能住工房一间,家庭人口多者不得不在外租房。工厂提供的住房,房狭人挤,院中杂务甚多,无人整理,工房外还有臭水沟,有碍工人健康。该厂工人消遣活动因无人指导,不甚讲究,工资稍多者多从事嫖赌等不良消遣。裕大纱厂的工人食堂空间极为狭窄,而且暖气管已坏,故在食堂吃饭者甚少。工人所住工房,容积较小,但较为清洁,光线亦可。[①]

宝成纱厂工人所住房屋矮小,光线不足,室内无电灯,夜间需用蜡烛或洋灯。工房门前曾有一条水沟,每日每家将污水倒入其中,"秽气触鼻、蝇蛆丛集",后来厂方将水沟填满,每日每家将污水倒入各家门前的洋铁桶内,但仍旧是臭味难闻。[②]

宝成工人所穿之衣,"大都为较粗之黑蓝国布,因其质坚省费,而又不易玷污也。夏季每人有两套裤褂者为多,而仅有一套者,亦属不鲜。所穿之鞋,以皂布帆布者居多,甚至有工人赤足者"。在饮食方面,厂中江浙工人居多,故多有吃米饭者,其他则以面粉、玉米面为主。"食品优者,由家人送者居多。食品粗劣者,由工人入厂时携带一天食物,一面工作,一面用饭。食物过冷,即至水汀缸前用铁饭桶将食物温热,或取水汀锅之沸水泡而食之。"该工厂工人抽烟喝酒者居多,还有嫖赌等不良嗜好者。在娱乐方面,有在室中取箫弦吹弹者,有在室外携鸟笼游玩者,也有于晚间赴书场听书者,这些都是花费不大的娱乐项目。[③]

山东济南仁丰纱厂工人每日吃的是"白面馒头、大米粥,每人一菜,每星期之内有两三顿大米干饭",宿舍较为清洁,至少8人一屋,因为工作时

---

① 参见吴瓯主编:《天津市纺纱业调查报告》,天津市社会局,1931,第156-157、198、244-246、277-279页。

② 参见蒋逸霄:《宝成纱厂女工生活概况》,《大公报》1929年8月1日、8月8日。

③ 吴瓯主编:《天津纺纱业调查报告》,天津市社会局,1931,第343-348页。

间过长,所以很少有什么娱乐活动。① 鲁丰纱厂的工人自备饭食,而且是边工作边吃饭,"虽有工房,不敷分配,多数工人在附近乡村租赁房居住"②。青岛沧口、四方、东镇三区之纺纱业工人"多食三四等面食,或小米饼佐以咸菜",条件好的工厂提供开水,设备欠佳的工厂,工人只能以冷水解渴。③

河南郑州豫丰纱厂厂方除了备有少数宿舍外,概不供给食膳。厂中工人不能回家就食,自带馒头食饼,在工作地位抽暇就餐。④另外也有工人在饭馆包饭者,"3块钱的包饭是两个人吃两小碟素菜和馍,7块钱大多是南方管工吃的,是6个人吃五六个菜,大约因为郑州蔬菜并不比肉便宜多少,有小半是荤菜"⑤。

(二)火柴工厂

华北各火柴工厂,间有供给工人膳食者,主要食品为"窝窝头、白面、小米稀饭及咸菜、萝卜干等,每月食荤一两次,膳费由厂方发薪时扣除"。河北、山东两省之火柴工厂大多供给工人住宿,不收租金,但空间极其狭小,空气较差,"每间房屋容纳七八人,故工人携带家眷者,必须自寻居所"⑥。北京丹华火柴厂工人早上吃窝窝头,晚上吃小米饭,小米里还有砂子,咸菜也都长毛生蛆了。睡觉时到处都是臭虫和跳蚤,晒被褥时上面全是虱子,有时需要用火烤。⑦天津丹华火柴厂的工人饭厅共有5间,每日两餐主要

---

①《仁丰纱厂之女工生活》,《国际劳工通讯》1937年第4卷第5期。

②高树校:《鲁丰纱厂调查纪实》,《劳工月刊》1933年第2卷第7期。

③《几个工业区域的劳工状况鸟瞰》,《劳工月刊》1933年第2卷第9期。

④《几个工业区域的劳工状况鸟瞰(二)》,《劳工月刊》1933年第2卷第10期。

⑤子冈:《在机器旁边》,《妇女生活》1936年第3卷第1期。

⑥刘明逵、唐玉良主编:《中国近代工人阶级和工人运动》第7册,中共中央党校出版社,2002,第688页。

⑦北京市总工会工人运动史研究组:《北京工运史料》第2期,工人出版社,1982,第241页。

为白面馒头、米粥和菜汤等。还有专门的工徒饭厅一处,每日两餐,均食玉米面和白菜汤。该厂工人宿舍内都搭架着极长的铺板,数名工人横卧其上,屋内环境脏乱,空气污浊,室内陈设一无所有,冬季洋炉供火不旺,还要辅之以木屑等取暖。北洋火柴公司之住厂工人都在厂内饭厅吃饭,"午餐为白面馒头、咸菜,晚餐与午餐同,多加小米稀饭"。工人多穿毛月布短衣,因其布料结实耐久而做事便利也。北洋工人宿舍三间为一屋者每屋住25人,两间为一屋者每屋住12~15人,屋内置有土炕,被褥污秽,空气不洁。在工人娱乐方面,厂方没有任何设备,工人有时在下班后下棋聊天,节假日去听书听戏,也有进行赌博者,因厂方管理较严,无习染太深者。荣昌火柴公司住厂工人都由公司供给炉炭,免收房费。工人三餐,由其"任意购买自食,或三五人组织伙食共同担负";住在厂外的工人,每日上工前携带馒头咸菜以备午餐时食用。[①]

(三)面粉工厂

三津寿丰面粉公司除了匠目的宿舍较为宽敞整洁外,其余工人宿舍都很狭小,"故在室顶架楼,每室架两楼,每楼长约一丈,宽约六尺,可卧三四人"。该厂饭厅每日所供食物"不过米面蔬菜豆腐而已"。福星面粉公司机械工人宿舍三五人为一间,光线、空气和卫生均较普通工人宿舍为佳,而普通小工宿舍空气污浊,光线不足,杂物乱堆,这与其"工资较低,智识浅陋"有关。三津永年面粉公司的工人宿舍,每屋最少有住8人者,最多有住21人者,工人吃饭也在屋内,故室内空气不佳。在饮食方面,工头车房及修械工人的饭食均由厂方供给,"早餐为稀饭咸菜,午餐干饭四个菜,两荤两素一碗汤,晚饭馒头稀饭四个菜",但是普通工人则几个人组织饭团,早饭凉馒头,午饭晚饭均为馒头稀饭,菜自备,可见差别之大。陆记庆丰面粉公司

---

① 参见吴瓯主编:《天津市火柴业调查报告》,天津市社会局,1931,第25—26、44—45、54页。

的机工宿舍每间住六七人,厂工宿舍每间住 10 余人。该厂没有食堂,故所有工人都组织饭团,雇人做饭。机械工人因多为江浙人士,故饮食以大米为主,每餐还有四菜一汤。普通厂工每日三餐均为小米稀饭或绿豆汤、小菜等。民丰年记面粉公司机械工人住在瓦房,每屋六七人,制造部工人住在地窖,每屋十三四人,光线、空气及卫生条件均不如机械工人。该厂工人饮食情况与庆丰面粉公司相似。嘉瑞合记面粉公司工人每年需要"粗洋布裤褂两三身,布鞋四五双"。工人每日所食为该厂所出之三等面粉,两餐均以馒头和菜汤为主,开饭时不停工,下班工人可在宿舍吃饭,夜班工人只吃一些点心而已。工人宿舍机工三四人住一间,小工五六人住一间。工厂未设置娱乐设施,工人下班后,"有推牌九、打扑克情事者,亦有以弹唱借作消遣者"。①

（四）制盐制碱工厂

塘沽久大精盐工厂住厂工人的饮食,最俭省者只吃馒头、窝头、咸菜而已,大多数工人除了干粮之外,还佐以小米粥、油条等。他们偶尔也吃一些蔬菜副食,夏天主要是小葱、萝卜等,冬天为白菜、豆腐等。工人之衣服尚为整洁,鞋袜等物"或购成品,或由乡间自制"。工人宿舍较为清洁,整理有序,大约 12 人住一间屋子,每人占据架铺一格。该厂住厂工人业余时间有入工读班读书的,有走亲访友聊天的,也有到戏书馆消遣的。工人喝酒和赌博者不多,而吸烟者较多。在娱乐方面,除了新年走会之外,平时有踢足球、盘单杠、掷沙袋、遛鸟、听书等活动。②另外久大住厂工人的交际费占平均总支出的 8.9%,看来他们较为重视社会交往。这些工人中以山东人和直隶人较多,"山东人讲义气,天津人和塘沽人讲面子",故其交际费用较

①参见吴瓯主编:《天津市面粉业调查报告》,天津市社会局,1932,第13-14、25-26、33-34、42-43、51-52、64页。

②王清彬等编:《第一次中国劳动年鉴》第1编,北平社会调查部,1928,第397-398页。

多,主要用在朋友往来、回家探亲和婚丧嫁娶等方面。[①]

久大住家工人的住房,"多为矮小土房,若干家庭合住一院",大多数工人家庭只住一间屋,因人多室少,室内狭小,陈设较少,拥挤不堪。一般工人家庭的饮食,"以白面、玉米面为主,蔬菜很少,肉类仅于年节才有"。工人家庭的衣服衣料以布为主,大多数家庭买一匹白市布,裁制全家全年的衣服;十分贫苦的家庭,只能购买白面布袋,改制为衣服。住家工人因家事繁多,很少有读书者,业余的娱乐活动和其他的嗜好开销也较住厂工人为少,他们闲暇之余大多是坐在院子里聊天,享受天伦之乐。永利制碱工厂住厂工人的宿舍每室住16人,大多下列大炕,上架暗楼,人多拥挤,电灯、煤、水等由厂方免费供给。每日饮食有三种选择:一为向久大工人室购买食品;二为在宿舍自己煮食;三为组织饭团,按月包饭。永利工人所食米面与久大工人相同,唯有工匠、助手之菜蔬较优,不时有鱼肉等物。工人之衣服也是工匠、助手较佳,普通工人一般为清洁布衣。在文体娱乐方面,有少数人参加工读班读书,很多人喜爱看戏,少数人喜爱足球与新剧。[②]

上述为华北各主要工厂工人的具体生活状况,下面来看看华北煤矿工人衣食住等方面的状况。

> 头戴一顶破柳帽,身穿绣花麻包片[③]。
>
> 冬避风来夏避雨,又挡风来又挡寒。
>
> 醒来当衣睡当板,那能顶了湿和干。
>
> 成年累月穿一件,虱子滚成疙瘩蛋。
>
> 流传地区:开滦煤矿

---

①林颂河:《塘沽工人调查》,载李文海主编:《民国时期社会调查丛编·城市(劳工)生活卷》,福建教育出版社,2005,第830页。

②王清彬等编:《第一次中国劳动年鉴》第1编,北平社会调查部,1928,第398-399页。

③指衣服破得一块又一块,补丁到处都是。

咸盐水,麻饼块,每天和你来做伴。

我推煤车来回转,肚子吃不上一两混合面。

黑洞洞的年月,黑洞洞的天,挖煤的人儿,何时见晴天。

流传地区:门头沟煤矿

住锅伙,下地狱,不死也得脱层皮。

冬天墙上长白霜,夏天就像进笼屉。

蚊子臭虫打疙瘩,白天黑夜滚窑底。

粥里掺沙难下口,咸菜碗里爬长蛆。

不吃也交"露头伙"①,哪管你花钱饿肚皮。

重病未死往外扔,乱尸岗山血淋漓。

流传地区:开滦煤矿②

以上3首歌谣反映了煤矿工人衣、食、住等方面的生活状况,下面就来阐述这几方面的具体情况。

门头沟煤矿工人的食物主要以玉米面和绿豆面为主,很少吃白面,收入较多的工人每月也只能吃上几两肉丝。③大部分工人都填不饱肚子,有时由于包工头的克扣,都没有粮食下锅。许多工人只有一件破窑衣,缝缝补补,几十年如一日。冬天时很多矿工没有棉袄,只能是几个人合用一件,谁出门谁就穿着,有的人干脆就待在井下不上来,而且大部分人脚上也不穿鞋,一年四季都光着脚劳作。④单身矿工住在宿舍即锅伙里,它"用石块

---

① "露头伙"即只要在锅伙里露过头,就得交一天的饭钱。

② 参见薛世孝、薛毅编:《中国煤矿歌谣集成》,煤炭工业出版社,2009,第34、36、55页。

③ 《工人生活状况拾零》,《劳动季报》1934年第1期。

④ 参见北京师范大学历史系三年级、研究生班编:《门头沟煤矿史稿》,人民出版社,1958,第16、21-22页。

砌成……前面开一小窗,迈进一两步就可以脱鞋上炕",炕上能挤十五六个人,工人睡觉时很难翻身,夜里出去解手的话,回来后可能就没有位置睡了。如果有人嗓子发痒,就直接吐痰到炕席里,这里的卫生可想而知,屋里充满了"五香味",即"酒味、屁味、脚味、狐臭味、尿水味"。有家眷的工人则住在小草棚里,经常是外面下雨,屋里漏雨。工人们整日劳动,没有时间从事什么娱乐活动,由于工作的疲劳和生活的苦闷,抽烟喝酒赌博者较多。①

河北开滦煤矿的单身矿工也是住在包工头开设的锅伙里,这些房子大都是用碎石、土坯盖的,十分简陋。房屋里面是面对面的大炕,两张大炕中间有一尺来宽的距离,工人们一般20人睡在一张通铺上,这样一间屋子就住下40名矿工。又由于开滦煤矿实行三班制,所以实际上一个席位是三个人轮流住的。矿工多以砖头或木头鞋当枕头,拿破窑衣当被子。冬天屋里寒冷,大家只能挤在一起御寒。夏天屋里炎热潮湿,臭虫、蚊子、跳蚤到处都是,卫生条件很差。锅伙里的伙食主要为玉米面饽饽、秫米干饭或秫米粥、小米粥并配以咸菜。中午有主食,晚上就吃稀饭,这些食物还经常是发了霉的,咸菜里也经常生蛆。工人一年四季只有一身窑衣穿,大都破破烂烂的,冬天没有棉衣就穿着单衣,无法御寒。到了20世纪30年代以后,规模稍小的锅伙小店兴起,即只提供单身矿工宿舍不供饭食。锅伙小店的房屋也非常拥挤,除了炕上的铺位之外,屋内还有吊铺,即让工人睡在空中。吊铺离炕有两三尺,离屋顶很近,这样无论在炕上还是在空中吊铺睡觉的工人都不好起身。有的屋内竟然还有三层铺位。因为锅伙小店不提供饭食,所以工人下班后要自己做饭。小店提供煤火灶台,但灶少人多,排队等待做饭的时间就有两三个小时。工人一般只吃玉米饽饽、稀饭和咸菜。有家小的矿工因为负担较重,吃的更差,有的捡点白菜帮子做粥喝,有的工人还偷马料来吃。至于衣服,有的夫妻只有一身衣服,两人轮换着穿,

①《工人生活状况拾零》,《劳动季报》1934年第1期。

衣服破了就用麻绳拴上。①在这样困苦生活的折磨下,工人只有消极的娱乐活动,即赌博和嫖娼,"赌是几个人凑一伙小牌九,嫖则找贱价的土娼"②。

河北井陉煤矿工人住在潮湿阴暗的工房里,房内有两排通铺,能住进百人之多。通常是几个矿工合盖一床被子,冻死的现象时有发生。该矿工人吃饭多是小米稀饭和萝卜菜,中午可吃干饭。矿工穿的是布满补丁的衣服,只有一件,没有更换的衣服。③

山东中兴煤矿工人无家属者多住在饽饽铺中,该店供给伙食和开水。每屋大约只有一平方丈,抬手可触及屋檐。工人们晚上躺在地铺上,早晨将被褥收起。屋内没有公共厕所,只能随地排泄,臭味难闻。有家室的工人租用或自建草房,大多以蒿荐铺地而睡,一旦下雨草棚便东倒西歪,泥泞不堪。中兴工人的食物主要是高粱煎饼和麦子煎饼,每日两餐大多为煎饼卷大葱和盐菜,还有用麦粉或高粱粉煮成的"糊涂汤"。平时所吃蔬菜大多为豆腐、豆芽、白菜、青菜和萝卜等,条件较好的工人偶尔吃肉,但次数极少。矿工的衣服以蓝布或花标布制成居多,大多数人只有一件衣服,而且破烂不堪,冬天的棉衣到春夏就去掉棉花作为单衣来穿。工人下班后偶尔有去听书者,这算是他们唯一的正当娱乐,很多矿工闲暇时都去赌博嫖娼。工人中吸烟喝酒者较多,吸烟是想提神以打连班,喝酒是想借酒消愁。工人生活经常入不敷出,借贷关系较为普遍。④博山矿工"所食是三四等面粉及大小米等类,所住是卑狭小屋,多半就地为席,饮料或以熟水或以凉

---

①参见郭士浩:《旧中国开滦煤矿工人状况》,人民出版社,1985,第189、191、193-197、202页。

②《波澜壮阔之开滦工潮:马家沟煤矿工人生活》,《矿业周报》1934年第275期。

③参见《井陉煤矿工人斗争史》,中共石家庄市委党史征编室,1987,第13、113、181页。

④施裕寿、刘心铨:《山东中兴煤矿工人调查》,载李文海主编:《民国时期社会调查丛编·城市(劳工)生活卷》,福建教育出版社,2005,第928~930页。

水。工暇之时,既无娱乐场所可以发泄其苦闷,更无教育以陶冶其身"[1]。

河南焦作煤矿的单身矿工住在窝铺里,即包工头在矿山附近挖的窑洞,在地上铺上麦草,便可住人。两班工人轮流居住,两三间窝铺要住上二三十甚至四五十人,里面黑暗潮湿,臭虫蚊子到处都是。窝铺里有伙房,矿工每工作半个班,他们给送去不足半斤的杂粮面。有家室的矿工大多住在矿山附近自己挖的窑洞里,一般宽不过3尺,高不过5尺。窑洞里夏天热得像蒸笼一样,冬天冻得工人不能入睡。矿工每日所吃的都是豆皮面、霉烂米,在饭食中经常会发现蛆虫和老鼠屎。有时连这样的饭都没有,工人们就找些野菜、树叶和草根来吃。[2] 矿工生活如此艰难,还有去嫖去赌的,"10个工人总有8个去赌的",有的输光了就打连班工作去挣第二天的饭钱,如果赢了就去逛窑子,又把挣来的钱花光了。[3]

山西阳泉保晋煤矿工人上工太早,来不及吃饭,就自带一些干粮,午饭时有人送小米捞饭和汤饭到井下给他们食用。矿工多住在土窑洞里,有土炕,20多人住在一处,拿砖头或炭块当枕头睡觉。冬天烧火取暖,烟熏火燎,十分脏乱。有家属的矿工就在山上挖个窑洞安家,里面除了一床破被子和一口烂锅,无任何摆设。矿工们常年穿着一件衣服,没有多余的衣服可以更换。[4]

铁路是国家的命脉,铁路工人是国家产业工人的重要组成部分,他们的工作与工矿企业的工人相比较为稳定,那么他们的生活状况如何呢?"各铁路对于工人住宅多无设备,即有者亦不过占小部分。工人多半在工作场

---

① 《几个工业区域的劳工状况鸟瞰(二)》,《劳工月刊》1933年第2卷第10期。

② 焦作矿务局史志编纂委员会编:《焦作煤矿志 1898—1985》,河南人民出版社,1989,第532—533页。

③ 善根:《修武煤厂之工头制》,载河南省总工会工运史研究室编:《焦作煤矿工人运动史资料选编》,河南人民出版社,1984,第69页。

④ 阳泉矿务局矿史编写组:《阳泉煤矿史》,山西人民出版社,1985,第96页。

所附近租房居住,以草房居多,房间最多两间,每至工人家中辄觉其拥挤异常。无家眷之工人共同租房居住,每间房多住十余人";工人的住宅问题都没有得到企业和政府的重视,娱乐设施方面就更没有引起注意了,如果没有正当的娱乐设施,工人们就会跑到不正当的娱乐场所去消遣,"在每一个工人集中区域中,由环境上就可以看出工人日常娱乐的去处。无论在任何一个工人多的地方,我们随时随地都可看到,娼妓多,赌场多,至于戏院、电影院很少见,即使有工人观众亦占少数"。①而且各路行车工人常年工作,没有休假,因而也基本没有时间寻求娱乐活动。在饮食方面,铁路工人在行车途中经常吃各站售卖之生冷及不洁食物,有碍身体健康。

陇海铁路大部分工人生活不甚宽裕,穿的是粗布衣,吃的是粗粮,住的是简陋的房子。他们每日工作时间很长,闲暇时间较少,因此娱乐方面多是打球、唱戏和练国术等耗费时间较短之项目。②津浦铁路华北段工人饮食上多以面食为主,工人的嗜好以吸烟较为普遍,闲暇之时"大多以澡堂作为休息场所"。北宁铁路工人的食物以麦面为主,小米次之。"各站均有工人宿舍,但不敷分配,或为员司居住,或为高级工人居住。"闲暇之时,无家庭之工人"多以澡堂和茶馆作为休息场所"。该路在天津建立北宁公园,为工人休息场所,但入园还需交费1角。胶济铁路的工人宿舍与其他铁路相比较为整齐,室内设备也较好。道清铁路设有工人俱乐部,其中有戏剧、体育、杂耍等组织,该路工人在工作之余前往者较多。③道清铁路焦作镇的机车厂工人每逢周日或例假,或到俱乐部消遣,或坐火车到处游玩,较之行车

①贾铭:《铁路工人生活调查》,《铁路职工周报》1933年第33期。

②中国国民党陇海铁路特别党部编:《陇海铁路调查报告》,1936,第22页。

③参见中国国民党中央执行委员会民众运动指导委员会编:《二十一年—二十二年特种工会调查报告》,载李文海主编:《民国时期社会调查丛编·社会组织卷》,福建教育出版社,2009,第403-404、436、430、442页。

工人有一定的休闲娱乐时间。[1]综上可以看出华北铁路工人的生活也并不优越,可能是由于大部分的国有铁路受到帝国主义国家的控制,工人的生活"只能在外人吃剩的残滓里面分润",并且帝国主义国家的侵略势力愈加深入,更导致华北铁路工人生活的困苦。[2]

综上所述,华北产业工人的饭食大部分为菜根粗饭,只能果腹,没有必需的营养;衣服也是粗布陋衣,只能蔽体,煤矿工人有的常年就一件衣服,有的几人合用一件衣服,很多矿工冬天还没有棉衣御寒;住宅大都狭小脏乱,拥挤不堪,不利于工人的健康;至于娱乐等业余生活方面,吸烟喝酒、赌博嫖娼的现象较多,正当的娱乐设备和项目极为缺乏。生活水平如此之低,使得产业工人不得不起来反抗与斗争,以争取基本的生存权利。

---

①《焦作镇铁路工人生活状况》,《国际劳工通讯》1934年第4卷第7期。
②郭曙南:《铁路工人生活状况之一般》,《劳工月刊》1932年第2卷第3期。

第四章　华北产业工人的反抗与斗争

由于工作时间漫长、劳动条件恶劣、劳动灾害频发、失业问题严重以及工资不足以维持基本生活等问题的存在,迫使华北产业工人不得不起来反抗与斗争,并由自发斗争逐渐发展为联合斗争,逐渐形成了改善经济待遇和提高政治地位的觉悟,并开始建立工会,有组织地进行反抗斗争。"觉悟是劳工运动的原动力,组织是工人们互相联络的工具,奋斗是劳工运动的主要目标。"①这三种因素结合起来,工人的力量得以发展和壮大。本章试图探析华北产业工人组织的产生与发展,以及重要的劳资争议与政治斗争等问题。

第一节　工会组织的产生与发展

"工会系工人集合的团体,亦即劳工组织的表示。近代产业工人因利害的一致和地位的相同,彼此集合起来,组织工会为工人代表的集合机关。劳动者既感生活的压迫,势必趋于同一战线,有感劳工组织的必要,同时又鉴于近世纪来各种职业组织的勃兴,故工会的产生,遂成为不可避免的一种社会运动。"②下面就来分析华北产业工人工会组织的产生与发展。

---

①陈达:《中国劳工问题》,商务印书馆,1929,第587页。
②何德明:《中国劳工问题》,商务印书馆,1937,第81页。

一、从早期工会到现代工会

在工会未成立以前,工人的早期组织是行会、帮口和秘密结社。行会是手工业同业组织,是限制外来手工业者的竞争、保护本地同行手工业者利益的组织,业主在组织中处于绝对的领导地位。随着近代工业的产生和发展,行会在一定程度上受到削弱,但是传统的手工业还在一些落后的生产部门存在,并且一些新兴的手工业生产出现了,所以行会依旧存在。帮口是同乡性质的组织,他们独占某一地区或行业,本帮之间互相帮助,但排挤外帮工人。近代以来加入这种组织的大部分为苦力工人,但近代产业工人中的矿工和铁路工人也有加入帮口的,如北方矿山中有河北帮、河南帮、山东帮和广东帮等。秘密结社起源于明清之际,加入者主要为农民、手工业者和游民。进入近代社会以后,产业工人也有加入秘密结社的,主要是为了寻求靠山和庇护。在民国以前,这几种组织一直是工人们活动的主要组织,在当时起过一定的作用,但是随时社会、政治和经济的发展,这些组织成为工人进一步发展的阻碍。它们不是产业工人的真正组织,只是破产农民、手工业者和游民的团体。它们限制竞争,并且团体内的封建宗法等级思想浓厚。随着产业工人队伍的壮大、觉悟的提高,他们必然会冲破这些组织的束缚,建立新的组织。

新的组织最一开始是受资产阶级影响的工人团体,到了五四运动以后,现代工会才相继建立。民国以后,资产阶级为了实现自己的政治目标,需要获得工人的支持,于是开始组织工党,这可以算是产业工人的早期组织。华北地区的早期工会主要是受中华民国工党的影响建立的。中华民国工党于1912年在上海成立,随后在全国各地建立支部,华北地区的天津、唐山和石家庄就有它的支部。中华民国工党虽然名曰工党,但却代表了民族资产阶级的利益。它的发起人是资产阶级知识分子徐企文和民族资本家朱志尧,其领导者基本是资本家、资产阶级知识分子和工头,只有基层大部分为工人。它的简章中指出该组织的宗旨为:"促进工业发达;开通工人智识;消改工人困难;提倡工人尚武;主持工界参政。"①表面上看起来它是一个为工人谋福利的组织,实际上它只是实行资产阶级改良主义的办法,强调阶级调和,不主张工人罢工、进行阶级斗争,但是在工人受剥削严重的情况下,也组织工人进行过一些经济斗争。因为当时工人阶级尚未成熟,工党的主张对于他们还是有一定的吸引力和影响的。

中华民国工党的天津支部也于1912年成立,其发起人在成立大会上发表的演说指出:"今名为工党,因共和成立,亦得享平等自由之幸福……就工人一方面论,务使自谋生理,然自谋必有知识有教育而后可……倘使终岁勤勤不得少休,将以何时受教育也,是非有星期之休息不为功,有休之时,用以为教育之日,由此程度渐高,在上等者又肯俯就,平等自由不难普及也。"②看来工党天津支部提出了缩短工作时间,加强工人教育的问题,不过它认为工人教育程度提高后,即可获平等自由,这明显是改良主义的思想,也是不切实际的。工党唐山支部也于1912年成立,以"开通工人智识;促进工业发达;扶植工人生计;改良工人习惯;提倡工人尚武;主持工界参政"为宗旨,而尤以"爱护同群、融合畛域、联络工人感情"为宗旨。③"当时入党者达700多人,唐山各工厂工人大都入党。制造厂里的司事,不满意于唐山工党,另组织旅唐粤人工界团体会……他们常用不正当的手段攻击个人和工厂,并和唐山工党时生意见,故两年就解散了。唐山工党不久又产生公益社,对于工人的贡献是创办阅书报社、月刊,组织工余夜课及成立演讲队。唐山工党到了二次革命也无形解散了,公益社延续至民国五年(1916)亦解散。"④工党石家庄支部由正太铁路机器厂诸君发起成立,其白

①《中华民国工党简章》,《大公报》1912年6月6日。

②参见刘明逵、唐玉良主编:《中国近代工人阶级和工人运动》第2册,中共中央党校出版社,2002,第569、837页。

③《唐山工党宣言书并简章》,《大公报》1912年5月3日。

④许启元:《唐山劳动状况(二)》,《新青年》1920年第7卷第6期。

话文宣言书中这样写道："国民赖工人而生活，工人即是神圣，工人在世界上功劳是最大的，而所得的报酬且最微，道是什么叫平等幸福呢？各界都平等，工界不自由，有钱的享权利，工人受苦恼，简直是没有公理。……我想要谋工界同胞的幸福，必须要援照民国约法集会结社那一条，立一个工党，结合团体，拟定章程，按期会期，时常地研究讨论，时间长了，大家都知识开通了，人格自然就高尚了，资本家也就不能小看我们了，我们的权利也能保住了，平等自由然能享受的生活乐利，自然能长久的……这个工党全由作工人的组织而成全，以研究实业的进步，开通工界的知识，谋生活上便利，而保国家的和平为宗旨。"[①]从中华民国工党的几个华北支部的宣言、宗旨和主张等方面来看，大多数还是主张提高工人智识，认为工人接受教育之后，地位就能提高，就能享受自由平等的权利。资产阶级以创办报社、夜校等方式让工人认为工党是为他们谋福利的，但是实际上这是资产阶级企图以改良的办法，以阶级调和论来蒙蔽产业工人，以消弭其阶级斗争的情绪。五四运动以后，产业工人开始登上政治舞台，在中国共产党的领导下开始建立真正属于工人阶级的组织，即现代工会。

五四运动后，中国共产党早期组织在各地相继成立。1920年，北京中国共产党早期组织成立，开始帮助工人组织现代工会。1921年5月，京汉铁路长辛店铁路工人组成了工会，该会的宗旨是"联络感情，实行互助，谋改良地位，增高生活，得到共同幸福"。长辛店工会实行代议制，即"由厂里每科选出来的代表，组织一个代表会……工会所有的事务均由代表会议决，再由代表会选出的干事去执行。每两星期开一次常会，讨论问题"。该会准备为工人建立俱乐部、游艺会、救恤会、书报室等设施并准备帮助同路

---

①刘明逵、唐玉良主编：《中国近代工人阶级和工人运动》第2册，中共中央党校出版社，2002，第839-840页。

工人组织团体。①五四运动时,京奉铁路唐山制造厂的工人就开始组织职工同人会,1919年曾有3000余名工人参加示威游行活动,纪念"五七"国耻日,该会还加入唐山各界联合会,进行各种爱国活动。到了1921年,职工同人会变为纯粹的工会组织了。②

中国共产党成立后,建立了中国劳动组合书记部,帮助工人建立工会组织,领导工人运动。京汉铁路郑州段由机厂工人发起组织了工人俱乐部,以"联络感情,实行互助,力求自治,研究本业"为宗旨,定期召开全体大会议决方针及计划等问题。③一开始会员大多数为机务工人,后来车务、工务工人也逐渐加入进来,势力越来越大。④京绥铁路成立了机务处、车务处和工厂三大系统的工会组织。机务处工人成立精业研究所,"本部设于南口,分所设于西直门、康庄、张家口、大同、平地泉、绥远等站",该组织准备为工人组织工余补习所、储蓄部以及研究机务的学理所,并负有救济失业工人的责任;该所每月一日召开职员会,当日晚7点召开常会讨论问题;该所会员每人每月需捐薪一工,连交半年,由储蓄部收存,作为常年经费;精业研究所的会务日益发展,工会已经添盖房屋进行扩充。⑤另外车务工人成立了车务同人会,厂务工人成立了工业研究所。正太铁路成立了正太工界联合会,会址设在石家庄,该会以"保我同人等应有之权利,协力巩固团体,以御外侮"为宗旨。看来现代工会与早期工会是不同的,它除了关心工人的经济利益之外,还向工人们灌输爱国思想,组织各种爱国的政治活动。津浦铁路济南大槐树机车厂的工人们因受厂长、监督等的压迫,越发

---

①刘明逵、唐玉良主编:《中国近代工人阶级和工人运动》第3册,中共中央党校出版社,2002,第836-837页。

②张国焘:《"二七"前后工会运动略史》,《新青年》1925年第2期。

③《铁路工人底联合》,《民国日报》副刊《觉悟》1922年3月17日。

④《郑州俱乐部扩张消息》,《工人周刊》1921年第22期。

⑤《京绥路工人之大结合》,《民国日报》1922年2月12日。

觉得有团结起来的必要,于是成立了大槐树工厂工会。1922年6月,山东淄博成立矿业工会。在工会发起会上,参会者众多,会场拥挤到工人无法向前签到的地步,可见工人们已经觉悟,对成立工会组织非常积极。代表在开会词中指出,淄博矿工每日工作12小时以上,却仅得两三角的工资,难以维持生活,所以工友们必须团结起来,去争取自己的利益。[①]

在劳动组合书记部的领导和指挥下,1922—1923年华北地区出现了工运高潮,在这期间各地工会组织有所发展。1922年,开滦"唐山矿矿工先组工会,开平、林西、马家沟和赵各庄等矿之工会相继成立。随后五矿工人合组开滦五矿工人俱乐部。因秦皇岛为开滦煤矿之主要输出港,故亦组一工会。未几即有大规模之罢工,结果遭军队之干涉而失败,工会被封"[②]。青岛日商钟渊纱厂的工人于1923年组织了兄弟同盟会,它曾领导工人向日本工厂主斗争,在经济利益方面取得了增加工资的胜利,在政治斗争方面,曾领导工人与工贼和警察展开过斗争。当时中国共产党还没有在青岛建立组织,兄弟同盟会尚未接受党的领导,后被日本企业主和地方官府联合镇压下去了。四方机厂组织了圣诞会,这也是青岛自发性的工人组织。有数百名技术工人参加,他们为工人们争得了很多利益,如争取死亡抚恤、恢复失业工人工作及反抗工头的压迫等,成立后不久它就在中国共产党的领导下进行活动了。在罢工高潮中,北方铁路工人组织得到进一步的发展。京汉铁路高碑店工会、琉璃河分工会、新乡分工会都纷纷成立,1922年8月,该路成立了京汉铁路总工会筹备委员会。1923年1月5日,总工会筹备委员会在郑州再次召开会议,决定于1923年2月1日在郑州举行成立大会。但成立大会遭到了军阀的血腥镇压,酿成了"二七惨案"。京绥铁路工人看到各路的大联合之后,也开始筹备其总工会的建立。津浦铁路由俱

---

① 参见刘明逵、唐玉良主编:《中国近代工人阶级和工人运动》第4册,中共中央党校出版社,2002,第88、97-99页。

② 王清彬等编:《第一次中国劳动年鉴》第2编,北平社会调查部,1928,第100-101页。

乐部发展为同仁会,总部设在济南。道清铁路在焦作成立了工人俱乐部,该组织"完全是由工人组织,不许外人加入,下级员司想入俱乐部,非得经两个工人介绍并得干事会通过不可,工人者不分职务地位,无限制加入,组织是委员制……经费每人每月交一日工资作为部费,70%归部开销,30%为罢工基金"[①]。

1923年的京汉铁路工人大罢工及"二七惨案"的发生,使华北产业工人运动逐渐沉寂下来。1924年的国共合作以及第二次直奉战争中冯玉祥发动北京政变之后,北方的工人运动和工会组织又开始有所恢复。1924年2月7日,也就是"二七惨案"一周年纪念日的时候,全国铁路总工会在北京成立。它的宗旨是:改良生活,增高地位;实行互助,解决争端;增高知识,促进觉悟;组织各路总工会并与世界工人建立密切联系。但是刚刚成立的总工会很快遭到军阀的抄封,工会组织又受打击。1925年,第二次全国铁路工人代表大会于郑州召开,全国铁路总工会得以恢复。这次大会制定了恢复和统一各工会、确立工会经济基础、解决失业及救济问题、争取各种自由权利、提高工人知识、加入国民会议及与国际联合等今后工作的方针。[②]1925年2月,天津宝成纱厂成立工会,全厂工人均加入了工会组织。同时裕元、华新、北洋纱厂也相继组织工会。随后这几处工会组成了天津纱厂工会联合会。纱厂工人们在党和工会的领导下,同帝国主义与资本家展开了一系列的斗争。[③]

1925年,第二次全国劳动大会召开,大会通过了《中华全国总工会总

---

①参见刘明逵、唐玉良主编:《中国近代工人阶级和工人运动》第4册,中共中央党校出版社,2002,第462-463、783-787、794-797页。

②参见《开会纪事》,载中华全国总工会中国工人运动史研究室编:《中国工运史料第1-8期》下,工人出版社,1984,第54-56、72页。

③刘明逵、唐玉良主编:《中国近代工人阶级和工人运动》第5册,中共中央党校出版社,2002,第98页。

章》,宣告了中华全国总工会的成立,从此该会取代劳动组合书记部作为领导全国工人运动的机关。1925年5月30日在上海爆发的五卅运动很快席卷全国,华北地区的产业工人也对五卅运动进行支援。在五卅运动期间及之后的一段时间内,产业工人的组织又有所发展。北京的工人组织最初名为北京工人俱乐部,当时还处于秘密状态。五卅惨案发生后,北京工人开始支援五卅运动,成立五卅惨案后援会,这时北京工会的活动处于半公开的状态。后来在"工人俱乐部的基础上,组织起北京印刷工会,继而发展成北京总工会",总工会于1926年正式成立,开始了公开的活动。①天津的纺织工会、印刷工会等团体于1925年8月成立天津总工会,该会组织委员会,"各委员分任总务、财政、组织、宣传、纠察五部"②。但不幸的是,天津总工会在成立后第二天就遭封闭。1925年7月,津浦铁路总工会筹备会、津浦铁路济南分会、鲁丰纱厂工会等组织于济南成立临时总工会,该会负责扩大各地工会,以为组织山东总工会做准备。1925年9月,京汉铁路总工会、陇海铁路总工会、开封制造局工会、兵工局工会等,组成河南总工会。在郑州所开的成立大会上,贴有这样的字幅:"打倒亲日卖国的军阀,援助国民革命的军队""我们踏着'二七''五卅'的血路前进",这说明在工会组织的领导下,工人们已经明确了反帝反军阀的斗争目标。③

上述即为华北产业工人从早期工会到现代工会的发展历程。到1927年以后,国民党开始封闭中国共产党领导建立的革命工会,并对工会进行整理工作,建立国民党控制的工会,即黄色工会。黄色工会的建立和发展,使革命工会即赤色工会急剧萎缩。

---

①参见陈中华、钟德钧:《解放前京华印书局工人运动情况》,载北京市总工会工人运动史研究组:《北京工运史料》第2期,工人出版社,1982,第173、175页。

②《本埠总工会已告成立》,《大公报》1925年8月6日。

③刘明逵、唐玉良主编:《中国近代工人阶级和工人运动》第5册,中共中央党校出版社,2002,第934–935页。

二、黄色工会的发展与赤色工会的萎缩

1927年4月,蒋介石发动了四一二反革命政变叛变革命,随后建立南京国民政府。此时的国民党改变了以前扶助农工的政策,极力消灭大革命时期中国共产党建立的赤色工会,逐步建立起自己控制的黄色工会。所谓黄色工会,即标榜改良主义、控制工人运动,以维护国民党反革命统治的工具。

1927年,国民党厉行清党以后,接收全国总工会,并成立中华全国总工会改组委员会,清除其中的赤色职工运动成员。1928年,中央民众训练委员会(以下简称中央民训会)成立各特种工会整理委员会,原有的特种工会被整理后会员人数明显减少,如津浦铁路工会筹备委员会原有工人数为13 827人,登记会员数为8865人;陇海铁路工会整理委员会原有工人数为6000人,登记会员数为3916人;枣庄矿区工会整理委员会原有工人数为6000人,登记会员数为2271人。[1]同时各省市党部民众训练委员会也成立了各省市的工整会,华北地区的河南、山西、山东等省都于1928年分别成立了该省的工整会。在整理改组山西省工会时,因赤色职工运动成员早已进入该省,国民党遂采取秘密的方式以避免各种阻力。在宣传方面,国民党利用三民主义反对阶级斗争的理论,意图将赤色工会全部瓦解。[2] 1931年,国民党控制下的华北地区晋冀鲁豫四省的工会会员人数为123 857人,其中河北省工会会员人数为53 677人,河南省为31 059人,山东省工会会员人数为20 800人,山西省为18 321人。[3]

具体看看各特种工会和产业工会的整理情况:1929年,国民党开始整

---

①刘明逵、唐玉良主编:《中国近代工人阶级和工人运动》第8册,中共中央党校出版社,2002,第26-29页。

②中国劳工运动史编纂委员会编:《中国劳工运动史》第2册,中华大典编印会、中国劳工福利出版社,1966,第689-690页。

③邢必信等编:《第二次中国劳动年鉴》第2编,北平社会调查所,1932,第18页。

理北宁铁路工会,因不能满足工人经济要求,不得工人信仰,屡与各地工会发生冲突。1930年,北方党务发生纠纷,北宁铁路各工会被解散。1929年,中央民训会派人组织平汉铁路工会整理委员会,但因石家庄等地工会的反对未能实行。平汉铁路各工会设立联席会议作为临时指导机关,1931年该路特别党部将工联会改组为平汉铁路工会。1928年,中央民训会改组津浦铁路工会,成立津浦铁路工会筹备委员会,天津、济南各地的铁路工人也自组工会。1931年,津浦铁路工会正式成立。[①]

1928年,中央民训会派员组织平绥铁路工整会,该路的国民党工会分为"改组派"和"西山会议派"两派,二者互相倾轧使得铁路工人更加看清黄色工会的面目。1929年,又由工会统一委员会将两派拉拢组织黄色工会。至1931年该路工会正式成立,但只是一个空壳机关,仍然无法将该路工人组织起来。陇海铁路在开封和洛阳原有黄色工会组织,后来开封工人在一次索薪斗争中与国民党的黄色工会发生冲突,殴打黄色工会领导人,使得该工会委员全体辞职,洛阳国民党工会也即倒台。1929年蒋冯战争爆发之际,蒋介石、阎锡山、冯玉祥、改组派均派人到石家庄组织黄色工会以改组正太铁路工会。该路工人拒绝加入黄色工会,最后在国民党警察的强迫下加入,但工会成立后工人们一直采取消极的态度。1928年,胶济铁路特别党部成立筹备委员会,1929年又改组为工整会。该会曾经以和平方式帮助工人达到部分要求,故工人对该路黄色工会尚抱有幻想。[②]

1928年,中央民训会将山东中兴煤矿工会改组为枣庄矿区工会整理委员会。1929年,山东省党部将之收回,并改组为枣庄煤矿工会,后又经中央党部整理,12月正式成立,称为山东峄县中兴煤矿公司工会。"工会之

---

①参见邢必信等编:《第二次中国劳动年鉴》第2编,北平社会调查所,1932,第67-72页。

②参见文虎:《中国职工运动状况(1928—1930)》,载中华全国总工会中国工人运动史研究室编:《中国工运史料》第23期,工人出版社,1983,第175-177页。

工作,集中于工人之教育、卫生、娱乐与其他福利设施,成绩尚未大著。"[1]
唐山五矿的国民党工会强迫矿工入会并强征会费,但是因为该会不能为工
人办事,工人们不交会费,并开展反对黄色工会的斗争。赵各庄矿曾号召
1万多名工人反对国民党工会,清算工会账目,导致工会委员全体辞职。
林西矿也发动9000多人展开斗争,工会委员亦被打倒。但是他们打倒黄
色工会委员之后,并没有立即建立赤色工会,而是又选举一批中立分子作
为新的工会委员,结果新的黄色工会代替了旧的黄色工会,一样不能为工
人办事。除了煤矿和铁路之外,纺织业也是华北地区的重要产业,在华北
的很多纱厂中都有国民党的工会组织。青岛的6家日本纱厂都有国民党
的黄色工会,当工人罢工时,工会就站到政府一边压迫工人。纱厂工人认
清了黄色工会的真实面目,积极进行捣毁工会的斗争。天津六大纱厂除了
一家日本纱厂没有国民党工会之外,其余都建立了黄色工会组织,工会与
资本家镇压工人运动,工人们开始了反对工会的斗争。河南裕丰纱厂也建
有国民党的工会组织,在工人的反对下,有的已经倒台。[2]

综上所述,黄色工会并不代表工人的真正利益,它只是国民党企图控
制工人运动、对抗共产党革命力量的一种工具,因此不会给工人带来任何
福利。产业工人们看清黄色工会的真实面目以后,纷纷展开了反对黄色工
会的斗争。

与黄色工会相对应的即为赤色工会,它是中国共产党领导下的革命工
会,是真正代表产业工人利益的工会组织。虽然国民党不断对赤色工会进
行镇压,并逐渐建立了由自己控制的所谓的合法工会,赤色工会还是在秘密
地恢复和发展着革命组织,即使在严重的白色恐怖下,赤色工会仍旧领导产
业工人进行了一系列的反抗斗争。但是这段时期共产党的白区工运政策

---

①邢必信等编:《第二次中国劳动年鉴》第2编,北平社会调查所,1932,第83页。
②参见文虎:《中国职工运动状况(1928—1930)》,载中华全国总工会中国工人运
动史研究室编:《中国工运史料》第23期,工人出版社,1983,第179–181页。

反复出现"左"倾错误,主张不切实际的盲目斗争,拒绝利用国民党的合法组织,使得白区赤色工会组织力量屡受打击。

1930年,北宁铁路唐山工人将黄色工会打倒,公开建立了赤色工会,但是很快遭到敌人的武装压迫,因此加入此赤色工会者还只是少数。平汉铁路的赤色工会主要在河南信阳,但只有400多名会员。该路因军阀混战经常拖欠工人工资,引起工人不满,工人遂开始了反抗黄色工会的斗争并筹备建立各站赤色工会。平绥铁路只有3个秘密的赤色工会组织,工会总人数只有100人,即南口50人、大同30人、绥远20人。陇海铁路在开封的赤色工会曾领导工人发起索薪运动,并将黄色工会领导人驱逐,但这个赤色工会并没有将广大工人群众纳入组织,而只是将最积极的13名分子组成一个赤色工会。另外该路在洛阳的兄弟团组织是受赤色工会影响的,但是其成员也只有20多人。唐山开滦煤矿的工人组织之前几乎全是黄色工会,后来赤色工会领导工人进行了几次反对黄色工会的斗争,虽然没有将之根本推翻,但是全矿的赤色工会已经于1930年5月正式成立,约有会员8000多人,能影响将近上万人。唐山煤矿的赤色组织恢复得还算较好,但是与大革命未失败以前还是无法相比的。河南焦作煤矿的赤色工会也已建立,会员仅有500人。①

至于各省工会,山西的赤色工会在被破坏不久又恢复起来,阳泉矿工工会有会员3000多人,绛州纱厂有赤色会员三四百人。1931年,"山东全省有产业工人20多万人,但赤色工会会员只有98人"。曾经建立的赤色工会包括枣庄矿区工会、淄川炭矿工会、济宁振业火柴分公司工会、青岛大英烟公司工会筹委会、博山赤色工会、张店赤色工会等。1930年底,中共青岛市委成立了青岛工人联合会,接着成立了包括大康、隆兴、富士、钟渊、宝

---

① 参见中华全国总工会中国职工运动史研究室编:《中国工会历史文献》第3册,工人出版社,1958,第62-64、66-67页。

来、内外棉、华新在内的青岛七大纱厂工人联合会,但是在第二年工会领袖被捕,工联会随即解散。1931年,山东工人联合会成立,但是不久也遭破坏。河南省在"左"倾思想的影响下,盲目组织一些斗争接连失败,这导致全省赤色工会发展缓慢,1928年9月该省赤色工会会员还不到500人。[①]

1931年,日本发动了侵略我国东北的九一八事变,此时民族矛盾开始上升为国内的主要矛盾,全国各地的产业工人在工会组织的领导下立刻开展了抗日救亡的运动。北平、天津、开封等地纷纷成立了各业工会救国联合会,进行抗日宣传。山东鲁大公司淄川煤矿工会于1931年的双十节国庆纪念日召集工友进行救国宣传。该矿日本资本家恐吓工友如若参加此活动立即将之开除,但是淄川矿工不顾日本资本家的威胁,在工会的领导下参加爱国活动,高呼"打倒日本帝国主义、提倡不合作主义"的口号。河南开封各业工会于1931年12月组织宣传队,沿街进行抵制日货的宣传。1932年1月,开封各业工会抗日会为上海市政府解散抗日会一事发表通电,指责上海市政府"既不能起救民族之危亡,复不准民众以自救,视抗日为有罪,抵货为反动,该政府已自绝于人民……本会对该市政府此次行为,誓死反对!"河南许昌工人在中共地方党组织的领导下,建立了抗日救国会,并发表通电要求国民政府出兵东北收复失地,还举行了游行示威活动,进行抗日宣传。1933年,日本又将侵略魔爪伸向华北地区,占领山海关和热河,并向长城沿线进攻。北平、天津及平汉、平绥、北宁、津浦各路工会为声援抗战将士,于1933年1月的联席会议上要求政府对日宣战,并呈请平津军政当局速谋屯粮办法,布置防空工程;呈请中央通知各地募集捐款,购置飞机;呈请中央政府于战区附近,允准工人成立工人自卫团体。1935年,日本又蓄意制造了策动华北"自治"的华北事变,使民族危机更加严重。此

---

① 参见刘明逵、唐玉良主编:《中国近代工人阶级和工人运动》第8册,中共中央党校出版社,2002,第524-528页。

时中国共产党政策由"反蒋抗日"向"逼蒋抗日"转变,决定利用国民党的工会争取群众开展活动,并提出了建立抗日民族统一战线的方针政策。从九一八事变到抗日战争全面爆发前,国民党置民族危机于不顾,对外采取不抵抗政策,对内则是在"攘外必先安内"的政策下,对共产党的革命组织进行镇压,使得白区的赤色工会组织基本被破坏。但是到了民族危机最严重的时刻,国共合作抗日是大势所趋,全国人民的抗日救亡运动也出现高潮。1936年,张学良和杨虎城发动的逼蒋抗日的西安事变是一个很大的转折,这就是在中共的抗日民族统一战线政策感召下发生的。我们从事变发生后,青岛全市各纱厂工人联合会致张学良、杨虎城的一封信中,可以看出人民要求合作抗日的呼声之高:

> 日本帝国主义侵略中国,更加疯狂了,中华民族就要变成他们的奴隶,听到你们抗日救亡的吼声,民族解放的曙光,已经出现在我们眼前……我们的中国,几年来在先安内的错误政策之下,已经走到最危险的阶段了,敌人已经握住我们的咽喉,所以你们停止内战、联合抗日的口号,是我们每个人内心的要求。……不多日子以前,我们曾经联合罢工,结果在日本帝国陆战队与卖国屈辱的外交当局夹攻之下忍辱复工了。我们内心的火焰可是愈为炽烈了……张副司令、杨主任,和西安一切抗日的战友们,努力向前冲吧,全国人民准备应援你们,最后的光明和胜利一定属于我们。①

民族矛盾战胜了国内矛盾,此时无论是黄色工会还是赤色工会,都暂停了彼此间的纷争,一起进入合作抗日的阶段。

---

① 刘明逵、唐玉良主编:《中国近代工人阶级和工人运动》第9册,中共中央党校出版社,2002,第691-693、712、722页。

第二节 劳资争议问题分析

一、华北产业工人涉及的重要劳资争议案件

劳资争议是劳资双方因利益冲突而发生的经济斗争,包括劳资纠纷和罢工停业两种。华北产业工人劳资争议的发生原因主要包括工资问题、工时问题、反抗雇主虐待问题、失业问题及其他待遇问题。下面按照发生原因将华北产业工人涉及的重要劳资争议案件进行阐述。

(一)工资问题

主要包括要求增加工资、要求发放拖欠工资、反对裁减工资、要求发放花红和年终双薪等问题,这类问题在劳资争议案件中是最多的。

唐山启新洋灰公司工人罢工。启新洋灰公司的石灰石杂工,每日工作长达12个小时,但工资只有一两角。工人因无法维持生计,于1921年3月17日发动罢工,要求加薪。公司劝说工人先行开工,再议办法,工人因为没有做太多的罢工准备,于是第二天正常上工,声称4月1日之前若还无加薪办法,则举行第二次罢工。公司于罢工日特发工人双日工资以期平复其激动的情绪,工人们则早已做着第二次罢工的预备工作。[①]

开滦煤矿罢工。开滦煤矿一年可净得百余万之利润,但矿工的工资却十几年没有增加。马家沟矿连往日发给的红赏和安全灯的油费都取消了,并且辞退了对待工人较好的监督。于是1920年5月29日该矿工人首先发动罢工,提出5项要求:"不得辞退李监督,增加工资,恢复油费及红赏,改良工人待遇,对于罢工工人无过不得斥退。"在马家沟矿罢工的影响下,林西矿、唐山矿工人也纷纷罢工。[②]结果矿方规定工人工资增加1/18,而这增

---

①启民:《唐山洋灰公司工人忽然罢工》,《晨报》1921年3月24日。
②《开滦煤矿工人罢工》,《晨报》1921年3月4日。

加的部分还要矿局代工人存为养老金,工人50岁以后才能领出。罢工的结果算是取得了一定程度上的胜利,但是并不能令人满意,故1921年2月又有罢工发生。罢工前矿师黄某扬言工人如若罢工即行开除,但工人们仍坚决地举行了罢工,提出惩戒矿师黄某以及增加工资、改善待遇等要求。矿局则派出保安队,禁止工人出入及聚众谈论罢工事情,此次罢工以失败告终。①

北方铁路罢工高潮。在中国劳动组合书记部的领导下,北方铁路于1922年出现了工人运动的高潮,主要有京汉铁路长辛店工人罢工、京奉铁路山海关铁厂及唐山制造厂工人罢工、京绥铁路工人罢工和正太铁路工人罢工等,大部分都是要求增加工资和改良待遇的。

1922年,京汉铁路全体工人因工资不敷分配,要求加薪,因没有得到确切答复,决定进行罢工。8月24日,京汉铁路长辛店工人停止工作,提出如下要求:厂中人事变动要通过工人俱乐部委员会;工人每日加薪1角;短牌工人工作满两年者改为长牌;司机工人的头等工资应根据工作年限规定;直奉战争中工人开赴前敌者应增薪一级;各处应建立官房,以供工人休息及住宿;因公受伤之工人患病期间应发给工资。②长辛店罢工后,郑州铁路工人也于26日停车罢工。这次罢工虽有军队干涉,但工人毫不畏惧,终于使路局屈服,接受了工人的条件。10月4日,京奉铁路山海关工人罢工,提出如下要求:开除压迫他们的工头陈宏经;周日、假日均要休息,并发工资;工人工资15元以下者加薪三成,15元以上者加二成,50元以上加一成;每年加薪一次;直奉战争中工人受损较大,应发给工人奖金;病假发薪、购煤与员司平等、工人家眷乘车免费等待遇。③路局接受工人要求之大部分条件,工人罢工取得胜利。京奉铁路唐山制造厂工人因物价昂贵,生活苦

①参见《开平煤矿又大罢工矣》,《民国日报》1921年3月5日、3月17日。
②《京汉路罢工风潮》,《申报》1922年8月27日。
③《京奉路山海关工人罢工矣》,《晨报》1922年10月7日。

难,于9月13日向厂方提出改善工资待遇的要求,但厂方未予理会。14日,全厂停工,举行群众大会,后与厂方交涉仍无结果。10月初,工人举行大会示威,厂方答应了部分条件,但工人坚持厂方要接受全部条件,遂于10月13日罢工。经过双方磋商,其办法如下:工人按年龄加薪,21岁以上者以三角六分为标准,学徒以二角五分为最低标准;每年两星期例假工资照给,到年终发给;建筑俱乐部需待本路财政充裕后予以补助;改善旧包工制度;不得无故裁减人员;罢工期间薪水照发。此次罢工在工人的努力下也取得了胜利。①

京绥铁路车务工人的工资一向微薄,1922年直奉战争之后,路局拖欠工人工资8个月之久,工人无法生活,要求发给欠薪和增加工资。车务同人会组织了三次请愿都失败了,该路车务工人遂于10月27日宣布罢工。京绥路局最后同意了工人的大部分要求,工人的罢工取得胜利。1922年12月15日,正太铁路举行总罢工,提出条件如下:薪金15元以下者加日薪0.2元,15~30元者加日薪0.15元,30元以上者照原薪加1/10;每年加薪一次;路局用人优先工会推荐者;路局每年发给工人羊皮大袄一件;假日照旧给资,若假期加工应给双薪;路局须给工会所办学校补助;工时不超过8小时,否则照所增加之时间增加工资;工人受伤给予抚恤;发给工人及家属本路常年免票。②经各界调解,罢工所提条件于26日被承认,罢工胜利。

天津裕元纱厂罢工。 1931年6月19日,裕元纱厂细纱部1300名工人因工资不能维持生活举行罢工。工人提出每日工资由四角八分加至五角七分之要求。资方立即宣告停办企图威吓工人,黄色工会也批评工人的罢工行为不合法。国民党当局派保安队前去镇压,工人坚持斗争5天,最后

①《唐山罢工风潮平息》,《晨报》1922年10月23日。
②《正太铁路工人全体罢工》,《晨报》1922年12月16日。

以失败告终。[①]

山东淄博煤矿罢工。淄博煤矿以上海为主要销售地,因上海煤价跌落导致销路不畅后,公司为维持营业,自1932年7月7日起裁减工人工资1/4。矿工群起反对,于7日到9日相继罢工,罢工者达万余人。劳方提出工价若只减少1/10便可复工。后经公司与工会商洽,结果工资仍裁减1/4,工人也均复工。[②]

山东中兴煤矿罢工。1932年6月底,中兴公司只给里工分发花红,未发给外工,外工遂于7月10日罢工。省政府派人前去劝说工人先行复工,再议办法,但工人中智识较高者认为这是空谈,阻止复工。后来省府派人前往镇压,拘捕发动罢工和指挥罢工者入狱,导致工人罢工无人领导,遂进行调解。最后商定公司发给外工奖金,即采煤超过定额,按超过之数发给奖金,如原定采煤百斤给洋1元,若超过10斤,则给奖金1角。工人对此项规定较为满意,相继复工。[③]

六河沟煤矿罢工。1931年以前,六河沟煤矿的矿工工资每日被包工头克扣五分五厘。1932年7月,包工头想按八五扣补发欠薪,矿工因反对折扣而罢工,但因工人缺乏组织力量以及受到包工头之蒙骗而失败。10月间,公司因营业不振,欲发工人七成工资,采煤工人也已接受,但包工头拖欠工资50日之久,工人再次罢工,要回了包工头拖欠的工资。[④]

石家庄大兴纱厂罢工。大兴纱厂每年多有盈余,年终均发给工人双薪,但1932年底因营业不振未发双薪,工人请求调解但无结果,遂于1933

---

①《六月份中国白色区域群众斗争概观》,载中华全国总工会中国工人运动史研究室编:《中国工运史料》第24期,工人出版社,1985,第70页。
②《民国二十一年中国劳动年鉴》第二编,实业部劳动年鉴编纂委员会,1933,第192-193页。
③同上书,第195-196页。
④同上书,第197页。

年1月7日宣布罢工要求发放年终双薪。经驻防旅长和公安局局长调解，大兴纱厂准发半月双薪。后厂方又提出裁减工人500余名，工人复又罢工。此后厂方主使厂警放火并诬蔑工人所为，双方矛盾更加尖锐。最后经当地党政机关会同调解，订立如下条件：奖金问题不得借故要求；以后裁减工人均按厂规，工人必须服从；原来拟定裁减581人，现减为150人，发给被裁者一个月工资；停工期间给资3日。工人们因为生活所迫，于2月17日被迫复工，此次罢工失败。①

（二）工时问题

产业工人的工作时间漫长，工人在劳资争议中会提出减少工时或反对延长工时的要求。工人不一定专门就工作时间这一个问题而罢工，在其所提出的罢工条件中，往往包括了多种要求，工时问题则是其中之一，如上面提到的1922年正太铁路罢工除了提出工资、抚恤、假期等问题之外，还提出工作时间不超过8小时。

产业工人大多数的经济斗争还是围绕着与其利益最为相关的工资问题，单就工时而罢工的不多，1920年京奉铁路唐山制造厂罢工则是主要因为工时问题而引起的。唐山制造厂因货物太多的缘故，工人们做了日工还得连做夜工，这样就从下午1点开工到晚上9点下班，完工后才能吃晚饭。历年来夜工到晚上8点就结束了，但是工头强制工人必须工作到9点才能下班。该厂工人认为夜工是特别工作，工资理应加倍，但工厂既不增加夜工工资，还延长夜工工时，工人遂于12月16日一致停止夜工，当晚工作完全停顿。②

---

①《民国二十二年中国劳动年鉴》第2编，实业部劳动年鉴编纂委员会，1934，第132-133页。

②刘明逵、唐玉良主编：《中国近代工人阶级和工人运动》第3册，中共中央党校出版社，2002，第393页。

（三）反抗雇主虐待问题

雇主经常把工人当作奴隶使唤，不体恤工人的艰辛，打骂、剥削压迫工人的事情时有发生，因此工人们经常起来反抗雇主的虐待。

陇海铁路工人罢工。陇海铁路外国人总管若里对待工人极为苛虐。该总管对于机车损坏概不令人修理，出了问题则将责任推给工人；车头各机增加运载重量后，如若误点则苛罚司机工人；车轴加油，减发2/3，出现燃轴事故则苛罚加油工人；减发擦车工人丝绵，如未擦好则予以重罚；取消工伤抚恤和工伤期间发放工资；取消加班加点工资。为反对若里的虐待，1921年11月20日全路工人停工。[①]在罢工中工人提出如下要求：裁撤若里；禁止洋人殴打工人；增加工资；周日工资加倍，假期停工照给薪资，年终发放双薪；每日给司机发伙食费5角；每年发给工人家眷往来免票一次；工人因工受伤发抚恤金半年，停工期间工资照发，因病死亡发薪金3个月。陇海铁路工人停工，给该路造成很大损失，邮务、商务亦受很大影响，路局方面只能答应工人所提要求，28日，全路工人恢复工作。[②]

唐山华新纱厂罢工。华新纱厂经常虐待工人，稍不如意就严刑拷打。1925年2月17日，又有工友遭工头打骂，引起工人愤怒，3000多人遂举行罢工。工人在罢工中提出禁止工头打骂工人、增加工资、待遇平等、不得无故开除工人、罢工期间工资照发等要求，同时组织了纠查队、交通队及演讲队进行宣传，以求社会上之援助。该厂便衣侦探将罢工演讲者逮捕，送入厂内私刑拷打，但工人仍继续坚持斗争。[③]

（四）失业问题

产业工人不但工资低微、工时过长、备受压迫，而且经常面临着失业的威胁。有的工人因为雇主开除而失业，有的因为罢工而失业，还有的因为雇

---

①《陇海路机工之怨声与应援者》，《晨报》1921年11月25日。
②《陇海路工人罢工后之进行》，《晨报》1921年11月26日。
③《唐山纱厂罢工之详情》，《益世报》1925年2月22日。

主停工而失业。工人们失业后生活没有着落,故有因失业而罢工的情况。

天津民丰面粉公司纠纷。民丰年记面粉公司,因营业亏损,于1932年9月停业,工人要求厂方发给解雇金,遂起纠纷。国民党天津市党部于10月7日召集劳资代表开调解会议,商定以下几项办法:公司发给工人两个月解雇金;公司歇业发给工人证明书;无论何人接办民丰,尽量雇用旧工人;发给工会10月份经费,以后则不负责;在厂工人领取解雇金后次日须立即离厂。劳资双方表示同意,纠纷遂告解决。①

北宁铁路工人纠纷。1932年,北宁铁路开除违反规章的司机、司炉等工人及其保人,而且近期考试司机之眼力,已有不及格者被调,这些均导致全体工人感到失业的危险。于是津厂全体工人9月18日推出代表请愿,提出如下要求:路局只能依法处分违规工人,不得连累保人;司机、司炉等工人均有数十年之经验,对于考试其眼力,并不需要,请准免考以避纠纷;路局近来挑选司机等工人入学学习,但司机对于其业务已经较有经验,而且工人年龄较大,对于求学实乏此脑筋,故不愿入学。②工人所提上述要求均被接受。

天津北洋火柴公司停业纠纷。北洋火柴厂连年营业不振,于1933年3月13日停业,这对工人造成了失业的威胁,于是发生劳资纠纷,工人向国民党天津市党部及社会局请愿,要求调解。最后拟定了解决办法,即对于被解雇者,发放1个月工资及15元路费,发放本年奖金及补发欠薪;对于未被解雇者,每人每日发给生活费3角。劳资双方还签订条件,如开工后工人须绝对服从厂方指挥,允许厂方缩减工作,每月工作20天,日后厂方如营业不佳可自行解雇,等等。所有条件工人均表示同意,遂于24日恢复

---

① 《民国二十一年中国劳动年鉴》第2编,实业部劳动年鉴编纂委员会,1933,第186—187页。
② 同上书,第201—202页。

工作。①

河南豫丰纱厂停工纠纷。豫丰纱厂因原料缺乏、营业亏损,于1933年7月29日宣告停工,5000名工人顿时失业。停工期间厂方停止发放工人生活维持费,遂引发纠纷,工人向当局请愿解决此事。8月21日,劳资纠纷调解委员会开会商洽调解办法:厂方发给所有停工工人之生活维持费,以6个月为限,若3个月厂方仍不能复工,则停发维持费;厂方须继续办理劳工学校、医院和澡堂等事项;工厂复工后,可依法增减工人或工资;厂方雇用工人应由工会介绍,但不得限制厂方人事权。至此纠纷解决。②

天津宝成纱厂解雇纠纷。宝成纱厂因缩小营业范围,于1933年8月14日宣布停业,导致1800名工人失业。在工人的反抗下,该厂裁减600名工人,并恢复两班制。但被裁者不满意解雇办法,在厂工人也因工作增多工资减少而群起反对。23日,劳资双方订立契约规定:被裁者解雇费不足10元者补足之,并发给每人路费4元;以后厂方添人尽量优先被裁者;在厂工人工作也略予减轻。这些内容签订后,此纠纷得以解决。③

开滦煤矿停工纠纷。自九一八事变以后,开滦煤矿的关外销路断绝,故规定五矿工人每周停工2日,并在1933年下半年裁减工人2000人之多,工人感到失业的恐慌,遂于1934年1月14日发动4000余人举行罢工。当失业工人代表向矿局交涉时,矿区保安队派警察以枪驱逐,造成多人死伤,即为"一·一四惨案"。矿工代表于19日赴国民党省党部请愿,要求惩凶、取消包工制并恢复工会。劳资代表最后签订了如下条件:禁止开除工人;优待工人;准许工人做小包工,工人不愿做时,即交还包工者;罢工费用由

---

①《民国二十二年中国劳动年鉴》第2编,实业部劳动年鉴编纂委员会,1934,第127-128页。

②同上书,第129-132页。

③同上书,第127页。

包工者承担。[1]此次罢工"从1月14日到31日共17天,矿方损失20余万元,存煤少销30万吨",矿方忍痛接受调解条件后,工人于2月3日复工。[2]

(五)改善生活待遇问题

华北产业工人在罢工中还经常争取改善生活待遇,涉及发放奖金、工伤抚恤金、养老金、节假日休息、反对包工头剥削等问题。

开滦五矿同盟大罢工。随着唐山工运形势的发展,开滦矿工迫切要求改善生活待遇。1922年10月16日,矿工代表向矿方递交了一份请愿书,包括以下内容:工资在15元以下者加薪三成,15元以上者加薪二成,50元以上者加薪一成;发放年终奖金;周日及节假日休息工资照给;工匠煤条和慰劳金应一律付给;工作超过25年者给予养老金,无过不得随意开除;工人因公受伤应给工资和抚恤金。19日,工人们成立了五矿工人俱乐部,22日成立了罢工指挥部,于23日发动同盟罢工。英国资本家调动士兵并贿买天津警察厅厅长杨以德派出保安队前去镇压。为了阻止前来镇压工人运动的军警,林西矿派敢死队到古冶卧轨拦车,致使这些军警只能步行前往林西。10月26日,保安队和罢工纠察队发生冲突,造成血案,开滦工人遂向全国同胞呼吁主持公道,于是引起了各地工人的同情和支持,启新洋灰公司和华新纱厂都展开了同情罢工。英国资本家指挥杨以德派保安队封闭罢工厂矿的工会组织,五矿工人俱乐部自此转入秘密活动,并发起"驱杨"斗争。开滦工人的罢工造成74.6万元的经济损失,英国资本家开始做出让步,开滦工人也因经费不足接受调停,最后商定条件如下:工人月工资在15元以下者增加10%,年底加给半月工资,罢工期间受伤者由矿局担负医药费并给予津贴。最后的调解条件与工人罢工前的要求相差甚远,但是工人忍饥挨饿不能持久下去,遂于11月16日相继复工。此次罢工虽然失

---

①《民国二十二年中国劳动年鉴》第2编,实业部劳动年鉴编纂委员会,1934,第136-137页。

②《开滦煤矿工潮纪略》,《劳动季报》1934年第2期。

败了,但是它却给煤矿当局以沉重的打击,它是当时北方工运高潮中最大的一次罢工,鼓舞了煤矿工人及华北其他产业工人的斗志。①

河南焦作煤矿罢工纠纷。 1933年5月13日,焦作英商福公司煤矿工人派代表向矿方提出改善工人待遇的要求,即包括增加工资、每人每月发烧煤300斤及取消包工制等内容。矿方对此不但不予回应,反而强迫工人上工,并指使矿警拘捕工人代表,矿警开枪扫射,导致矿工死伤数名,酿成"五一三惨案"。惨案激起了焦作各地民众的愤怒,纷纷声援焦作煤矿工人的斗争。中央民众运动指导委员会特电河南省党部要求尽快解决,但最后福公司仅发给死者每人丧葬费2400元,另外工人要求发煤一项到了中原煤矿和福公司煤矿实行合资以后才得以实现。这次罢工就在高压势力之下,草草结束了。②

二、劳资争议的成因、规模及结果分析

以上内容介绍了华北产业工人涉及的重要劳资争议案件,下面通过各种统计数据来分析华北产业工人劳资争议的特征,以从总体上考察劳资争议的成因、规模和结果等问题。需要指出的是,1927年前的劳资争议资料比较分散,没有集中全面的统计数据。陈达的《近八年来国内罢工的分析》中列有1918—1926年国内罢工统计表,但是内容较为粗略。因此关于这个时期的劳资争议的特征,就根据陈达的统计及《劳动年鉴》和各种史料分散记载的劳资争议案件进行分析。1927年之后劳资争议方面的调查及统计数据增多,因此1927年以后的劳资争议特征就根据这些统计数据进行分析。

---

① 刘明逵、唐玉良主编:《中国近代工人阶级和工人运动》第4册,中共中央党校出版社,2002,第421-457页。

② 《民国二十二年中国劳动年鉴》第2编,实业部劳动年鉴编纂委员会,1934,第134-135页。

（一）劳资争议成因

1.1927年之前

劳资争议产生的原因大体包括工资、工时、雇主虐待、失业停工及生活待遇等方面的问题。

工资问题涉及工人最根本的经济利益，因此这类问题引发的劳资争议案件较多，如1920年5月开滦林西矿工人罢工要求增加工资、1920年5月底开滦马家沟矿工人罢工要求增加工资、1920年6月开滦唐山矿工人罢工要求加资、1920年10月开滦马家沟矿工人罢工反对包工克扣工资、1920年11月北大印刷工人罢工反对工厂积欠薪工、1921年2月开滦马家沟煤矿工人要求增加工资改善待遇、1921年3月唐山启新洋灰公司工人罢工要求加资、1921年6月京绥铁路北京机匠罢工要求增加工资、1921年7月京汉铁路长辛店修车厂工人罢工反对克扣工资，[1]以及1921年12月京绥铁路工人请求会计处发薪、1922年8月京汉铁路全路工人罢工要求增加工资、1922年10月京奉铁路唐山制造厂工人罢工要求增加工资改善待遇、1922年10月京绥铁路全路工人罢工和1922年12月正太铁路石家庄工人罢工要求增资及改善待遇、1925年3月北京财政部印刷局工人罢工索取欠薪、1925年5月太原印刷工人罢工要求增加工资、1925年7月天津宝成纱厂工人罢工要求增加工资、1925年8月河南豫丰纱厂工人罢工要求增资、1925年8月天津裕大纱厂要求增资及改善待遇、1925年10月淄川华坞煤矿罢工要求增加工资、1926年1月北京利民织布厂工人罢工要求加薪及改善待遇、1926年2月津浦铁路天津工人罢工要求发放欠薪、1926年3月天津裕元纱厂罢工要求增加工资，等等。[2]

上述所列是1927年以前华北产业工人以工资问题为主要原因的劳资争议案件，共计23件。我们可以看出，这里的工资问题包括要求增加工

---

①刘明逵、唐玉良主编：《中国近代工人阶级和工人运动》第3册，中共中央党校出版社，2002，第413-422页。

②陈达：《近八年来国内罢工的分析》，《清华学报》1926年第3卷第1期。

资、反对克扣工资和要求发放拖欠工资等内容。其中要求增加工资的案件有17件,约占总数的74%;反对克扣工资的案件有2件,仅占8.7%;要求发放欠薪的有4件,约占17.4%。看来要求增加工资的案件所占比例很大,反对欠薪和克扣工资的案件所占比例不大。在上述所列案件中,以唐山煤矿和北方铁路工人的罢工所占比例最大。煤矿和铁路是国家的重要产业部门,为国家经济命脉,如此重要部门的工人却频繁地要求增加工资,其他工业部门的工人工资情况则可想而知。

工时问题也是与工人利益密切相关的,如果工时过长,工人过于疲劳,会降低生产效率,出现职业病及工伤事故,而且无法安排其他生活事项,更不用提享受生活了。工资本来就很低,再加上工作时间漫长,工人们就不得不起来反抗了。在大多数罢工事件中,工人所提条件大都涉及工时问题,包括反对延长工时、要求缩短工时、要求休假等方面的内容,但是单就工时问题而罢工的案件不多。1920年12月京奉铁路唐山制造厂的工人罢工就是主要反对延长工时的争议案件,其他的如1921年1月开滦煤矿工人要求改善待遇缩短工时、1925年10月北京华通织染工厂工人反对周六下午及周日不休假等罢工案件。

雇主虐待、剥削压迫产业工人的现象较为普遍,因此工人也经常组织起来反抗雇主的虐待。这类案件如1920年2月开封商务印刷所工人罢工反对雇主苛待、1921年11月陇海铁路全路工人罢工反对外国总管苛待、1922年10月京奉铁路山海关铁厂工人罢工要求驱逐压迫自己的封建把头、1925年2月唐山华新纱厂工人罢工反对雇主虐待、1925年4月青岛日商纱厂工人罢工反对厂家虐待、1925年5月青岛隆兴纱厂工人罢工要求与太康等厂工人享受同等待遇、1925年7月青岛四方机厂罢工反对日本雇主虐待、1925年8月北京隆华造纸厂工人罢工反对工师虐待、1925年8月天津宝德纱厂工人罢工反对苛罚工人、1925年8月天津宝成纱厂工人联合裕大、北洋、裕元等纱厂罢工反对厂方罚章太苛等等,共计10件。从上述所列可以看出,这些案件大多数发生在纺纱工厂。

关于停工失业的争议在九一八事变以后才逐渐增多,1927年之前这类案件主要有1924年11月京奉铁路唐山制造厂工人展开反裁员斗争、1926年2月开滦五矿工人因厂方停工而罢工、1926年7月山西晋华纱厂工人反对厂方随便开除工人而罢工、1926年8月石家庄大兴纱厂工人因天气炎热要求停工进而罢工等。①

产业工人在劳资争议中除了工资、工时、雇主虐待和停工等问题外,还提出发放奖金、工伤抚恤金、养老金、节假日休息、厂方提供膳宿设施、反对包工头剥削等改善待遇的问题。这类劳资争议案件如1922年10月开滦五矿同盟大罢工、1922年10月唐山启新洋灰公司工人罢工、1922年12月正太铁路工人罢工、1925年8月陇海铁路工潮、1925年9月开滦五矿罢工等。

2.1927年以后

这段时期关于华北产业工人劳资争议的统计增多,有了一些全面准确的统计数字。河北、北平、天津及青岛等地是劳资争议发生较多的地区,因此关于这几地的劳资争议统计数据较为集中。

根据《劳动年鉴》的记载,1927—1931年5年内,河北省劳资争议案件共58件,其中劳资纠纷案件37件、罢工停业案件21件。把这些案件按其原因进行分类,包括关于团体协约者、关于雇用状况者和关于同情争议及其他原因。关于团体协约者指的是工人提出条件要求承认、反对资方不履行条件或要求修订条件等。在这类原因引发的争议中,劳资纠纷共7件,占劳资纠纷总数的18.9%;罢工停业有3件,占罢工停业总数的14.3%。关于雇用状况者指的是工资、工时、雇用与解雇、待遇、厂规、工作制度、要求开工与复工等。在关于工资问题引发的争议中,劳资纠纷共计13件,占35.1%;罢工停业共9件,占42.9%。由工时问题引发的争议中,劳资纠纷为

①陈达:《近八年来国内罢工的分析》,《清华学报》1926年第3卷第1期。

1件,占2.7%。在关于雇用与解雇问题的争议中,劳资纠纷为2件,占
5.4%;罢工停业2件,占9.5%。在因待遇问题引发的争议中,劳资纠纷有3
件,占8.1%;罢工停业有2件,占9.5%。因厂规问题引发的罢工停业案件
有1件,占4.8%。关于工作制度、开工复工及其他问题的劳资纠纷案件各1
件,均占2.7%。在同情争议案件中,劳资纠纷1件,占2.7%;罢工停业2件,
占罢工停业总数的9.5%。[①]可以看出在各项原因中,工资问题占首位,其
次为团体协约问题,再次为待遇问题。

1927—1931年5年间,天津市共发生劳资争议104件,其中劳资纠纷
为67件、罢工停业37件。在团体协约引发的案件中,工人提出条件要求承
认的劳资纠纷有13件,占19.4%,罢工停业6件,占16.2%;反对资方不履行
条件的劳资纠纷3件,占4.5%,罢工停业1件,占2.7%。在工资问题引发的
争议中,劳资纠纷共计13件,占19.4%;罢工停业共计5件,占13.5%。在雇
用与解雇案件中,劳资纠纷有16件,占23.9%;罢工停业11件,占29.7%。
在待遇问题引发的争议中,劳资纠纷有6件,占9%;罢工停业4件,占
10.8%。在工作制度方面的案件中,劳资纠纷有2件,占3%;罢工停业4件,
占10.8%。歇业与开工复工问题引发的纠纷案件各有3件,均占4.5%。由
解散费引发的纠纷案件有2件,占3%。同情争议的罢工停业案件有2件,
占5.4%。[②]由此可知,在天津市劳资争议的原因中,雇用与解雇问题占首
位,其次为团体协约问题,再次为工资问题。

1927—1931年这5年间,北平市共发生劳资争议90件,其中劳资纠纷
63件、罢工案件27件。在团体协约争议案件中,工人提出条件要求承认的
劳资纠纷为11件,占17.5%,罢工停业3件,占11.1%;要求重订条件的劳资
纠纷有2件,占3.2%。在工资问题引发的争议中,劳资纠纷有19件,占

[①]邢必信等编:《第二次中国劳动年鉴》第2编,北平社会调查所,1932,第99页。
[②]同上书,第118页。

30.2%;罢工停业11件,占40.7%。在工时问题引发的案件中,劳资纠纷2件,占3.2%;罢工停业2件,占7.4%。在雇用与解雇的争议案件中,劳资纠纷有5件,占7.9%;罢工停业为1件,占3.7%。待遇问题引发的劳资纠纷5件,占7.9%;罢工停业5件,占18.5%。关于厂规的纠纷案件2起,占3.2%。关于工作制度和开复工的纠纷案件和罢工案件各为1起。同情争议的纠纷和罢工案件各为1件。[1]可以看出,在北平市劳资争议案件中,工资问题为首要原因,其次为团体协约问题,再次为待遇问题。

1929年青岛市被国民政府接管,因此关于劳资争议的统计从1929年开始。1929—1931年青岛市的劳资争议案件共计191件。关于团体协约的争议案件共计8件,占总数的4.2%。工资问题的争议案件32次,占16.8%。工时问题案件4件,占2.1%。雇用与解雇问题的案件70件,占36.6%。待遇问题13件,占6.8%。厂规问题的案件为10件,占5.2%。工资制度案件8件,占4.2%。开复工争议案件5件,占2.6%。解散费问题的争议6件,其他不详原因者16件。[2]由这些数据可知,这三年青岛市劳资争议案件的原因以雇用与解雇为主,其次为工资问题,再次为待遇问题。

据1932年《劳动年鉴》记载,华北各地的劳资纠纷及罢工停业的原因见下面表4-1、表4-2所示:

---

①邢必信等编:《第二次中国劳动年鉴》第2编,北平社会调查所,1932,第134页。
②同上书,第122页。

表4-1 1932年华北各地劳资纠纷案件原因及所占比例表

原因/地点	河北	河南	山东	天津	北平	青岛	总计	百分比(%)
工资	6	1	3	5	1	6	22	27.16
工时	1	—	—	—	—	1	2	2.47
待遇	4	—	1	5	—	3	13	16.05
厂规	—	—	—	—	—	1	1	1.23
工作制度	—	—	—	2	—	1	3	3.70
雇用解雇	—	—	—	2	—	20	22	27.16
歇业停业	—	—	1	3	—	4	8	9.88
工会	—	1	—	2	—	—	3	3.70
劳动协约	1	1	—	2	—	—	4	4.94
其他	—	—	1	1	—	—	3	3.70
总计	12	3	6	22	1	37	81	100.00

资料来源:
《民国二十一年中国劳动年鉴》第2编,实业部劳动年鉴编纂委员会,1933,第108页。

表4-2 1932年华北各地罢工停业案件原因及所占比例表

原因/地点	河北	山东	天津	北平	青岛	总计	百分比(%)
工资	2	2	1	1	2	8	28.57
工时	1	—	—	—	1	2	7.14
待遇	1	1	2	—	—	4	14.29
厂规	—	1	—	—	1	2	7.14
工作制度	—	—	1	—	—	1	3.57
雇用解雇	—	1	3	—	2	6	21.43
工会	—	—	2	—	1	3	10.71
劳动协约	—	—	—	—	1	1	3.57
其他	—	—	—	—	1	1	3.57
总计	4	5	10	1	8	28	100

资料来源:
《民国二十一年中国劳动年鉴》第2编,实业部劳动年鉴编纂委员会,1933,第112页。

根据表4-1和表4-2可以看出,1932年华北各地劳资纠纷的原因以工资和雇用解雇为主,其次为待遇问题,再次为歇业停业问题。罢工在导致停业的原因中,工资问题占第一位,雇用解雇占第二位,第三位为待遇问题。

又据1933年《劳动年鉴》记载,华北各地的劳资纠纷及罢工停业的原因见下面表4-3、表4-4所示:

表4-3 1933年华北各地劳资纠纷案件原因及所占比例表

原因/地点	河北	河南	山东	天津	北平	青岛	总计	百分比(%)
工资	3	2	1	4	1	11	22	28.21
工时	—	—	—	2	—	1	3	3.85
待遇	1	—	1	4	—	5	11	14.10
厂规	—	—	—	—	—	3	3	3.85
工作制度	—	—	—	1	1	—	2	2.56
雇用解雇	—	—	1	4	—	11	16	20.51
歇业停业	1	2	—	—	—	2	5	6.41
工会	—	1	—	1	3	—	5	6.41
劳动协约	2	1	—	3	—	3	9	11.54
其他	—	—	—	2	—	—	2	2.56
总计	7	6	4	21	4	36	78	100.00

资料来源:
《民国二十二年中国劳动年鉴》第2编,实业部劳动年鉴编纂委员会,1934,第83页。

表4-4 1933年华北各地罢工停业案件原因及所占比例表

原因/地点	河南	山东	天津	北平	青岛	总计	百分比(%)
工资	—	1	1	1	—	3	15.79
工时	—	—	2	—	—	2	10.53
待遇	—	—	2	—	1	3	15.79
雇用解雇	2	—	4	—	4	10	52.63
劳动协约	1	—	—	—	—	1	5.26
总计	3	1	9	1	5	19	100.00

资料来源:
《民国二十二年中国劳动年鉴》第2编,实业部劳动年鉴编纂委员会,1934,第88页。

根据表4-3和表4-4可以看出,1933年华北各地劳资纠纷的原因中,工资问题占首位,其次为雇用解雇问题,再次为待遇问题。罢工停业的原因中,雇用解雇问题占首位,其次为工资和待遇问题,再次为工时问题。

综上所述,1927年以前,劳资争议的发生原因中以工资问题所占比例最大,1927年以后,雇用解雇问题和待遇问题引发的争议逐渐增多,尤其是雇用解雇问题引发的案件所占比例逐渐增大,开始和工资问题引发的案件数量不相上下。到了1933年,由雇用解雇引发的劳资争议案件有26件,比工资问题引发的案件还多1件,这应该是由于各大厂矿受到日本侵华和经济危机的影响而缩减生产、开除工人造成的缘故。

(二)劳资争议规模

劳资争议的规模大体可以从一定时期内的争议数量、争议延续的时间、争议牵涉的人数及地点等方面反映出来。下面就根据这几个要素分析华北产业工人劳资争议的规模。

1.1927年之前的情况

1927年以前的资料较为零散,没有整体全面的统计数据,因此还是以各个重要的案件作为依据。这段时期劳资争议延续的时间,一般都在1个月以内。在前述劳资争议成因的部分里列举了各类劳资争议案件,这些案件中有延续时间记载的共38件。其中延续时间仅为1天的有16件,占总数的42.1%;延续时间多于1天但少于5天的有6件,占15.8%;延续时间多于5天但少于10天的案件有7件,占18.4%;延续时间在10~20天之间的有4件,占10.5%;延续时间在20天至1个月的有4件,占10.5%;延续时间1个月以上的有1件,占2.6%。由此可知,76.3%的劳资争议持续时间在10天以内,其中42.1%的争议案件在一天之内结束,这是因为工人迫于生活的压力,无法维持较长时间的罢工。劳资纠纷与工人罢工持续时间在20天以上者很少,只有5件。1922年10月唐山启新洋灰公司工人罢工持续21天,1925年4月青岛日商纱厂工人罢工持续24天,1925年8月陇海铁路工潮持续24天,1922年10月开滦五矿同盟罢工持续一个月,1926年7月山西晋华纱厂罢工持续40天。

1927年以前记载了牵涉工人数量的劳资争议案件共17件,大部分案件涉及的工人人数都低于5000人。其中100人以下的有3件,占17.6%;100人至1000人之间的有1件,占5.9%;1000人以上3000人以下的有5件,占29.4%;3000人以上5000人以下的有5件,占29.4%;5000人以上1万人以下的1件,占5.9%;1万人以上的有2件,占11.8%。在已记载牵涉工人数量的劳资争议案件中,煤矿和铁路工人的罢工斗争参与人数最多。1925年9月开滦五矿罢工,产业工人参与人数为1.3万人。1926年2月,开滦五矿工人因厂方停工而罢工的人数有6000余人。1922年京汉铁路长辛店工人罢工和京奉铁路唐山制造厂工人罢工人数均为3000多人。此外还有一些铁路工人的罢工斗争为全路工人罢工,如1921年11月陇海铁路全路工人罢工、1921年12月京绥铁路全路工人罢工、1922年10月京绥铁路全路工人罢工等。

一般来讲,劳资争议的持续时间和参与人数成正比,持续时间长的纠纷和罢工斗争的参与人数也多,即说明劳资争议的严重性。如1922年10月唐山启新洋灰公司罢工持续21天,牵涉工人4500余人;1925年4月青岛日商纱厂罢工持续24天,牵涉工人1万余人;1925年8月河南豫丰纱厂工人罢工持续18天,牵涉4000多人;等等。但也有例外,即参与人数多但罢工时间短,以及罢工时间长但参与人数少的情况。前者如1925年9月开滦五矿罢工,参与人数为1.3万人,持续时间为13天,这说明罢工人数多,反抗力量大,对矿方造成威慑,故能较早结束争议。后者如1926年7月山西晋华纱厂工人罢工,持续40天,参与人数为1300人,说明该厂工人人数少,反抗力量较为弱小,需要进行持久的斗争以向厂方示威。另外还有一点值得注意的是,在上述劳资争议案件中,有些是由一个厂矿发起,但后来引发很多厂矿的工人参与进来,即所谓的同盟罢工,这样使得罢工的规模越来越大。例如,1920年5月,开滦马家沟矿工人罢工要求增加工资,随后林西矿、唐山矿工人也纷纷罢工;1922年8月,京汉铁路长辛店工人罢工,郑州铁路工人也停车罢工;1922年10月开滦五矿同盟大罢工后,启新洋灰公司和华新纱厂随即展开了同情罢工;1925年8月天津宝成纱厂工人联合裕大、北洋、裕元等纱厂罢工反对厂方罚章太苛;等等。

2.1927年之后的情况

1927—1931年河北省发生的劳资争议案件共计58件,包括劳资纠纷37件、罢工停业案件21件。其中1929年的劳资争议案件最多,共计31件,包括劳资纠纷23件、罢工8件。这5年内每次劳资争议的持续时间平均在15天左右,实际罢工日数平均约为5天。每次平均关系职工数,劳资纠纷为4659人,罢工停业为8976人,罢工案件还比纠纷案件多出4317人。每次平均关系厂号数以1928年为最多,其中劳资纠纷每次平均关系厂号数为36家,罢工停业平均为73家;到了1929年以后,每次纠纷与罢工关系的厂号数仅有一两家。河北省各地的劳资争议案件以唐山为最多,占41.4%,各行业中以矿业发生争议最多,占37.9%。天津市1927—1931年这5年内发生劳资争议104件,包括纠纷案件67件、罢工案件37件。其中1929年的争议案件较多,包括纠纷案件28件、罢工案件12件。劳资纠纷平均每次持续十四五天,每次平均实际罢工日数约为6天。劳资争议牵涉的工人人数,纠纷案件牵涉人数逐年增多,每次平均为900人;罢工案件关系的职工数则是逐年减少,平均每次为1027人。每次争议平均关系厂号数,纠纷案件约为5家,罢工案件一般为一两家。在天津市各业劳资争议中,以纺织业所占比例最大,为45.2%。北平市这5年间共发生争议案件90起,即劳资纠纷63件、罢工停业27件。各业争议案件数以公用事业最多,有16件,其次为纺织业,有13件,再次为交通运输业,共11件。每次平均争议日数,纠纷与罢工案件均为十一二天,每次平均实际罢工天数则为四五天。每次牵涉工人数,纠纷案件平均为601人,罢工案件平均为734人。每次争议关系厂号数一般为两三家,但有3起案件关系厂号数在70家以上,故平均每次纠纷案件关系厂号数4家、罢工案件14家。青岛市1929—

1931年间发生劳资争议总计191件,以1930年最多,为98件。争议持续日数,3年来平均每次为八九天,1929年争议持续时间最长,平均为39天。争议牵涉工人人数逐年减少,平均每次争议参加工人数为458人,最多时为5285人。争议关系厂号数大多为一家,占全体争议的96.4%。青岛市各业劳资争议中以纺织业案件最多,占总数的49.7%。[①]

　　1932年,华北各地发生的劳资纠纷案件共计81件,其中河北省12件,河南省3件,山东省6件,天津市22件,北平市1件,青岛市37件。关于案件关系的职工人数,河北省总计28 185人,平均每次纠纷2349人;河南省总计25 735人,平均每次纠纷8578人;山东省总计14 583人,平均每次纠纷2430人;天津市总计21 056人,平均每次纠纷957人;青岛市总计7950人,平均每次纠纷214人。关于纠纷案件关系的厂号数,河北省总计18家,每次纠纷关系一两家;河南省总计10家,每次平均关系3家;山东省总计79家,平均每次13家;天津市总计32家,每次纠纷涉及一两家;北平市纠纷案件牵涉厂家数为1家;青岛市总计60家,平均每次关系一两家。1932年,华北各地发生的罢工案件共计28件,其中河北省4件,山东省5件,天津市10件,北平市1件,青岛市8件。罢工停业案件关系厂号数,河北省总计8家,平均每次为两家;山东省总计73家,平均每次约为15家;天津市总计13家,平均每次一两家;北平市罢工牵涉厂号数为1家;青岛市总计8家,平均每次1家。至于参加的工人人数,河北省总计30 650人,平均每次罢工牵涉工人7663人;山东省总计14 155人,平均每次2831人;天津市总计9212人,平均每次921人;青岛市总计3090人,平均每次为386人。[②]

　　1933年,华北各地发生的劳资纠纷案件共计78件,其中河北省7件,

---

　　①参见邢必信等编:《第二次中国劳动年鉴》第2编,北平社会调查所,1932,第95-98、115-117、132-134、120-122页。

　　②《民国二十一年中国劳动年鉴》第2编,实业部劳动年鉴编纂委员会,1933,第104-111页。

河南省6件,山东省4件,天津市21件,北平市4件,青岛市36件。关于案件关系的职工人数,河北省总计18 344人,平均每次纠纷1147人;河南省总计23 250人,平均每次纠纷为2114人;山东省总计2469人,平均每次309人;天津市总计44 424人,平均每次纠纷1532人;青岛市总计1154人,平均每次约为25人。关于纠纷案件关系的厂号数,河北、河南、山东、青岛、天津各地平均每次纠纷均为1家,北平市平均为1.5家。1933年,华北各地发生的罢工案件共计19件,其中河南省3件,山东省1件,天津市19件,北平市1件,青岛市5件。罢工停业案件关系厂号数,河南、山东、天津、青岛平均都为1家,北平市罢工停业案件仅有1件,关系厂号数为3家。至于参加罢工的工人人数,河南省总计为22 500人,平均每次为2813人;山东省的罢工案件仅有1件,参加人数为87人;天津市总计为21 824人,平均每次罢工牵涉人数为2182人;青岛市总计548人,平均每次约为110人。[①]

综上所述,华北产业工人劳资争议案件1927年以后较之以前增多,尤其以1928年和1929年的争议案件最多。这应该与1928年国民党二次北伐占领京津,推翻奉系军阀的统治有关。工人们刚刚摆脱北洋军阀的高压统治,开始与资方展开斗争以争取自己的利益。劳资争议案件中的纠纷案件一直多于罢工案件,各类案件关系厂号数一般为一两家。1927年以前,劳资争议持续时间以一两天者居多;1927年以后,劳资纠纷持续时间平均10~15天,罢工持续时间约为四五天。总之零散的、小规模的争议案件较多,大规模的案件较少。

(三)劳资争议结果

若以产业工人为主体,则劳资争议的结果即包括胜利、部分胜利、失败、无形停顿或不详以及争议产生的影响等方面。

---

①《民国二十二年中国劳动年鉴》第2编,实业部劳动年鉴编纂委员会,1934,第78-89页。

1.1927年之前的情况

1927年以前的争议案件有记载的共44件,其中产业工人取得胜利的有1920年10月开滦马家沟矿工人反对包工克扣工资的斗争、1921年7月京汉铁路长辛店修车厂工人反对克扣工资的斗争、1921年11月陇海铁路全路工人反外国总管苛待的罢工、1921年12月京绥铁路工人索薪的斗争、1922年8月京汉铁路全路工人要求增加工资的罢工、1922年10月京奉铁路山海关铁厂工人要求驱逐封建把头的罢工、1922年10月京奉铁路唐山制造厂工人要求加薪的罢工、1922年10月京绥铁路全路工人要求增加工资的罢工、1922年12月正太铁路石家庄工人要求加薪的罢工、1924年11月京奉铁路唐山制造厂反裁员的斗争、1925年4月青岛日商纱厂工人反对厂家虐待的罢工、1925年5月青岛隆兴纱厂工人要求同等待遇的罢工、1925年7月天津宝成纱厂工人要求加薪的罢工、1925年7月青岛四方机车厂工人反对雇主虐待的斗争、1925年8月郑州豫丰纱厂工人要求加薪的罢工、1925年8月北京隆华造纸厂工人反对工师虐待的罢工、1925年8月天津宝德纱厂工人反对苛罚的罢工、1925年8月天津宝成、裕大、北洋、裕元等纱厂工人反对厂方罚章太苛的罢工、1925年8月陇海铁路工潮、1926年2月开滦五矿工人反对厂方停工的罢工。上述胜利案件总计20件,占总数的45.5%。其中关于工资问题的有9件,占胜利案件总数的45%;反虐待斗争有8件,占40%;改善生活待遇的有2件,占10%;失业案件1件,占5%。

取得部分胜利的案件有1920年5月开滦林西矿、马家沟矿、唐山矿要求加薪的罢工、1920年11月北大印刷工人的索薪斗争、1921年3月唐山启新洋灰公司要求加薪的罢工、1922年10月开滦五矿要求改善生活待遇的罢工、1922年10月启新洋灰公司要求改善待遇的罢工、1925年3月北京财政部印刷局工人的索薪罢工、1925年9月开滦五矿罢工、1926年2月津浦铁路天津工人要求发放欠薪的罢工。上述部分胜利的案件总计8件,占劳资争议案件总数的18.2%。其中工资问题案件5件,占部分胜利案件总数的62.5%;改善生活待遇问题的有3件,占37.5%。

劳资争议失败的案件有1921年2月开滦马家沟矿、唐山矿要求增加工资的罢工、1925年2月唐山华新纱厂反对雇主虐待的罢工、1925年8月天津裕大纱厂要求增加工资及改善待遇的罢工、1926年7月山西晋华纱厂工人反对厂方开除工人的斗争。上述失败的案件总计4件,占总数的9.1%。其中工资问题案件有2件,反虐待案件1件,失业问题案件1件。

无形停顿或结果不详的案件有1920年2月开封商务印刷所反对苛待的斗争、1920年11月开滦赵各庄矿反对水渣煤涨价的罢工、1920年12月京奉铁路唐山制造厂反对延长工时的罢工、1921年1月开滦煤矿要求改善待遇缩短工时的罢工、1921年5月开滦马家沟矿因与保安队冲突而罢工、1921年6月京绥铁路北京机匠要求加薪的罢工、1925年5月太原印刷工人要求加薪的罢工、1925年10月淄川华坞煤矿要求加薪的罢工、1925年10月北京华通织染工厂要求休假的罢工、1926年1月北京利民织布厂工人要求加薪及改善待遇的罢工、1926年3月天津裕元纱厂要求加薪的罢工、1926年8月石家庄大兴纱厂工人因天气炎热要求停工的斗争。上述结果不详的案件总计12件,占总数的27.3%。其中关于工资问题的有5件,占不详案件的41.7%;工时问题3件,占25%;其他问题4件,占33.39%。

这段时间内劳资争议产生较大影响的如1922年北方铁路工运高潮和开滦五矿同盟大罢工。1922年8—12月的北方铁路罢工高潮,以京汉铁路长辛店工人罢工为起点,虽有军队干涉,但工人仍坚持到最后的胜利。这次罢工中段和南段工人并没有参加,但罢工争取到的权利惠及全路工人。长辛店罢工鼓舞了其他各路工人相继展开斗争,并在斗争中互相援助,加强了产业工人之间的团结。京奉路山海关斗争还迫使路局承认该路俱乐部为正当团体,其他各路也获得了增加工资、改善待遇的胜利。各路罢工给交通、商务和邮务带来很大影响,正太铁路罢工还造成路局30万元以上的损失。1922年10月开滦五矿同盟大罢工中成立了五矿工人俱乐部、罢工委员会、罢工指挥部和罢工纠察队,使得工人的组织性加强。此次罢工给英国资本家以沉重的打击,使其损失74.6万元,虽然最后调解的条件与之前工人提出的要求相差甚远,但是它却给煤矿当局以沉重的打击,它是当时北方工运高潮中最大的一次罢工。

2.1927年之后的情况

1927—1931年5年间河北省劳资纠纷有37件,取得胜利的有14件,占37.8%,其中以工资问题最多,有7件,占胜利案件的50%。取得部分胜利的有5件,占13.5%,其中也是工资问题最多,有3件,占60%。无形停顿或结果不详的有18件,占48.6%。罢工停业案件有21件,取得胜利的有10件,占47.6%,其中工资问题有4件,所占比例最大;部分胜利的有2件,占9.5%;失败的有1件,占4.8%;无形停顿或不详的有8件,占38.1%。天津市1927—1931年间劳资纠纷67件,取得胜利的有30件,占44.8%,其中关于团体协约问题的最多,有8件,其次为工资问题,有6件。部分胜利的有10件,占14.9%,以雇用解雇案件最多,有6件。失败的5件,占7.5%,其中雇用解雇案件有3件。无形停顿或不详的有22件,占32.8%。罢工停业案件37件,取得胜利的23件,占62.2%,其中以雇用与解雇和团体协约问题最多,各有5件,其次为工资、工作制度案件,各有4件。部分胜利的有6件,占16.2%,其中雇用与解雇问题有4件。失败的4件,占10.8%。不详者4件,占10.8%。北平市劳资纠纷有63件,取得胜利的有19件,占30.2%,其中工资问题6件、团体协约问题4件。部分胜利的3件,占4.8%。失败的7件,占11.1%。不详者34件,占54%。罢工停业案件有27件,胜利的13件,占48.1%,其中工资问题有6件,占胜利案件的46.2%。部分胜利的3件,占11.1%。失败的2件,占7.4%。不详的9件,占33.3%。青岛市1929—1931年劳资争议案件共计191件,取得胜利的有96件,占50.3%,其中雇用解雇问题有36件,占胜利案件的37.5%;工资案件25件,占胜利案件的26%。部分胜利的49件,占25.7%,其中雇用解雇案件为29件,占部分胜利案件的59.2%。失败的29件,占15.2%。无形停顿或不详的有17件,占8.9%。[1]

1931年以后劳资争议的结果亦无总体上的统计数据,因此还是根据已有记载的重要劳资争议事件案例对其结果进行分析。《劳动年鉴》记载的1932—1933年有结果的劳资争议案例共23件,取得胜利的有1932年9月天津民丰面粉公司的歇业纠纷、1932年开滦煤矿纠纷、1932年6月山东中兴煤矿工人要求发放花红及增加工资的罢工、1932年河北长城煤矿工人要求补发欠薪的怠工、1932年河南六河沟煤矿工人因克扣工资的两次罢工、1932年11月津浦铁路索薪纠纷、1933年7月河南豫丰纱厂停工纠纷、1934年1月开滦煤矿停工纠纷,共计9件,占总数的39.1%;部分胜利的有1932年8月天津北洋火柴公司停工纠纷、1932年12月郑州豫丰纱厂工人要求发放年终奖金的纠纷、1933年天津恒源纱厂停工纠纷、1933年3月天津北洋火柴公司停业纠纷、1933年7月天津裕元纱厂减工纠纷、1933年8月天津宝成纱厂解雇纠纷,共计6件,占26.1%;失败的有1932年7月山东淄博煤矿反对裁减工资的罢工、1932年11月天津裕元纱厂要求发放工人制服的罢工、1932年六河沟煤矿要求发放欠资的罢工、1933年5月河南焦作福公司改善待遇的罢工、1933年7月石家庄大兴纱厂要求发放年终双薪的罢工,共计5件,占21.7%;结果不详的有1932年9月河北正丰煤矿反对欠薪的罢工、1932年9月北宁铁路开除工人纠纷、1932年12月开封益丰面粉公司停工纠纷,共计3件,占13%。上述案件中以停工失业和工资案件最多,各有10件,分别占43.5%。其中停工失业案件取得胜利的3件,部分胜利的5件,不详者2件;工资案件取得胜利的5件,部分胜利的1件,失败的3件,不详者1件。

---

[1] 参见邢必信等编:《第二次中国劳动年鉴》第2编,北平社会调查所,1932,第100、119、135、123页。

综上所述,华北产业工人劳资争议案件的结果,以胜利者居多,一般占到案件总数的百分之三四十。结果不详的案件也较多,排除这类案件的话,数量次多的就是部分胜利的案件,而失败案件所占比例很小。这说明在经济斗争的领域里,工人罢工较易取得成功,资本家至少会答应工人的部分条件或是二者商议出一个折中的条件。因为经济斗争尚在劳资双方可以协调的范围内,但是政治斗争就有所不同了,下面就来考察华北产业工人的政治斗争问题。

第三节 政治斗争问题分析

一、华北产业工人参与的重要政治斗争事件

所谓政治斗争,是与工资、待遇等方面的经济斗争相对应的,产业工人政治觉悟逐渐提高以后,除了关心自己的经济利益之外,也开始争取平等的政治地位、民主权利和民族利益。华北产业工人的政治斗争主要包括因工会问题而罢工、政派纷争导致的罢工、同情运动以及反帝爱国运动等方面的内容。下面就按照这几方面的内容分别对其参与的重要政治斗争事件进行阐述。

(一)因工会问题而罢工

主要包括要求组织工会的权利、要求雇主承认工会、要求工会有推荐工人及与雇主进行交涉的权利、反对黄色工会的斗争等内容。

京汉铁路大罢工。1922年底,京汉铁路已经有16个车站建立了该路的工会分会,在工人组织日渐成熟的情况下,全路决定于1923年2月1日在郑州举行总工会成立大会。2月1日上午,各代表在赴会途中遭遇军警的拦截,他们冲破阻拦赶到会场,大会照常开幕,京汉铁路总工会宣告成立。但会场很快被军警包围,现场布置被军警捣毁,工人住宿亦被封闭。在反动势力的逼迫下,京汉铁路工人于2月4日举行罢工,提出如下条件:免去京汉局长赵继贤、南段段长冯沄、郑州警察局局长黄殿辰之职务;赔偿损失6000元并送还军警所扣物品;周日休息,阴历年休假一周,工资照给。

京汉路罢工以后,帝国主义驻京公使团向北京政府提出严重警告,要求立即采取武力手段进行镇压。2月7日,吴佩孚便对京汉铁路主要各站工人进行了血腥屠杀,造成了"二七惨案"。惨案发生后,京汉铁路总工会以及中国劳动组合书记部均发表宣言,通告全国工人以揭露帝国主义和军阀的罪行。全国各地工人及民众掀起了援助京汉铁路工人的浪潮,纷纷捐款、游行示威并展开同情罢工。但最后由于军阀力量的强大,京汉铁路总工会被解散,工人罢工失败,自2月9日起工人忍痛复工。[①]

青岛日商纱厂罢工。1925年,青岛大康纱厂工人因组织工会遭到日本资本家的干涉和禁止,遂于4月19日发动罢工。内外棉、隆兴、日清等厂及铃木丝厂也相继罢工,全体罢工人数达到1.8万余人。此次罢工还得到了青岛其他工厂、上海日商纱厂和全国铁路工人的声援。最后经过日本领事及青岛中国商会的调停,双方开始议决条件。工人提出承认工会、改善待遇、雇主不准打骂工人等条件,得到厂方同意,5月10日工人复工。此次罢工虽然取得胜利,但是工人恢复工作后,日本资本家拒不履行承诺,并想方设法解散工人工会。5月25日,保安队撤去大康纱厂工会招牌,遂又引起第二次罢工运动,日本派出军警进行镇压,并造成了惨案。[②]

青岛四方机厂罢工。1924年春,吴佩孚封闭了胶济铁路四方机厂工会并开除办工会之工友。该厂工人秘密恢复了工会组织,并于1925年2月8日罢工,提出5项条件:恢复被开除之工友的工作;厂中关系工人事件须与工会交涉;增加月薪3元;发放年终奖金;每年发给工人两次乘车免票。17日,路局同意了第一、第二、第四项条件,此次罢工所提之主要条件都得

---

① 王清彬等编:《第一次中国劳动年鉴》第2编,北平社会调查部,1928,第308-310页。
② 参见刘明逵、唐玉良主编:《中国近代工人阶级和工人运动》第5册,中共中央党校出版社,2002,第169-180、236-239页。

到承认,工人罢工取得胜利。不久胶济铁路总工会正式成立。[①]

山西晋华纱厂工人罢工。 1926年7月,晋华纱厂资方反对该厂工人成立工会,借故连续开除工人,并声明如有议论国事煽动工潮者,将送交政府严办。在共产党的领导下,全厂1300名工人于7月16日发动罢工,反对厂方随便开除工人。工人举着工会的旗帜举行了示威游行,罢工坚持了40天。最后阎锡山派军队镇压,拘捕了十几名工会代表并开除了200多名工会会员,罢工失败。[②]

开滦煤矿工人罢工。 截至1929年5月,国民党在开滦各矿都建立了黄色工会,并在此基础上成立了开滦五矿工会联合办事处和唐山市总工会。共产党开始领导开滦煤矿工人展开反对黄色工会的斗争。1929年9月,赵各庄矿首先开展斗争,经过查账斗争发现了黄色工会的贪污问题,提出改组黄色工会,经过改组后的工会变成了赤色工会。10月,林西矿提出了改组黄色工会的条件:旧委员没有被选举权;得票最多者当选,不准圈定;释放被捕代表。最后该矿黄色工会被打倒,赤色工会初具雏形。1930年4月,唐家庄矿工人也开始了查账斗争,国民党逮捕了工人领袖并解往保安队。党组织把此消息告诉其他工人,引发了他们的罢工斗争,迫使黄色工会释放被捕工人领袖。但是后来各种反动势力进行了反扑,逮捕了10多名赤色工会的干部,这次斗争遭到失败。[③]

(二)政派纷争导致的罢工

同一部门的产业工人可能归属于不同的派系,这样工人内部往往多有分歧。政派纷争导致的工人罢工大多是最底层的产业工人受到上层职员

---

①山东省总工会、山东省档案馆合编:《山东工人运动历史文献选编》第1集,本书编写组,1984年,第56—57页。

②刘明逵、唐玉良主编:《中国工人运动史》第3卷,广东人民出版社,1998,第508—509页。

③薛世孝:《中国煤矿工人运动史》,河南人民出版社,1986,第282—286页。

的煽动,成为他们获得利益的工具。这一点从胶济铁路全路工人同盟罢工便可反映出来。胶济铁路职工内部分为两派,一为浙江派,以交通部为靠山,一为山东派,以本地有势力者为靠山,二者互相倾轧。1924年11月,交通部任命阚铎和朱庭祺为正、副局长,他们就职后裁撤了100多名山东派的职员。机务处、车务处处长等山东派领导人联合全路工人于1925年2月8日发动同盟罢工进行反对,决定驱逐浙江派。经过交通部和山东当局的调停,达成如下解决条件:免去阚铎和朱庭祺的职务以及二者任命的职员;计核课课长、运输课课长及第二分段长因排斥山东派,即行免职。这次纷争山东派取胜,工人于2月21日复工。[①]

(三)同情运动

"工人们或因利害关系,或因抱不平,或因援助罢工工友,往往宣布同情罢工。这种情况经常在大规模的罢工里出现,它是劳工界渐渐有觉悟有团结力的一种表示。"[②]同情运动主要包括请愿、开会、演说、捐款、游行示威、同情罢工等等。

华北产业工人声援五四运动。1919年由于中国在巴黎和会上的外交失败,在北京爆发了以青年学生为先锋的五四运动,随后运动中心转移到上海,工人阶级开始成为运动的主体,以工人罢工为中心展开了三罢运动。同时华北地区的产业工人也展开了同情运动。山东工人首先起来响应,5月6日,山东国货维持会召开大会,工人团体代表发表激动人心的演说,提倡抵制日货。5月7日,山东召开国耻纪念大会,工人代表血书"良心救国"以示抵抗决心。5月11日,旅京的山东劳动者集会,声讨日本占据青岛,并选出代表前往府院当局请愿,要求政府与日本进行交涉。北京地区的长辛店铁路工人较为集中,5月7日长辛店工人因铁路工厂的副厂长阻

---

① 王清彬等编:《第一次中国劳动年鉴》第2编,北平社会调查部,1928,第320页。
② 陈达:《近八年来国内罢工的分析》,《清华学报》1926年第3卷第1期。

碍他们的爱国活动而举行罢工,他们还组织了"救国十人团",开展抵制日货的活动。京奉铁路唐山制造厂组织"职工同人会",开展爱国运动,如在"五七"国耻日举行示威活动。该厂工人也组织了"救国十人团",进行抵制日货、反对卖国条约的活动。6月3日上海发动大罢工后,华北各地工人又纷纷响应。长辛店工人举行罢工和示威游行。唐山工人参加公民大会,讨论救国办法,要求拒签和约。天津工人参加公民大会,讨论发动三罢斗争。在山东济南的三罢斗争中,面粉厂工人率先举行了罢工。济南工人还召开演说大会,表示不给日人做工,不购买日货。①

华北产业工人声援闽案。 五四运动中福建学生、工人与民众展开的反日斗争引起了日本当局的恐慌。1919年11月16日,当地的日本居留民团以中国学生焚烧日商火柴为借口袭击学生,造成多人死伤,被称为"闽案"。惨案发生后,福建立即举行了三罢斗争,华北各地工人也开始了援助活动。12月14日,长辛店各界召开国民大会,铁路工人积极参加,大会提出对待日人办法并拟定上总统书。20日,天津各界举行国民大会,工人团体也参加了大会,在会场讨论声援福建惨案的办法并当场焚烧日货,随后举行了示威游行活动。23日,唐山开滦煤矿工人和铁路工人参加了声援闽案的大会,声讨日本的暴行。②

华北产业工人声援五卅运动。 1925年5月15日,上海日商纱厂发生了资本家枪杀工人顾正红的惨案。5月30日,上海工人、学生到公共租界进行示威游行,遭到巡捕开枪屠杀,死伤数十人,这就是震惊中外的五卅惨案。在中国共产党的领导下,上海随即展开三罢斗争,全国各地都纷纷响应。在华北地区,北京工人发放传单反抗英日巡捕枪杀我国工人与学生,并成立了工界雪耻会。天津工人参加市民大会及游行示威,并通过捐款援

① 参见刘明逵、唐玉良主编:《中国近代工人阶级和工人运动》第3册,中共中央党校出版社,2002,第63—65、79、81、95—98、100—101、171—185页。
② 同上书,第249—252、268—272页。

助上海罢工工人。8月12日,天津日商纱厂工人举行同盟罢工,遭到奉系军阀的武力镇压。唐山各界召开三次救亡大会,京奉铁路唐山制造厂工人是主要参与者,他们提出了收回租界、取消领事裁判权等要求。青岛日商祥阳火柴公司于6月18日全体罢工,声援沪案。青岛日商纱厂于7月23日举行第三次罢工,遭到军阀张宗昌的镇压,青沪惨案后援会等工人团体被封闭。河南焦作福公司煤矿工人于7月8日罢工,声称这次罢工一方面是为声援上海五卅运动,一方面是为了加入国民革命战线及改良生活待遇。焦作矿工坚持罢工8个月,最终迫使公司答应了他们提出的承认工会、改善待遇等复工条件,罢工取得胜利。在福公司煤矿工人罢工的影响下,中原煤矿公司工人于8月10日全体罢工,最后迫使公司答应捐款接济各地罢工工人以及改良待遇等要求。8月7日,郑州豫丰纱厂工人罢工,资本家指挥流氓打手对其进行镇压,迫使工人复工。[①]

(四)反帝运动

近代以来,帝国主义国家不断对我国进行经济侵略和政治侵略,产业工人的觉悟在反抗斗争中逐渐提高。在五四运动以后他们开始登上政治舞台,反抗帝国主义的侵略,尤其是九一八事变以后,产业工人不断进行着反帝爱国运动。

天津法租界工人反对法国强占老西开的罢工。 1916年10月20日,法国强占了天津法租界与华界接壤之地老西开,立刻引起了天津人民的反对。这次反帝斗争是由资产阶级领导,但是产业工人的罢工起了非常重要的作用。法租界工人从11月13日起相继罢工,包括电灯公司、炼砖工场、仪品公司、华利铁工厂和义善实业铁工厂等厂的1400多人。这些工厂的停工使得法租界一片混乱。在罢工期间,工人们还组织了工团,率众进行

---

① 参见刘明逵、唐玉良主编:《中国近代工人阶级和工人运动》第5册,中共中央党校出版社,2002,第221、372-374、379-384、395-397页。

示威游行等抗议活动。此斗争持续五六个月，使法国承认老西开由中法共管，罢工取得了部分胜利。①

淄川煤矿工人反日大罢工。1928年4月国民党进行二次北伐，5月占领济南。日本帝国主义为了干涉北伐军队北进，出兵山东，对军民进行大屠杀并占领济南，造成死伤1万多人的济南惨案，这立刻引起了全国尤其是山东的反日浪潮。惨案发生后，中共山东省委号召山东人民反抗日本帝国主义的侵略行为。6月，中日合办的淄川煤矿裁减工人，更加激怒了工人，他们于6月24日提出了改善待遇、反对虐待和开除工人等要求，但日本资本家不予答复。于是淄川煤矿工人于25日举行了罢工。资本家使用武力和饥饿政策对抗工人的罢工，但由于工人坚持斗争，迫使资本家同意增加工资及释放被捕工人等条件。这次罢工取得了一定的胜利，对日本帝国主义造成了很大的打击。②

青岛工人反日大罢工。1929年7月，青岛各厂工人因组织工整会为厂方反对，日商铃木丝厂、华祥火柴厂和山东火柴厂开除多名工人并宣布关厂。这时日商大康、隆兴、富士、钟渊、宝来和内外棉等六大纱厂工人准备发起联盟总罢工。日本资本家于21日宣布六大纱厂关厂，经过调解后，24日六大纱厂工人复工。但复工之后，工人怠工更加严重，造成生产率急剧下降，同时工人纠察队还经常对抗上层职员和封建把头。于是日本资本家于8月4日再度关厂，工人则形成了联盟总罢工，但是遭到了国民党当局和日本总领事馆的镇压。长期的关厂给资本家造成很大损失，因此10月份日方有复工之打算，并且从农村秘密召集的新工人也陆续准备入厂。到了11月中旬，各大纱厂采取强行复工和秘密复工的手段，但遭到罢工工人的阻拦。此时日本总领事馆迅速与国民党当局谈判，达成协议，即开除250

---

① 刘明逵、唐玉良主编：《中国近代工人阶级和工人运动》第2册，中共中央党校出版社，2002，第547-559页。

② 薛世孝：《中国煤矿工人运动史》，河南人民出版社，1986，第271-275页。

名工人,对于复工工人给予少量补偿。工人忍痛复工,但是继续坚持怠工斗争,最终使得日本资本家答应了恢复部分被开除工人工作以及增加月工资1/3等条件。这次罢工持续4个多月,参加斗争的工人达到2万多人,它是济南惨案后全国反日爱国运动的继续。①

九一八事变后华北产业工人的反日斗争。1931年日本发动了入侵我国东北的九一八事变,此时民族矛盾开始上升为主要矛盾,全国各地工人立刻兴起了抗日救亡的运动。华北各地积极建立反日组织,北平、天津、开封等地都纷纷成立了各业工会救国联合会,提出抵制日货,组织义勇军、救国敢死队,以做抗日后盾。山东枣庄煤矿工人成立反日救国会并发表抗日通电。淄川煤矿工会于1931年双十节国庆纪念日领导工人进行救国宣传。河南开封各业工会于1931年12月组织宣传队,沿街进行抵制日货的宣传。许昌工人建立抗日救国会,并发表通电要求国民政府出兵东北收复失地,还举行了游行示威活动。中原煤矿工人捐款支援抗日战士。1932年前后,开滦、正丰、井陉、长城、中兴、六河沟等煤矿工人约五六万人,相继举行了反对日本帝国主义及要求加薪的罢工斗争。1933年,日本觊觎华北地区,日军占领山海关和热河,又向长城沿线进攻。各路工人纷纷声援长城抗战,平津各路召开联席会议促使政府表示抗战决心,陇海路员工捐薪数千元作为对抗战将士的援助,正太路员工共捐10万元,购买飞机以助国防。津浦铁路、胶济铁路工人也纷纷捐款捐物支援前线战士。1935年,日本发动了策动华北"自治"的华北事变,使抗日救亡运动出现高潮。中国共产党适时地改变了策略,提出了建立抗日民族统一战线的方针。在这一方针的影响下,1936年青岛日商纱厂工人举行了反日大罢工。从11月17日至12月14日,青岛九大纱厂24 000多名工人相继罢工,提出了关于工

---

① 刘明逵、唐玉良主编:《中国近代工人阶级和工人运动》第8册,中共中央党校出版社,2002,第682-689页。

时、工资和工会等方面的要求。各纱厂在罢工中互相帮助,怠工与罢工交替进行。当日方接受了工人的部分条件时,工人仍继续斗争,要求实现其全部条件,但最后在中外双方的联合压迫下被迫复工。虽然此次罢工失败了,但是却达到了发动工人反日的政治目的。[①]

二、华北产业工人在政治斗争中的地位与作用

从上述华北产业工人参与的重要政治斗争事件可以看出,政治斗争事件大多以反帝反军阀为目的,包括工会问题、不同派别的分歧问题、声援其他罢工的同情运动以及爱国反帝运动等方面。与劳资争议案件不同的是,大多数政治斗争在中外反动势力的压迫下以失败告终,但是其意义却大于劳资争议案件。因为政治斗争已经突破了劳资协调的范围,工人们除了关心自己的经济利益之外,逐渐开始争取民主与自由等权利,并且随着中外矛盾的加剧,工人们更多地关注国家与民族的权益,把反抗外来侵略当作自己的责任和义务。随着觉悟的逐渐提高,产业工人必然要发挥其在反帝反军阀斗争中的重要作用。下面就来分析华北产业工人在上述政治斗争中的地位与作用。

(一)在工会问题罢工斗争中的地位与作用

华北产业工人关于工会问题的罢工斗争主要是为了争取成立工会的权利、争取工会推荐工人以及与雇主进行交涉的权利,还有就是要达到推翻国民党黄色工会、恢复赤色工会组织的目的。1923年京汉铁路大罢工、1925年青岛日商纱厂罢工、青岛四方机厂罢工和1926年山西晋华纱厂工人罢工都是因为组织工会遭到厂方的破坏而发起的。

在中国劳动组合书记部领导的第一次工人运动高潮中,各路产业工人的工会组织都有所有发展,因此1923年京汉铁路决定联合各站工会筹备建

---

①参见刘明逵、唐玉良主编:《中国近代工人阶级和工人运动》第9册,中共中央党校出版社,2002,第660-663、691-695、712-713、747-756、640-642页。

立京汉铁路总工会,进而再建立全国铁路总工会,以使工人运动有统一的领导。但是总工会成立当日却遭到军警的破坏,工人被迫发动罢工进行反抗。在这次罢工中,工人表现出较强的组织性和团结性。各站均成立了罢工委员会、工人纠察队,以保卫工会组织、维持罢工秩序,成立调查队以探听消息,成立宣传队以争取各界民众的支持。罢工第二天,郑州分会的几个委员被逮捕,同时被要求立刻复工。但是工人代表声明没有总工会的命令绝不复工。铁路工人在斗争中还表现出坚强的意志和不屈的精神。吴佩孚命令长辛店工人立即停止罢工,否则一律开除,但工人们依旧坚持斗争,还对吴佩孚派来包围他们的军队散发传单,动之以情、晓之以理。罢工第三天,反动军阀对被捕的郑州工会代表施以严刑,剥去他们上身的衣服,将之绑在冰天雪地里,但是他们仍不屈服。2月7日,吴佩孚对工人们进行血腥屠杀,工人们虽然死伤众多,但仍坚持斗争,正定分会委员长被枪决前仍在宣讲工人要争取自由的斗争。这次罢工失败了,但是罢工期间全路各站都停止了工作,给军阀造成了很大的损失。这次斗争标志着工人运动从要求改良生活待遇的经济斗争向争取民主平等自由的政治斗争的转变,同时使孙中山看到了工人阶级的伟大力量,决定此后与共产党合作进行国民革命运动。①

第一次国共合作以后,华北工人运动开始恢复。1925年2月,青岛四方机厂工人罢工,要求工会有与雇主进行交涉的权利。因为他们不达目的不停止罢工,遂使路局同意了他们的要求。这是争取工会权利的政治斗争事件中取得胜利的一例,它推动了胶济铁路总工会的成立,全路工人被统一组织起来,这是山东工人运动恢复的标志。1925年4月,青岛日商纱厂秘密组织工会被日本资本家发现后禁止,遂引起纱厂工人的罢工运动。工人在这次罢工中的组织较为严密,成立了罢工委员会、纠察队、调查队、宣

①参见刘明逵、唐玉良主编:《中国近代工人阶级和工人运动》第4册,中共中央党校出版社,2002,第814-824、832-833页。

传队、捐款分配委员会和军警招待委员会。由于工人坚持斗争,迫使资本家答应了他们的大部分要求。工潮结束后,工厂主对工人代表不欲留用,故51名代表自动辞职,并在工会宿舍召开大会,声明"牺牲个人不足为惜,惟望工会能持久存在,谋工界同仁幸福,是所愿耳"。可见工人们顾全大局牺牲小我的精神。随后工人罢工得来的条件很快被资本家所推翻,并制造了血案。但这次罢工形成了很大的影响,对于正在恢复中的工人运动有极大的推动作用,并揭开了五卅运动的序幕。[①]

北伐战争期间,北洋军阀加强了对华北地区的控制,此时华北的工人运动处于低潮。即使在这样的环境下,产业工人也展开了一些罢工斗争。在阎锡山控制的山西地区,晋华纱厂规模较大。1926年7月,该厂因工人组织工会而开除工人,激起工人的罢工斗争。此次罢工虽然在阎锡山军队的镇压下归于失败,但1000多名工人坚持斗争40天之久,这在罢工斗争中是持续时间较长的。罢工期间工人的生活很难维持,但纱厂工人却坚持如此之久,可见他们坚持胜利的决心。在罢工期间的游行示威中,工人们还向群众宣传了工会的重要性。这次罢工是山西工运史上规模较大、持续时间最长、影响较为深远的政治罢工。[②]

南京国民政府建立初期,为了和共产党争夺工人的拥护,国民党除了封闭革命工会之外,还逐步建立起自己控制的黄色工会。黄色工会并不代表产业工人的利益,也无法为工人服务,因此产业工人逐渐认清了它的真实面目之后,便在中国共产党的领导下,展开了反对国民党黄色工会的斗争。1929年的开滦煤矿工人罢工即是这类斗争。开滦赵各庄矿、林西矿和唐家庄矿的工人通过查账的形式,揭露了黄色工会的许多贪污问题,因

[①]参见刘明逵、唐玉良主编:《中国近代工人阶级和工人运动》第5册,中共中央党校出版社,2002,第172-173、180页。

[②]刘明逵、唐玉良主编:《中国工人运动史》第3卷,广东人民出版社,1998,第508-509页。

此要求改组黄色工会。工人在中国共产党的领导下，采取了正确的反对黄色工会的策略，即不反对整个黄色工会，只反对其领袖，把黄色工会中的下层群众争取过来，转变到赤色工会的领导下，以扩大赤色工会的力量。开滦煤矿工人的斗争揭露了黄色工会的本质是欺骗工人群众，不能为工人谋福利办实事，提高了工人群众的认识和觉悟。虽然没有将黄色工会根本推翻，但是全矿的赤色工会已经正式成立，约有会员8000多人。[①]

（二）在同情运动中的地位与作用

同情运动即为声援其他工人纠纷或罢工而展开的运动，如华北产业工人声援五四运动、闽案及五卅运动等事件均属此类。

1919年的五四运动先是以北京为中心，后来运动中心又转移到上海，以工人阶级作为主体的三罢运动如火如荼地进行着。与此同时，华北地区的产业工人也展开了声援五四运动的斗争。华北各地工人以演讲、开会、抵制日货、举行罢工和示威游行等各种方式响应五四运动。工人阶级在五四运动中开始以独立的姿态登上政治舞台，从自在阶级向自为阶级转变。产业工人在这次运动中表现出了彻底反帝反封建的爱国精神。华北产业工人的同情运动有力地支援了北京学生的爱国运动和上海工人的爱国斗争，最终使得北京政府罢免三个卖国贼并拒绝在和约上签字，给帝国主义和军阀当局以沉重的打击。在这次运动中，工人阶级显示了他们的伟大力量，使一些初步具有共产主义觉悟的知识分子运动过后开始到工人阶级中进行教育和宣传，以促进马克思主义和中国工人运动的结合。五四运动后不久，日本又在福建制造了袭击中国学生的福建惨案，当地立即举行了三罢斗争，华北地区的产业工人也展开了援助闽案的活动。北京、天津和唐山地区的产业工人纷纷举行了声援闽案的国民大会和示威游行，并焚毁大批日货。这些行为有力地声讨了日本的暴行，响应支援了福建地区的三罢

[①]薛世孝：《中国煤矿工人运动史》，河南人民出版社，1986，第282-286页。

运动,可以说是五四爱国运动的继续。

1925年上海日本纱厂枪杀工人顾正红案导致了轰轰烈烈的五卅运动,上海地区展开了三罢斗争,华北地区也纷纷响应。工人阶级是五卅运动的主要力量,他们除了参加各种救亡大会及示威游行活动之外,还通过捐款、发放传单等方式进行声援,并且相继展开了反帝罢工,如天津纱厂工人同盟罢工、青岛日商祥阳火柴公司罢工、青岛日商纱厂第三次罢工、河南焦作福公司煤矿工人罢工、中原煤矿工人罢工、郑州豫丰纱厂罢工等。大部分的罢工运动都遭到了军阀的镇压,但是焦作矿工经过8个月的持久斗争,取得了罢工胜利。在这些斗争中,产业工人表现出了强烈的反帝革命精神,他们不愧是国民革命运动的主体。华北产业工人在声援五卅运动过程中还发展了工会组织,如北京总工会、天津总工会、济南临时总工会、河南总工会等纷纷成立。五卅运动是五四之后出现的又一次全国反帝斗争高潮,华北产业工人的同情运动显示了工人阶级的互助团结以及革命统一战线的作用,对日本帝国主义造成了沉重的打击。

(三)在反帝爱国运动中的地位与作用

工人阶级在反帝运动中最初是资产阶级的追随者,后来逐渐成为反帝爱国运动的主要力量和领导者,在反对外来侵略、维护国家主权方面起到了重要作用。

华北地区产业工人参加的早期反帝运动中较为突出的就是1916年天津法租界工人反对法国侵占老西开的斗争。这次斗争是由天津商会领导,但产业工人是斗争的主要力量。法租界工人在罢工中的组织性很强,千余名工人组织了18个工团,并成立了工团事务所,罢工工人均须注册。工人们的斗争意志也非常坚定,他们粉碎了法国侵略者企图破坏罢工的阴谋。例如,电灯公司以高价雇用司机上工,但无人应聘。法商向英国电灯公司借用工人,但英国人立即遭到工人的警告,禁止帮助法国人。法国人企图在石家庄和青岛招募工人赴津工作,也遭到工人拒绝。[1]这次罢工给法国侵略者造成很大损失,最终法国无法侵占老西开,只能承认老西开由中法共管。这次斗争的领导者是以天津商会为代表的资产阶级,说明产业工人还没有作为独立的力量登上政治舞台,此时只是资产阶级的追随者,但是这次罢工可以看作五四运动以后产业工人成为民主革命领导者的预演。

1928年,日本在济南屠杀我国民众,酿成济南惨案,引起了山东的反日浪潮。淄川煤矿工人于6月举行了反日罢工,提出"反对日本出兵山东、霸占路矿,与日本经济绝交,提高工资"等口号,说明淄川煤矿工人除了提高工资这一关系切身利益的要求外,更多地关注了国家的利益和民族的危亡。面对日军的镇压,工人们毫不畏惧,英勇斗争。面对资本家的饥饿政策,工人们仍坚持斗争,终于取得了一定程度上的胜利。这次罢工是大革命失败后中国煤矿工人的第一次大规模罢工,它是煤矿工人运动开始恢复的标志。工人在这次斗争中认清了国民党新军阀的反动面目,同时也打击了日本帝国主义的嚣张气焰。[2]

1929年青岛反日大罢工是济南惨案后反日爱国运动的继续。这次罢工是九大日商工厂两万多人的同盟罢工,反映了产业工人的团结性和互助性,而且罢工跨越了不同行业,规模较大。罢工运动中工人组织了纠察队,一方面伺机惩治工贼,一方面注意斗争动向。由于工人长时间的罢工,厂方受到了很大损失。罢工正值高温高湿的夏季,机械设备因无人维护开始生锈,另外有些工厂因长时间没有收入难以维持。日商为工厂复工还玩弄了花招,有的是招募新工人和诱骗旧工人复工,有的是令工人秘密复工,不与外界联系。罢工工人识破了日本资本家的阴谋,并对工厂复工进行了破

---

①刘明逵、唐玉良主编:《中国近代工人阶级和工人运动》第2册,中共中央党校出版社,2002,第409-410页。

②薛世孝:《中国煤矿工人运动史》,河南人民出版社,1986,第274-275页。

坏,最后迫使资方同意了工人的部分条件。[①]

九一八事变后,全国人民开始了抗日救国的运动,华北产业工人也投入反日的浪潮,他们通过建立抗日组织、发表通电、游行示威、捐款、集会、罢工等方式反抗日本的侵略行径。工人们提出了"宁做救国鬼,不做亡国奴"[②]的口号,可见其思想觉悟和革命精神之高,也说明了工人们在共产党"停止内战、一致对外"主张的影响下认清了当前的主要敌人为日本帝国主义,表明了与日本帝国主义血战到底、视死如归的决心。

1933年日本侵占热河以及1935年日本策动华北"自治",更激起了华北产业工人的反抗。当共产党提出国共合作抗日,建立抗日民族统一战线的主张时,工人们积极响应,1936年青岛日商纱厂反日罢工就是在这一方针影响下展开的。这次罢工中,青岛日商九大纱厂24 000余人互相援助,互相推动,举行同盟罢工,进一步培养和提高了产业工人团结互助的精神。这次罢工虽然失败了,但是它的意义很大。工人们在斗争中反日的政治目的非常鲜明,向广大群众宣传了反对日本帝国主义和建立抗日民族统一战线的主张,对于挽救民族危亡做出了很大的贡献。同时此次斗争也为共产党在白区的工人运动策略提供了经验。例如,要以抗日救国的主张争取各界人士的支持;要纠正"左"倾错误,贯彻执行统一战线的主张;要使公开斗争与秘密斗争相结合;罢工中不要提出过高的条件,在有利的形势下,要适时地结束斗争。[③]这些经验教训将会使中国共产党在以后的革命中更好地指导产业工人的斗争。

综上所述,华北产业工人在政治斗争中的地位一开始是资产阶级的追

---

①刘明逵、唐玉良主编:《中国近代工人阶级和工人运动》第8册,中共中央党校出版社,2002,第685-688页。

②刘明逵、唐玉良主编:《中国近代工人阶级和工人运动》第9册,中共中央党校出版社,2002,第625页。

③刘明逵、唐玉良主编:《中国工人运动史》第4卷,广东人民出版社,1998,第574页。

随者,五四运动以后则成为民主革命的领导阶级和主要力量。他们在民主革命中积极地争取民主自由的权利与地位,在罢工斗争中互相援助,提高了组织性、团结性和战斗性。他们在反帝爱国运动中积极响应中国共产党的号召和方针政策,在反对外国侵略、挽救民族危亡的运动中起到了至关重要的作用。正是由于产业工人不断地反抗与斗争,北洋政府和南京国民政府不得不制定一些保护劳工的法令并建立相关的劳动保障设施。

第五章　　华北产业工人的劳动保障

所谓劳动保障指的是政府、企业或社会做出的保护劳动者各种权益的措施和行为,它包括制定各项保护劳工的法律,建立各种保护劳工的设施,如膳宿设施、安全与医疗卫生设施、教育设施、储蓄及合作社等经济设施、劳动保险设施以及娱乐设施等。民国时期,由于产业工人不断壮大以及劳动条件、劳动待遇的恶劣,他们不断地反抗与斗争以争取自己应有的权益,这引起了政府、企业雇主和社会团体的关注。为了维持稳定的社会秩序和生产秩序,政府制定了相关保护劳工的法律,工矿企业也制定了一些规章制度,同时政府和企业都建立了劳动保障的相关设施。这些举措对于过去来讲是从无到有的一大步,但是具体实施成效如何,还需要进一步的探究。本章就试图探析华北产业工人的劳动保障问题,包括相关立法、具体设施及实施成效等方面的内容。

第一节　劳动保障相关立法

民国时期尤其是五四运动以后,华北产业工人逐渐发展壮大,开始为争取自己的利益而斗争。政府当局为了维持社会的稳定,巩固自己的统治,不得不制定相关保护劳工的立法。本节就来分析北洋政府和南京国民政府两个时期的劳动立法情况。

一、北洋政府时期的劳动立法

民国初建,不但没有专门保护劳工的法律,反而还有打击工人运动的法律。1912年颁行的《中华民国暂行新刑律》规定,从事同一行业的同盟罢工者,"首谋者处以四等以下有期徒刑拘役或300元以下罚金",其他人则处以"拘役或30元以下罚金"。1914年的《治安警察条例》认定工人的结社集会是一种诱惑及煽动的行为,有扰乱安宁秩序、妨害善良风俗的危害,警察官吏应对这种行为进行禁止。[1]随后的《治安警察法》规定,工人的政治结社、关于公共事务之结社、政谈集会、关于公共事务之集会、屋外集合或公众运动和游戏等活动都要呈报所在地之警察官署。[2]这些法律反映了民国建立初期,统治者反对工人结社集会及罢工等活动,并企图用武力将之镇压。五四运动以后,产业工人逐渐发展壮大,在反抗斗争中积极争取劳动待遇的改善,提出增加工资、缩短工时、发放养老金、伤亡及疾病抚恤以及建立教育、医疗设施等方面的要求。在对劳资争议案件的统计中可以看出,纠纷与罢工的发生原因以工资、待遇及雇用解雇等问题居多。这说明工人工资低下、待遇较差,并随时面临解雇的危险,因此他们不断为此进行反抗。同时中国共产党为了维护工人的权益,也积极争取劳动立法的实施,这引起了社会各界的关注,使得政府和雇主不得不制定劳动保障的相关法律以维持社会和生产的稳定。下面就先来看看北洋政府时期的劳动保障相关立法。

---

[1]刘明逵、唐玉良主编:《中国近代工人阶级和工人运动》第1册,中共中央党校出版社,2002,第711-712页。

[2]中国第二历史档案馆编:《中华民国史档案资料汇编》第3辑《政治》(一),江苏古籍出版社,1991,第335-336页。

表 5-1 北洋政府时期的主要劳动保障立法

类别	劳工法名称	颁布日期	颁布者
工厂法	暂行工厂通则	1923-03-29	北京政府
	北京农工部工厂条例	1927-10-27	北京农工部
	北京农工部监察工厂规则	1927-11-02	北京农工部
矿山交通劳动法	矿业条例	1913-03-11	北京政府
	矿业条例施行细则	1914-03-21	北京政府
	矿业保安规则	1923-05-05	北京农商部
	矿工待遇规则	1923-05-12	北京农商部
	矿场钩虫病预防规则	1923	北京农商部
	煤矿爆发预防规则	1923-05-17	北京农商部
	国有铁路职工通则草案	1925	北京交通部
工会组织法	工人协会法草案	1923	北京政府
	工会条例草案	1925	北京农商部
劳工福利法案	国有铁路职工抚恤金规则草案	1925	北京交通部
	国有铁路职工疗养规则草案	1925	北京交通部
	国有铁路职工养老规则草案	1925	北京交通部
	国有铁路职工储蓄规则草案	1925	北京交通部
	国有铁路职工消费组合试办大纲	1925	北京交通部

资料来源：

刘明逵、唐玉良主编：《中国近代工人阶级和工人运动》第 1 册，中共中央党校出版社，2002，第 714-758 页。

王清彬等编：《第一次中国劳动年鉴》第 3 编，北平社会调查部，1928，第 46-48、62-63、72-73、76-78、183-276 页。

最早涉及保护劳工内容的法规为矿业法，即 1913 年颁布的《矿业条例》和 1914 年颁布的《矿业条例施行细则》。《矿业条例》第五章是关于矿工权利的部分，包括工资每月分一次或两次发给，解雇应给予技能证书，因公伤亡应享有医疗和抚恤，以及工时、年龄、女工童工等方面的限制。《矿业条例施行细则》是对《矿业条例》的进一步说明，但对于工种、工资、工时、休假、赏罚、雇用解雇、抚恤等矿工待遇问题只是概括地罗列，要求矿业权者订立好相关规则后呈请矿务监督署长核准。在《细则》中并没有对上述各项问题的具体规定，只是在抚恤方面规定住院期间给予的抚恤金应为工资

1/3以上,残废和死亡抚恤应为百日以上之工资,丧葬费须在10元以上,并且还规定了矿业权者违反该法令应付的罚金。①这两个法令制定的初衷是为了鼓励矿业的发展,维护矿业权者的利益,但其中的部分条款也对矿工的权利做出了规定。这是最早加入劳动保障条款的立法,虽然最后没有贯彻施行,但是它为以后的劳动保障法规的制定奠定了一定的基础。

1923年农商部又颁布了《矿工待遇规则》,这是对矿工各项待遇的一个专门规定。它规定矿工年龄须在12岁以上,童工仅能在坑外从事轻便工作,工资每月按时发放,成年工每日工时不超过10小时、童工不超过8小时,矿工每月休息两日以上,矿业权者应为矿工设立卫生、教育、娱乐、储金等设施。另外还对矿工因公伤亡的抚恤金及矿工辞工、矿主退工的相应情形做出了规定。②这个法规的内容较为全面,只是后来也未能切实实施。

关于矿山劳动者的法规还有《矿业保安规则》《矿场钩虫病预防规则》和《煤矿爆发预防规则》,这些都是关于矿工安全健康方面的具体规则,与《矿业条例》相比是一种进步。《矿业保安规则》规定了矿工的年龄、工时等内容,还规定了矿场、坑口、交通运输、通风、灯火等应有的安全设施以及预防火灾、水患等注意事项。因为矿山内煤气或煤尘较多,容易引发爆炸,于是政府颁布了预防煤气爆发的专门法规即《煤矿爆发预防规则》。该法规在通风方面,对通风量、通风速度、通风装置及巡视人员做了相关规定,在煤气煤尘方面,对煤气含量、巡视检查及预防办法做了规定,并对安全灯及火药使用时的注意事项进行了说明。③

最早的工厂法为《暂行工厂通则》。1923年2月,京汉铁路工人因成立总工会遭到军阀的阻挠而发动大罢工,结果遭到吴佩孚的血腥镇压,这引

---

①参见中国第二历史档案馆编:《中华民国史档案资料汇编》第3辑《工矿业》,江苏古籍出版社,1991,第50、67页。

②同上书,第109-112页。

③同上书,第103-108、112-115页。

起了社会各界的同情。各地工人根据1912年颁布的《中华民国临时约法》中人民有言论、出版及集会、结社之自由的规定,要求获得组织工会的权利。面对社会各界强烈的立法呼声,北洋政府于1923年3月29日颁布了《暂行工厂通则》。该《通则》对工厂工人年龄、工时、休假、工资、抚恤等方面都做了相应规定,很多条款对童工和女工做出了规定,如幼年男工年龄为10岁以上17岁以下,幼年女工年龄为12岁以上18岁以下,幼年工每日工作时间不得超过8小时并不得从事夜间工作,每月至少给予幼年工3日休息时间,安排幼年工从事轻便工作,不得安排童工及女工从事危险工作,女工生产前后均需休假5周,并给以扶助金等。[①]这是第一部对工厂工人劳动保护规定较为全面的法规,尤其是对童工女工的劳动保护较为重视。但是它的第一条规定该《通则》只适用于雇用工人在百人以上的工厂以及有危险性质或有害卫生的工厂,这是不切实际的规定。当时的工厂规模一般较小,又把无危险性质的工厂排除在外,因此这个法规适用范围非常小,不具有普遍性。

因为《暂行工厂通则》的条文不甚完备,1927年农工部对其进行修订,颁布了《北京农工部工厂条例》。该《条例》对《通则》的一些内容进行了修改,如适用工人人数由以前的100人以上改成15人以上,如果工厂工人不到15人,则有危险性质或有害卫生之工厂亦适用;对于童工的最低年龄,男童工由以前的10岁改为12岁,女童工的最低年龄由12岁改为14岁,如果低于《工厂条例》规定之最低年龄的童工为以前雇用者则继续任用,只是其工作时间应低于6小时;把童工不得从事午后8时到翌日午前4时之工作改为不得从事午后10时至翌日4时之工作;童工休息时间由每月至少3日改为童工及成年女工每月至少4日;女工生产前后休息时间由各给5周

---

①中国第二历史档案馆编:《中华民国史档案资料汇编》第三辑《工矿业》,江苏古籍出版社,1991,第37-39页。

改为各给4周,并明确规定给一个月工资作为扶助金。同时《工厂条例》还增加了《通则》没有的内容,如规定工厂主和监察官共同商定工人最低工资,工人加班一小时给予一个半小时工资,工厂应拟定雇用契约程式并规定违约罚金,厂主解雇工人应提前两周通知,工人辞工应提前一周通知,工人入厂时出具年龄证明书,被解雇离厂时由厂主给予技能证明书,厂主及代理人违反条例应处以罚金,厂主对于行政官署的处分不满时可以提起诉讼。①可见《工厂条例》比《暂行工厂通则》内容较为详细具体,并做出了某些有利于劳工的修改。同年11月2日,张作霖以大元帅的名义又公布了《北京农工部监察工厂规则》,以监督《工厂条例》的切实履行。它规定了工厂监察官的派驻及监察事项16种,还指出工厂主或管理人违反规则应以处罚,工厂内经检查发现问题者应立即停止工作,工厂监察官在检查工厂时发生违法行为应交行政官署办理等。②这是最早的工厂检察法则,只是因为颁布之时政局动荡,最后只能徒成具文而已。

工会法方面有《工人协会法草案》《工会条例草案》的制定。1923年,北京政府草拟《工人协会法草案》,黎元洪大总统咨请国会审查。该《草案》规定了工人协会之事务包括会员互助、改善雇用条件、调查劳动状况、对劳动立法行政提出意见以及答复行政官署的咨询等内容,还规定了工人协会的设立程序、会章内容、违反规定的处罚等。③这个《草案》还未经过国会通过,6月就发生曹锟等驱逐黎元洪的事变,国会解散,此项《草案》也被搁置。

此后的劳资争议案件日渐增多,1925年五卅惨案发生后,各地工人要求劳动保障立法的呼声日高,于是北京农商部又制定了《工会条例草案》。该《草案》共25条,规定了工会的职务即职业介绍、改善待遇、调查劳工状况、调处劳资争议以及实施劳工福利等事项,还规定了工会章程、发起人资

---

① 王清彬等编:《第一次中国劳动年鉴》第3编,北平社会调查部,1928,第198-202页。
② 同上书,第203-205页。
③ 同上书,第243-244页。

格、会员条件、经费、职员选举等内容。该《草案》遭到了各地工会的反对，因为它限制工会发起人的年龄、教育程度以及从业经验，并且规定工会以职业为标准建立，这都引起了产业工人的不满。同年交通部又对《草案》进行了修正，共计34条，其修订的内容如规定从事同一职业或产业的工人均可组织工会，取消对工会发起人资格限制的条款，工会经费由原来规定的至多不得超过会员收入的3%下降为2%，工会开会议决相关事务由2/3以上会员到会改为3/4以上会员到会，等等。另外修正案增加了工会违反这些规定应受的处罚，还规定发生劳资争议时由地方行政长官和调查委员会进行公断，在此期间雇主不得开除工人，工人也不得罢工。[1]看来这项立法在修订有利于工人的条款之外，重点还在于控制和约束工人运动。1926年北伐战争开始，此项《草案》又无形停顿。

北洋政府时期关于铁路工人的劳动保障立法大多为集中于1925年前后颁布的劳工福利法案。1925年，北京交通部颁布了《国有铁路职工通则草案》。该《草案》规定铁路工人的雇用年龄须在14岁以上，不得安排童工从事危险及沉重的工作，工人每日工作时间不得超过10小时，每月至少休息两日，工资每月定期一次以货币形式付给，节假日休息不扣工资，节假日工作增加工资，还制定了奖励金、养老金、教育、卫生、防险、抚恤等劳工福利内容，最后指出了铁路工人损害财产、生命时应负的责任。[2]这项法案虽然在工人待遇部分中规定了各项福利设施的相关内容，但是较为简略，具体各项福利措施的制定还有专门的单项立法。《国有铁路职工抚恤金规则草案》分别对因公死亡者、因公致残失去工作能力者、因公致残尚能工作者以及工作若干年在职病故者的抚恤金进行了规定。《国有铁路职工疗养规则草案》对铁路工人因公受伤者、因公受病者及通常患病者的疗养假期

---

[1]王清彬等编：《第一次中国劳动年鉴》第3编，北平社会调查部，1928，第245–251页。
[2]同上书，第210–211页。

分别做出了规定,并指出在法定疗养假期内,工资照给,疗养费用由路局支付。《国有铁路职工养老规则草案》规定工作年限满20年且曾经缴纳储蓄金,年满55岁或身体衰弱无法继续工作者可以领取养老金,因公受伤而去职者曾经缴纳过储蓄金也可领取养老金,养老金的数目是按照工人历年的储金本息计算,养老金可以一次领取也可分期领取。《国有铁路职工储蓄规则草案》规定铁路工人根据工资数额,每月缴纳工资1%~5%的储金;路局划拨与职工储金相同金额的补助金与工人储金一并储存;储金积多时,应由交通部设立储蓄银行;职工储金本息在工人退职时发还作为养老金。《国有铁路职工消费组合试办大纲》对消费合作社的人员组成、负担资本、采办物品、售价标准、事务所、余利处理、人事会议等内容做了相应的规定。[①]

二、南京国民政府时期的劳动立法

1927年南京国民政府成立以后,国民党由国民革命时期扶助农工的政策转变为控制劳工运动的政策。为了维持劳资协调,巩固自己的政权,南京国民政府时期制定了更多的劳动保障法规。这些立法虽然有一些有利于劳工的条文,但是它们的实质是要欺骗和控制工人群众。

南京国民政府时期的主要劳动保障立法见下表所示:

表5-2 南京国民政府时期的主要劳动保障立法

类别	劳工法名称	颁布日期	颁布者	修订日期
工厂法	工厂法	1929-12-30	国民政府	1932-12-30
	工厂法施行条例	1930-12-16	国民政府	1932-12-30 1935-04-10 1936-12-10
	工厂检查法	1931-02-10	国民政府	1935-04-16
	工厂安全及卫生检查细则	1935-10-09	实业部	—
矿山交通劳动法	铁路员工服务条例	1930-03-03	国民政府	—
	矿场法	1936-06-25	国民政府	—

---

①参见王清彬等编:《第一次中国劳动年鉴》第3编,北平社会调查部,1928,第46-48、62、72-73、76-77页。

续表

类别	劳工法名称	颁布日期	颁布者	修订日期
工会组织法	工会组织暂行条例	1928-07-09	国民党中常会	—
	特种工会组织条例	1928-07-26	国民党中常会	—
	工会法	1929-10-21	国民政府	1931-12-20 1932-09-27 1933-07-20
	工会法施行法	1930-06-06	国民政府	1931-12-19 1933-07-20
	铁路工会组织规则	1932-10-05	行政院	—
劳资关系法	劳资争议处理法	1928-06-09	国民政府	1930-03-17 1932-09-27
	团体协约法	1930-10-28	国民政府	—
	劳动契约法	1936-12-25	国民政府	—
工资法	国营企业最低工资暂行办法	1934-03-22	行政院	—
	最低工资法	1936-12-23	国民政府	—
失业救济法	职业介绍所暂行办法	1931-12-03	实业部	—
	县市设立民生工厂办法	1932-09-10	实业内政部	—
	职业介绍法	1935-08-07	国民政府	—
劳工教育法	工人教育计划纲要	1928	工商部	—
	劳工教育实施办法大纲	1932-02-04	实业部、教育部	—
	铁路职工教育计划纲要	1932-01-28	铁道部	—
	铁路职工学校教育实施暂行通则	1932-06-29	铁道部	—
	铁路职工补助教育实施规则	1932-07-05	铁道部	—
	铁路职工识字教育强迫施行办法	1933-02	铁道部	—
储蓄法	国有铁路员工储蓄通则	1931-12-28	铁道部	—
	工人储蓄暂行办法	1932-04-01	行政院	—
劳动保险法	国有铁路员工抚恤通则	1930-12-29	铁道部	—
	强制劳工保险法草案	1932-11	实业部	—
消费合作社法	国有铁路员工消费合作社通则	1931-01-15	铁道部	1931-02-03
	消费合作实施方案	1931-04	实业部	—

续表

类别	劳工法名称	颁布日期	颁布者	修订日期
其他	工商职工俱乐部计划大纲	1929	工商部	—
	工厂设置哺乳室及托儿所办法大纲	1936-04-24	实业部	—
	工厂卫生室设置办法	1936-11-21	实业部	—

资料来源：
刘明逵、唐玉良主编：《中国近代工人阶级和工人运动》第7册,中共中央党校出版社,2002,第219-256、293-335页,第8册第121-149页,第9册第194-214页。
邢必信等编：《第二次中国劳动年鉴》第3编,北平社会调查所,1932,第1-63、145、188页。
《民国二十一年中国劳动年鉴》第5编,实业部劳动年鉴编纂委员会,1933,第1-29、60-67、82-138页。
《民国二十二年中国劳动年鉴》第5编,实业部劳动年鉴编纂委员会,1934,第1、63、77页。
实业部劳工司编：《劳工法规汇编》,载《民国史料丛刊》第767册,大象出版社,2009,第5-183页。
谢振民编著,张知本校订：《中华民国立法史》(下),中国政法大学出版社,2000,第1061-1144页。

从上表可以看出南京国民政府统治时期的劳动立法很多,下面分类对其进行分析。在工厂法规方面,1929年12月30日国民政府颁布了《工厂法》,1932年12月30日又修订颁布,内容包括工资、工时、休假、童工女工、工人福利、津贴抚恤、安全卫生设备、学徒及罚则等相关内容。通过对新旧条文的比较,可以看出修订《工厂法》的一些变化,如在延长工时的限制方面,旧条文规定每月不得超过36小时,新条文规定每月不得超过46小时,这样就比以前增加了10小时;在童工不得参加夜间工作的时限方面,旧条文规定童工不得在午后7时至翌晨6时内工作,新条文改成不得在午后8时至翌晨6时工作,这样即表明童工白天的工作延长了一个小时;对于在厂工作10年以上的工人均规定其特别休假每年加给一天,但总数由不超过30天改成了不超过20天,减少了10天;旧条文中规定女工分娩期间可领全薪,而修订后改为入厂工作半年以上者发给全薪,不足半年者发给半薪;在工人福利方面新条文增加了建筑工人住宅这一项内容;在招收学徒的最低年龄方面,旧条文规定14岁,新条文为13岁,修订后比之前降低了1岁。① 从上述各项变化可以看出,《工厂法》修订之后,工人的劳动保障待遇有所降低。

1930年12月国民政府又颁布了《工厂法施行条例》,对于劳动保护的具体内容做出了说明,如国民政府对纪念日的规定、发放抚恤金的日期、工厂会议工人代表的选举、工厂医务设施的设置、托儿所的设立以及安全检查、安全设施的具体相关规定等。②

《工厂法》及《施行条例》制定之后,国民政府又于1931年2月颁布了《工厂检查法》,规定了检查的主要内容为工人年龄和工种、工作时间与休假时间、女工产假、工厂卫生及安全设施、工人伤亡情况等,还规定了工厂检查员的任用标准、检查工作的程序、禁止检查员所犯的错误等内容。③ 1935年国民政府实业部公布施行了《工厂安全及卫生检查细则》,这是关于工厂安全卫生检查的法则。它规定安全方面的检查包括工作场所工人应占空间、动力机械设备的安全预防、高温有毒之场所的安全预防、电气设备的安全预防、太平门太平梯的设置等,卫生方面的检查包括清扫、光线、温度、空气、饮水、厕所、盥洗器具、更衣室、疫苗注射、急救设备及工厂医师等方面,总计73条,内容极为详细。④

关于矿山铁路劳动的法律主要有《铁路员工服务条例》《矿场法》的出台。1930年3月国民政府颁布《铁路员工服务条例》,它是关于铁路工人劳动保障的法规。其中涉及保护劳工的条文,如厂内工作之工人每日工作时间不超过8小时,厂外不得超过12小时;延长工时增加工资;童工从事

---

①陈振鹭:《工厂法修正后新旧条文之比较》,《大中国周报》1933年第1卷第5期。

②邢必信等编:《第二次中国劳动年鉴》第3编,北平社会调查所,1932,第8—10页。

③同上书,第10—11页。

④实业部劳工司编:《劳工法规汇编》,载《民国史料丛刊》第767册,大象出版社,2009,第117—127页。

轻便工作；工人因公致病由路局负担医药费，治疗第一个月发放全薪，第二个月减半，第三月停发；工人因公伤亡给予抚恤费；发生战事照常工作者，一工算作三工；工人退休后发给退休前工资的半数作为养老金。这个《条例》中虽然有一些保护劳工的条款，但是也有很多控制和限制铁路工人的条文，如员工任免由铁道部、路局和公司经理办理，工人或工会不得加以干涉；铁路工人必须遵守路局规章，服从上级下达的命令；员工工作未通过考核时，路局可随时解聘；工人罢工、怠工时，除了开除之外，还交由法院惩办，等等。[①]1936年6月，国民政府颁布《矿场法》，这是关于矿工待遇的法律。它规定了工人患病期间不得工作，女工童工禁止在坑内工作，坑内工作不超过8小时且每日至少休息两次，在矿场内安排技术人员和保安员，设立安全设施和卫生医疗设施，矿业权者违犯上述规定处以的罚金等内容。[②]

在工会组织法方面，最早的法规为1928年7月国民党中常会通过的《工会组织暂行条例》，包括工会成立的条件、组织系统、机构设置、责任义务等方面。其中工会组织系统包括全国总工会、省市总工会和产业总工会等级别。随后国民政府又出台了《特种工会组织条例》，适用于铁路、矿业、海员、邮务、电务等工会。其中铁路工会组织系统为"全国铁路总工会—某铁路工会—某段分会—某站支部—小组"，矿业工会组织系统为"全国矿业总工会—某省区矿业工会—矿厂分会—部门支部—小组"。[③]在上述条例的基础上，国民政府于1929年10月颁布了《工会法》，它规定了工会在工人福利方面的责任，并提出雇主用人不得以其是否为工

①邢必信等编：《第二次中国劳动年鉴》第3编，北平社会调查所，1932，第13-16页。
②实业部劳工司编：《劳工法规汇编》，载《民国史料丛刊》第767册，大象出版社，2009，第108-112页。
③刘明逵、唐玉良主编：《中国近代工人阶级和工人运动》第8册，中共中央党校出版社，2002，第121-126页。

会会员为限制条件,以及在劳资纠纷期间不得解雇工人等保护条文。但该法也制定了一些限制工人运动的条款,如国家重要企事业单位不得组织工会;劳资纠纷期间若未达到2/3以上会员同意,工人不得宣言罢工;工会违反法规或破坏安宁秩序时,主管官署将其解散等。[①]这部《工会法》一颁布就遭到工人和工会的反对,国民政府被迫对其进行三次修订,在省市总工会和特种工会的组织方面做出一定的让步。1932年10月5日国民政府行政院公布了《铁路工会组织规则》,规定了工会宗旨、会员资格、人员构成、主管官署等内容,这个法规承认了铁路工人组织工会的权利。

关于劳资关系的立法有《劳资争议处理法》《团体协约法》《劳动契约法》的相继颁布。1928年6月,国民政府通过《劳资争议处理法》,包括争议处理机关、程序、当事人行为之限制及罚则等内容。该法案指出,劳资争议发生时,不论当事者声请与否,相关行政官署均应安排调解委员会进行调解;当调解无效时,均须安排仲裁委员会仲裁;争议双方对于仲裁结果必须服从;在调解或仲裁期间雇主不得开除工人,工人亦不得进行罢工。[②]这个法案看似是在帮助劳资之间解决矛盾,但实际上是用法律控制工人的反抗与斗争。1930年和1932年国民政府两次对该法进行修订,1930年修订案的最大变化是将原来的强制仲裁改为任意仲裁。但此后各地劳资纠纷迭起,1932年9月国民政府对此法案再次修订并公布施行,其修改的重点是又将任意仲裁恢复为强制仲裁,并将前两次法案的有无互补,这说明劳资争议的加剧和政府控制的加强。1930年,《团体协约法》出台,团体协约是雇主与工人团体为了规定劳动关系所缔结的契约。该法案规定了团体协约的限制、效力和存续时间等内容。1936年,国民政府又公布了《劳动契约法》,规定了契约的缔结与终止、劳方与雇方的义务等内容,其中雇方义

---

①邢必信等编:《第二次中国劳动年鉴》第3编,北平社会调查所,1932,第41-45页。
②同上书,第57-63页。

务涉及劳动报酬和年节奖金等劳动保护的条文。

在工资法方面,1928年第十一届国际劳工大会通过了《最低工资办法公约》,1930年国民政府批准了这项公约,但由于诸多阻碍一直没有履行。后来政府决定先从国有企业着手试行,遂于1934年颁布了《国营企业最低工资暂行办法》,指出最低工资率依照各地生活状况而定。1936年国民政府颁布了《最低工资法》,规定成年工的最低工资率以能维持本人及亲属两人的生活为标准,童工的最低工资率不能低于成年工的一半,并规定了最低工资委员会的人员组成。[①]

对于失业救济问题国民政府也颁布了一些法令,包括职业介绍和民生工厂两个方面。关于职业介绍,1931年国民政府实业部颁布《职业介绍所暂行办法》,指出职业介绍所包括国营、公营和私营三种,它们均须向主管官署登记,前两者不收取介绍费,私营介绍所收取之介绍费应由雇主和工人平摊。1935年国民政府颁布了《职业介绍法》,规定了职业介绍之机关及其职务、罚则等内容。[②]关于民生工厂,实业内政部1932年颁布了《县市设立民生工厂办法》,规定了收容失业工人的办法。对于伤亡、疾病抚恤问题的法令有1930年铁道部颁布的《国有铁路员工抚恤通则》,该《通则》规定了铁路工人伤亡抚恤办法、疾病抚恤办法以及服务年数和抚恤费之计算方法。1932年实业部颁布《强制劳工保险法草案》,也是针对劳工因公受伤或患病应得的抚恤而制定的。它规定保险金额按照工人受伤、患病轻重及工资情况给付,保险费用主要由雇主和工人共同负担,不服保险给付决定者可向主管官署提出请求及诉愿,并指出保险双方违反《草案》规定应受

---

①实业部劳工司编:《劳工法规汇编》,载《民国史料丛刊》第767册,大象出版社,2009,第149-153页。

②同上书,第175-185页。

的罚则。①这项法案要求雇主和工人都要支付保险费用,因而遭到反对并没有付诸实施。关于工人储蓄的问题,1931年12月铁道部颁布了《国有铁路员工储蓄通则》,规定铁路工人按每月工资20元以上、100元以上、200元以上和300元以上分别扣除2%、3%、4%和5%比例的金额作为储蓄金,路局每月也按照一定比例为员工存储辅助金。1932年4月,行政院又出台了《工人储蓄暂行办法》,规定了办理此事项之工人储蓄会的人员组成及职责,指出强制储蓄由工厂每月发放工资时扣除,自由储蓄由工人自动存储和支配用途。②

在劳工教育法规方面,1928年工商部通过了《工人教育计划纲要》,内容包括总纲、目的、教区、组织、方法、经费和学程几个方面。其中工人教育方法除了学校以外,还有读书班、阅报处、通俗演讲、工人刊物、演剧电影等方面;经费方面规定政府及教育机关划拨若干经费办理教育,工厂公司主要负担其工人的教育经费,其他团体的教育经费由工人教育执行委员会筹划;在学程上分为三期,第一期为学习标准字,第二期为技术教育,第三期为工人优秀分子的劳工运动、政治运动之教育。③通过此《纲要》可以看出,政府想通过循序渐进的教育,使工人从掌握基本知识到提高工作技能,再到修养高尚人格以期培养劳工领袖人才。1932年2月,实业部与教育部会同颁布了《劳工教育实施办法大纲》,该《大纲》把劳工教育分为三类,即识字训练、公民训练和职业补习,并规定了各类教育的具体科目,还指明了劳工学校或劳工班的教职人员的组成及资格,并指出其经费由原设立机关负

---

①《民国二十一年中国劳动年鉴》第5编,实业部劳动年鉴编纂委员会,1933,第132-137页。

②同上书,第94-98页。

③《工人教育计划纲要》,北京市档案馆藏ZQ004-001-01451。

担,不收取工人学费及书本费等。①关于铁路工人教育的法规较多,1932年至1933年间铁道部相继公布了《铁路职工教育计划纲要》《铁路职工学校教育实施暂行通则》《铁路职工补助教育实施规则》《铁路职工识字教育强迫施行办法》等法规。

在提倡工人建立消费合作社方面,铁道部和实业部分别制定了相应的法规。1931年1月,铁道部颁布了《国有铁路员工消费合作社通则》,指出建立消费合作社之目的是为减轻消费负担、改善经济生活,资本由社员分任,采购物品以日常所需为准,物品售价比市价最多降低15%。1931年4月,实业部又制定了《消费合作实施方案》,规定了合作社必须具备的条件、社员的资格及权利义务、入社退社等情况、股份股息、合作社组织、职员资格与职权、营业机关、结算盈余、设立及解散程序以及消费合作社章程举例等问题。②

其他劳动福利方面的法案,如1929年工商部颁布的《工商职工俱乐部计划大纲》,主要目的是提倡和改善职工的娱乐生活,培养团结互助精神。《大纲》规定职工俱乐部的主要设备包括教室、演讲厅、阅报室、游艺室、沐浴室、更衣室、理发室、运动场、寄宿舍、餐馆茶社等,其主要事业包括体育、智育、娱乐和服务事业等项内容。③1936年4月,实业部公布了《工厂设置哺乳室及托儿所办法大纲》,规定工厂女工达百人以上者应设立哺乳室,女工达300人以上者还应设立托儿所,并规定了哺乳室和托儿所的环境及设备等方面的要求。11月,实业部颁布了《工厂卫生室设置办法》,该《办法》规定了工厂卫生室的职责包括诊治疾病、研究卫生技术及传染病职业病、卫生教育、工人保健、购置医药设备、统计伤病情况等内容,还规定了卫生

①《民国二十一年中国劳动年鉴》第5编,实业部劳动年鉴编纂委员会,1933,第82-84页。

②同上书,第106-118、132-133页。

③顾炳元:《中国劳动法令汇编》,上海法学编译社,1932,第237-244页。

室的分组、人员以及应该订立的规则和编制的统计。①

上述中央法规颁布之后,各地方法规也相继出台。华北各地在中央法规的影响下也纷纷颁布各项劳动保护的地方性法规。在工厂法规方面,1929年颁布的《河北省工商厅监察规则》是在1927年《北京农工部监察工厂规则》基础上制定的。随后又颁布《河北省暂行工厂规则》,它是依照1927年的《北京农工部工厂条例》制定,其中不同之处为:《条例》适用于工人在15人以上的工厂,《规则》为40人以上,缩小了适用范围;《条例》中男童工最低年龄为12岁,女童工14岁,《规则》均为12岁;《条例》规定童工及女工每周至少休息一天,《规则》规定每周至少休息18小时以上。②这几点说明此《规则》在某些方面相对于《条例》来说有所退步,但关于童工工作时间的规定比《条例》进步。《条例》规定童工不得在午后10点到翌日午前4点工作,《规则》指出工厂应安排童工在午前7点到午后5点之间从事8小时之工作,即不得安排童工在午后6点到翌日午前6点之间工作。

在劳资关系方面,1928年颁布的《天津特别市政府劳资仲裁委员会章程》,是根据中央的《劳资争议处理法》制定的。1931年又颁布了《青岛市劳资争议处理法施行细则》《青岛市劳资争议调解委员会会议简则》《青岛市劳资争议仲裁委员会会议规则》等法规。

在职业介绍法规方面,1930年颁布了《青岛市市立职工介绍所暂行规则》,1931年又颁布了《青岛市市立职工介绍所介绍职工简则》。随后北平市政府依据实业部制定之《职业介绍所暂行办法》,颁布施行了《北平市职业介绍所登记规则》。

在工人待遇方面,1930年山西省实业厅颁布《山西保护工人暂行条

①实业部劳工司编:《劳工法规汇编》,载《民国史料丛刊》第767册,大象出版社,2009,第103-108页。
②天津市档案馆编:《天津商会档案汇编(1928-1937)》(下),天津人民出版社,1996,第1370-1376页。

例》,这是为限制包工头剥削和虐待矿工而专门制定的法规。这样的法规还有1933年颁布的《山西取缔各煤窑虐待工人办法》,其中规定矿工年龄要在18岁以上,这相对于中央颁布之《矿业待遇规则》中规定的矿工最低年龄为12岁来说是一大进步,说明山西煤矿禁止雇用童工。1933年,青岛市政府颁布了《青岛市工人待遇暂行规则》,它基本上是依照国民政府颁布的《工厂法》制定,但是个别条文又与之有一定的差别。例如,《工厂法》规定工人工作时间不得超过10小时,此《规则》为不超过12小时;《工厂法》规定工人每周休息一日,此《规则》规定每月至少两日,这样青岛工人每月的休息日就减少了两天;《工厂法》规定女工分娩前后共休假8周,此《规则》规定给假4~6周,休假日期减少了很多,但是假期内工资照给,这比《工厂法》依照工人入厂时间酌情给予休假工资进步一些;在工人抚恤费用上,《工厂法》规定工厂资本在5万元以下者可呈请核减,而此《规则》规定工厂资本在5000元以下者即可呈请核减,在具体的伤亡抚恤标准的规定上,《规则》也比《工厂法》低了一些;但此《规则》提出了《工厂法》之外的两项规定,即职工遇有婚丧大故可向雇主预支一月以内之工资、雇主供给工人膳食者应以营养卫生为原则。[1]北平市社会局于1930年公布施行了《北平特别市工人休假待遇暂行规则》,规定了法定假日的具体日期,但是休假期间只给工人半数工资,而且规定在纪念日之外的习惯例假日数可以缩减。[2]有关工人福利的法规还有北平特别市政府公布的《特别市普通市职工俱乐部计划大纲》,它与中央颁布的《工商职工俱乐部计划大纲》的内容基本相同。其他如1931年施行的《青岛市工厂职工补习学校实施办法》、1933年青岛市政府颁布的《青岛市职工合作社通则》等。综上所述可知,华北地区的地方法规基本上是遵循中央颁布之相应法规制定的,个别法规比中央法

---

[1]参见《民国二十二年中国劳动年鉴》第5编,实业部劳动年鉴编纂委员会,1934,第56、30-32页。

[2]《北平特别市工人休假待遇暂行规则》,北京市档案馆藏J011-001-00095。

规保护劳工的规定稍微降低了一些。

第二节　劳动保障具体举措

上述分析了劳动保障的相关立法,从政府的制度和政策层面了解了产业工人的劳动保护问题。下面就从政府、雇主和社会关于华北产业工人劳动保障的具体举措入手,阐述劳动保护的实践层面,包括膳宿设施、安全与医疗卫生设施、教育设施、经济设施、劳动保险措施及娱乐设施等方面的内容。

一、膳宿设施

天津裕元纱厂"设有饭厅两处,占地一亩七分。……厅内餐桌每张可坐 8 至 10 人。靠南墙用木壁砌成小屋为女工饭厅,可容千人用餐"。因饭厅容积有限,少有在厂内用餐者。该厂还建有工房,共有两处,新工房为职员所住,老工房为工人所住。老工房有平房 423 间,分为 32 院,"每院最多27 间,最少 9 间",可容纳工人 1000 余人。院内设有公共自来水管、公共厕所、垃圾箱、污水桶,屋内各设有电灯一盏,门口设有警卫维持秩序。带家眷者租房 1~2 间,屋内陈设除了土炕之外,只有一张破桌子而已。无家眷者三五人合租一间房子,陈设尚不及有家属者。恒源纱厂第一宿舍有平房223 间,第二宿舍有楼房和平房 2000 多间,工人占 1/3,房间分大中小三号,连小号房间都能容纳 5~11 人,第三宿舍有楼房 84 间、平房 24 间。工人饭厅有大小饭厅两个,大饭厅可容纳 1500 人,小饭厅可容 100 人。北洋纱厂饭厅有 16 间,每间有长桌 3 条,每桌可坐 6 人,较为宽敞,自内徒改为外徒后不供饭食,工人多组织饭团或让饭馆代送。工厂提供的住房有 180 间,房狭人挤,院中杂物甚多,工房外还有臭水沟,有碍工人健康。裕大纱厂的工人食堂可容纳 420 人,桌凳排列过密,吃饭时人们经常碰到,空间极为狭窄。另外食堂中的暖气管已经锈毁不堪,故冬日来此吃饭者甚少。工人所住工房共计 385 间,容积较小,但较为清洁,光线亦可。宝成纱厂旧工房有

213间,室内光线不甚充足,室外有水井为饮水之用,沿路安有电灯,但因距离过远,夜间灯光微弱,还设有水桶若干以及抽水机作为防火设备,但是水桶所存污水秽气熏人,卫生条件较差。新工房有249间,屋内面积较小,其他情况与旧工房同。①

青岛大康纱厂的华工宿舍,每间为7.5平方米,平均每间宿舍住4~8人。屋内设有通铺,占去房间大半空间。工人分日夜两班轮流住宿,好几个人都睡在通铺上,非常拥挤。睡觉后不准工人外出,把马桶置于室内,卫生状况可想而知。②济南仁丰纱厂设有工人饭厅,8人一桌;宿舍较为清洁,至少8人一屋,有管理员负责管理。③鲁丰纱厂没有提供工人食堂,饭食自备,虽有工房,但不敷分配。④河南郑州豫丰纱厂"除由厂方备有少数宿舍外,概不供给食膳",工人需自带饭食或在饭馆包饭。⑤

华北各火柴工厂,间有供给工人膳食者,膳费由厂方发薪时扣除。河北、山东两省之火柴工厂大多供给工人住宿,不收租金,但空间极其狭小,空气污浊,"每间房屋容纳七八人,故工人携带家眷者,必须自寻居所"。⑥北京丹华火柴公司"除学徒外,不供食膳,仅供住宿,有宿舍4处,共百余间"⑦。天津丹华火柴厂工人饭厅共有5间,设有7张桌子、22条长凳,每桌坐七八个工人,还有工徒饭厅一处,新入厂工人在此就餐。工人宿舍本厂

---

① 天津裕元、恒源、北洋、裕大、宝成纱厂情况参见吴瓯主编:《天津市纺纱业调查报告》,天津市社会局,1931,第108-109、122-123、149-153、233、245、276-279、323-324页。

② 青岛市总工会工运史研究室编:《青岛工人运动史》,中共党史资料出版社,1989,第38页。

③《仁丰纱厂之女工生活》,《国际劳工通讯》1937年第4卷第5期。

④ 高树校:《鲁丰纱厂调查纪实》,《劳工月刊》1933年第2卷第7期。

⑤《几个工业区域的劳工状况鸟瞰(二)》,《劳工月刊》1933年第2卷第10期。

⑥ 刘明逵、唐玉良主编:《中国近代工人阶级和工人运动》第7册,中共中央党校出版社,2002,第688页。

⑦ 王清彬等编:《第一次中国劳动年鉴》第3编,北平社会调查部,1928,第7页。

一处,共11间,有工徒64人。东厂一处,共35间,有工徒187人,室内搭架着极长的铺板,数名工人横卧其上,屋内环境脏乱,空气污浊,陈设一无所有,冬季洋炉供火不旺,还要辅之以木屑等取暖。另外在通州还有工人宿舍一处,共30多间,有170多人居住,全为通州人。北洋火柴公司雇用厨役,专做工人伙食。该厂设有工人宿舍32间,供给炕席和炉火,并派人打扫卫生。其中第二工厂工人宿舍20间,三间为一屋者每屋住25人,两间为一屋者每屋住12~15人,屋内置有土炕,被褥污秽,空气不洁。荣昌火柴公司也供给工人宿舍并供给煤炭,不收费用,但伙食须工人自备。①

三津寿丰面粉公司普通工人的宿舍都很狭小,"故在室顶架楼,每室架两楼,每楼长约一丈,宽约六尺,可卧三四人",总计18间宿舍,共120名工人,平均每室住六七人。该厂饭厅3间,设长桌、长凳共可坐30人,工人分班轮流就餐。福星面粉公司宿舍楼上楼下各25间,楼上为机械工人宿舍,三五人为一间,光线、空气和卫生均较佳;楼下为普通小工宿舍,空气污浊,光线不足,杂务乱堆。三津永年面粉公司工人宿舍依其大小不同,每屋最少有住8人者,最多有住21人者。该厂领班车房及修械工人的饭食均由厂方供给,普通工人则几个人组织饭团或在外零购。陆记庆丰面粉公司机工宿舍每间住六七人,卫生清洁;厂工宿舍每间住10余人,卫生不甚讲究。该厂没有食堂,故所有工人都组织饭团,雇人做饭。民丰年记面粉公司机械工人住在瓦房,每屋六七人,光线及通风条件尚佳;制造部工人住在地窖,每屋十三四人,光线、空气及卫生均欠佳。该公司没有食堂,但机械工人的伙食由厂方供给,而制造工人则须自己组织饭团。嘉瑞合记面粉公司机工机匠的伙食由厂方供给,有外厨包办,普通工人自己设有厨房做饭。工人宿舍有两所,机工住楼房,每间三四人,普通工人住四合平房,每间五

---

① 参见吴瓯主编:《天津市火柴业调查报告》,天津市社会局,1931,第25-27、32、44-45、54页。

六人。①

塘沽久大精盐公司于1924年建筑工人室即单身工人宿舍76间,大约12人住一间屋子,每人占据架铺一格。1926年,公司将收买之旧房35间低价租给有家眷工人居住,但是旧土房屋内狭窄,光线空气亦较差。1927年,公司又新盖大土房33间供工人居住,房屋高大敞亮,环境较佳。工人室成立后,设立工人食堂,雇用厨工蒸做馒头等物。食堂较为宽敞,可容400人,但是工人自己带菜不便,所以大多数人只是买完主食后离开。东厂还建有一小食堂,屋内狭窄,仅可容20人。西厂工人亦有一小食堂,工人可在食堂内煮食。永利制碱工厂的住厂工人的宿舍极为狭小,每室住16人,大多下列大炕,上架暗楼,电灯煤水等由厂方免费供给。每日饮食或向久大工人室购买食品,或在宿舍自己煮食,或组织饭团,按月包饭。②

门头沟煤矿工人住的宿舍如同狗窝一般,它"用石块砌成,四壁上盖以石板,石板上压以巨石,前面开一小窗,迈进一两步就可以脱鞋上炕",炕上能挤十五六个人。③

河北开滦煤矿的包工头为单身矿工开设了锅伙提供膳宿,锅伙大都是用碎石、土坯盖的,屋内是面对面的大炕,炕与炕之间只有一尺来宽的距离,工人们大多20人睡在一张通铺上,拿砖头或木头鞋当枕头,用破窑衣当被子。20世纪30年代以后,锅伙小店兴起,只提供住宿不供膳食,住屋内除了炕上的铺位之外,还有吊铺,吊铺离炕有两三尺的距离,离屋顶也很近。工人下班后要自己做饭,小店提供煤火灶台。④在锅伙存在的同时,开

---

① 参见吴瓯主编:《天津市面粉业调查报告》,天津市社会局,1932,第13-14、25-26、33-34、42-43、51-52、64页。

② 参见林颂河:《塘沽工人调查》,载李文海主编:《民国时期社会调查丛编·城市(劳工)生活卷》,福建教育出版社,2005,第796-799、866-868页。

③《工人生活状况拾零》,《劳动季报》1934年第1期。

④ 参见郭士浩:《旧中国开滦煤矿工人状况》,人民出版社,1985,第189、194-196页。

滦还建立了较为完善的单身工人宿舍和工人眷属住宅,1934年开滦建有工人锅伙住宅212所、工人眷属住宅2819所。[①]

河北井陉煤矿工人住在潮湿阴暗的工房里,房内有两排20米长的通铺,能住进百人之多。矿工下班后从包工大柜处领取一些杂粮自己做饭吃。[②]柳江煤矿公司盖有工人住屋7所,共50多间,室内芦席及日用煤炭均由公司供给,不收取费用,食物由矿工自备。[③]

山东中兴煤矿设有饽饽铺,供给矿工伙食和开水。每间屋子大约只有一平方丈,抬手可触及屋顶。工人们晚上就躺在地铺上,早晨就将被褥收起。工人住区内没有公共厕所,卫生较差。[④]博山煤矿所提供的住宿亦是"卑狭小屋",工人亦多半"就地而席"。[⑤]淄川煤矿有宿舍160间,供有电灯和自来水。[⑥]山西保晋煤矿公司各矿建有土砖窑房,供给矿工火灶炕席,不收租费。该矿还专设米面柜,供给工人所需食物,费用从工人工资内扣除。[⑦]河南焦作煤矿包工在矿山附近挖窑洞作为工人住宿之处,叫做窝铺。他们在地上铺上麦草,就可住人,两三间窝铺要住上20~50人。窝铺里有伙房,矿工每半班,他们给送去不足半斤的杂粮面。后来中原公司为工人建立了宿舍,到1931年有工人宿舍883间、工人住宅100间。中福公司时期,中原煤矿公司还在李河矿设工人食堂。[⑧]

---

①开滦矿务局史志办公室编:《开滦煤矿志(1878—1988)》第4卷,新华出版社,1995,第304页。

②《井陉煤矿工人斗争史》,中共石家庄市委党史征编室,1987,第13页。

③虞和寅:《临榆柳江煤矿报告》,农商部矿政司,1926,第40页。

④施裕寿、刘心铨:《山东中兴煤矿工人调查》,载李文海主编:《民国时期社会调查丛编·城市(劳工)生活卷》,福建教育出版社,2005,第928-929页。

⑤《几个工业区域的劳工状况鸟瞰(二)》,《劳工月刊》1933年第2卷第10期。

⑥王清彬等编:《第一次中国劳动年鉴》第3编,北平社会调查部,1928,第13页。

⑦虞和寅:《平定阳泉附近保晋煤矿报告》,农商部矿政司,1926,第61-62页。

⑧参见焦作矿务局史志编纂委员会编:《焦作煤矿志1898—1985》,河南人民出版社,1989,第532、626、631页。

各铁路对于工人住宅多无设备,即使有者亦不过占小部分。北宁沿途各站均有工人宿舍,但不敷分配,大部分为员司或高级工人居住。胶济铁路的工人宿舍与其他铁路相比较为整齐,室内设备也较好。

二、安全与医疗卫生设施

安全与医疗卫生设施关系着产业工人的健康,主要包括工作场所的防险设施、医院医疗设施、公共厕所、浴室及饮水等卫生设施。

(一)安全设施

矿山较易发生工伤事故和灾害,故华北各大煤矿企业设置安全设施的较多。民国初期,河北开滦煤矿就相继从英、德、比利时等国引进扇风机作为通风设备,到1930年开滦各矿共有扇风机10台,全部使用电力驱动;在照明设施上,民国初期开滦矿工一直使用苯安全灯在井下照明,后因此灯引起瓦斯爆炸而停用,1927年开始使用蓄电池灯;在排水设备方面,开滦引进了比利时的技术,仿制水泵40余台,但是这种水泵有成本高、效率低的缺点;在预防水患方面,只是利用手摇钻进行探水,效率很低,还有就是在雨季前填堵采空区地表裂缝和疏通水沟。[①]

柳江煤矿昔日土窑之积水易引发水患,其防水措施是"另开小井口,用唧筒抽出部分积水,或由斜井平巷接通土窑,用水眼放入正巷,再用唧筒将水抽出坑外"[②]。

山西保晋煤矿公司为了预防沼气爆炸,购置安全灯并在沼气较多的矿场用铁管将其引出;为了预防火灾,坑内备有水、土、沙石和铁车等物,并且拟购救生器和扇风机;为了预防水患,坑内置有唧筒、洋灰、石灰、木、石等物,并开设了排水道。[③]

---

① 参见开滦矿务局史志办公室编:《开滦煤矿志(1878—1988)》第2卷,新华出版社,1995,第188、202、249、520页。

② 虞和寅:《临榆柳江煤矿报告》,农商部矿政司,1926,第54页。

③ 虞和寅:《平定阳泉附近保晋煤矿报告》,农商部矿政司,1926,第86-87页。

山东中兴煤矿通风使用自然及电扇两种设备;排水使用电泵,两个水仓可容水量达4000吨;为了预防火灾,在采空区砌筑保险墙;其他防险设备还有试验沼气之安全灯、避毒拯救器、临时救急处、小巷道、井上地面之太平路、井筒人行道等。①

河南焦作中原煤矿的通风设备最早是自然通风,1924年改为动力机械通风,另有空气压缩机和小型风扇辅助风量,福公司开凿的主要矿井亦均采用动力机械通风;焦作煤矿排水使用在井筒中间设置腰泵房的二级排水方式,其排水流程是井底—腰泵房—地面,此系统主要是为了解决排水扬程不足的问题,但是主排水设备一旦出现问题,就会导致淹井的灾害;在照明设施方面,中福公司成立前后有所改进。公司在主要运输大巷内安装了一些电灯,其余巷道内无照明设施。职员下井时使用的是蓄电池灯、手电灯和安全灯,井下采煤工人以使用安全灯为主,在通风较好处工作之矿工使用的是明火油灯和电石灯,但灯光昏暗,不能保证人身安全。②

其他工厂也有一些安全设施。据1927年的调查,塘沽久大精盐公司预防危险的设备只有炕鞋和手足套。盐炕热度很高,厂方提供帆布面、厚木底的炕鞋以防炕工烫伤。洗盐池的工人常和盐卤接触,对皮肤不好,冬天温度降低更为严重,厂方发给工人粗皮手足套以免其皮肤受伤。③据1931年的调查,天津恒源纱厂设有救火队及救火皮带等器具。北洋纱厂置有消防队、水车、消防器、水龙带口、灭火机保险嘴、救火药筒、太平水桶、太平水缸等设备。宝成纱厂置有自来水管与水泵相通,还有水龙、太平桶

---

①施裕寿、刘心铨:《山东中兴煤矿工人调查》,载李文海主编:《民国时期社会调查丛编·城市(劳工)生活卷》,福建教育出版社,2005,第926-927页。

②参见焦作矿务局史志编纂委员会编:《焦作煤矿志 1898—1985》,河南人民出版社,1989,第213、221、238页。

③林颂河:《塘沽工人调查》,载李文海主编:《民国时期社会调查丛编·城市(劳工)生活卷》,福建教育出版社,2005,第806页。

等防火设备。①三津寿丰面粉公司、陆记庆丰面粉公司和民丰年记面粉公司都设有消防设备,即各厂设有自来水保险管以及消防人员。②

(二)医疗卫生设施

塘沽久大精盐公司和永利制碱厂于1924年合办了工人附属医院,包括"诊断、绷带、手术、调剂、试验、研究六室",有5间病室,可住二十四五个病人,聘请医师一人、助手二人、练习生一人,院中还有显微镜、预防注射剂等设备和精贵化学药品。久大工厂为工人设有理发所,厂方为工人雇用理发匠并购置理发设备。该厂还建有浴室,外室为更衣间,内室为洗浴处,中央有一个大池可供人坐浴,"但因烧水不易,极少换水",冬季一周开放一次,夏季每日开放。久大设有盥洗室,有脸盆及冷热水管等设施。同时为便利工人洗衣设有洗衣室,提供洋灰大盆、冷水管及晒衣处。久大建有三处厕所,大多空间狭小,空气不易流通。永利工人也去久大理发所理发,至于洗澡则是夏天多在久大工人室洗浴,冬天去暖和的澡堂洗浴。1928年,永利也为工人建立了一所浴室。③

据1925年相关记载,青岛日商纱厂工人饮水之处设在厕所,无论洗脸洗脚还是饮水都在一个池子里,提供工人的用水不是真正的水,是发电所的水泥,并且没有烧开。④据1926年《保工汇刊》记载,北京丹华火柴公司设有两名医生,医药费由厂方提供,工人外出洗浴也由公司出资。⑤

据1931年天津市社会局调查,天津裕元纱厂厂内设有医院,分西医、中医诊断室、药房、挂号室等,有中西医大夫各一人、中西药房共三人,还有

①参见吴瓯主编:《天津市纺纱业调查报告》,天津市社会局,1931,第154、231、325页。

②参见吴瓯主编:《天津市面粉业调查报告》,天津市社会局,1932,第18、44、55页。

③参见林颂河:《塘沽工人调查》,载李文海主编:《民国时期社会调查丛编·城市(劳工)生活卷》,福建教育出版社,2005,第806-808、868页。

④中国青年社编:《青年工人问题》,上海书店,1925,第18页。

⑤王清彬等编:《第一次中国劳动年鉴》第3编,北平社会调查部,1928,第7页。

看护人员三人。该厂设有职工浴室三处,其中职员浴室设备较为完善,男工浴室设置粗备,光线暗淡,女工浴室最不讲究,光线阴暗,臭气扑鼻。厂内设有男厕4个、女厕3个,卫生较之街头厕所清洁。恒源纱厂的工人浴室设有温池两个、热池一个,较为清洁。工人宿舍均有厕所并随时消毒。厂内屋顶设有换气筒,宿舍设有活窗,空气较为清新。工厂内设有医室一间,有医生4人,置有各类药品。华新纱厂亦设有医院,中西医生各一人。厂内设有开水炉供人饮水,但是有工人用炉水冲洗扫帚以致饮用之水不洁。厂内设有厕所,但空间狭小,卫生不佳。北洋纱厂有工人澡堂一处,占房4间,环境较为清洁。该厂医院免收就诊费,但医药费需工人自付。裕大纱厂设有医室,工人及其家属均可免费看病。该厂之浴室占房3间,工人及其家属均可来此沐浴。宝成纱厂在工厂内设有洗面所,专供工人洗漱之用。厂房屋顶设有玻璃窗可随时开关以利于换气。该厂设有医室,有医生1名,西药300多种。宝成亦建有浴室及厕所。①

　　天津丹华火柴工厂设有医室,有中医一人,备有各种简单医疗器具。②三津寿丰面粉公司为工人设置浴室一处,但规模较小,设备欠佳。三津永年面粉公司也为工人建有浴室,室内有两个池子,每日换水一次。民丰年记面粉公司亦设有工人浴室,但设备较为简单。天津几大面粉公司均未设立医院或医室,而是指定定点医院,工人因公受伤者由厂方支付全部或部分费用。③山东惠丰、宝丰面粉工厂均设有公共浴池,成丰、仁德面粉工厂设常驻医生,为工人诊病。④

　　除了工厂企业提供的劳动保障设施之外,还有政府以及社会提供的相

---

　　①参见吴瓯主编:《天津市纺纱业调查报告》,天津市社会局,1931,第103、105-107、149、154-155、188、198、231-232、275-276、325-326页。

　　②吴殴主编:《天津市火柴业调查报告》,天津市社会局,1931,第27页。

　　③参见吴瓯主编:《天津市面粉业调查报告》,天津市社会局,1932,第14、34、52页。

　　④《山东机制面粉工人生活状况》,《劳工月刊》1932年第1卷第2期。

关措施。1930年,青岛市政府为钟渊纱厂、华新纱厂、恒兴纱厂、隆兴纱厂和永裕精盐公司的2427名工人施种牛痘以预防天花。同年,天津华洋防盲会派人前往各纱厂视察工人眼疾问题,并指导预防方法。保定定县平民教育促进会在县城内设立卫生事务所及诊疗所,其工作包括预防和治疗疾病,还设立了各种卫生人员的培训班。①1932年,青岛市劳工生活改进委员会为各工厂工人15 201人注射防疫针,后又在东镇、四方两处设立医院为工人免费诊病。天津市当局指定市立第二医院为劳工医院,为劳工免费诊疗。②

1932年,实业部劳工司派人调查各地工厂医疗卫生状况。北平市工厂被调查者有10家,其中9处均设有洗手处,只有1处设有浴室。关于医疗设施,只有财政部印刷局自设医院,有4家委托医院诊疗,5家全无医院医室设置。被调查的河北省城市中,唐山华新纱厂及启新洋灰公司均有浴室,也有医室但药品不甚完备。塘沽永利设有医院及浴室,井陉炼焦厂设有医院及浴室但没有洗手处,石家庄大兴纱厂有医院而未设浴室。山东省济南市有19家工厂被调查,卫生设施较多简陋。其中有10家工厂设有浴室,6家工厂设有医院,两家工厂有委托医院。烟台市被调查的13家工厂,卫生设施较为普遍,各厂均有委托医院亦设置洗手处,但只有4家工厂设有浴室。青岛市被调查者35家,24家工厂有洗手处,11家工厂有浴室,医院医室全无设置者24家工厂,委托医院者两家,设有医室者1家工厂,其中设备完善者仅有华兴纺织纱厂和胶澳电器股份有限公司。山西省被调查5家工厂中,3家有浴室设施,两家有委托医院。河南省开封市被调查之5厂中,3家有浴室,1家自设医院,两家有委托医院。郑州市豫丰纱厂设有

---

① 参见邢必信等编:《第二次中国劳动年鉴》第3编,北平社会调查所,1932,第173、175-176页。

② 《民国二十一年中国劳动年鉴》第3编,实业部劳动年鉴编纂委员会,1933,第154-156页。

浴室及医室,豫中打包厂设有委托医院。[①]

据1923年调查,河北开滦煤矿在唐山设立总医院,设备较为完善,有新式X光线仪器及外科手术器具。[②]到1930年医院有病床130架,各种仪器均具备。[③]其他各矿区也都建立了分院。各矿均设有浴室,但是设备简陋,不合卫生。柳江煤矿设有公共浴室亦设有医院。1931年,井陉煤矿医院有病房30间,包括"内科、外科、眼科、耳鼻喉科、妇科、产科、儿科、皮肤、泌尿"等科室,浴室设备亦较为完善。[④]

据1926年调查,山西阳泉保晋煤矿聘有两名医生为工人治疗简单疾病,如遇工人重病无法医治,则送往定点之友爱医院免费治疗。该矿也设有工人浴室,只是空间狭小、设备较少。[⑤]山东中兴煤矿1923年建成鞠仁医院,设有内外各科及调剂、制剂、消毒、手术、换药各科室,有病房20间,可容纳百余人。1930年成立卫生委员会,负责卫生规章的制定。中兴设有浴室,有浴池4个,总共可容60人,浴室空间狭小,杂乱拥挤。[⑥]

据1930年《矿业报告》记载,淄川煤矿除了设有工人浴室之外,还建有医院一所,有X光线室,对于传染病还有隔离室一所。博东煤矿公司设有医疗室医治工人轻微创伤,严重者送至定点之博山东和医院。该矿还设有矿工浴室一所、机械工人浴室一所。[⑦]

据1932年《劳动年鉴》记载,河南焦作中原煤矿公司设有职工医院,有

①《民国二十一年中国劳动年鉴》第3编,实业部劳动年鉴编纂委员会,1933,第157-159页。

②王清彬等编:《第一次中国劳动年鉴》第3编,北平社会调查部,1928,第8页。

③邢必信等编:《第二次中国劳动年鉴》第3编,北平社会调查所,1932,第178页。

④《民国二十一年中国劳动年鉴》第3编,实业部劳动年鉴编纂委员会,1933,第163-164页。

⑤虞和寅:《平定阳泉附近保晋煤矿报告》,农商部矿政司,1926,第63页。

⑥施裕寿、刘心铨:《山东中兴煤矿工人调查》,载李文海主编:《民国时期社会调查丛编·城市(劳工)生活卷》,福建教育出版社,2005,第924-926页。

⑦参见《山东矿业报告》,山东省政府实业厅编印,1930,第135、376页。

病房17间,该院之医疗器械及药品较为完备,但妇科室、外科手术室及药房尚未设立。该矿井上井下均设有澡堂以便矿工下工后沐浴。[1]

据1932年调查,平汉路设有医院8所、诊疗所1处,北宁路设医院6所、诊疗所12处,平绥路有医院8家、诊疗所1处,津浦路有医院6所、诊疗所6所,陇海路有医院8所,胶济路有医院4处、诊疗所2处,道清路有医院1家。由此可以看出,在华北各路中北宁铁路自办医院和诊疗所最多,其次为津浦路,最少的为道清铁路。从各路医生人数来说,也是北宁路最多,1931年的调查统计有51名,其次为津浦路,有22名医生,最少的为正太路和道清路,仅有3名医生。[2]1932年,平汉路各站由工会倡办工人浴室,同年该路还购置疫苗分发沿线各院给工人注射以预防天花、猩红热和霍乱等疾病,还令运行车辆消毒以防旅客众多易传染疾病。[3]1932年,正太铁路医院设立了内科、外科、中医科及妇科,有30张床位,还置有X光机,外科最大的手术可以做到截肢手术。[4]道清铁路每逢春秋两季都给工人注射疫苗,还在客车上设有急救药箱以备救急之用。该路还设有工人浴池,分为池塘和盆塘两部分,但需要工人交纳浴费。[5]

三、教育设施

民国时期的劳工教育设施主要包括职工教育和工人子弟教育两方面的设施。职工教育主要是为了向工人普及基础知识、培养工人的职业技能,以

---

[1]《民国二十一年中国劳动年鉴》第3编,实业部劳动年鉴编纂委员会,1933,第162-163页。

[2]邢必信等编:《第二次中国劳动年鉴》第3编,北平社会调查所,1932,第179-180页。

[3]参见《平汉铁路二十一年工作报告》,载张研、孙燕京主编:《民国史料丛刊》第639册,大象出版社,2009,第136、153页。

[4]石家庄市政协文史资料委员会编:《石家庄文史资料》第13辑《正太铁路史料集》,1991,第61页。

[5]参见道清铁路管理局编:《道清铁路三十周年纪念》,道清铁路管理局,1935,第222、229-230页。

提高其工作效率,包括学校、读书班及图书馆等相关设施。工人子弟教育主要是为职工子女建立学校使其从小接受教育。这些都是工人福利的重要组成部分。北洋政府统治时期的工人教育设施还只是零星出现,到南京国民政府时期颁布了专门的劳工教育法案之后,相关的教育设施开始有所发展。

1921年塘沽久大精盐公司为工人设立工读班,科目与普通小学类似。1924年,久大与永利碱厂合办工读班,分为普通班和特别班,前者相当于初级小学程度,设立国语、习字、算术各科,后者为高级小学程度,设有国语、英语、算术、图画各科。到1927年,两厂工人入学者共计550多人。1925年,久大、永利两厂为职工子女建立明星小学;1927年,该校共有学生92人。凡是职工子女入学概不收费,校内桌椅等用具均由久大木工房制造提供。另外久大还在工人室划出一间寝室作为工人图书馆,购置图书上千册。[1]唐山启新洋灰公司设有女塾一所,分为师范班和高小班,工人家属可以进入学习。[2]1920年天津华新纱厂开办子弟小学,教授国文、习字、笔算、自然科学、党义、手工、体操等科目。[3]山西太原平民工厂"每日给工人授课一小时",教给他们粗浅的知识和拼音字母。[4]

1929年,北平市共有劳工学校16所,包括工人补习学校10所、工人夜校3所和工人子弟学校3所。同年,天津市教育局设立了7所工人补习学校,学生共计930人。[5]天津华新、裕元纱厂都设有职工补习学校,学生均为男生。1930年,天津女青年会资助裕元纱厂设立了女工补习学校。1929年裕元设有职工子女小学,1930年恒源纱厂工会开办义务小学。除

---

①林颂河:《塘沽工人调查》,载李文海主编:《民国时期社会调查丛编·城市(劳工)生活卷》,福建教育出版社,2005,第801-805页。

②王清彬等编:《第一次中国劳动年鉴》第3编,北平社会调查部,1928,第89页。

③方显廷:《中国之棉纺织业》,国立编译馆,1934,第220-221页。

④高君宇:《山西劳动状况》,《新青年》1920年第7卷第6期。

⑤邢必信等编:《第二次中国劳动年鉴》第3编,北平社会调查所,1932,第152-153页。

了学校之外,恒源工会于1928年设立图书馆,到1930年共有图书500册,另外还组织了工作法研究社。[1]据1929年调查,河南各县有工人子弟学校7所、工人补习学校8所。据1930年调查,青岛华新、隆兴、内外棉、钟渊纱厂及振业火柴厂都设有工人补习学校,共有学生934人。青岛各大纱厂还设有工人子弟学校7所,共有学生818人。[2]据1932年《劳动年鉴》记载,山东华庆、宝丰、成丰、丰年等面粉公司及鲁丰纱厂都设有工人补习学校。青岛市有工人补习学校17所,入学工人达3000多人,占该市工厂工人总数的10%。河南开封、郑州和焦作三地就有35所劳工学校。天津丹华火柴厂设有工读班,宝成纱厂设有工人补习学校。[3]据1933年《劳动年鉴》统计,青岛市立职工补习学校2所,共开6班,私立职工补习学校共计29所,共开53班。北平市由社会局主办的劳工学校4所,啤酒工会主办1所。[4]

20世纪20年代初,开滦煤矿在各矿附近都办有贫民学校,入学者大多为矿工子弟,后又在马家沟矿和林西矿建立初高级小学,在唐山建立高级小学,主要侧重于矿业技术方面的教育。据1927年调查,淄川煤矿为职工子女建有两所小学。[5]中兴煤矿小学于1923年成立,一开始只允许职员子女入学,直到1928年才开始接收工人子弟,学费和书本费全免。1930年该矿创办了工人补习学校,第一期为基本教育共分5组,随后又扩充了补习教育两组。[6]据1930年农矿部的调查,华北各矿建有劳工学校的有河北磁

---

①方显廷:《中国之棉纺织业》,国立编译馆,1934,第221-222页。

②参见邢必信等编:《第二次中国劳动年鉴》第3编,北平社会调查所,1932,第155-156、159页。

③参见《民国二十一年中国劳动年鉴》第3编,实业部劳动年鉴编纂委员会,1933,第122-123、134、136页。

④《民国二十二年中国劳动年鉴》第3编,实业部劳动年鉴编纂委员会,1934,第203-205页。

⑤王清彬等编:《第一次中国劳动年鉴》第3编,北平社会调查部,1928,第90页。

⑥施裕寿、刘心铨:《山东中兴煤矿工人调查》,载李文海主编:《民国时期社会调查丛编·城市(劳工)生活卷》,福建教育出版社,2005,第925-926页。

县怡立矿务公司工徒练习班、补习所和小学校,河北井陉矿务局矿厂学校,开滦矿务局开滦中学,淑德女子师范学校和高等小学,柳江煤矿公司产业工会职工子弟小学和同仁子弟小学,河南中原煤矿公司童工学校,培英小学和育英小学,六河沟煤矿公司工人补习学校、私立小学,山东中兴煤矿公司中兴小学、工人补习学校。[①]1931年,滦县教育局在赵各庄矿建立民众教育馆,设有识字班以及初高级小学班,开滦有很多职工到馆学习。[②]据1932年《劳动年鉴》记载,河南中原煤矿附属学校有焦作工学院、焦作中学校、工人补习学校各1所,还有小学校13所。[③]

1920年,交通部设立铁路职工教育筹备处,决定在京汉、京奉、京绥及津浦四路之工人最多的地方开设职工学校。每路设立3所学校,即京汉路之长辛店、郑州、信阳,京奉路之丰台、唐山、山海关,京绥路之南口、张家口、丰镇,津浦铁路之天津、济南、浦镇。除了丰镇和浦镇之外,其余都在华北地区。除此之外,还于这四路设立讲演团,通过演讲对工人进行教育。据1925年调查,京奉铁路设有夜校一所,正太铁路和道清铁路也分别建有补习学校。至于铁路工人子弟教育,北京交通部从1918年起建立扶轮公学,同样分设在京汉、京奉、京绥及津浦四路,到1925年各学校学生达到7103人。[④]1930年,各路扶轮公学仍在继续增加班级,如“平汉铁路长辛店分校增加两班,郑州小学增加三班;北宁铁路天津扶轮中学、扶轮第一、塘沽、唐山、古冶等小学各增加一班;平绥铁路南口、大同两学校各增加一班;津浦铁路济南分校增加一班;正太铁路石家庄扶轮第二学校增加一班”。

---

①邢必信等编:《第二次中国劳动年鉴》第3编,北平社会调查所,1932,第160页。

②开滦矿务局史志办公室编:《开滦煤矿志(1878—1988)》第4卷,新华出版社,1995,第70页。

③《民国二十一年中国劳动年鉴》第3编,实业部劳动年鉴编纂委员会,1933,第124-125页。

④参见王清彬等编:《第一次中国劳动年鉴》第3编,北平社会调查部,1928,第83-86、90页。

1930年,胶济铁路自设工人补习学校共6所,分别分布在青岛、高密、坊子、张店、济南、四方。①据1932年《劳动年鉴》记载,华北各路设立的职工补习学校共131班,入学人数共计6100人;华北地区的扶轮中小学共设210班,入学者共有9017人(见表5-3和表5-4所示)。

表5-3　华北各路职工补习学校统计表(1932年)

路别	校址	班数	入学人数
平汉路	石家庄	6	300
平绥路	南口	10	500
	张家口	10	500
	大同	10	500
陇海路	洛阳	10	500
津浦路	济南	8	400
	德州	7	350
	临城	5	250
	天津	8	400
道清路	焦作	13	150
	新乡	4	250
正太路	石家庄	12	600
	太原	4	200
	阳泉	4	200
胶济路	四方	10	500
	青岛	10	500
总计	—	131	6100

资料来源:
《民国二十一年中国劳动年鉴》第3编,实业部劳动年鉴编纂委员会,1933,第113-114页。

①邢必信等编:《第二次中国劳动年鉴》第3编,北平社会调查所,1932,第163页。

表5-4　铁道部设立华北地区扶轮中小学统计表（1932年）

名称	班数	人数	名称	班数	人数
天津扶轮中学	12	448	郑州扶轮中学	6	195
济南第一扶轮小学	2	596	济南第二扶轮小学	6	266
德州扶轮小学	5	205	长辛店扶轮小学	10	515
北平扶轮第一小学	7	255	北平扶轮第二小学	8	345
石家庄扶轮第一小学	6	215	石家庄扶轮第二小学	7	328
新乡扶轮小学	6	205	黄河南岸扶轮小学	3	112
郑州扶轮第一小学	12	582	郑州扶轮第二小学	5	183
阳泉扶轮小学	4	155	太原扶轮小学	4	125
焦作扶轮小学	8	357	丰台扶轮小学	6	236
天津第一扶轮小学	7	324	天津第二扶轮小学	8	268
天津第三扶轮小学	6	294	塘沽扶轮小学	6	201
唐山扶轮小学	15	745	古冶扶轮小学	6	192
西直门扶轮小学	5	157	南口扶轮小学	9	391
康庄扶轮小学	5	160	张家口扶轮小学	7	262
大同扶轮小学	6	228	商丘扶轮小学	2	86
开封扶轮小学	4	121	洛阳扶轮小学	7	265
总计				210	9017

资料来源：
《民国二十一年中国劳动年鉴》第3编，实业部劳动年鉴编纂委员会，1933，第114-116页。

四、经济设施

这里所指的经济措施是建立工人消费合作社和工人储蓄两项内容。

（一）消费合作社

消费合作社是指社员分任资本组社，购买工人日常所需物品，以低价售与工人，目的在于"免去商人居奇，减轻消费者负担，将该社赢利谋组员生活的改良并促进该社营业发达"[1]。

塘沽久大精盐公司和永利碱厂于1927年合设了共同贩卖所,采取消费合作社的办法,两厂职工共同出资认股,1927年共集资本2600元。贩卖所售卖食物和日用品,随后又添加蔬菜和布匹。该所还设有评议会,每月讨论进货种类、价格及其他问题。[2]天津裕元纱厂于1927年成立职工日用品代办所,购置米、面、布匹、鞋袜等日用品,以低于市场售价之价格售与该厂工人,工人可以现金购买也可赊欠。恒源纱厂工会于1929年创办消费合作社,资本由社员认购,每人不得超过10股。该社主要销售食物、布匹、鞋帽、文具、洋广货等,一律按现金购买,赊购不得超过半个月,而且按市场价格销售,没有社员与非社员之区别。[3]1930年,山东鲁丰纱厂、振业火柴厂都组织了工人消费合作社,济南市还成立了批发消费合作社。[4]1931年,北平丹华火柴工会成立了工人消费合作社,有社员126人,资本650元,主要办理工人伙食。青岛华新纱厂、青岛市社会局亦建立职工消费合作社。[5]

1930—1933年间,华北各路建立消费合作社的有胶济铁路、道清铁路、陇海铁路、津浦铁路、平汉铁路和正太铁路,前四路员工消费合作社的情况见下表所示:

①徐协华:《铁路劳工问题》,东方书局,1931,第145页。

②林颂河:《塘沽工人调查》,载李文海主编:《民国时期社会调查丛编·城市(劳工)生活卷》,福建教育出版社,2005,第811-812页。

③方显廷:《中国之棉纺织业》,国立编译馆,1934,第217-219页。

④邢必信等编:《第二次中国劳动年鉴》第3编,北平社会调查所,1932,第139页。

⑤《民国二十二年中国劳动年鉴》第3编,实业部劳动年鉴编纂委员会,1934,第154-155页。

表5-5 胶济、道清、陇海、津浦铁路员工消费合作社概况表(1930—1933年)

路别	成立年份	社员人数	分社数量	资本(元)	每月开支数(元)	营业盈余(元)	
						1931年	1932年
胶济路	1930	5131	6	93 729	1802.52	4221.67	20 153.68
道清路	1931	1731	1	3642	254.31	453.00	4100.00
陇海路	1931	8790	7	23 802	1539.56	8459.17	25 131.92
津浦路	1933	9090	3	59 151	2200.00	—	—
总计	—	24 742	17	180 324	5796.39	13 133.84	49 385.62

资料来源:
铁道部总务司劳工科编:《国有铁路劳工统计第一种》,1933,第11页。

通过上表可知,津浦路和陇海路消费合作社的社员人数较多,陇海路和胶济路所设分社较多,胶济铁路的资本数量最多,津浦路每月开支最多,陇海铁路盈余最多,道清铁路在各项指标上都是最低的。除了上表所列四路之外,平汉和正太铁路都建有消费合作社。平汉铁路邯郸站于1932年建成消费合作社,该路局"禁止销售洋货烟酒以崇俭约",该路郑州方面也正在筹备建立合作社。[1]正太铁路于1933年也成立了员工消费合作社,将出售货品分为米面组、油盐酱醋组、煤炭组、百货组和布匹组等5类。"据1936年统计,该年营业额为三十五万元,社员分红两万元,股息两千元,平均每人七元。"该社大受欢迎,在《正太日刊》上曾刊登过一首《消费合作社歌》,歌词为:"合作社真不错,每人至少入两股,一般只有两元钱,拿钱可买便宜货。……到年终有分红,它的利益真无穷,不问职员与劳工,同样都是主人翁。"[2]

(二)工人储蓄

民国时期一些厂矿企业为工人设立工人储蓄会,每月按比例扣除部分工

①《平汉铁路二十一年工作报告》,载张研、孙燕京主编:《民国史料丛刊》第639册,大象出版社,2009,第135页。
②石家庄市政协文史资料委员会编:《石家庄文史资料》第13辑《正太铁路史料集》,1991,第58-59页。

资作为储金,待工人遇有婚丧嫁娶、灾变、年老疾病及失业时可以取出使用。

塘沽久大工厂"为了养成工人节俭养家的习惯,举办了储金事务,自大洋五角起均可储存,由厂方每月从工人工资中扣除存储,每存储一元,即给月息一分。工人若汇款回家,可由存款内支付"①。天津裕元纱厂强制工人储蓄,令所有工人存入其工资之5%,但不给利息,并规定此项储金到工人退休时领取,月薪不到两元者免储。1928年该纱厂工会要求厂方支付储金利息,厂方没有答应,于1929年停止工人存款的规定,但当每月发放工资时,工人须存储一角以下之零款。②天津华新纱厂实行自由储蓄,每月存额自1元到10元为限,月利一分,1932年的储蓄总数为4500元。③天津三津寿丰面粉公司规定由出纳课收存工人储金,月息一分,工人解雇时本息一起付给。民丰年记面粉公司也是出纳课负责管理工人储金,月息一分二厘,但工人工资很低,大多供给家用,有余额储蓄者很少。④1931年河北永华火柴公司规定工厂工人实行自由储蓄,一年储蓄一次,利息一分,储蓄总数超过2000元。1927年山东济南鲁丰纱厂实行自由储蓄,以5元到50元为限,复利一分二厘,工人储蓄约8193元。⑤1932年,济南成丰面粉厂实行强制储蓄,发放工资时扣除5%存入,周息一分。⑥1932年,青岛市社会局派员到各工厂指导建立储蓄会,永裕、华新、隆兴等厂都建立了工人储蓄会,大多都是实行强制储蓄的办法。⑦

---

①王清彬等编:《第一次中国劳动年鉴》第3编,北平社会调查部,1928,第63页。

②方显廷:《中国之棉纺织业》,国立编译馆,1934,第225页。

③《民国二十二年中国劳动年鉴》第3编,实业部劳动年鉴编纂委员会,1934,第165页。

④参见吴瓯主编:《天津市面粉业调查报告》,天津市社会局,1932,第16、55页。

⑤《民国二十二年中国劳动年鉴》第3编,实业部劳动年鉴编纂委员会,1934,第165页。

⑥《山东机制面粉工人生活状况》,《劳工月刊》1932年第1卷第2期。

⑦《民国二十一年中国劳动年鉴》第3编,实业部劳动年鉴编纂委员会,1933,第100页。

据1923年调查,河北开滦煤矿设有储蓄银行,有自由储蓄和强制储蓄两种。自由储蓄1元以上即可,年息六厘,此款随时可取。强制储蓄是规定工人工作3年以上者,须将工资的5%或10%作为储金存入公司,年息同样为六厘。矿局还按另外存入工人工资5%作为慰劳金,当矿工离职或身故时才可以提取。[①]1930年,开滦"采用有奖储蓄法,按月抽签给奖,借以鼓励工人储蓄"[②]。1932年,井陉煤矿产业工会设有工人储蓄会,规定凡该矿厂工人均得入会。储蓄分为强制储蓄和自由储蓄两种,前者按工资分为三个级别存入储金,后者凡满1元者均可存储。[③]1932年河南中原煤矿公司设立职工储蓄部于该公司会计科,储蓄方法也是包括强制和自由两种,利息每月八厘,并发给储金折作为凭据。[④]

1922年,交通部颁布了《京奉路员役养老金及储蓄金办法》,规定该路员工须缴纳储金。1931年,道清铁路开始实行员工储蓄制度。1933年,津浦铁路党部及工会为员工设立储蓄银行,"资本暂定500万元,以该路员工欠薪移充,不足之数由员工认股,每股50元,零股5元"[⑤]。

五、劳动保险措施

这里所指的劳动保险措施包括工人失业救济和工伤、疾病、养老抚恤等问题。

(一)失业救济设施

民国时期华北地区关于工人失业救济的设施主要有职业介绍所和平民工厂。1920年,北京设立了失业介绍所,该所"设总理一人,事务员五人","对

①王清彬等编:《第一次中国劳动年鉴》第3编,北平社会调查部,1928,第66页。

②邢必信等编:《第二次中国劳动年鉴》第3编,北平社会调查所,1932,第146页。

③《民国二十一年中国劳动年鉴》第5编,实业部劳动年鉴编纂委员会,1933,第154-155页。

④同上书,第103-104页。

⑤《民国二十二年中国劳动年鉴》第3编,实业部劳动年鉴编纂委员会,1934,第165-166页。

于失业者请求介绍或雇主请求招募,均尽义务,并不收取介绍金"。凡请求介绍职业者要先报名填写信息,该所根据信息分类记录,并根据雇主需要进行介绍,有消息及时通知请求人,并发给介绍书使其与雇主见面。1920年到1922年期间,在介绍所登记求职者有3520人,被介绍成功者有1067人。[①]

1928年,北平市社会局又成立了职业介绍所,设有所长一人,事务员和调查员若干人,并聘请实业、慈善和工人等团体组织职业介绍委员会。该所介绍工作概不收费。1929年1月至4月间登记求职人数有459人,经介绍成功就业者有173人。天津市社会局于1928年组织了天津市职业介绍所,但是据调查1931年该所撤销。1929年济南市成立职工介绍所。1930年青岛市社会局也仿照他市筹设职业介绍所,1931年建成开始正式工作。[②]随后青岛市拟于四方、沧口、台东和李村等地建立职业介绍所之分所,同时督促私营介绍所进行改善。山东的失业救济以平民工厂成绩较佳,1928年即已开始设立,招收失业无业者工作,到1932年在全省已相当普遍。其经费来源除了少部分是地方公款和商股支持外,大多数来自地方建设特捐。山东各平民工厂为了提倡国货,其出品采用强制派销的办法,售与各机关及该省人民。青岛市民生国货模范工厂停办后,1932年由政府收回改为官办,改名为民生工厂,招收无业者入厂工作。[③]北平市于1929年设立民生工厂,资本17 000元,可容失业工人150~200人,经费由北平贫民工厂基金委员会拨付。河北井陉煤矿产业工会于1932年成立职业介绍所,经费从矿局津贴工会补助费内支出,当年登记求职者共计114

---

① 王清彬等编:《第一次中国劳动年鉴》第3编,北平社会调查部,1928,第177-178页。
② 邢必信等编:《第二次中国劳动年鉴》第3编,北平社会调查所,1932,第202-204页。
③ 参见《民国二十一年中国劳动年鉴》第3编,实业部劳动年鉴编纂委员会,1933,第152、141页。

人。[1]山东中兴煤矿从1917年开始就由惠工处登记失业里工,登记手续即失业工人及其保证人到惠工处填写失业登记表,再经失业者直属管辖单位核实即可等候补用消息。从1930年2月到1931年9月,共登记256名失业工人,其中已有53人被补用。[2]1934年,山西省太原市设立平民工厂,由省政府投资,资本为4万元,可收容工人300人以上,主要从事纺织工作。该厂性质为官督商营,承办年限为10年。[3]

（二）抚恤措施

塘沽久大精盐公司对于因公受伤致残者,给予20~100元的抚恤金,对于因公死亡者给予60~200元的抚恤金,对于因病身故者给予50元抚恤金。1927年,久大成立了工友互助会,设有总干事和副总干事各1人,干事13人,会员入会交费3角,每月职员交纳会费1角,工人交纳5分,聚集起来,帮助工人解决婚丧疾病所需费用。永利碱厂对于因公死亡者按照入厂年数给予抚恤金,并给予60元棺木费,对于因公受伤者根据残疾程度给予抚恤金,对于因病死亡者给予当月工资和60元棺木衣服费,工作两年以上者可酌情给予抚恤金。[4]北京自来水公司对于工人因病死亡者给予3个月工资的抚恤金,因公伤亡者另酌量给资。北京华商电灯公司对于在职病故者给予两年工资,工作年限较长者给予4年工资,劳绩最突出者给予6年工资;对于因公受伤死亡者,给予4年工资,工作年限较长者给予6年工资,劳

---

①参见《民国二十二年中国劳动年鉴》第3编,实业部劳动年鉴编纂委员会,1934,第256、260页。

②参见施裕寿、刘心铨:《山东中兴煤矿工人调查》,载李文海主编:《民国时期社会调查丛编·城市(劳工)生活卷》,福建教育出版社,2005,第919、921页。

③《山西平民工厂章程》,《山西公报》1934年第25期。

④参见林颂河:《塘沽工人调查》,载李文海主编:《民国时期社会调查丛编·城市(劳工)生活卷》,福建教育出版社,2005,第809—810、869页。

绩最突出者给予8年工资。[①]1927年天津丹华火柴公司开始与北京日商东方人寿保险公司订立合同,保险之人仅限内工,"每人保额60元,每年保费0.855元",由公司替工人支付,如遇工人死亡,保险公司即赔款给其家族,当年统计有保险人数909人。[②]天津裕元纱厂对于工人死亡者,根据工作年限给予50~100元抚恤金。裕大纱厂对于因公受伤者,支付其医疗费,对于受伤致残者,给予300天之工资;对于因公死亡者,一次性给予250元抚恤金并帮其置办棺材;对于在厂因病死亡者,帮其购置棺木并给费用10元。宝成纱厂对于因公致残者,调换其能胜任之工作部门,工资照旧;对于因公伤亡者,给予200元抚恤金;对于因病死亡者,给予6元棺木费。[③]恒源纱厂对于因病死亡者给予20元丧葬费,因公致残者调换轻便工作,因公死亡者给予丧葬费及100~200元抚恤金。[④]唐山启新洋灰公司对于工人因公受伤给予免费医疗并照给工资;对于因公伤致残者,按照抚恤金额规定给予最高等级之抚恤金作为其赡养费;对于因公死亡者,给予50元丧葬费、300元遗族抚恤费,并根据其在厂工作年限给予遗族恤金一次;对于因病死亡者,根据工作年限给予其遗族恤金一次;对于工人年老退休者,按照其工作年限从5年到20年及以上不等,给予2个月至12个月工资作为养老金。[⑤]青岛民生国货工厂、华新纱厂和永裕盐厂"对于因公死亡的工人,都给予50元丧葬费,华新和永裕还给予两年工资与300元抚恤金,民生给予

---

①参见王清彬等编:《第一次中国劳动年鉴》第3编,北平社会调查部,1928,第30、53页。

②吴瓯主编:《天津火柴业调查报告》,天津市社会局,1931,第28页。

③参见吴瓯主编:《天津市纺纱业调查报告》,天津市社会局,1931,第110、281、329页。

④天津市档案馆编:《天津商会档案汇编(1928—1937)》(下),天津人民出版社,1996,第1438页。

⑤南开大学经济研究所等编:《启新洋灰公司史料》,生活·读书·新知三联书店,1963,第293~295页。

50~300元之间的恤金；对于因公致残者，华新与永裕都给予1~3年之工资，民生依据《工厂法》之规定发放赡养费"。华新青厂对于在厂工作10年以上之退休工人，发给其半年工资。①

1914年河北开滦煤矿规定，矿工因公伤亡给予40元抚恤金。1923年开滦矿务局"惠工现况"中记载，工人因工受伤可免费进入医院治疗，3个月内可领取全薪，对于因伤致残者则给予100元抚恤金，并为矿工及其子弟安排适当工作，或是送入该矿成立的教养院收容。到了1927年，因公伤亡抚恤金增加到200元。1934年，开滦煤矿还根据因公残废的不同部位制定了相应的抚恤金标准。②临榆柳江煤矿对于矿工因公致残者，根据病情情况给予津贴，对于因公死亡者给予丧葬费和遗族抚恤金共50元。③门头沟煤矿公司对于工人因矿山灾害身亡者给予棺材一口及抚恤金80元，如果矿工是外乡人，公司又联系不到他们的家人，就随便把他们埋葬即可，抚恤金也省了。④山西阳泉保晋煤矿公司对于矿工压毙淹毙者，给予棺木及45元抚恤金；对于因伤死亡者，给予棺木及45元或30元以下恤金；对于因公负伤者，送入医院免费治疗，因伤致残者酌量给予抚恤金。⑤山东中兴煤矿里工因公受伤送入医院免费治疗，工资照给，对于受伤致残者，公司每月给予半数工资直到其终老，外工因公致残者只是一次给予150元之赡养费。里工因公死亡，公司给予50元丧葬费及1~2年之工资作为恤金，外工因公死亡给予50元丧葬费和150元抚恤金。里工因病住院治疗免费，工资发给半数，不能治愈者给予一个月到半年的工资作为抚恤，因病死亡者给

---

① 参见邢必信等编：《第二次中国劳动年鉴》第3编，北平社会调查所，1932，第186、198页。

② 开滦矿务局史志办公室编：《开滦煤矿志（1878—1988）》第3卷，新华出版社，1995，第210-211页。

③ 虞和寅：《临榆柳江煤矿报告》，农商部矿政司，1926，第41页。

④ 《工人生活状况拾零》，《劳动季报》1934年第1期。

⑤ 虞和寅：《平定阳泉附近保晋煤矿报告》，农商部矿政司，1926，第65-66页。

予50元丧葬费并按其工作年限给予三个月到一年的工资作为抚恤;外工生病亦可免费治疗但不给工资,因病死亡者亦无抚恤金。里工工作10年以上年满60岁者退休后,公司每月给予半数工资作为养老金,外工没有此项待遇。①淄川煤矿对于因公受伤工人提供治疗费和慰劳费,对于因公残疾者给予30~100元之抚恤金,对于因公死亡者给予50元丧葬费和两年工资作为恤金。②河南中原煤矿公司对于因公受伤之工人提供医药费,养病期间里工工资照给,外工给予伙食津贴;对于因公致残者一次性给予100元恤金,并按照工作年限给予1~3年之工资作为抚金;对于因公死亡者给予丧葬费50元和一次性抚恤金300元,并按工作年限给予2~3年之工资;凡里工积劳病故者给予丧葬费20元和一次性恤金60元,并按工作年限给予半年到一年半之工资,外工病故者给予丧葬费20元和一次恤性金50元。③

津浦铁路对于工人因公受伤致成半残废者,按其工作年限,工作半年以下者给予恤金10元,一年及以上者给予20元;对于因公致残者,工作三个月者给予恤金10元,半年者给予20元,一年及以上者给予30元;对于因公死亡者,工作三个月给予恤金30元,半年者给予40元,一年及以上者给予50元。京绥铁路对于因公死亡者,按其工作年限3~10年,分别给半年到一年的薪金作为抚恤,京汉铁路抚恤规定与之相近。胶济铁路把该路工人的伤疾轻重分为5等,并制定了相应的抚恤金额。④据1931年调查,胶济铁路抚恤工人人数达到100人。北宁铁路对工人养老金做出了规定,对于工

①施裕寿、刘心铨:《山东中兴煤矿工人调查》,载李文海主编:《民国时期社会调查丛编·城市(劳工)生活卷》,福建教育出版社,2005,第927-928页。

②《山东矿业报告》,山东省政府实业厅编印,1930,第135-136页。

③参见《民国二十一年中国劳动年鉴》第3编,实业部劳动年鉴编纂委员会,1933,第183-184、187页。

④王清彬等编:《第一次中国劳动年鉴》第3编,北平社会调查部,1928,第38-42页。

作满三年者,给予一个月工资,每增加三年,即增加一个月工资作为养老金。[1]

六、娱乐与运动设施

民国时期华北地区少数工矿企业为产业工人提供了娱乐与运动设施。塘沽久大精盐公司为工人设有游艺室,室内有乒乓球台及各种棋类,户外设有单杠、秋千、浪桥和石墩,还设有足球场,经常举行比赛。[2]天津裕元纱厂设有国剧社、新剧社,经常组织表演,还设有工人运动场,在各项运动中举礅子是最普遍的,其次为抛沙袋、摔跤。恒源纱厂亦有国剧社,每晚7—9点为教习时间,还设有国术社。[3]山东茂新面粉工厂"装有无线电收音机及留声机为工人业余之娱乐"[4]。

开滦赵各庄、林西等矿都设有剧园、留声机及棋类等娱乐设施,每周放电影一次,每月剧园演戏两次。山西保晋煤矿设有足球场,为工人运动锻炼身体之用。山东淄川煤矿为工人建有公共花园以供其消遣。[5]中兴煤矿设有职工俱乐部,由惠工处主持,设备较为简陋,有各种棋类,但因工人文化程度低而很少有人前往。但俱乐部还有京剧教师教授工人演唱京剧,这引起了大多数工人的兴趣。[6]

1922年正太铁路成立同人会,设有戏剧组、网球组及乒乓球、台球、象棋、围棋各项设施。成立之初,会址狭窄、设备简单,1924年新会址建成,

---

①参见邢必信等编:《第二次中国劳动年鉴》第3编,北平社会调查所,1932,第189、199页。

②林颂河:《塘沽工人调查》,载李文海主编:《民国时期社会调查丛编·城市(劳工)生活卷》,福建教育出版社,2005,第810-811页。

③方显廷:《中国之棉纺织业》,国立编译馆,1934,第223页。

④《山东机制面粉工人生活状况》,《劳工月刊》1932年第1卷第2期。

⑤参见王清彬等编:《第一次中国劳动年鉴》第3编,北平社会调查部,1928,第8、9、13页。

⑥施裕寿、刘心铨:《山东中兴煤矿工人调查》,载李文海主编:《民国时期社会调查丛编·城市(劳工)生活卷》,福建教育出版社,2005,第926页。

开始完善各项设施。[1]1927年,道清铁路职工俱乐部设有游艺事项,如书报、音乐、戏剧和球类等,后因军阀战争而无形停顿。1932年,俱乐部开始恢复,并对各类设施进行增添。[2]陇海铁路洛阳、郑州、开封等站于1931年均组织了同人交谊会,会中分设文艺、体育和学术各组。文艺方面有音乐、电影、平剧(京剧)等,尤以平剧成绩最为显著;体育运动方面设有乒乓球队、国术组以及滑冰等项目;学术方面设有阅报室,并有大礼堂供人演讲。[3]

第三节 劳动保障成效分析

上述内容探讨了民国时期的劳动保障立法和劳动保障措施的制定,这一节就来分析二者的实施成效如何。

一、劳动保障立法的局限性

民国时期出台了很多劳动保障的相关立法,这从理论和制度层面上来讲是一大进步,但是从实践层面上来讲,这些立法大多都没有得到很好的贯彻实施,或是由于法律条文本身的不完备,或是由于政府缺乏执法的诚意,或是由于政局动荡使法案无法实施,或是由于来自资方的反对。

北洋政府时期立法中涉及劳工保护的条文最早出现在矿业法中,即1913年北京政府颁布的《矿业条例》和1914年颁布的《矿业条例施行细则》。这两个法规对于矿工待遇方面只是概括地列举,至于具体情形则是令矿业权者订立好相关规则后呈请矿务监督署长核准,并未在法规中写明确实规定。1923年,农商部又颁布了《矿工待遇规则》,内容较为全面,只

---

①正太铁路接收周年纪念刊编纂委员会编:《正太铁路接收周年纪念刊》,正太铁路管理局,1934,第463-464页。

②道清铁路管理局编:《道清铁路三十周年纪念》,道清铁路管理局,1935,第299页。

③参见中国国民党陇海铁路特别党部编:《陇海铁路调查报告》,1936,第24、26页。

是后来也未能切实实施。

在京汉铁路工人大罢工的压力之下，北京政府于1923年颁布了《暂行工厂通则》。该《通则》是第一部对工厂工人劳动保护规定较为全面的法规，但颁布后未能切实施行。因为北京政府颁布这项法律只是迫于工人运动的压力，并没有执行此法的诚意。《通则》颁布之后，各地官厅与劳资各方大多数都不知道《通则》为何物，更谈不上遵守执行了。《通则》规定的适用范围也过于狭窄。它在第一条规定该通则只适用于雇用工人在百人以上的工厂以及有危险性质或有害卫生的工厂。这是不切实际的规定，当时的工厂规模一般较小，同时它也把无危险性质的工厂排除在外，说明这部法规适用范围非常之小，不具有普遍性。另外《通则》也没有规定相应的检查、罚则等内容，所以没有可操作性。

因为《暂行工厂通则》的条文不甚完备，1927年农商部对其进行修订，公布了《北京农工部工厂条例》。该《条例》将适用范围扩大，工人人数由以前的100人以上改成15人以上，如果工厂工人不到15人，则有危险性质或有害卫生之工厂亦适用，还规定了违反《条例》的罚则。同年又公布了《北京农工部监察工厂规则》。因为这些工厂法规颁布之时政局动荡，最后只能徒成具文而已。

这个时期制定的工会组织法规体现了北洋政府立法的真正目的并不是为了保护劳工，而是为了控制工人运动，维护自己的统治。1923年的《工人协会法草案》的一些条文反映了该会必须在主管官署的控制下活动，如未经主管官署批准而设立协会者处以罚金，未向主管官署呈报相关事项者处以罚金，主管官署可以强行撤销工人协会的议决事项，主管官署如遇工人议决及行动有淆乱政体、妨害公安者可解散之。这个《草案》还未经过国会通过，就发生了曹锟等驱逐黎元洪的事变，国会亦解散，此项《草案》也被搁置。1925年，在五卅运动的压力下，北京农商部又制定了《工会条例草案》。该《条例》第22条规定工会扰乱治安及妨害公益时,主管官署应解散之。同年,该《条例》的修正案中指出工会如若有违反此《条例》者,得由地方行政长官命其撤销;还规定发生劳资争议时,地方行政长官和调查委员会担任调查公断,如果劳资双方仍旧争执不下,则由行政长官依照公断之决定强制执行,在此期间,雇主不得开除工人,工人也不得罢工。看来这项立法在制定保护劳工的条款之外,重点还在于控制和约束工人运动。1926年北伐战争开始,此项《条例》又无形停顿。

南京国民政府时期,国民党由国民革命时期扶助农工的政策转变为控制劳工的政策,为了促进劳资协调、欺骗工人,这段时期制定颁布了更多劳动保障法规,其立法的出发点就决定了这些法规必然存在局限性。

在工厂法方面,1929年12月30日国民政府颁布了《工厂法》,规定自1931年8月1日起施行,但是到了规定的期限却仍未执行,这就说明它遇到了一定的困难和阻力。首先是执法的诚意和机关的问题,当时中国处于国民党新军阀混战时期,政治局面很不稳定,在这样的环境下,国民政府的主要精力没有放在保护劳工身上,当然不能很好地推行劳动法令。另外当时执行劳动法的行政机关组织简单且缺乏经验,执法人员又经常更换,有的不认真执行任务,有的后任职员往往将前任职员的计划取消。[1]

此外,《工厂法》的施行还遭到资方的反对,使其无法顺利实施。在该法未公布之前即遭到反对。华北工业协会为要求从缓公布《工厂法》致电国民政府:“《工厂法》为工业根本法规之一……此事直接影响于国货之兴衰,间接影响于国家之兴亡,关系至巨,顷见工商法规讨论委员议决工厂法行将发表,敝会当即邀集华北各工厂,叠次开会切实讨论,发生许多困难问题,觉得适于此业不适于彼业者……若冒然公布,不遵行则于政府威信有

---

[1]骆传华:《今日中国劳工问题》,上海青年协会书局,1933,第168页。

关,盲从则工业破产,劳工生计同时断绝。敝会觉此案关系全国工业至深且巨,应请从缓公布。"①在《工厂法》颁布之后又遇到了很多反对的声音。有的雇主提出劳资双方的契约"本来是自由谈判订立的,从未受过政府法律的制约",有的指出"《工厂法》过于急进,不能马上实行",有的说如果要强制执行的话,他们"只有关闭工厂,使数千名工人失业",有的工厂主提出的理由是由于治外法权的问题使得"《工厂法》只能施行于中国工厂,不能施行于外国在华工厂,这是一种不公平的待遇,这会使中国工商业及经济遭到更大的压迫和打击"。②对于《工厂法》中的一些具体条文华北工业协会提出了一些看法,认为女工不得在夜间工作的规定使得工厂无法倒班,"如摒弃女工或全停夜工,必致女工生计断绝,生产更形落后,如以两班改为三班……前两班由女工轮流接替,后一班由男工接替,则在女工方面即免于深夜工作,而生计亦无影响,在工厂方面倒班即无困难,生产亦无虞落后"。对于休假给资的规定认为应该具体分析,"日工周日休假给资办法应按照依法有效之团体协约或工作契约办理,无协约契约者应按照其工作关系长雇、短雇而定给资,即非一致"。③1931年7月,国民政府对于资方认为比较急进的条文做出了回应。政府对于女工不得在夜间工作,规定延长两年的准备时间再复施行;对于休假日工资照给的问题,改为由劳资双方自行谈判决定。④

　　正是由于资方的强烈反对,国民政府对《工厂法》进行了修订,于1932年12月30日颁布。通过对新旧条文的比较可以看出,《工厂法》修订之后

①天津市档案馆编:《天津商会档案汇编(1928—1937)》(下),天津人民出版社,1996,第1368-1369页。

②骆传华:《今日中国劳工问题》,上海青年协会书局,1933,第168-174页。

③天津市档案馆编:《天津商会档案汇编(1928—1937)》(下),天津人民出版社,1996,第1413-1414页。

④骆传华:《今日中国劳工问题》,上海青年协会书局,1933,第172-173页。

工人的劳动保障待遇有所降低。在延长工时的限制方面,由每月不得超过36小时改为46小时,这样就比以前增加了10小时;在童工工作时限方面,由规定不得在午后7时至翌晨6时内工作,改成不得在午后8时至翌晨6时工作,即白天的工作延长了一个小时;对于在厂工作10年以上的工人每年特别休假总数上,由不超过30天改成了20天,减少了10天;对于女工分娩待遇问题,由规定分娩期间可领全薪改为入厂工作半年以上者领全薪,不足半年者领半薪;在招收学徒的最低年龄方面由14岁改为13岁,比之前减低了1岁。[①]在很多方面明显是退步了。

华北各地也制定了地方工厂法规。1929年,河北省颁布了《河北省暂行工厂规则》,很快就出现了各工厂的不同意见。对于《河北省暂行工厂规则》中第一条工人人数规定方面,华北制革公司认为应由40人以上改为10人以上,因为中国小工厂众多,适用范围应该扩大一些;对于第三条童工工作8小时的规定,天津纱厂同业会指出"纱厂为昼夜两班工作制,成年工工作10小时,而童工工作8小时,实与工作支配大有窒碍。此条实施后厂方不愿再雇童工,名为保全童工实为减少童工谋生之路";对于第五条成年工工时不得超过10小时的规定,华北制革公司的反对理由是"中国工业将近破产,人工又非常迟慢,不能与世界工业同日语也";对于第六条工人每周有18小时以上休息时间的规定,天津面粉公会认为应该增加"各工厂有增加生产之必要时,休息时间得减少"的说法,丹华火柴公司指出"工厂大多两周休息一日,聊以度生产落后之难关。若令每周休假一日,恐劳资双方均蒙损失",华北制革公司认为此条应改为"每半月有一次18小时持续之休息";对于第十四条劳资纠纷的调解,天津纱厂同业会指出"请求监察员调解自属正当办法",但反对工会介入调解,因为"厂中纠纷大多发生于工会,若仍请求于工会恐难解决";对于第十七条童工教育每周至少6小时的

---

①陈振鹭:《工厂法修正后新旧条文之比较》,《大中国周报》1933年第1卷第5期。

规定,天津纱厂同业会指出厂方不能对此负必须责任,应改为"在可能范围内助以相当教育"。①可见这些反对意见都是站在资方的立场,除了第一条的意见以外,大多数是反对劳动保护的相关条款。

北平市社会局于1930年公布施行了《北平特别市工人休假待遇暂行规则》,但是它并没有贯彻《工厂法》的相关规定。因为《工厂法》规定工人在休假期内工资照给,而此《规则》规定休假期间只给工人半数工资,而且规定在纪念日之外的习惯例假日数可以缩减。②1933年,青岛市政府颁布了《青岛市工人待遇暂行规则》,它的许多条款也与《工厂法》有些差距。《工厂法》规定工人每周休息一日,此《规则》规定每月至少两日,这样青岛工人每月的休息日就减少了两天;《工厂法》规定女工分娩前后共休假8周,此《规则》规定给假4~6周,休假日期减少了很多;《工厂法》规定了童工补习教育时间每周至少10小时,此《规则》没有提及具体时间,只是说"酌予受教育之机会";在工人抚恤数目上,《工厂法》规定工厂资本在5万元以下者可呈请核减,而此《规则》规定工厂资本在5000元以下者即可呈请核减,在具体的伤亡抚恤标准上,《规则》也比工厂法低了许多。③看来华北各地方工厂法规并没有严格遵守和贯彻中央之《工厂法》。

南京国民政府时期制定的许多劳工法律都体现了其限制和控制工人的目的。1928年国民政府颁布《劳资争议处理法》,1930年和1932年又两次对该法进行修订,先是从强制仲裁改为任意仲裁,后又将任意仲裁恢复为强制仲裁。这个法案看似是在帮助劳资之间解决矛盾,但实际上是用法律控制工人的反抗与斗争。国民政府1929年颁布的《工会法》,制定了较

①天津市档案馆编:《天津商会档案汇编(1928-1937)》(下),天津人民出版社,1996,第1376-1378页。

②《北平特别市工人休假待遇暂行规则》,北京市档案馆藏J011-001-00095。

③《民国二十二年中国劳动年鉴》第5编,实业部劳动年鉴编纂委员会,1934,第30-32页。

多控制和限制工人运动的条款。它规定工会的成立、合并、联合、分立与解散等事项均须通过政府主管官署的批准和认可方可进行。同时还指出国家重要企事业单位不得组织工会;同一产业工人只得建立一个工会;工人在劳资纠纷期间未得到2/3以上会员同意不得宣言罢工;工会违反法规或破坏安宁秩序时,主管官署将其解散;等等。总之该法就是要将工人运动限定在政府的掌控之中。1930年3月国民政府颁布《铁路员工服务条例》,它的条文中有很多体现其控制工人运动思想的内容,如员工任免、工作及管理方法由铁道部、路局和公司经理负责,工人或工会不得加以干涉;铁路工人必须遵守路局规章制度,服从上级下达的命令;员工工作未通过考核时,路局可随时解聘;工人罢工、怠工时,除了开除之外,还交由法院惩办等。[①]

除了这些通论性质的法律之外,南京国民政府还制定了很多专门的劳动保障法规,包括安全、卫生、教育、储蓄、消费合作社、劳动保险、娱乐等方面的内容。至于这些立法的实施成效如何,笔者就通过劳动保障设施的成效来进行考察。

二、劳动保障设施的成效

民国时期,政府、企业雇主和社会团体相继建立了一些劳动保障设施,但是大多设施名不副实,条件较差,或是为职员提供的设施条件远远高于为工人提供的设施条件,总体来讲成效甚微。

在膳宿设施方面,虽然一些厂矿为工人提供宿舍和食堂,但是环境和设备较差。在华北各工厂中,除了塘沽久大精盐公司、恒源纱厂的工人食堂较为宽敞外,其他工厂食堂或是空间狭窄,或是条件较差。例如,裕大纱厂的工人食堂桌凳排列过密,而且暖气管已经生锈。华北很多工厂未设食

---

① 参见邢必信等编:《第二次中国劳动年鉴》第3编,北平社会调查所,1932,第13-16、41-45、57-63页。

堂,饭食由工人自备。例如,永利制碱厂工人或向久大工人室购买食品,或在宿舍自己煮食,或组织饭团按月包饭。天津北洋纱厂、山东鲁丰纱厂、河南郑州豫丰纱厂工人多组织饭团或让饭馆代送。北京丹华火柴公司除学徒外,不供食膳。天津北洋、荣昌火柴公司亦均未设立工人食堂。三津永年面粉公司、陆记庆丰面粉公司、民丰年记面粉公司的普通工人均组织饭团或在外零购。嘉瑞合记面粉公司的普通工人自己设有厨房做饭。至于住宿,各工厂大多设有工人宿舍,但空间较小,卫生较差。华北各厂工人宿舍大多每间住七八个人,还有更拥挤的,例如恒源工人宿舍小号房间最多能容纳11个人。北洋纱厂房狭人挤,工房外还有臭水沟。鲁丰纱厂和豫丰纱厂之工房不敷分配。民丰年记面粉公司普通工人宿舍每屋住十三四人。三津永年面粉公司房间大小不同,最多的可住21人。塘沽久大精盐公司的单身工人宿舍每屋住12人。永利制碱工厂的住厂工人的宿舍每室住16人。

矿工的住宿条件更差,经常是几十个人住在通铺上,卫生环境亦较差。河北开滦煤矿居住的锅伙一开始是面对面的大炕,后来除了炕铺之外,还设有吊铺。在锅伙存在的同时,开滦还建立了单身工人宿舍和工人眷属住宅。表面上看这些新建的工人住宅是为工人谋福利的表现,但是据1932年的调查显示,这些住房46%分给了职员居住,11.5%分给里工居住。外工虽也有8168人居住,占28.5%,但实际上这部分工房是租给了包工头用于开设锅伙,还有一些房间被包工头霸占。外工虽也有少数居住在新建的住房内,但环境也和锅伙差不多恶劣。[1]门头沟煤矿和井陉煤矿的工房也是设置了极长的通铺。焦作煤矿、中兴煤矿和博山煤矿的工人都是在住宿之处就地而席。各铁路对于工人住宅多无设备,即使有者亦不过占小部分,大多不敷分配。

---

[1]郭士浩:《旧中国开滦煤矿工人状况》,人民出版社,1985,第147-148页。

在安全设施方面,华北各煤矿都设有通风、排水、照明、防火等设施。1923年,北洋政府农商部颁布了《矿业保安规则》《煤矿爆发预防规则》,对矿场的安全设施进行了规定。1931年,国民政府还颁布了《工厂检查法》,其中工厂的安全设备是检查的内容之一,但是各种工伤灾害还是频繁发生。开滦煤矿的矿山灾害中沼气爆炸频繁,其中1920年唐山矿沼气爆炸是较为严重的一次事故,这除了跟通风设备欠佳有关之外,还和矿厂救险行动的滞后有关。1934年的蹲罐事件也是开滦较为严重的灾害,这是由于绞车年久失修造成的人身伤亡事故。中兴煤矿大部分灾害都是由于旧空积水导致的水灾,而矿厂并没有对防水设施加以重视。1935年,淄博煤矿的水灾是全国各矿发生水灾中最为严重的一次,这是由于矿方对矿井出水源疏忽调查、矿井开采使用的材料不佳以及对可以逃生的通风道荒废弃置造成的。保晋煤矿经常发生炭坠,说明矿井的安全支护设备存在问题。

工厂相对于矿山来讲,较少发生大的灾害事故,因此对于安全设施不够重视。天津各纱厂和面粉厂只设置了一些简单的消防设施。久大精盐公司只为工人提供了防止烫伤的炕鞋和手足套。这些简单的措施无法避免工伤事故的发生。石家庄大兴纱厂由于机器设备缺少安全装置,致使工伤事故经常发生。天津、青岛各纱厂工人经常被机器伤及手部,有的还被棉织机的飞梭伤及眼睛导致失明。火柴厂装盒工人经常容易把手灼伤,又因为火柴是易燃品,有时会引发爆炸或火灾。1927年北京丹华火柴厂发生爆炸火灾,给工人带来极大灾难。久大精盐公司虽然发给工人炕鞋和手足套,但是工人还是容易发生烫伤,因为工作场所的蒸汽常使工人看不清锅台而跌倒滑入锅中。锅炉的火夫也经常被烫伤,永利的锅炉有一次发生爆裂,伤及多人。据调查,华北地区仅1935年一年就发生工业灾害133次,死伤达1765人。这说明各种安全法规及工厂检查并没有得到很好地贯彻执行,安全设施有待完善。

在医疗设施方面,工矿企业或是自己设有医院、医务室,或是设置定点医院为工人提供免费医疗,其他还有很多没有医疗设施的企业。在设有医院或医务室的厂矿企业中,医生人数一般较少,一般只有一两个。恒源纱厂的医务室医生算是较多的,有4人,开滦和中兴煤矿均各有医生5人。华北各路中正太铁路和道清铁路仅有医生各3名,陇海路只有9名,平绥、平汉、胶济、津浦各路医生也只在20名左右。[1]自设医院者大多设立了基本的科室、药房及住院病室,购置了常用的医疗器械。工矿企业内设的医务室则仅有简单医疗设备,如遇病情严重者须送至定点医院诊治。

根据1932年实业部对华北各地工厂医疗状况的调查显示,设有医院医室的比例很小。下面仅以条件设施较优的开滦煤矿为例,看看该矿为工人提供的医疗设施究竟成效如何。开滦煤矿为一般工人设立普通医院,为高级职员专门设立了高级职员医院,设施和待遇都有很大差别。开滦各矿大都设有医院,但是设备完善者只有唐山总医院一处,因此其他各矿的工人受伤严重者大多被送往唐山诊治。但是医护人员并没有认真医治伤患,而是敷衍虐待受伤矿工。例如,某个矿工因铁砂落入眼中到医院治疗,医生非但没有把铁砂取出,反而草草地涂了点儿药,用布将眼蒙住,导致病人眼睛肿烂。该院医生对于"内科的病只知道给一点儿泻药,对于外科则涂一点儿碘酒",还不准病人转到外院去治疗。[2]林西矿医院的医生还拿病人做试验,对于一般胃病患者一律进行胃切除手术;为了进行骨折愈合实验,不顾工人病愈与否就令其行走;为了做石膏压迫止血的试验,不给截肢后的病人做血管结扎,给工人带来了极大的痛苦和伤害。医院为工人治病可以说是名不副实的。[3]

至于其他卫生设施,华北很多厂矿企业没有设立工人浴室,即使设有此设施者,一般规模较小、设备简陋、卫生欠佳。厕所也是空间狭小,不合

---

[1]邢必信等编:《第二次中国劳动年鉴》第3编,北平社会调查所,1932,第180页。

[2]《矿局医院之残暴》,《民国日报》1920年12月19日。

[3]郭士浩:《旧中国开滦煤矿工人状况》,人民出版社,1985,第149页。

卫生要求。

在教育设施方面,即使是条件较优者也存在一定的局限性。例如,久大、永利虽为工人设有工读班,但是教员有限,经常一人兼任两门教学课程,教学内容也难免有所错误。工厂规定25岁以下的工人必须入工读班学习,因此年龄在25岁以上的工人多有不参加者。另外1927年以前工人每日工作12小时,大多无暇读书。参加工读班之工人多进入普通一年级学习,因课堂容纳不开,故选择一些略微识字的工人进入二年级学习,这对于工人来讲程度较高,不易接受。住家工人年龄普遍较大,又因家事繁多,入工读班学习者很少。该厂设立的明星小学一开始是为职员子女设立的,后来才允许工人子弟入学。久大为工人设立的图书馆因大多书籍内容深奥,不能引起工人的兴趣。①开滦煤矿虽然设有四五所职工子弟小学,但是规模较小,工人子弟入学者亦较少。即使入学者也只能受到最初等的教育,因为矿方认为工人子弟如果均毕业于初级、高级各学校,将来就有可能成为工程师、会计师,而像矿工这样的一般劳动力就减少了。实际上矿工们连最基本的生活都难以维持,根本没有在意子女入学受教育的问题。②山东中兴煤矿设立的工人补习学校教学计划较为完善,但是规模太小,只有里工中的一小部分人能够入学,大多数外工都被排除在外。中兴小学校一开始只招收职员子弟,在其成立5年后才开始招收工人子弟入学。③1920年,交通部择定京汉、京奉、京绥及津浦四路之工人最多的地方开设职工学校。但据1925年的调查显示,这四路工人在职工学校学习的人数占该路职工的比例分别为 6.61%、10.81%、8.98% 和

①参见林颂河:《塘沽工人调查》,载李文海主编:《民国时期社会调查丛编·城市(劳工)生活卷》,福建教育出版社,2005,第802、805、834、854页。

②郭士浩:《旧中国开滦煤矿工人状况》,人民出版社,1985,第146-147页。

③施裕寿、刘心铨:《山东中兴煤矿工人调查》,载李文海主编:《民国时期社会调查丛编·城市(劳工)生活卷》,福建教育出版社,2005,第925-926页。

7.32%,说明进入职工学校学习的工人不多。①

在经济设施方面,消费合作社低价售与职工日用品,在改善劳工生活、减轻经济负担方面起到了一定的作用,但仍有其局限性。例如,久大、永利的职工共同贩卖所,每月上旬交易较多,中旬交易额便开始下降。因为工人的购买力是以发薪的日期为准,刚刚发薪时工人可以多买些生活用品,过了半个月以后,余款开始减少,到月底到贩卖所购物的工人就更少了。另外久大、永利两厂规定职工共同贩卖所的赢利按股份分给会员,但是贩卖所不对外营业,职工的购买力又低,因此其赢利也不多,这样会员所分得的股利亦较少。②天津裕元纱厂职工日用品代办所1929年仅赢利约为1531元,其平时资金周转多依靠银行借款,当年需交利息约有1711元,超过其赢利的数目。代办所虽只为厂内工人所设,但无法避免冒充工人之厂外人士购买货品。另外其赊欠销售制度容易使工人购买没有节制,使其因为赊欠而被代办所扣除的工资越来越多。恒源纱厂的消费合作社中,工人赊账欠款的情况较多,使本来就为数甚微的流动资本周转不灵,导致合作社不能购买大宗货物进行销售,结果货价提高,销售减少。1930年,该社之分社亏损达267元。③

上述消费合作社的局限性大多是因为工人购买力低造成的,根本原因是工人的工资收入低,这一点同样影响了工人储蓄的成效。例如,在久大精盐公司被调查的86位住厂工人中,有储蓄者占68.6%,但其中储金数在11元以下者占储蓄者的69.5%,看来大多数工人工资较低,存储额也较低。另外在这86位住厂工人中,借债人数有17人。在被调查的61位久大住家

---

①刘明逵、唐玉良主编:《中国近代工人阶级和工人运动》第1册,中共中央党校出版社,2002,第585页。

②林颂河:《塘沽工人调查》,载李文海主编:《民国时期社会调查丛编·城市(劳工)生活卷》,福建教育出版社,2005,第812页。

③参见方显廷:《中国之棉纺织业》,国立编译馆,1934,第218、220页。

工人中,有储蓄者仅占47.5%,其中储金数在10元以下者占储蓄者的58.6%。在61位住家工人中,借债人数为29人,当物人数为3人。在被调查的50位永利住厂工人中,借债人数8人,其余工人若有盈余大都寄往家中,储蓄者不多。①天津民丰年记面粉公司提倡工人储蓄,但工人工资很低,大多供给家用,有余额储蓄者很少。②矿山工人为了维持最基本的生活经常打连班,存款储蓄对于他们来讲更是不现实的。

在劳动保险措施方面,为失业工人建立了职业介绍所和平民工厂,这有利于恢复部分工人的工作,维持其生计。但是这两项失业救济设施以北平和山东较多,华北其他省市并没有普及。面对广大的失业工人,这些救济设施只能算是杯水车薪。尤其是在经济危机和日本侵华的影响下,华北地区的失业工人与日俱增,局势的动荡加上政府资金的限制,使其对于工人的失业救济成效不大。

关于工人抚恤方面,各矿山的规定较为详细,但都存在一定的局限性。有的是抚恤内容名不副实,例如,开滦煤矿规定对于因公致残者除了给予抚恤金之外,可以将之送入其开办的教养院,表面上是对工人的一种保障和福利,其实不然。开滦教养院设有各种工作房,让那些老弱病残者每日工作11个小时以上,生产的产品既有对内使用也有对外赢利的。教养院派人监督工人劳作,监工稍有不满还经常动用刑罚。院民整日劳动,可是教养院供给他们的食物都是剩饭馊粥。对于丧失工作能力的人还如此剥削,这就是开滦所谓的"抚恤"。③有的是抚恤金额过低,《矿工待遇规则》中规定因公死亡者给予50元以上丧葬费,并给予其遗族两年以上之工资作为抚恤金,但是有的矿场没有遵守这些规定。例如,临榆柳江煤矿对于工

①参见林颂河:《塘沽工人调查》,载李文海主编:《民国时期社会调查丛编·城市(劳工)生活卷》,福建教育出版社,2005,第831、833、853-854、878-879页。

②吴瓯主编:《天津面粉业调查报告》,天津市社会局,1932,第55页。

③郭士浩:《旧中国开滦煤矿工人状况》,人民出版社,1985,第153-155页。

人因公死亡者仅给予丧葬费和遗族抚恤费共50元。[①]门头沟煤矿公司对于因公死亡者给予棺材一口及抚恤金80元,对于外乡矿工,就随便把他们埋葬,不再给予其他抚恤金。[②]有的是里工和外工差距很大。例如,河南中原煤矿公司对于里工住院工资照给,外工仅给津贴;对于里工因病身亡除了给予丧葬费和恤金外,还按工作年限给予半年到一年半之工资,而外工仅有丧葬费和一次性恤金,且比里工低很多。[③]山东中兴煤矿外工因公死亡也是只有一次性恤金,因病死亡没有抚恤;对于里工受伤致残者,公司发给其工资之半数直到其终老,外工只是一次性给予150元之赡养费;里工退休后有养老金,外工没有。[④]

《国有铁路职工抚恤金规则草案》按工作年限规定了相应的恤金,除此之外,对于因公死亡者还规定一次性给予3年工资之抚恤金,对于因公受伤致残不能工作者一次性给予两年工资之抚恤金,但是各路并没有完全遵照此项规定。例如,津浦铁路对于因公伤亡者除了按工作年限给予相应抚恤外,并没有给予2~3年工资之抚恤金。京绥铁路和京汉铁路对于职工因公死亡者最多给予一年的薪金。[⑤]

华北各工厂的厂规、章程中亦规定了抚恤规则,但大多不按其执行。久大精盐公司的工作危险性不大,因公伤亡者不多,其抚恤一项很少实施,而且雇工章程上虽有抚恤金额的相关规定,公司一般还是按照惯例和具体

---

①虞和寅:《临榆柳江煤矿报告》,农商部矿政司,1926,第41页。

②《工人生活状况拾零》,《劳动季报》1934年第1期。

③参见《民国二十一年中国劳动年鉴》第3编,实业部劳动年鉴纂委员会,1933,第183、187页。

④施裕寿、刘心铨:《山东中兴煤矿工人调查》,载李文海主编:《民国时期社会调查丛编·城市(劳工)生活卷》,福建教育出版社,2005,第927-928页。

⑤参见王清彬等编:《第一次中国劳动年鉴》第1编,北平社会调查部,1928,第38-40、46页。

情形办理。①启新洋灰公司在1930年制定的工厂管理规则中对于工人因公致残、因公死亡、因病死亡及退休养老的抚恤问题做了详细明确的规定，但是实际上工人们并没有得到这项保障。启新工人因公受伤，非但得不到公费治疗，反而会被工厂开除。工人年老后大多得不到养老金，基本上是不到退休年龄就被开除了。1936年，某工人被窑磨绞死，公司只发给一口棺材，并未给予任何抚恤金。这些说明启新洋灰公司的抚恤制度只是空谈而已，不起实质作用。②

据对河北省十二大工厂③抚恤规定的调查显示，各厂对因公致病及受伤的抚恤办法，"除了四厂无规定之外，只有一厂完全依照《工厂法》之规定给予抚恤"，其他工厂的抚恤都有所缩减。④

在娱乐设施方面，华北大多数厂矿企业没有建立相关设施。文化水平较低的工人下班后多从事嫖赌等不正当娱乐活动，或者从事打牌下棋、听书遛鸟等花费不大的活动。即使有些厂矿企业设立了娱乐设施，普及性也不大，一方面是由于工人工作时间过长，没有时间和精力参与任何娱乐活动，另一方面是有的娱乐设施主要针对职员设置，而非面向广大普通工人层面。

塘沽久大精盐公司为工人设立了足球场，但是踢足球的很多是有技能的工人，他们和职员都了解踢足球的规则，而普通工人却不懂足球规则，更不用说去参与此项运动了。久大住家工人因工作之余还要照料家事，故参

①林颂河：《塘沽工人调查》，载李文海主编：《民国时期社会调查丛编·城市（劳工）生活卷》，福建教育出版社，2005，第809页。

②南开大学经济研究所等编：《启新洋灰公司史料》，生活·读书·新知三联书店，1963，第294-296页。

③十二大工厂指的是华新津厂、华新唐厂、北洋纱厂、宝成纱厂、裕元纱厂、大兴纱厂、三津寿丰面粉厂、丹华火柴公司、久大精盐公司、永利制碱厂、启新洋灰公司、渤海化学工厂。

④邢必信等编：《第二次中国劳动年鉴》第3编，北平社会调查所，1932，第185页。

加厂中娱乐活动的较少。永利制碱厂的室内娱乐设有象棋及大正琴,但是一般只有工匠和助手以此娱乐,普通工人并没有兴趣。工人工余的时间很少,他们或是散步聊天,或是听书看戏。[①]天津裕元纱厂为工人设有运动场,教之练习拳术,但是这一运动并不普及,工人还是对举碾子和抛沙袋等传统运动较感兴趣。[②]煤矿工人整日劳动,为了生计不得不打连班,根本无暇从事什么娱乐活动,由于工作的疲劳和生活的苦闷,抽烟喝酒赌博者较多。开滦煤矿的剧园、留声机、棋子,保晋煤矿的足球场等设施大多是针对职员设置的,对于煤矿工人来讲没有适用性。淄川煤矿设有公共花园,可以供工人散步休息,但是工人整日在矿井中劳作,根本没有时间和精力逛花园。山东中兴煤矿公司设立的职工俱乐部,各种设施多为职员准备,其为工人共享的棋类和书报社,因为工人文化程度低而少有人问津。[③]华北各路为工人提供的娱乐设施也很少,而且各路行车工人常年在外工作,基本没有时间寻求娱乐活动。另外正太路提供之网球、台球、围棋,道清路之书报、音乐,陇海路之电影、音乐、滑冰等设施,对于一般工人来讲也不具有适用性。

---

①参见林颂河:《塘沽工人调查》,载李文海主编:《民国时期社会调查丛编·城市(劳工)生活卷》,福建教育出版社,2005,第811、857、877页。

②方显廷:《中国之棉纺织业》,国立编译馆,1934,第223页。

③施裕寿、刘心铨:《山东中兴煤矿工人调查》,载李文海主编:《民国时期社会调查丛编·城市(劳工)生活卷》,福建教育出版社,2005,第926页。

第六章　华北产业工人与社会变迁

民国时期华北地区的社会变迁是由多种因素造成的,本章主要探讨华北产业工人在社会变迁中的地位,主要涉及工人与经济发展、政治形势和社会结构等方面的变化关系。

第一节　华北产业工人与经济的发展

一、华北产业工人在华北工矿交通业发展中的作用

工矿交通业的建立和发展是城市经济发展的基础,是商业、金融、贸易等行业发展的前提,并能带动建筑业、服务业等行业的发展。民国时期华北地区工矿交通业的发展是多种因素推动下的结果。

第一,在外资影响方面,外国资本对中国产业的投资使中国工业在夹缝中畸形发展。第一次世界大战期间,欧洲主要帝国主义国家放缓了对中国的经济侵略,减少了商品输出,这使民族工业迎来了短暂的春天。例如,民国以前棉纺织业主要分布在上海、江苏等地,这一时期华北地区的棉纺织业也开始兴起。天津六大纱厂在1915—1920年间相继建立,石家庄大兴纱厂、唐山华新纱厂、山东鲁丰纱厂、青岛华新纱厂、山西晋华纺织公司等棉纺织企业都是在1920年前后建立的。若按纱锭数计算,1922年天津的华商纱厂占全国的14%,华北其他地区也占到10%的比例。[①]但是一

---

①许涤新、吴承明主编:《中国资本主义发展史》第2卷,人民出版社,2003,第861页。

战结束不久,帝国主义国家就继续增加对中国工业的投资。据统计,在全面抗日战争以前,华北各类工业中的外资比例为71.7%,其主要产业棉纺织业中的外国资本所占比例为90.1%。[①]外资的投入确实刺激和影响了华北产业的发展,但是在外国资本主义企业的压迫下,中国的民族工业只能缓慢发展。

第二,在政府政策导向方面,民国政府制定的奖励工商的政策推动了工业的发展。民国建立以后,资产阶级代表人物掌握了政府的领导权,不少工商界人士参加了各地军政机构,他们制定振兴实业的章程、法规和相关政策。例如,1912年颁布《奖励工艺品暂行章程》,1927年颁布的《特种工业奖励法》。同时民国政府还举办了国货展览会,如1915年的北京国货展览会,展品将近10万件,参观人数达到20万人。另外一些军阀、官僚还投资近代企业。例如,天津六大华商纱厂中,官僚资本投资创办的就占4个,官方的扶持必然会推动这些企业的发展。

第三,在企业技术方面,一些开明资本家采用科学的管理方法和先进的工业技术,也促进了企业的进步。例如,留美归国的穆藕初于1919年在河南郑州成立了豫丰纱厂,该厂设备均向美国购买,并且聘请留美学生顾维精担任工程师指导工作。天津永利碱厂的创立者范旭东于1922年聘请留美化学专家侯德榜入厂进行研究,终于制成品质优良的产品,这是"亚洲人第一次以新法制碱的成功"[②]。

第四,在劳动力方面,华北为近代工矿交通业的发展提供了大量廉价的劳动力。在他们的艰苦劳动下,工业产量不断增加、企业规模逐渐扩展、工业领域逐步扩展。综上所述,华北工矿交通业的发展是受外国资本、政

---

①参见陈真、姚洛、逄先知合编:《中国近代工业史资料》第2辑,生活·读书·新知三联书店,1958,第953页。

②陈真、姚洛合编:《中国近代工业史资料》第1辑,生活·读书·新知三联书店,1957,第456、518页。

府政策、企业主的作为以及产业工人的劳动多方面的因素影响的,下面就来具体分析华北产业工人在工矿交通业发展中起到的作用。

工矿交通业的发展首先需要大量的劳动力,工厂需要工人进行生产操作,煤矿需要矿工采煤运煤,铁路亦需要大量工人从事施工和运输。华北地区工人就为当地的工厂、矿山、铁路的发展提供了大量廉价的劳动力。经济的不断发展会吸引产业工人的不断增加。根据第一章的各种表格数据我们可以得知,1920年华北各地工厂工人人数是1912年的5倍,而1932年的人数又有所增长,达到273 272人,是1920年的1.54倍。至于华北煤矿工人的数量,1916年是1912年的两倍,1920年华北矿工总工数占全国的37.4%,到了1932年华北各省有矿工110 582人,占全国的比例增长到了43.9%。1925年的华北铁路工人总数是1916年的将近两倍。铁路的修建使沿线附近的铁路工厂逐渐建立,1919年华北铁路工厂工人人数总共为4592人,到1926年就增至7611人。

工人人数越多,工人提供的劳动力就越廉价。民国时期华北工厂的普通工人一般每日工作12个小时,所换来的工资只有两三角到5角之间。煤矿工人虽有两班制、三班制之规定,但是大多数矿工因为工资低微而打连工,大部分采煤工人劳苦一天的所得也仅仅是三五角钱。华北铁路工人每日平均工作10小时左右,除了司机、机匠工资较高之外,普通工人的工资最低者也仅仅有两三角而已。下面举几个具体的例子。周恩来在1921年的《旅欧通讯》中曾经对比开滦煤矿与英国煤矿工人的工资差距:"英国煤矿工人每日工资多者有合吾国国币现行情10元上下者,少者亦可六七元,唐山矿工多者,日得铜圆30枚以上,以相差如是之巨有达40倍以上,中英生活程度之悬殊,岂复如是,是实以人生为机械也。"[1]开滦资本家大量使用

---

①刘明逵、唐玉良主编:《中国近代工人阶级和工人运动》第1册,中共中央党校出版社,2002,第501页。

廉价的矿工手工劳动,当时开滦在提升、排水和通风等方面都是使用机器设备,但是对于井下采煤,一直要求工人使用手工工具进行劳动。其主要目的是为了降低成本,因为中国工价低廉,使用廉价劳动力比使用机器成本要低。全面抗战之前开滦煤矿工人的工资仅占其产值的20%多。[1]从剩余价值率上也可以看出工人劳动的廉价。例如,山东华丰煤矿1934年的剩余价值率高达334.3%。[2]唐山启新洋灰公司1927年的剩余价值率为967.22%,到1937年高达1343.68%。[3]北京丹华火柴厂的童工一年工资仅有72元左右,而其剩余价值率为173.6%。[4]有些工厂还利用学徒的廉价劳动,如天津纱厂规定3年学徒制度,进厂之初是不给工钱的,到一年以后每月只给学徒一元多钱,3年内每日工钱不会超过三角。[5]

有了大量的廉价劳动力从事一线劳动,工厂、矿山和铁路得以正常运作,其产量得以不断增长。当然工业产量的增长并非完全得益于产业工人,它也是各种因素共同作用的结果。第一,产量受国际形势影响。1929年世界经济危机以及1931年日本发动九一八事变后不断向华北渗透政治经济势力,导致我国工业凋敝,工厂倒闭,工人相继失业,这种情况下就更谈不上产量问题了。第二,除了国外的影响外,国内军阀的混战也对工矿交通业造成影响。如1920—1923年间,由于军阀混战造成社会动荡,铁路运输不畅、市场不景气,开滦就关闭了唐山西北井矿井。1927年,山东中

[1] 参见郭士浩:《旧中国开滦煤矿工人状况》,人民出版社,1985,第45-46、82页。

[2] 刘明逵、唐玉良主编:《中国近代工人阶级和工人运动》第7册,中共中央党校出版社,2002,第639页。

[3] 南开大学经济研究所等编:《启新洋灰公司史料》,生活·读书·新知三联书店,1963,第263页。

[4] 北京市总工会工人运动史研究组:《北京工运史料》第2期,工人出版社,1982,第233页。

[5] 刘明逵、唐玉良主编:《中国近代工人阶级和工人运动》第1册,中共中央党校出版社,2002,第596页。

兴煤矿由于战事波及沦为战区，矿务停止。尤其是铁路最易受军阀混战之害，由于战事而使得铁轨的修理及客货运输受到影响。第三，企业主资本家对生产计划的正确制定以及对销售市场的合理评估，也对工业产量产生影响。企业主作为上层管理阶层，需要对资本的投入、原料的引进做出正确的决策，需要对产销问题做到合理的规划，指导工人按计划按要求进行生产，这样才会促进产量的提高，同时也会促进销售量的增长，从而进一步推动生产的发展。第四，工业产量与使用机器的数量、新旧及先进程度有关，这直接影响生产效率。第五，在国际国内环境都较为安定的条件下，在企业主制定正确生产计划的前提下，产业工人则是推动工矿交通业产量增长的重要力量，因为他们是生产活动的主力军，是机器的操纵者，是产品的主要生产者和创造者。下面就举例分析在产业工人高强度劳动下的华北地区的工业产量情况。

1931年，天津华新纱厂有职工1200人，产纱18 000担；裕元纱厂有职工4200人，产纱45 000担；恒源纱厂有职工2500人，产纱25 000担；北洋纱厂有职工1300人，产纱18 000担；裕大纱厂有职工660人，产纱10 180担；宝成纱厂有职工1700人，产纱19 800担。六大纱厂工人总计11 560人，该年共产纱135 980担，平均每人产纱数量为11.86担。[1]据1933年统计，山东鲁丰纱厂有工人18 000人，全年出纱20 000包；华新纱厂有工人2337人，年产纱10 000包；内外棉纱厂有工人3458人，年产量为55 000包；富士纱厂有工人1270人，年产纱11 640包；隆兴纱厂有工人1525人，出纱146 000包；宝来纱厂有工人1432人，年产纱208 000包；大康纱厂有工人3370人，年产纱421 000包。[2]这些纱厂中尤以日商纱厂如宝来、大康、隆兴纱厂每人产纱量较多，宝来纱厂每人出纱约145包。

---

①张利民等：《近代环渤海地区经济与社会研究》，天津社会科学院出版社，2003，第225页。

②高树校：《鲁丰纱厂调查纪实》，《劳工月刊》1933年第2卷第7期。

关于1913—1936年华北地区面粉工厂工人人数及产量的情况见下表所示:

表6-1 1913年华北面粉工厂工人人数及产量情况表

地区	厂数	每日产量(包)	工人人数	平均每人产量(包)
天津	1	480	16	30
河北其他地区	4	2600	87	约30
济南	1	500	17	约29
山西	1	450	15	30
总计	7	4030	135	约30

资料来源:
上海市粮食局等编:《中国近代面粉工业史》,中华书局,1987,第315-316页。

表6-2 1921年华北面粉工厂工人人数及产量情况表

地区	厂数	每日产量(包)	工人人数	平均每人产量(包)
济南	9	22 700	756	约30
山东其他地区	3	8000	266	约30
天津	4	14 020	467	约30
北京	5	6600	220	30
河北其他地区	1	2600	87	约30
河南	4	7800	260	30
山西	2	1750	58	约30
总计	28	63 470	2114	约30

资料来源:
上海市粮食局等编:《中国近代面粉工业史》,中华书局,1987,第318-319页。

表6-3 1936年华北面粉工厂工人人数及产量情况表

地区	厂数	每日产量(包)	工人人数	平均每人产量(包)
济南	7	37 700	943	约40
山东其他地区	6	13 898	463	约30
天津	4	7050	176	约40
北京	6	22 880	572	40
河北其他地区	8	8660	289	约30
河南	9	13 410	447	30

地区	厂数	每日产量(包)	工人人数	平均每人产量(包)
山西	6	5800	193	约30
总计	46	109 398	3083	约35

资料来源:
上海市粮食局等编:《中国近代面粉工业史》,中华书局,1987,第322页。

通过上面3个表格我们可以看出,华北面粉厂的数量在逐渐增加,工人人数也在不断增加。1913年和1921年华北各面粉厂工人每人日产量均约为30包,到了1936年平均约为35包,其中济南、天津和北京的面粉厂工人每日产量均达到40包。

据1928年调查,天津丹华、北洋、荣昌和中华四家火柴厂,全年产量达到8万箱。就产量而言,天津火柴工业已居全国主要地位。[1]企业的高产量除了与雄厚的资本和善于经营有关之外,还与火柴工人的辛苦劳作有很大关系。火柴制造的各个环节都由产业工人分工负责进行操作。例如,"丹华火柴公司列轴部共有工人112人,每日摇车最多者为35车,少者25车,全部每日出活1750余车",卸轴部有卸轴工人31人,"一日卸轴最多者可达90车,最少者60车",涂砂部有涂砂工人18人、杂务工人8人,"每日每人涂砂最多者86 000个,最少者亦38 000个,每日全体涂盒约100万个"。[2]

据1928年调查,开滦煤矿"每日做工工人5000有余,分为三班工作,每班1000余人,日作8句钟,每班可出煤1000吨,每日共出2000吨"[3]。1928年,河南六河沟煤矿有工人约3000人,从前每日出煤1500吨,近年军兴,出煤约1000吨。[4]据1934年调查,山东省规模较大的中兴、鲁大、博东和悦升

---

[1]吴瓯主编:《天津市火柴业调查报告》,天津市社会局,1931,第6页。
[2]同上书,第13、18-20页。
[3]《唐山煤矿工人困苦》,《矿业周报》1928年第22期。
[4]《六河沟煤矿近况》,《矿业周报》1928年第18期。

煤矿共有工人20 000余人,年产量约为240万吨。①

"无论是属于任何部门的生产,都要经过铁路工人的运转,把原料运进,把生产品运出"②,因此铁路工人在生产中的地位是很重要的。铁路工人主要在机务、车务和工务部门工作,机务工人主要包括各路机厂的工人以及司机和行车工人,车务工人包括在车站工作者以及行车工人,工务工人包括厂内工作者以及在铁道附近维修的工人。

下面就以1932年正太铁路收为国有后一年的工作情形为例,分析各部门的工人如何推动铁路事业的发展。正太铁路工务工人从事了建筑无线电台、改筑石家庄车站月台、改建石家庄车站闸房、增筑防水墙、整理路堑等重要工作;机务工人从事了改良机车火星网、安置机车新式风闸、新装设石家庄总水站抽水机、改良石家庄厂区电线网、新制三等客车5辆等工作;车务方面,正是由于司机及行车工人的工作,使客运货运都得以正常进行。据1933年统计,正太铁路行车次数共计20 949次,行驶里程为1 676 856公里。③

由于产业工人人数的增多,华北地区的企业规模也有所扩大。例如,保晋煤矿公司总公司最初设立在太原,"1916年又迁至阳泉,下设9个分公司,分别在北京、天津、保定、石家庄、正定、大同、泽州、寿阳、上海等处。到1925年前后,该公司辖有矿区11处,其中阳泉6处,大同3处,寿阳1处,晋城1处"④。开滦煤矿的矿井除了之前建成的唐山矿、林西矿、马家沟矿、赵各庄矿外,1925年又建成唐家庄矿。⑤另外由于铁路运输在经济发展中的

---

①张利民等:《近代环渤海地区经济与社会研究》,天津社会科学院出版社,2003,第241页。

②贾铭:《铁路工人生活调查》,《铁路职工周报》1933年第33期。

③正太铁路接收周年纪念刊编纂委员会编:《正太铁路接收周年纪念刊》,正太铁路管理局,1934,第121页。

④《中国近代煤矿史》编写组编:《中国近代煤矿史》,煤炭工业出版社,1990,第137页。

⑤开滦矿务局史志办公室编:《开滦煤矿志(1878—1988)》第2卷,新华出版社,1995,第111页。

作用越来越重要,华北各路都修建了一些支线,这些支线的修筑及新的线路的运行都需要大量的产业工人进行工作,产业工人的增多进一步促进了工业区域的扩大。

二、在华北城市化进程中的地位

所谓城市化是指农村向城市转变,城市数量、规模、人口逐渐增加,城市工商业、金融业和服务业等逐步发展,各种城市设施建设逐渐完善的过程。华北近代城市的兴起与发展有以下三种类型:

第一,因开埠通商兴起和发展的城市,如天津、烟台、青岛、秦皇岛等。第二次鸦片战争后,《天津条约》和《北京条约》的签订使烟台、天津成为华北地区最早开放的通商口岸。德国强占胶州湾之后,青岛也被迫开埠通商。秦皇岛是华北地区自行开放的口岸,它的发展与开滦煤矿的运煤需要与津榆铁路的通车有很大关系。"到1914年前后,秦皇岛已建成大小码头1—7号泊位及港口附属设施,随后柳江煤矿、长城煤矿、耀华玻璃厂、火力发电厂和秦榆电灯公司的相继建立,使该市城区面积不断扩大。"[1]这几处通商口岸的开放,促进了当地工商贸易和城市的发展。华北地区的工业发展主要以轻工业为主,其中纺纱、面粉和火柴工厂以天津、青岛、济南等地居多,所以这里聚集了大量的产业工人。

第二,因煤矿业兴起和发展的城市,如唐山、阳泉、枣庄、焦作等。唐山在同治末年只是一个名为桥头屯的小村庄,自从开平煤矿建立以后,它逐渐发展为唐山镇,并且吸引了大量工人入矿工作。煤矿业的兴起还带动了唐山其他工业的发展,如启新洋灰公司、华新纱厂等相继建立,从事工矿业的工人逐渐增多。阳泉早期的煤矿业只是一些小煤窑,自从保晋矿务公司成立以后,近代煤矿业迅速发展,大量的煤矿工人集中,城市也得到相应的发展。大同也因为保晋煤矿和晋北矿务局的建立而有所发展。山东枣庄

---

① 徐纯性主编:《河北城市发展史》,河北教育出版社,1991,第180页。

则因中兴煤矿的建立而发展。河南焦作因福公司的建立而发展。

第三，因铁路修建而带动发展的城市，如石家庄、郑州等。石家庄"原是获鹿县的一个小村庄，20世纪初的时候，它的面积还不到0.1平方公里，只有200户人家、600多口人"[1]。随着京汉铁路、正太铁路的相继修建与通车，位于两条铁路的交会处的石家庄成为铁路枢纽，其工业也很快发展起来。铁路机车修理厂、大兴纱厂、井陉矿务局炼焦厂纷纷建立，产业工人聚集，城市飞速发展。郑州在19世纪末只是一个普通的小城市，"城区面积不到3平方公里，没有现代工业"，20世纪初京汉铁路和汴洛铁路相继通车，郑州位于两铁路的交会处，"城市经济、人口和市区面积迅速发展"。[2]

综上所述，华北近代城市或因开埠通商或因路矿兴建而发展，不论是开放口岸或是建立煤矿和铁路，都会带动当地工商业的发展，因而促进城市的逐步形成与发展。产业工人在上述新兴工矿业城市的发展过程中也起到了很重要的作用，他们促进了这些城市人口的增加并推动了城市建设的发展。

（一）工业人口集中于城市

"人口城市化是城市化的一个重要内容和表现，它主要是指农村人口向城市转移和集中，城市人口不断增加，占全部人口总数的比重不断提高的过程。"[3]近代以来尤其是民国以后，城市的发展吸引人口流动到城市，而人口的集中会推动城市工商业的进步，从而导致从业人口流入的增多及城市规模的扩大，这两者是一种互为因果的关系。上述所列城市大多为新兴工业城市，因此产业工人的增多对这些城市的人口变化起了很大的作用。

据统计，1917年华北地区有城市15个，城市总人口为366.1万人，到

---

① 徐纯性主编：《河北城市发展史》，河北教育出版社，1991，第48页。
② 朱汉国主编：《中国社会通史·民国卷》，山西教育出版社，1996，第172—173页。
③ 何一民：《近代中国城市发展与社会变迁（1840—1949）》，科学出版社，2004，第113页。

1936年城市数量发展到28个,人口共648.4万人,人口增加了77.11%,看来民国时期华北地区人口城市化速度很快。天津的城市人口1912年为60.1万人,1935年就增长到123.7万人。青岛的城市人口1917年为21.7万人,1932年为42.6万人。济南的城市人口1917年为27.5万人,1936年即达到44.2万人。烟台的城市人口1917—1918年为5.4万人,到1936增长到14.5万人。石家庄的城市人口1917—1918年为0.6万人,1937年为7.4万人。唐山的城市人口1917—1918年为2万人,1936年即增加到13万人。秦皇岛的城市人口1917—1918年为0.6万人,1936年为3万人。大同的城市人口1917—1918年为2万人,1936年增长为8.9万人。枣庄的城市人口1917—1918年为1万人,到1929年就增加到3.6万人。[1]

在上述城市有职业人口中,产业工人的人数占有很大比例。例如,1926年唐山有职业的人口有2万人,其中工业人口有17 347人,占全部有职业人口的86.7%,而从事商业的人口只有1821人,农业人口为2519人。[2]可见唐山作为新兴的工矿业城市,其产业结构是以工业为主的,因此产业工人也是唐山城市人口的主体,它的增长必然会推动唐山人口城市化的进程。在枣庄的总人口中,中兴煤矿的工人及其家属占了很大的比例。据1931年统计,该矿职工人数占枣庄人口的40.35%,如果加上矿工家属的话,其比例则高达70%。[3]因此枣庄人口的增加与中兴矿工人数的增加有很大关系。20世纪初天津的产业工人约有9000人,到1922年增加到10万人,1927年增长为13万多人。[4]可见民国时期天津产业工人人数增长速度

---

①参见张利民等:《近代环渤海地区经济与社会研究》,天津社会科学院出版社,2003,第443-444,452-455页。

②熊亚平:《铁路与华北内陆地区市政形态的演变(1905—1937)》,《中国历史地理论丛》2007年第1期。

③王汉筠:《中兴煤矿企业史研究(1880—1937)》,苏州大学2003年硕士学位论文,第46页。

④周俊旗主编:《民国天津社会生活史》,天津社会科学院出版社,2002,第32页。

很快,因为纺织业、面粉业、火柴业以及制盐制碱等工业发展迅速,吸引很多农民来到天津谋生,成为产业工人,这就促进了城市人口的增加。从下表中可以看出天津的产业工人人数在该市有职业人口中所占的比例:

表6-4　1936年天津职业人口分类统计表

类别	人数	百分比(%)
工业、矿业	167 795	39.56
交通运输业	53 279	12.56
农业	5400	1.27
商业	115 422	27.2
家庭服务	33 032	7.79
工务人员	15 913	3.75

资料来源:
周俊旗主编:《民国天津社会生活史》,天津社会科学院出版社,2002,第32页。

通过上表我们可以看出,1936年天津从事工矿业的产业工人为167 795人,从事交通业的人数为53 279人,二者共计221 074人,也就是说当时产业工人的人数的比例为52.12%。由此我们得知,在天津的产业结构中,工业占有主体地位,因此产业工人在天津人口中也占有重要的比例,故民国时期天津产业工人的不断增长也推动了天津的人口城市化。

(二)城市设施的建立和发展

产业工人人数的增加推动了城市人口的增加,进而推动城市相关设施的建设,如街道、供水供电及排水等相关设施的兴建和发展。在上述工业城市中,其城市设施大多在晚清时期已经建立,但是民国时期产业工人发展迅速,导致这一时期的城市人口增长较快,为了满足居民的需要,原有的城市设施必然要进一步的发展。

20世纪初天津的城墙拆除后,开始修筑马路,到民国初年天津新旧城区和租界已经初步形成了城区街道格局,并且相继修筑沥青路面。在供电方面,1902年法租界最早在天津建立发电厂,但当时发电量较小而且仅供租界使用。比商电车电灯公司发电厂是天津最大的发电厂,1906年初建时发电量为1000多千瓦,到30年代就增加到12 800千瓦,供给俄、意、奥租界和新旧城区用电。发电厂除了供给工业用电之外,城市居民可以使用电灯照明并能乘坐有轨电车。在供水排水方面,1903年济安自来水公司正式供水,每日供水273立方米,1935年增加到27 272立方米,20年代以后饮用自来水的天津市民人数逐渐增多。20年代天津租界开始铺设地下排水排污管道,但是新市区还是使用明沟进行排污。由于天津工厂林立,人口聚集,为了城市安全,专业的消防队相继成立,1923年还设置了专门的消防管道。①但是天津的城市设施建设存在各个租界各自为政不能统一规划的局限性,而且有的设施在中国政府管辖的城区并不能实现。

唐山自开矿以后陆续修建了一些街道,因为开滦的技术工人和矿工主要分别是由广东人和山东人构成的,他们聚集在一起,最早形成了广东街和山东街,后来陆续又修建了乔屯街、东局子街等街道,这些街道主要是在矿场和铁路附近建设。20世纪20年代,随着人口的增多,工商业的发展,在铁路以南又形成了一些新的街道,如便宜街、陆家街、新立街、东新街、扶轮街、福宁街等。在供水排水方面,20年代唐山的自来水道长约12千米,还有一些工厂为其职工提供生活用水;排水主要是开滦排水沟和铁路排水沟,共长10千米。②供电方面,民国时期唐山的民用电主要是由开滦煤矿和启新洋灰公司电厂的剩余电力供应的,其供电范围越来越大。

石家庄是因路而兴城市的典型,因为铁路的修建和通车,在铁路附近各种工商业设施逐渐建立,人口增多,街道逐渐形成和扩展。"20年代初,石家庄及周边街区面积约为1平方公里多。……到1925年前后,石家庄以京汉铁路车站、正太铁路车站及其总机厂为中心,形成了工商业、饮食业和运输业均有所发展的城镇,当时城区面积达到1.8平方公里。"③1928年,石

---

①罗澍伟主编:《近代天津城市史》,中国社会科学出版社,1993,第343–347页。
②徐纯性主编:《河北城市发展史》,河北教育出版社,1991,第101–102页。
③同上书,第50–51页。

家庄有33条街道,面积约4平方千米,1936年扩大到10平方千米。[①]1931年石家庄开始建立排水管道,1933年开始在街道安置路灯。[②]

民国时期华北的很多轻工业企业都分布在青岛,因此青岛工业人口众多,促进城市建设不断发展,如划定生活居住区及建设居民住宅、设立医院学校等。1914年日本侵占青岛以后,"在四方、沧口的纺织厂附近建设了大量劳工房屋"。20世纪30年代中期,"青岛市政当局把部分棚户区改建成平民大院"。1935年"青岛市施行都市计划案,把市北、台东、四方、沧口划为住宅区"。民国时期青岛地方政府还为市民建立了医院,如普济医院、青岛医院、信义会医院、青岛市第三人民医院等。另外还建立了一些学校,如德华高等学堂、青岛日本中学校、圣功女子中学、胶济铁路青岛中学、市里贵州路半日学校、青岛学院商业职业学校等。[③]

枣庄城市的发展与中兴煤矿的建立有直接的关系。煤矿的建立带动了该地经济的发展和人口的集中,1928年已有2万多人口,初具城市规模,并为居民建立了公共设施。在供水方面,民国初年中兴煤矿公司在西沙河开发水源,以提供工业用水以及工人和其他居民的生活用水。后来矿工和城区人口越来越多,这一个水源已经供不应求,于是30年代中兴煤矿又在北大井和十里泉相继开发水源。在供电方面,中兴煤矿设有发电厂,除了解决矿区用电之外,还供给民用,二三十年代还在城区架设电线以及安装电灯。[④]

---

①江沛、熊亚平:《铁路与石家庄城市的崛起 1905—1937》,《近代史研究》2005年第3期。

②参见石家庄市地方志编纂委员会、石家庄市地方志办公室编:《石家庄市志(简本)》,河北人民出版社,2004,第91、96页。

③参见青岛市史志办公室编:《青岛市志·城市规划建筑志》,新华出版社,1999,第38、155—171、214—215页。

④王汉筠:《中兴煤矿企业史研究(1880—1937)》,苏州大学2003年硕士学位论文,第45—46页。

焦作因为福公司、中原公司煤矿业的带动而发展,人口增加,城市设施建设进一步发展。民初新建设了福中大街、中原大街和东新街等街道,从它们的名称就可以看出这些街道是围绕着煤矿公司建立的,到1933年已建成街道20多条。1919年中山东街开始安装10余盏路灯,1933年中福大街、中山大街也安置数十盏路灯,后来照明范围又有所扩大。在供水方面,1914年福公司三号井开始专门供水。1921年,道清铁路局设置水塔、锅炉、水泵,抽取井水供应工业及职工生活用水。1925年产业工人的罢工斗争迫使福公司扩大供水范围到城区街道。①

郑州作为古城在明清时期已经衰落,铁路的开通使其重新得到发展,作为京汉铁路和汴洛铁路的交会处,郑州的工商业、人口和城区面积迅速发展。1915年,郑州共有街道92条。1927年,冯玉祥成立了郑州市政筹备处,修筑了德化街、福寿街、南川街、菜市街、西关大街等12条街道,同时还兴建了桥梁和排水工程。20年代,冯玉祥曾拨款在郑州建立救济院、敬老院和平民医院,同时兴建了3个平民新村,有148间房屋,112户居民居住,这是郑州公有住宅的开始。②

综上所述,华北城市化的进程主要与工矿、交通运输业的推动有关,但是产业工人在其中也起了很重要的作用。上述城市的发展主要以工商业为主,产业工人的人数在城市职业人口中占有很大比例,因此工人人数的增加与流入城市,必然推动工矿交通业的发展与城市设施的建设。

第二节 华北产业工人对政治的影响

民国时期工人运动的发展使国共两党为了争取工人阶级采取了不同

---

① 参见焦作市地方史志编纂委员会编:《焦作市志》第1卷,红旗出版社,1993,第208、214、215页。

② 参见郑州市地方史志编纂委员会编:《郑州市志》第3分册,中州古籍出版社,1997,第58、60、190页。

的政策,最终工人接受了共产党的领导,在其指导下不断发展壮大并且推动了爱国热潮。

一、国民党劳工政策的改变

产业工人的发展壮大以及他们的反抗斗争,使国民党看到了工人阶级力量的强大,又因为工人运动是在中国共产党的领导下进行的,这威胁到了国民党的地位,阶级利益的不同促使国民党改变劳工政策,从1927年国民大革命失败以后就由扶助农工的政策改为控制和欺骗劳工的政策。

在国共合作时期,国民党的劳工政策是"采取积极的手段,用激烈的宣传,来鼓动全国的工人运动",而且在中央和地方党部还设立工人部对其进行指导。[①]这段时期的政策是由于国共要合作进行国民革命反对北洋军阀而形成的。但是到了1927年4月国民党"清党"以后,政治形势转变了,南京国民政府要巩固自己的统治,不能受到日益发展的工人运动的威胁,于是改变了之前的劳工政策。这时他们主张"工人运动不能妨害工业的发展……要改良工人的生活,必先谋中国的解放,即必先铲除军阀、扑灭共产党和打倒帝国主义。工人应暂时忍受目前的痛苦,与政府合作以达到这个目的。当人民得到自由解放以后,工人的生活地位自能改良增高。若听信其他宣传,采取激烈行动,不但对本身利益毫无发展,反而造成许多社会的祸乱"[②]。蒋介石于1930年五一劳动节发表的演讲也反映了国民党要压制工人运动的思想:"外国工人是受本国资本家压迫,中国工人是受外国资本家压迫,中国工人要奋斗的对象,是外国资本家。如果像过去的罢工示威,对国内资本家斗争,徒然扰乱秩序,增加工人痛苦而已。在此训政时期,工人第一要在中国国民党领导下,努力于抵抗帝国主义,以求中国的民族独立;第二要协助国民政府,努力于工商业的发展,以求国家经济的建设,这

---

①骆传华:《今日中国劳工问题》,上海青年协会书局,1933,第112页。
②同上书,第112-115页。

是中国工人唯一自救的出路。"①1931年的《工人训练暂行纲领》中的训练方针也体现了其控制劳工的政策,如"使工人明了马克思主义及其他违反三民主义之各种思想之谬误;使工人明了罢工对于社会与工人之影响之大,不得滥用,而国营工厂之工人,是服务于国家社会共有之机关,更不得有怠工罢工之行动;使工人遇到劳资纠纷时,应以合理方式求得正当之解决,不得以阶级斗争相号召"②。

劳工政策的思想确立以后,国民党及国民政府建立了相关的劳工行政机构以更好地控制工人运动。国民党主管劳工运动的机构按成立时间依次是国民党中央工人部、国民党中央民众训练委员会、国民党中央训练部、国民党中央民众运动指导委员会、国民党中央民众训练部。国民政府主管劳工运动的机构按成立时间依次是国民政府劳工局、国民政府工商部、国民政府实业部。这里主要阐述华北地区的劳工机构及其劳工行政。

1928年河北省设有建设厅作为劳动行政机关,后增设工商厅和农矿厅,1931年将两厅合并为实业厅。河北省的劳工行政大体包括以下几个方面:(1)举办劳工调查统计。河北省工商厅设置了视察处,负责对各地工商及劳工事务进行考察。1928年曾派员调查北平工厂工人人数、待遇等情况。1929年将河北省划为13个工商调查区,分别派员进行调查。实业厅成立之后还编制《河北工商统计》一书。(2)处理劳资纠纷。1929年处理了大兴纱厂、开滦煤矿、怡立煤矿、久大精盐和永利制碱厂等处的重要劳资纠纷案件。(3)颁布《暂行工厂规则》及推行《工厂法》:1929年工商厅颁布了《河北省暂行工厂规则》和《监察工厂规则》,同年派监察员分驻石家庄、唐山、磁县。中央《工厂法》颁布后,河北省实业厅于1931年召集各处工厂开会讨论,并将各厂所提《工厂法》施行困难之处呈请中央。山东省政府也

---

①参见刘明逵、唐玉良主编:《中国近代工人阶级和工人运动》第8册,中共中央党校出版社,2002,第104—105页。

②同上书,第118—119页。

是先有工商厅之设立,后改组为实业厅,作为主管全省农矿工商及劳工事业的机构。1929年以后其重要的劳工行政主要包括以下几点:(1)举办劳工调查。工商、实业等厅先后制定调查表格,委任专员赴各处查填,再由统计人员编成报告书。(2)处理劳资纠纷。1929年山东省工商厅拟定并通过了《劳资双方仲裁委员产生办法》,1930—1931年调解了鲁丰纱厂、振兴火柴厂、中兴煤矿、博山煤矿等处的劳资纠纷。(3)办理工会立案。(4)设置工厂监察。(5)派送工厂检查人员养成所学员。天津市的劳工管理机构为1928年成立的天津市社会局,该局成立后重要的劳动行政有以下几个方面:(1)举办劳工调查。1928—1929年间,社会局对17处规模较大的工厂进行调查,包括纺纱、面粉、火柴、制盐、制碱等行业,并将这些工厂工人的工资工时及工作状况进行统计。同时社会局对天津市零售物价和劳资争议事件进行统计编制。(2)调解劳资纠纷。1928年调解案件7起,1929年调解52起,1930年调解31起。(3)办理工会登记。1928—1929年登记注册的工会共计76个,会员21 480人。青岛市1929年设立社会局,其劳工行政主要包括:(1)举办劳工调查统计。主要对华新、富士、内外棉等棉纺织厂的工人家庭状况进行了调查,还对1930年劳资纠纷案件进行了调查统计。(2)调解劳资纠纷。1930年社会局处理纠纷案件116起,1931年处理74起。(3)办理工会立案。到1930年底,青岛市经改组整理的工会有17个,涉及15个行业。(4)审核各厂工人服务规约。社会局审核资方制定的厂规以约束工人的行为,截至1930年底,已有26个工厂审查完毕。(5)登记失业工人。[①]

河南省的劳动行政机构为该省建设厅,山西省的劳动行政归该省实业厅掌管。

[①]参见邢必信等编:《第二次中国劳动年鉴》第3编,北平社会调查所,1932,第79-83、93-98页。

综上所述,华北各地的劳工行政内容主要为进行劳工调查、处理劳资纠纷、办理工会登记及设置工厂监察等几个方面,其根本目的都是为了控制劳工、消弭阶级斗争。下面从国民党内部往来文电分析它是如何预防、压制共产党对工人运动的领导,并试图在工人中建立其长期统治。

1928年6月30日,阎锡山关于制止北平市工会活动并解散其组织致电中央执行委员会:"一月以来,工人成立种种工会,煽动阶级斗争,且有著名共党,公然从中指导。……今北平初定,人心未安,锡山又远在太原,若任共产党煽动阶级斗争,为患何堪设想,与其遗患将来,不如先事预防,严厉制止,其已成立之工会,一律解散。不特地方受益,党国前途实利赖之。"①从上述电文可以看出,国民党对共产党对工人及工会的指导和领导极为警惕,一旦发现任何端倪,马上制止以绝后患。这说明共产党在工人中的影响对国民党造成了很大的威胁,而国民党又尚未建立对工人的统治,故此时必须对共产党领导的工人运动严加注意及预防。

1928年11月19日,平汉铁路管理局局长呈国民党中央民众训练委员会的一份密函中,体现了他们破坏中共河南省委发动工人运动计划的企图:"冯总司令近日在汴查获共党工作大纲,内容注重陇海、平汉两路各道栅小工,限期成立若干小队,以备总暴动时拆铁路,全线罢工。……前以豫境各分工会自行组织平汉铁路总工会整理委员会,殊不合法,根据钧会意旨已严令其停止活动,听候中央派员整理。现共党在豫,在此工会尚未着手整理,工人必至易受煽惑"②,因此希望中央派员整理指导以消除隐患。

1932年,铁道部部长呈报行政院关于镇压六河沟煤矿罢工的情形的公文中指出:"窃据报称六河沟煤矿附近发现共党分子,影响工人罢工等语。……兹悉该矿北窑于7月6日发起罢工,及至8日至南窑口亦全体罢

---

① 中国第二历史档案馆编:《中华民国史档案资料汇编》第5辑第1编《政治分册》(3),江苏古籍出版社,1994,第454页。
② 同上书,第314页。

工,丰乐镇之15旅率兵前往弹压,并在该寺抓获不良分子41名,及宣传品多份……除饬严加防范外,附抄共党宣传品6份,名单一纸。"①可见国民党对共产党的举动始终关注并随时抓获受共产党影响的工人。

1935年10月至1936年1月,六河沟煤矿工人发动了反对资方裁员的斗争,实业部特派劳工司司长唐健飞前去调查调解。唐健飞写给政府的调查报告中指出纠纷解决后对于该矿工会之处置:"对于平日鼓动风潮最力,而又作技术太劣,不堪造就之工人"予以辞退,甚至"限期驱逐出境,以免再生事端,有妨劳资双方之精诚合作"。除了开除工人18人之外,对于工会的理事、监事及干事也予以撤职,"将来该工会之善后,令候中央党部决定办法"。②在告工友书中唐健飞说道:"对于此次减资办法,全体工友必能体谅政府之苦心,同情本矿之艰难,忍痛接受……政府当以十二万分之注意,实现'保护劳工须要发展实业,发展实业须要保护劳工'之最大目的。"③其本质明明是控制工人运动,提倡劳资合作,反对阶级斗争,但却说成是保护劳工,这体现了国民党政府对劳工的欺骗。

1929年8月7日,青岛市市长致行政院的电文中指出该市党政军警商定解决日资各厂工潮之办法:"由党部告诫工友,并取消纠察队;党政军警发现工人中有反动分子,即依法处理,并劝告工友守法,如劝告不从,即由军警制止;由市政府向日交涉,令其从速复业;设法遣送失业工人回籍,以免逗留滋事。"④从电文的内容可以看出政府当局对工人运动的严厉制止,对于罢工失业的工人并不令其复工,而是遣送回籍,担心他们再次闹事,扰乱社会的稳定秩序。

---

①中国第二历史档案馆编:《中华民国史档案资料汇编》第5辑第1编《政治分册》(3),江苏古籍出版社,1994,第326页。

②同上书,第353页。

③同上书,第361页。

④同上书,第362页。

1930年4月,国民党中央执委会致函国民政府要停止青岛市工运活动:"查青岛工潮起伏靡常,现当国内反动军阀及共产党反革命分子狡焉思逞之际,而帝国主义者又伺隙而动。该市工人运动未臻健全,易为反动者利用。在此特殊情形之下,为巩固治安,惟有暂采消极防制之法,即令该市工会整理委员会及所属工会,一律暂时停止活动。"①5月,在中央民众训练部致中央执委的电文中指出了青岛市各级工会限制活动的办法:"在叛逆未肃清之前,各级工会不得怠工及从事其他扰乱秩序之行动;无上级命令不得自行开会;各下级工会不得直接向厂方提出任何要求,如有要求,应由上级工会呈请市党部及社会局核办。该市训练部应随时派员调查工人行动,及严防反动分子之煽惑利用。"②从电文内容可以得知,国民党认识到了工人和工会运动的潜在力量,害怕工会被他们口中的"反动者"所利用而变得更加强大,并且走向国民党的对立面,因此国民党必须对其严加控制。

1932年7月18日,河北省实业厅厅长致函实业部,报告镇压唐山华新纱厂工人罢工的情形:"当此共党潜伏之际,2000余名工人盘踞一处,一旦发生剧变,必至无法处理。……一面电复该厂准予暂行停工,一面分电唐山公安局及工厂监察员召集劳资双方代表来厅,听候解决。……唐山公安局局长为避免事态扩大,邀集唐山党政各机关出为调停。"后工人接受条件一律复工,至于为首煽动罢工的工人及其工会的处理由党政当局另拟办法。同年10月5日,行政院关于严防共产党在平汉路石家庄各厂进行活动致实业部的训令中说道:"窃闻共党在石活动,曾由平汉路工会石家庄事务所通知警务段共同防范,并知会当地公安局严防在案。嗣经地方巡警在本处栗村将该党徒捕获……查该共党组织意在阶级斗争,危害国家。除分函

---

① 参见中国第二历史档案馆编:《中华民国史档案资料汇编》第5辑第1编《政治分册》(3),江苏古籍出版社,1994,第378页。

② 同上书,第380页。

外,相应函达,即希查照严防为荷。"看来国民党一旦抓获共产党员或查获其宣传品,就会在政府各部传达,使之了解共产党的活动计划以对其提高警惕。1933年4月1日,行政院秘书处致实业部的函件报告了石家庄大兴纱厂的罢工风潮:"省政府实业厅特派委员李英来石,会同党政当局议决调停办法,劳资双方均表示接受⋯⋯工潮至此本可告一段落,不料厂内突然发现共产党传单,极尽煽惑之能事,希图推翻前案,诚恐祸变相乘,影响地方治安,损伤国家元气。直此外祸紧迫时期,凡属国民尤宜严守秩序,共赴国难,而维后防。"最后工潮的解决办法是:"因此次纠纷而被开除之工人应一律复工;因此次纠纷而被拘押之工人,其构成刑事犯罪者,应候法院迅判。"①

看来国民政府担心工人罢工被共产党所领导,恐怕威胁自己的统治,所以急于让工人复工解决风潮,并且打着"外祸紧迫,共赴国难"的旗号急于恢复秩序。

综上所述,国民党的劳工政策、劳工行政及对劳工运动的控制都体现了其维护自身统治的本质,为此其主张阶级调和,反对阶级斗争,尤其预防共产党在工人运动中的宣传组织活动。因此国民党不会代表工人的利益,亦不会为工人谋福利,只是想把工人控制在自己的手掌之中,以对抗共产党。当这一本质逐渐暴露的时候,工人也越发认识到国民党对他们的欺骗,最后工人还是接受共产党的领导。即使在国民党政府的打压之下,工人运动仍旧不断发展。下面就来探析共产党对华北产业工人影响的加强。

二、共产党影响的加强

共产党成立之初就是以工人运动为中心,帮助工人建立组织,领导工人开展运动,1927年以前就在工人中产生了广泛的影响。1927年国民大

---

① 参见中国第二历史档案馆编:《中华民国史档案资料汇编》第5辑第1编《政治分册》(3),江苏古籍出版社,1994,第417—420、432、441页。

革命结束以后,由于国民党的"清党"政策及其对共产党建立的工会组织的破坏,使共产党在白区的活动受到很大的限制。在国民党的压制下,共产党虽然力量弱小,但是仍在努力恢复赤色组织,其号召仍然有一定的影响力。在共产党的影响下,华北产业工人一直在进行反帝反军阀的斗争。

1921年中国共产党一成立就颁布了关于工人运动的决议,指出党的基本任务就是成立产业工会,并在工会里灌输阶级斗争的思想。为领导工人运动,共产党成立了中国劳动组合书记部,在全国不同的地区还成立各个分部,其中北方分部管辖范围很广,包括华北、东北和西北地区,后来各铁路工会也包括在内。北方分部建立初期就开始在工人中开展了很多活动,主要是加强宣传教育以及组织工会。1921年,共产党在工人中广泛发行《工人周刊》,使工人了解全国的工运形势,同年出版《五月一日》一书,叙述世界各地五月一日的历史。为了加强对工人的教育,1922年北方分部在唐山和天津建立了工人图书馆,以提高工人知识、联络工人感情、促进工人觉悟为宗旨,还在天津和京绥铁路创办工人文化补习班。除了宣传教育工作之外,北方分部还在长辛店、京汉路郑州段、京绥路和正太路帮助工人建立了工会组织。在中共一大会议以后,山东成立劳动组合书记部山东分部,并在1922年出版《山东劳动周刊》,目的是为了通过宣传教育增进劳动者的知识、提高劳动者的地位及改造劳动者的生活。同年10月,山东分部在济南召开的全国教育会联合会上提出了劳动教育建议案,提倡建立劳工补习学校。济南津浦机厂还创办了工友读书会,以增进工人知识之不足。在山东分部的指导下,津浦铁路大槐树工厂工会及山东矿业工会淄博部相继成立。1922年10月,山东分部正式合并于北方分部,这样华北地区的工人运动得以统一领导。

在北方分部的初期领导下,陇海铁路工人的罢工是较有影响的一次罢工。1921年11月,陇海铁路5000多名工人举行了反对洋人总管虐待的全路大罢工。罢工的消息传到北京后,中共北方区委派劳动组合书记部北方分部主任罗章龙前去指导。罗章龙到达洛阳之后,与罢工领导人一起拟定了斗争方案,其中着重研究了开封老君会的问题。开封之前的罢工大多是由老君会领导的,但是老君会有江湖作风,自成体系,独霸一方,而且又和交通系有所往来,因此北方分部准备把老君会改组为陇海铁路工会。罗章龙等人于是到达开封,向老君会会长魏荣珊做思想工作,在他们的劝说下,老君会很快改名为开封工会,并对陇海铁路总工会表示服从。在罢工斗争中,北方分部还号召各路工友进行援助,它通过《工人周刊》对工人进行号召动员:"这次陇海全路工友罢工的行动,是为铁路争人格争生存的最大关头。最当急起援助的便是铁路工友,外路工人如果袖手旁观,往后这些虐待轮到自己的时候也会无人帮助了。所以现在表面上虽然是援助他人,实际却是为将来援救自己。……最紧要的须是援助经费。……大家努力捐输罢!"①在劳动组合书记部的领导下,陇海罢工取得了胜利。

1922年8月,中国共产党发起了劳动立法运动。当时直奉战争刚刚结束,直系军阀宣称恢复国会、制定宪法,对民众进行欺骗宣传。中国劳动组合书记部趁此机会发出了《关于开展劳动立法运动的通告》,并制定了《劳动法案大纲》共19条,刊登在《工人周刊》上,要求承认工人结社集会罢工的权利,还涉及工人的工时、休假、工资、保险、教育等问题。这一运动得到了全国工人的响应。在华北,唐山京奉路制造厂职工会发表通电支持《劳动法案大纲》,他们在致全国电中表示要"做劳动组合书记部的后盾……誓必达到劳动法已列入宪法了,劳动法已完全采纳书记部的法案了,我们才能休止"。在致国会议员电中称:"劳动法案大纲是我们最低限度的条件……倘此次制宪,我们尚不能得到法律上的良好保障,那我们也再不愿

---

① 参见刘明逵、唐玉良主编:《中国近代工人阶级和工人运动》第4册,中共中央党校出版社,2002,第26-27、171页。

度这种奴隶生活了,将会相率来京,以求速死。"[1]唐山制造厂工人还联合纱厂、洋灰厂和矿局的工人发起了唐山劳动立法运动大同盟,以推动运动的开展。京汉铁路郑州工人还向国会请愿,指出劳动立法运动是现今第一要务。京汉铁路长辛店工人致电参众两院,希望从速制定劳动法以为劳动界谋幸福。陇海路工写信希望《工人周刊》极力援助劳动立法运动。虽然《劳动法案大纲》没有被国会通过,但是它起到了很大的宣传作用,提高了共产党在群众中的威望,并迫使北京政府不久后拟定劳工方面的法律。

在第一次工人运动高潮中,劳动组合书记部北方分部领导和推动了北方铁路和煤矿工人的罢工斗争。在开展铁路工人工作时,共产党利用军阀之间的矛盾,为工人运动创造了有利的条件。1922年直奉战争之后,吴佩孚为了收买人心,提出保护劳工的主张,而且他还想利用共产党铲除交通系在铁路上的势力。共产党决定利用军阀之间的矛盾,向交通部总长高恩洪提出派驻密查员侦查交通系活动的建议,于是华北各路均安排有共产党的密查员。他们便在铁路工人中活动,建立工人组织,指导工人斗争。京汉铁路长辛店工人的罢工是劳动组合书记部北方分部主任邓中夏领导的,长辛店工人在罢工中一切听从长辛店工人俱乐部的指挥,表现出了高度的纪律性。京奉铁路唐山制造厂工人的罢工是在北方分部和中共唐山地委书记邓培的领导下进行的。在他们的领导下,成立了罢工事务所和罢工委员会。罢工委员会一面对工人进行教育,一面在物质上解决工人苦难,领导工人们粉碎了厂方对工运的挑拨和破坏,取得罢工的胜利。京绥铁路工人、正太铁路工人罢工分别在书记部成员何孟雄、张昆弟的领导下取得胜利。总之北方铁路工人接受共产党的领导,掀起了罢工高潮。

开滦五矿同盟罢工也是第一次工运高潮中主要的一次罢工。罢工前,

---

[1]刘明逵、唐玉良主编:《中国近代工人阶级和工人运动》第4册,中共中央党校出版社,2002,第333-335页。

李大钊"亲自同罢工代表谈话,决定如何进行斗争,并积极组织对罢工的支援"。邓中夏具体领导了此次罢工,他与王尽美和邓培组成了罢工的最高组织党团。在罢工中,"当工人遭受英国水兵和天津警察的蹂躏,一部分领袖动摇时,邓中夏破指血书激励他们,并亲自指导罢工",领导工人斗争到底。①劳动组合书记总部还通电各界声援开滦,号召大家"为生存而战,为自由而战,打倒军阀警阀,打倒外国资本家"②。

1923年的京汉铁路工人罢工体现了产业工人在共产党的领导下觉悟逐渐提高,由改善待遇的经济斗争开始转变为争民主争自由的政治斗争,这次罢工使第一次工运高潮到达了顶点。在书记部的领导下,铁路工人在这次罢工中体现出了高度的团结性、组织性和纪律性。罢工开始以后,京汉路各站分会与总工会失去了联系,但工人们仍坚持遵守"没有总工会的命令绝不上工"的信念而坚持斗争。"二七惨案"发生后,中国共产党又发表通电揭露军阀的罪行:"京汉路总工会的出现,就是保障中国人民利益真正势力的出现,这当然触犯了军阀的畏忌心。所以这个冒称保护劳工的军阀便不惜自揭假面具,惨杀赤手空拳以争自由的劳动者。……这个惨杀凶手吴佩孚不仅是工人阶级的敌人,乃是全国争自由的人民的敌人。"③劳动组合书记部也发表通电,号召全国各界对京汉路工人进行援助。"二七惨案"后,工人运动进入低潮,这时中国共产党设立专门的机构救济在斗争中受害的工人及家属,并且巩固那些还保存下来的工会组织。

1924年国共合作后,工人运动开始恢复。1924年2月7日,全国铁路

---

①中共开滦党委党史资料征集办公室:《开滦工运史资料汇编》第1辑,内部资料,1985,第169-170页。

②中国革命博物馆编:《北方地区工人运动资料选编(1921—1923)》,北京出版社,1981,第170页。

③中华全国总工会编:《中共中央关于工人运动文件选编》(上),档案出版社,1985,第19-20页。

总工会在北京成立，但很快遭到军阀的抄封，1925年，第二次全国铁路工人代表大会于郑州召开，全国铁路总工会得以恢复。1925年2月，天津宝成、裕元、华新、北洋纱厂相继组织工会并成立了天津纱厂工会联合会，纱厂工人们在共产党和工会的领导下，与帝国主义和资本家展开了一系列的斗争。1925年，第二次全国劳动大会召开，宣告了中华全国总工会的成立，从此该会取代劳动组合书记部作为领导全国工人运动的机关。1925年4月，青岛日商纱厂工人因为组织工会遭到资本家的反对而罢工，这次罢工是在中国共产党的领导下进行的，对正在恢复和发展中的华北工人运动产生了极大的影响。邓恩铭前来负责中共青岛支部的工作，在罢工前，他和工厂党组织进行研究，还召集会议进行讲话，提出罢工条件，组织了罢工委员会和罢工纠察队。这次罢工虽然取得胜利，但是一直到五卅运动前后，青岛日商纱厂工人发动的两次罢工，都发生了军阀屠杀的惨案。惨案发生后，以邓恩铭为领导的中共青岛市委决定成立胶济铁路总工会、青沪惨案后援会，组织宣传募捐队，展开了广泛深入的反帝反军阀宣传。[1]五卅运动开始后，在中国共产党的号召下，华北产业工人对上海工人运动积极援助并展开同情罢工。五卅运动以后，华北各地的工会组织进一步发展，北京、天津、济南、河南都建立了总工会。

1927年，以蒋介石为首的国民党右派叛变革命，国民革命失败。随后南京国民政府成立，通过二次北伐最终结束了北洋军阀的统治。国民党为了争取工人阶级，与共产党对抗，取消革命工会，屠杀工人领袖，改组革命工会成为国民党控制下的工会，这使共产党和工人之间的联系和活动变得十分困难，华北地区的工人运动再次进入低潮。虽然共产党的活动受到压制，但是在1927年以前它已经在工人中建立了广泛的影响，所以华北产业

---

[1]刘明逵、唐玉良主编：《中国近代工人阶级和工人运动》第5册，中共中央党校出版社，2002，第176-177页。

工人依旧在共产党的秘密领导下或者在其影响下进行斗争。尤其是大规模的反帝罢工斗争,使共产党得到了接触群众,号召、指导和发动工人运动的机会。

1928年济南惨案发生后,中国共产党发表了《反对日兵占据山东告全国民众》,号召大家"一面反对日本帝国主义的侵略,一面铲除民族运动的障碍物国民党及其政府"①。这一号召鼓舞了淄川煤矿工人,他们在共产党的领导下成立了淄川炭矿工会并举行了反日罢工,取得了一定胜利。1929年,青岛工人发动了反日同盟大罢工,这是济南惨案后全国反日爱国运动的继续。中共山东临委和青岛市委在此次罢工中发挥了积极的作用,他们根据中央巡视员陈潭秋的建议,制定了斗争大纲、口号及行动策略,并成立了行动委员会。中共青岛市委通过散发传单来进行宣传,对工人产生了一定的影响。在这次罢工中,在钟渊纱厂内做工的共产党员根据党的指示逐渐向工人灌输革命意识,把他们团结起来组织赤色工会。这次罢工还得到了中共中央的重视,不但写信给山东临委对工运进行指导,还在《红旗》杂志上发表文章,赞扬青岛工人反日斗争的精神,批判国民党出卖工人的恶行。但是由于当时"左"倾思想的影响,青岛市委在这次斗争中的作用受到了一定的限制。②1929年,在共产党政策的影响下,华北各地展开了反对国民党黄色工会的斗争,其中开滦煤矿的斗争较有影响。在中共唐山市委的领导下,开滦五矿纷纷从查账入手,反对黄色工会领袖,争取群众到赤色工会组织。

九一八事变发生后,中国共产党很快就发表了《中国共产党为日本帝国主义强暴占领东三省事件宣言》,号召人们起来反抗,"变帝国主义国民

---

① 薛世孝:《中国煤矿工人运动史》,河南人民出版社,1986,第272页。

② 青岛市总工会工运史研究室编:《青岛工人运动史(1897—1949)》,中共党史资料出版社,1989,第137-142页。

党反对中国革命的战争为反帝国主义反国民党的革命战争"①。在《中共中央关于日本帝国主义强占满洲事变的决议》中指出"党在这次事变中的中心任务是领导群众进行反对帝国主义的斗争,抓住广大群众对国民党的失望与愤怒,引导他们走向消灭国民党统治的斗争"②。在中共中央及各省委反对日本侵略及国民党不抵抗政策的号召下,全国各地展开了抗日救亡活动。在华北,北平、天津、开封等地都成立了各业工会抗日救国会,淄博煤矿工人、河南各业工人都组织了反日宣传,河南许昌还举行了抗日大游行。

1932年,北方各省代表联席会议通过《关于北方各省职工运动中几个主要任务的决议》,指出"在各帝国主义的暴行中,将工人的经济要求与反帝斗争密切联系起来"③。在共产党的指示和领导下,华北产业工人将经济斗争与反帝政治斗争紧密结合起来。例如,1933年焦作煤矿工人要求改善待遇举行罢工,英国福公司制造了"五一三惨案"。中共焦作特委组织了"五一三惨案"后援会,召开工人大会,声讨英商福公司的暴行。1934年,开滦马家沟矿工人因失业问题而发动罢工,在中共的号召下,其他各矿组织响应罢工。英国资本家不断制造屠杀工人的惨案,当时日本派人侵入罢工阵线,企图争夺开滦的领导权。在中共唐山市委的领导下,开滦煤矿工人从经济斗争发展到反对英日帝国主义的政治斗争。开滦煤矿工人的罢工虽然失败了,但是却打击了英日帝国主义和国民党的统治。

1933年,日本的侵略魔爪伸向华北,中华全国总工会做出《反对日本帝国主义进攻华北的决议》,号召各级工会尤其是华北工会组织开展反帝斗争。1935年华北事变后,中国共产党发表"八一宣言",号召停止内战一

---

① 参见中华全国总工会中国工人运动史研究室编:《中国工运史料》第24期,工人出版社,1983,第109-110页。

② 同上书,第114-115页。

③ 中华全国总工会中国工人运动史研究室编:《中国工运史料》第25期,工人出版社,1984,第20页。

致抗日。1935年年底,中共中央召开瓦窑堡会议,会上提出了建立抗日民族统一战线的主张,决定推动第二次国共合作。1936年青岛日商纱厂工人罢工就体现了共产党的政治方针。工人在这次罢工中没有统一的领导,因为共产党在青岛的组织于1935年被破坏后尚未恢复。但是共产党提出的建立抗日民族统一战线的主张在工人中很具影响力,隐蔽下来的共产党员也积极地支持罢工斗争的开展。在中国共产党和工人阶级强烈的反日斗争推动下,在合作抗日的呼声下,国民党终于接受国共合作共同抗日的主张。

三、华北产业工人推动爱国热潮

近代以来,帝国主义国家不断对我国进行侵略,产业工人在反抗斗争中发挥了重要作用,他们通过各种方式推动爱国热潮的发展。罢工是工人运动中最激烈的形式,但是除了罢工以外,产业工人还通过很多其他方式推动爱国运动的发展。在民国时期的一些重要反帝运动如五四运动、五卅运动及九一八事变后的反日运动中,华北产业工人大多通过演讲宣传、集会游行及捐款援助等方式积极响应,下面就从这几个方面对其爱国活动进行阐述。

(一)演讲、宣言与通电

五四运动时天津公教救国团为了进行爱国宣传召开了演讲会,工界刘宝春发表演说,指出"学界同胞为救国牺牲宝贵光阴,而有罢学之举,商界又肯牺牲买卖罢市,各界均相继而起……我盼望我工界诸君急起直追,共谋救国之策"①。当时工界人士均表赞同。

为了声援五卅运动,北京昌记印刷所职工通过发放传单进行宣传:"你们知道中国要亡国了吗? 你们不要看外国人杀的只是上海人,将来杀到我们头上的日子也不远呢! ……我国若以武力对待英日是做不到的,我们只能消极的抵抗方法,决行经济上的绝交。……若我们宣告不买英日货,不

---

①《公教救国讲演团出发情形》,《益世报》1919年7月8日。

用英日钱,不为英日佣工,他们的工商业不能立足,或者可以稍敛其野心。"①从这份传单我们可以看出产业工人认识到经济利益受损对帝国主义的打击,因此决定通过不买外国货、不为帝国主义工作来进行抵抗。天津纺织印刷工会也发表宣言:"我们认清帝国主义的惨杀事件还要继续发生,不能只顾眼前,和平了结。……根本打倒帝国主义才是真正的国民自救之道。我们要就此次事变,唤起全国工友,走革命的道路。"②看来华北产业工人已经认识到帝国主义的侵略目的不止于上海,将来其他各地均存在危机,因此提出要彻底打倒帝国主义,并且指出联合全国工人一起奋斗的重要性。京汉路总工会和开封各工会发表声援通电:"不仅惩办行凶捕警,赔偿死者家属,并向我国道歉,而为善后之保证。我京汉铁路全体工友,愿取一致行动,誓为后盾。望全国各界同胞,共起奋斗,非达到废除不平等条约、取消租界、收回领事裁判权之目的不止。"③这则通电显示出产业工人的反抗不仅针对这次惨案,其最终目的是要把帝国主义的势力驱逐出中国。

九一八事变及"一·二八事变"发生后,天津各业工会救国联合会致电国民党中央执行委员会:"暴日仍继续进击,大有长驱直入,直捣腹地之意向。……今国联威权,已不足恃,国际制裁又不能及,非自决无以图存,务希速调劲旅,收复淞沪失地,一面出兵东北,庶敌军首尾不能应接,胜券势必我属。"④从这则电文可以看出产业工人已经了解了国际形势,不再幻想国联的帮助,只能催促国民政府收复失地。开封各业工会抗日救国会也通电要求国民政府派军东北收复失地:"东北军苦战连月,政府竟不予救济,坐视其败,殊深慨叹!各地资本家乘此严重时间,摧残工人,增加社会恐

①刘明逵、唐玉良主编:《中国近代工人阶级和工人运动》第5册,中共中央党校出版社,2002,第372页。
②《津埠声援沪汉惨案昨讯》,《益世报》1925年6月21日。
③《各处援助之通电》,《民国日报》1925年6月8日。
④《非自决无以图存》,《大公报》1932年3月10日。

慌,民众嫉之尤甚。……电请政府速派劲旅向各地日军同时出击;迅令西北军速赴东北收复失地;速令公私立工厂在国难期间不得停业,以免增加失业恐慌。"①这则通电反映了产业工人反对国民政府的不抵抗政策,要求政府迅速积极自卫反击,同时指出资本家不得在此特殊时期随意停业以维持社会安定。

（二）集会与游行

五四运动时,旅京山东工人集会讨论山东问题,有工人说道:"日本夺我青岛,即是夺我山东,即是夺我山东3000万父老兄弟之生命。如有法子,即令牺牲一切,亦义不容辞。"还有工人请求会中推出代表,"或谒见元首,或上书总统,或请愿国会"。在工人们的要求下,当即推荐工人代表并拟定了上公府书,要求政府对于青岛问题"严重交涉,勿稍让步"。上海大罢工的消息传到长辛店,工人们在长辛店大街上开始了示威游行,高喊"释放被捕学生、打倒卖国贼、不许承认二十一条、收回青岛"等口号。唐山召开两次公民大会,开滦煤矿工人、南厂工人团、电灯公司工人纷纷参加,一起开会讨论救国办法,要求拒签和约。济南工人召开大会议决对日办法,到会者达千余人,最后议决三项:"凡与某国作工者,当完全罢工;不充某外国人仆役;不买某国货品。"②产业工人的力量与各界民众结合起来,给政府施加了很大的压力,最后北京政府被迫罢免卖国贼及拒签和约。

五卅惨案的消息传到天津后,天津很快组织召开市民大会,其中报馆职工、印刷局职工及纺织工人都踊跃参加,会后还举行了游行示威活动。开封各界援助沪案联合会亦发起召开了市民大会和示威游行,参加者有各界团体100多个,其中工界有第一工厂、第二工厂、第三工厂、第四工厂、平

---

①刘明逵、唐玉良主编:《中国近代工人阶级和工人运动》第9册,中共中央党校出版社,2002,第695—696页。

②参见刘明逵、唐玉良主编:《中国近代工人阶级和工人运动》第3册,中共中央党校出版社,2002,第95—96、172、175—178、184—185页。

民工厂、陇海路工会、大中华火柴公司工人、兵工厂工会、铜元局工会、铅印刷局工会等20多个团体,一起讨论援助上海及对外办法。[1]这些活动有力地支援了上海的反帝斗争。

九一八事变后,河南许昌的抗日救国会在中共河南省委的领导下,组织工人群众和各界人士召开了反日动员大会,会场上每人都举着印有反日标语的小旗,会后举行了游行示威,高喊抗日救国口号,声讨日本帝国主义的侵略暴行和蒋介石的不抵抗政策。[2]示威游行活动及反日的口号和标语都有力地响应和支援了全国人民抗日的爱国热潮。

(三)捐款援助

民国时期,华北产业工人积极以人力、物力、财力支援全国的反帝爱国运动,其中捐款是重要的援助方式之一,这可以直接解决斗争经费的问题,使爱国运动得以顺利进行和发展。

五卅运动时,天津塘沽永利制碱厂的职工捐款1500元,久大精盐公司工人捐款3000元,交予上海总商会及南开学生沪案后援会代收。裕元纱厂职工、夫役合捐2014元支援上海。京汉铁路工人"自请每月增加工作一日,以所得薪资援助上海罢工工人",直到工人复业时为止。随后京汉、汴洛、陇海铁路工人又开两次援沪会议,共捐款5万多元。胶济铁路工人也仿效京汉铁路长辛店工人的办法,每月多做工一日,以所得工资救助上海罢工工人。[3]正是由于来自各地的捐款援助,五卅运动得以轰轰烈烈地进行,沉重地打击了帝国主义。

---

① 刘明逵、唐玉良主编:《中国近代工人阶级和工人运动》第5册,中共中央党校出版社,2002,第374、394页。

② 刘明逵、唐玉良主编:《中国近代工人阶级和工人运动》第9册,中共中央党校出版社,2002,第694页。

③ 参见刘明逵、唐玉良主编:《中国近代工人阶级和工人运动》第5册,中共中央党校出版社,2002,第375-376、381、395页。

九一八事变、"一·二八"事变、长城抗战及华北事变相继发生后,华北产业工人相继对作战前线捐款支援。"一·二八"事变爆发后,河南焦作中原煤矿职工"为十九路军沪战大捷,电汇5000元慰劳……全体职工相约节衣缩食筹救国基金"。陇海铁路全体员工亦捐款5000元,勉励十九路军将士奋斗到底。长城抗战时期,正太铁路工人捐款3000元、钢盔1000顶及风镜若干副给前线战士,其全体员工还捐款10万元购置正太号飞机以助国防。津浦铁路员工以路局欠薪10万元购置飞机一架,还捐款1万元援助长城抗战将士。胶济铁路员工捐款5000元并捐送风镜、汗衫、袜子和鞋若干给予前方战士。[①]1936年绥东抗战后,正太铁路工人"每人捐一日工资,另筹集1000元慰问绥远抗日将士"[②]。这些捐款与捐物的行动,鼓舞和支持了前方将士的斗争,推动了抗日救亡运动的发展。

第三节　华北产业工人与社会的变化

一、社会结构的变化

民国时期,华北地区产业工人的不断增多使社会结构发生变化,包括阶级结构、性别结构和年龄结构等方面的变化,下面就从这三个方面分别进行论述。

（一）阶级结构

外国资本主义在华倾销商品、掠夺原料,逐步破坏了中国的农业和家庭手工业相结合的自然经济。同时由于灾害、战争、人地矛盾等方面的影响,使得大量农民纷纷破产。这些人为了谋生,开始涌入城市,有的成为产业工人或苦力,有的成为店员或游商小贩,有的成为军人,有的成为游民乞丐。华北地区的产业工人主要来自周边地区的农民,农民进城使社会阶级

---

① 参见刘明逵、唐玉良主编:《中国近代工人阶级和工人运动》第9册,中共中央党校出版社,2002,第636、695、712—713页。

② 刘明逵、唐玉良主编:《中国工人运动史》第4卷,广东人民出版社,1998,第561页。

结构发生变化,他们为城市工矿交通业提供了大量劳动力,使产业工人人数逐渐增多。在近代新兴的工矿城市中,产业工人构成了城市人口的主体。

表6-5 20世纪30年代华北农民离村情况表

省别	全家离村之农家		有青年男女离村之农家	
	家数	占总农户比例(%)	家数	占总农户比例(%)
河北	117 559	3.0	331 264	8.5
河南	172 801	3.9	267 059	6.1
山西	20 852	1.4	50 927	3.5
山东	19 637	3.8	410 385	7.9

资料来源:
《农情报告》第4卷第7期,1936年7月,第173页。

表6-6 20世纪30年代华北农民进城情况表

省别	全家离村进城百分比(%)				青年男女离村进城的农家百分比(%)		
	城市逃难	城市做工	城市谋生	城市住家	城市做工	城市谋事	城市求学
河北	15.4	24.3	17.8	6.3	30.8	21.4	16.4
河南	20.9	16.8	12.3	9.4	23.9	18.1	24.8
山西	11.8	21.1	17.6	9.1	24.9	24.3	16.7
山东	11.7	22.3	13.9	6.3	28.9	19.0	18.7

资料来源:
《农情报告》第4卷第7期,1936年7月,第177—178页。

表6-5和表6-6是关于华北各省农民离村和进城的相关数据。通过计算我们可以得知,晋冀鲁豫四省全家离村的农家总共有330 849家,如果按一家5口人计算,则有1 654 245人。有青年男女离村的农家共计1 059 635家,这里的青年男女即指单身男女,如果以一家仅有一名单身青年离村计算,即华北四省单身青年离村人数至少有1 059 635人。这样全家离村和单身青年离村人数共2 713 880人。其中单身青年离村农家所占比例比全家离村所占比例要高,说明青年农民只身外出的情况较多,因为各地所需青壮劳动力较多。在四省离村人口中,河南人数最多,河北、山东次之,山

西离村人数最少。离村的农民除了进入城市以外，还有的到别村务农或者到垦区开垦，表6-6反映的是进城农民在流动农民人口中的比例。从表中我们可以看出，华北四省全家离村进城有到城市逃难、做工、谋生和住家等4种情况，其中逃难所占比例平均约为15%，做工平均为21%，谋生平均为15%，住家约占8%。单身青年农民进入城市有到城市做工、谋事和求学几种情况，其中做工所占比例平均约为27%，谋生占21%，求学约占19%。因此可以看出华北农民进城做工的比例是最高的，即进入城市后大多数的农民转换了身份成为工人。其中青年农民转化为工人的比例最高，河北省的青年男女离村进城做工者高达30.8%，因为城市工业的发展需要大量青年劳动力。

根据1936年《农情报告》的统计，在华北四省农民离村的原因中，因贫困而生计困难者所占比例最大，其次为各种灾荒导致离村。民国时期华北地区人多地少的矛盾较为突出，当时"农民每家耕种的田地，很少有超过5亩以上的"，而华北农村人口居住的密度每方英里为621人，人多地少的现象很明显，于是出现人口过剩的问题。据1922年华洋义赈会对华北农家年收入的调查，"平均每家不过25元美金"，但是根据当时最低生活标准，每家至少要75元才能维持生活。可见最低标准是当时华北农家实际收入的3倍，生活的贫困迫使农民离开土地进城务工。[1]另外民国时期华北地区的自然环境也不断恶化。据调查，华北各省1928—1930年间遭遇水旱虫灾的有469个县，灾民达1669万人。[2]除了天灾还有人祸，华北地区是军阀混战的主要战场，战争经费多从农民身上勒索搜刮，苛捐杂税不断增加使得农民无法生活被迫离开。以上这些原因都是华北农民离村进城的推力，而城市工业的发展、交通的便利、城市设施的建设，为农民进城提供了

---

①参见骆传华：《今日中国劳工问题》，上海青年协会书局，1933，第9、11页。
②周俊旗：《民国天津社会生活史》，天津社会科学院出版社，2002，第43页。

就业机会和容纳空间,这是华北农民离村进城的拉力。在近代新兴的工矿业城市中,进城的农民很多转化为产业工人进行劳动,下面就举一些具体的例子来进行说明。

塘沽久大精盐公司农民出身的工人占59.3%,永利碱厂的农民出身工人占44%。[①]久大的工人以山东人最多,"久大工厂喜欢录用勤苦耐劳的农民,制盐工作也不需要什么技能,山东人擅长气力,于是山东农民都争先恐后入厂做工。1927年厂方只招募两三名工人,消息传出,竟有四五百山东人在车站等候录用。……往往一村一姓来厂做工的有二三十人之多"。其次是直隶人较多,"深县人素以木工著名",因此较多在久大木工房工作,而"盐山县人历年在塘沽盐滩上晒盐"。[②]

据20世纪30年代的调查,天津华新、裕元和恒源纱厂的工人原籍就是天津的很少,只占23.78%,其他较多是来自河北、山东和河南的农民。[③]石家庄大兴纱厂很多工人是来自"石家庄近郊和正定、获鹿和宁晋等县的农民"。[④]唐山启新洋灰公司的工人"多数来自唐山及邻近各县和山东省农村……来自唐山附近的工人农忙时多回乡做农活,农闲期再回唐山做工。……山东籍工人因回家往返需旅费较多,绝少回家"[⑤]青岛的工人多集中在纱厂、四方工厂、铁路等工业部门,大部分是来自青岛郊区及日照、

---

①刘明逵、唐玉良主编:《中国近代工人阶级和工人运动》第1册,中共中央党校出版社,2002,第167页。

②林颂河:《塘沽工人调查》,载李文海主编:《民国时期社会调查丛编·城市(劳工)生活卷》,福建教育出版社,2005,第786页。

③方显廷:《中国之棉纺织业》,国立编译馆,1934,第133页。

④中共石家庄市委党史征编室编:《大兴纱厂工人斗争史 1921—1949》,内部资料,1989,第10页。

⑤南开大学经济研究所等编:《启新洋灰公司史料》,生活·读书·新知三联书店,1963,第274-275页。

高密、即墨、胶县等邻县的破产农民。[1]

山东中兴煤矿的"里工到矿以前的职业多以农民为最多,占全体里工44.1%。外工之中,农民所占比例更大,采矿处的工人与外工情形较为一致,采矿处的农人占该处全体职业已明者的59.6%"[2]。据统计,1920年山西保晋煤矿矿工十二月到工人数最多,为1705人,而3月、4月、6月到工人数却很少,最少时为583人。[3]这个统计数据说明保晋煤矿的矿工大多数来自农村,他们农闲季节在厂做工,农忙时返乡务农。河南焦作煤矿的矿工大多来自当地和道清铁路沿线的农村。唐山开滦煤矿的矿工主要是因矿区建设而失去土地的当地农民及矿区附近各县的破产农民。

综上所述,在各种因素的影响下,民国时期华北地区的大批农民离开农村进入城市,为工业生产提供大量劳动力,促进产业工人人数的增加,使社会阶级结构发生变化。

(二)性别结构

人口的性别结构,指的是在一定时期内男性和女性在总人口中的比例关系。性别结构虽然受多种因素的影响,但在近代新兴工矿业城市中,产业工人人数在城市人口中占有很大比例,因此产业工人的性别结构会对城市人口的性别结构产生一定的影响。民国时期华北的产业工人很大一部分是由农民转化的,而流入城市的农民中男性多于女性,造成了性别比例的失衡。

据1920年的统计数字显示,华北地区雇用女工人数很少,直隶全省女工人数为2007人,仅占全省工人总数的1.6%;山西全省女工人数为543

---

[1]青岛市总工会工运史研究室编:《青岛工人运动史(1897—1949)》,中共党史资料出版社,1989,第34页。

[2]施裕寿、刘心铨:《山东中兴煤矿工人调查》,载李文海主编:《民国时期社会调查丛编·城市(劳工)生活卷》,福建教育出版社,2005,第902–905页。

[3]王清彬等编:《第一次中国劳动年鉴》第1编,北平社会调查部,1928,第375页。

人,占全省工人总数的4.4%;河南全省女工人数为2431人,占全省工人总数的16.7%;山东雇用女工人数较多,有6470人,占该省工人总数的35%。[①]即使是在最适合雇用女工的棉纺织业中,华北地区的女工人数也不多。据1928年统计,"天津各纱厂共有工人16 798人,女工为1842人,仅占10.97%"[②]。1931年,天津六大纱厂男工总计13 005人,占工人总数的76.96%,女工总计1543人,占总数的9.14%,男工人数是女工人数的8.4倍。裕元、华新、北洋、裕大和宝成各纱厂雇用女工所占比例分别为各厂工人总数的9.74%、11.32%、10.44%、7.25%、22.45%,而恒源纱厂没有女工。看来各厂工人以男工为主体,"盖以其能率较高,复又耐于吃苦也"[③]。据1930年的数据显示,山东青岛棉纺织业女工仅占该业人数的6.37%。[④]据1932年《劳动年鉴》对各地棉纺织业男女工人数的记载,唐山被调查的一家纺织工厂中,男工为1885人,女工为143人,男工人数是女工的13.2倍;青岛被调查的9家纺织工厂中,男工共有15 836人,女工为3182人,男工人数约为女工的5倍;郑州被调查的一家纺织工厂中,男工有3329人,女工有697人,男工人数是女工的4.8倍。[⑤]雇用女工之所以没有在华北地区盛行,这与华北地区社会风气闭塞及封建保守的观念有关。当然还与工作性质有关,如一些重体力的工作女工无法承担,像面粉工厂、制盐制碱厂、洋灰厂、煤矿及铁路部门基本以男工为主。这样一来,男性在华北地区产业工人中占了很大的比例,这对近代工业城市人口的性别比例造成了一定程度的影响。

据统计,1928年太原的人口性比例高达282.77,即男女人口比例为

①王清彬等编:《第一次中国劳动年鉴》第1编,北平社会调查部,1928,第549页。
②方显廷:《中国之棉纺织业》,国立编译馆,1934,第175页。
③参见吴瓯主编:《天津市纺纱业调查报告》,天津市社会局,1931,第40-41页。
④方显廷:《中国之棉纺织业》,国立编译馆,1934,第174页。
⑤《民国二十一年中国劳动年鉴》第1编,实业部劳动年鉴编纂委员会,1933,第61页。

282.77∶100。同年,天津的人口性比例为161.90,到1932年达到179.61。济南的人口性比例在1914年就达到146.54,到1934年为162.34。[①]青岛1933年的出生人口性别比为112.50,1936年的人口性别比为145.90。[②]出生人口性别比是一定时期内出生男婴与女婴的数量之比,它反映了青岛原有城市居民的生育情况。20世纪30年代青岛城市的出生人口性别比例较低而人口性别比较高,反映出该市的性别结构主要受外来流入人口的影响。民国时期青岛工厂林立,工业发达,很多青年男子涌入青岛做工和谋生,因此对性别比例的失衡造成了一定的影响。由上述数据我们可以看出,华北各地男子的数量远远多于女子。虽然青壮年男子的大量流入可以为城市工矿交通业提供所需的劳动力,但是从长远来看会对社会产生不良的影响,比如影响婚姻和社会风气等问题。男多女少必然造成男子择偶对象的缺乏,因此很多工人从农村选择配偶结婚。另外暂时没有条件结婚的青年男子有可能会去嫖娼,对社会风气造成不良影响。同时结婚率的低下也会影响将来的人口出生率和自然增长率,对社会的长远发展不利。

（三）年龄结构

人口的年龄结构指的是在一定时期内各年龄组人口在全体人口中所占的比例。民国时期华北地区的人口年龄结构呈现出年轻化的特点,即青壮年在总人口中比例较大。据1912年统计,河北省人口各年龄组中,16岁以下者占总人口的22.52%,16~50岁之间的人口占57.54%,50岁以上者占19.94%;山东省人口各年龄组中,16岁以下者占总人口的11.69%,16~50岁之间的人口占73.75%,50岁以上者占14.56%;山西省人口各年龄组中,16岁以下者占总人口的20.55%,16~50岁之间的人口占54.72%,50岁以上者占24.73%。又有1936年的调查显示,天津市人口各年龄组中,16岁以下者

---

①张利民等:《近代环渤海地区经济与社会研究》,天津社会科学院出版社,2003,第470页。

②杨子慧主编:《中国历代人口统计资料研究》,改革出版社,1996,第1355页。

占总人口的24.80%,16~50岁之间的人口占61.57%,50岁以上者占13.63%,其中以21~30岁的人口最多,占总人口的19.58%;青岛市人口各年龄组中,16岁以下者占总人口的24.58%,16~50岁之间的人口占62.20%,50岁以上者占13.21%,其中以21~30岁的人口最多,占总人的21.21%。①

由上述数据我们可以得知,华北地区的人口以16~50岁之间尤其是21~30岁之间的青壮年居多。华北近代工业城市的人口增长及人口结构主要与周边地区打工农民移入有关。根据表6-5和表6-6可以看出,民国时期华北离村人口中以青年男女最多,20世纪30年代华北四省有青年男女离村的农家共计1 059 635家,其中进城做工人口所占比例平均约为27%,谋生者占21%。这些青壮年农民转化为工人,作为近代工业城市的主体必然会给城市的人口年龄结构带来影响。下面就举例来说明民国时期华北工矿交通各部门产业工人的年龄状况。

据1928年天津市社会局对中小工厂工人的调查,其年龄平均数为24岁。②据1931年天津市社会局调查,天津六大纱厂的成年工平均年龄约为25岁。③天津丹华火柴厂工人平均年龄约为25岁,北洋火柴厂工人平均年龄约为22岁。④1932年调查显示,在天津福星面粉公司的工人中,大工的年龄以21~40岁之间的人数最多,占大工总数的79.29%,小工的年龄以21~35岁之间的人数最多,占小工总数的72.52%。三津寿丰、陆记庆丰和民丰年记面粉公司工人的平均年龄均为31岁。三津永年面粉公司工人的平均年龄为30岁。嘉瑞合记面粉公司工人的平均年龄为33岁。⑤1927年

---

① 参见国民政府主计处统计局:《中国人口问题之统计分析》,正中书局,1944,第34、36页。

② 邢必信等编:《第二次中国劳动年鉴》第1编,北平社会调查所,1932,第119页。

③ 吴瓯主编:《天津纺织业调查报告》,天津市社会局,1931,第41页。

④ 参见吴瓯主编:《天津市火柴业调查报告》,天津市社会局,1931,第30、47页。

⑤ 参见吴瓯主编:《天津市面粉业调查报告》,天津市社会局,1932,第12、24、33、39、50、60页。

塘沽久大精盐公司住厂工人的选样调查显示,20~29岁之间的工人最多,占总数的66.3%,30~39岁者次之,占25.3%,40~59岁之间的仅占7.2%,20岁以下的工人仅占1.2%,工人平均年龄约为28岁。同时对永利制碱厂工人的年龄选样调查显示,其20~29岁的工人也最多,比例为58%,其次为30~39岁之间的工人,占28%,20岁以下者占12%,40~49岁之间的工人仅占2%。[①]据《满铁月报》1927年记载,青岛某日商纱厂雇用工人年龄都在40岁以下,其中15~19岁之间的工人占总数的59.8%,20~24岁之间的工人占23.5%,25~39岁的工人所占比例很小,只有10.1%。在青岛华新纱厂住厂工人中,11~15岁者占21.2%,15~20岁者占40.8%,20~25岁者占16.8%,年龄在25岁以上的工人人数较之25岁以下的工人所占比重较小。[②]

　　因为煤矿的工作较为辛苦,矿工大都不过50岁,开滦煤矿工人大多在20~30岁之间。[③]1931年,山东中兴煤矿的里工年龄大多集中于26~40岁,占全体里工人数的60.1%,里工的平均年龄为35岁。中兴外工的年龄大多集中于21~40岁,占外工总数的77.7%,外工的平均年龄为30岁。[④]根据1931年对各地矿业工人的调查,华北矿工年龄16~25岁的占总数的26.4%,26~35岁的占38.6%,36~45岁的占23.6%,46~55岁的占10.1%,56岁以上的仅占1.3%。[⑤]

　　1925年铁路职工教育委员会的调查数据显示,京奉铁路的职工年龄,在20~44岁之间的占总人数的79.85%,19岁以下的工人只占3.76%,54岁以上的工人仅占1.47%。京汉路工的年龄集中于24~44岁之间,占总数的

　　①参见林颂河:《塘沽工人调查》,载李文海主编:《民国时期社会调查丛编·城市(劳工)生活卷》,福建教育出版社,2005,第818-819页、第870页。

　　②王清彬等编:《第一次中国劳动年鉴》第1编,北平社会调查部,1928,第380页。

　　③《唐山劳动状况(二)》,《新青年》1920年第7卷第6号。

　　④参见施裕寿、刘心铨:《山东中兴煤矿工人调查》,载李文海主编:《民国时期社会调查丛编·城市(劳工)生活卷》,福建教育出版社,2005,第896、898页。

　　⑤陶镕成:《全国矿山工人的现状(续)》,《劳工月刊》1934年第3卷第8期。

74.18%,50岁以上者仅占6.19%,19岁以下的仅占1.28%。[①]1932年胶济铁路工人年龄集中在26~45岁之间,占总数的76.43%,55岁以上的工人仅占0.62%。津浦铁路工人年龄集中于21~50岁之间,占总数的91.52%,其中尤以31~40岁之间的人数最多,占40.34%。[②]

综上所述,华北地区的产业工人年纪较轻,基本在20~50岁之间,各种轻工业工厂工人年龄大多在30岁以下,各煤矿及铁路工人的年龄大多为三四十岁。可见青壮年构成了华北产业工人的主要组成部分,这也对近代工业城市的人口年龄结构造成一定影响。城市聚集了大量的年轻人口,为社会经济发展提供了所需的劳动力,某些工业如制盐制碱及煤矿业都需要大量的青壮劳动力,年龄较大或是年幼者都没有足够的体力完成这类工作。另外年轻人是社会财富的创造者,而老年人和儿童主要是消费者,青年人所占比例越高,老人和儿童所占比例越低,社会的负担也会较轻。但是移入城市的这批青年人由于各种原因结婚率较低,这样也会降低未来的人口出生率,影响家庭和婚姻状况发生变化。

二、工人家庭与婚姻状况的变化

民国时期华北产业工人的家庭规模呈现小型化趋势,一般以夫妻和未婚子女组成的核心家庭较多,婚姻状况也发生变化,由早婚多生向晚婚少育转变,并出现了独身和离婚的现象。

(一)家庭规模和结构

产业工人大多来自农村,农民进入城市,为工矿企业提供极为廉价的劳动力,其工资很低,不足以维持生活或仅能维持最基本的生活,因此在城市中生活的工人不能像在农村那样几代同居,收入水平限制了其家庭规模。大致的情况是,青年男子先只身来到城市工作,将部分劳动所得寄回

---

①王清彬等编:《第一次中国劳动年鉴》第1编,北平社会调查部,1928,第383-384页。
②《民国二十一年中国劳动年鉴》第1编,实业部劳动年鉴编纂委员会,1933,第190页。

家中,待生活稳定之后,就将自己的妻子儿女接到城市共同生活,或者在当地娶妻生子,组成经济独立的核心家庭,与原有的大家庭分离。据20世纪30年代初期的调查,"华北农村的家庭,父母在世时,已婚的兄弟仍然和父母居住在一起"[①],这种情况比较普遍。但在各城市中,产业工人微薄的工资是无力维持大家庭的,因此小家庭在华北城市的工人中较为普遍,下面举例来进行说明。

塘沽久大精盐公司的住厂工人,其家庭大多都在农村,工人独自住在工厂里,每月寄钱回家。据1927年对久大住厂工人的选样调查,他们在乡间的家庭人口大多在4~7口之间,占总数的64.1%,平均每家人口约为6人,其中有一家人口竟达14人之多。家中亲属即祖父母、叔伯、兄弟姐妹及孙子女都住在一起生活,父母兄弟的人数多于妻子,侄子侄女的人数多于子女。大多数工人在乡村的家庭中还处于子弟的地位。可见工人在农村的家庭属于大家庭组织,而在城市居住的工人的家庭情况则与之不同。同样据1927年对久大住家工人的选样调查显示,住家工人中以在厂5~8年者最多,可见工人在城市工作久了,积累了一定的存款而且生活较为稳定后,才把居住在家乡的家属接过来生活,当然住家工人中也有少数本身就是塘沽人或新在塘沽成家的。据统计,住家工人每家人口平均为3.72人,四口以下的家庭占总数的60.1%。家属以夫妻及其子女为主,父母兄妹的人数只占12.7%,看来在城市居住的工人家庭属于小家庭。[②]

1931年的调查数据显示,天津六大纱厂每个工人的家属平均为4.57人,即不到5人。其中华新、裕大、宝成纱厂工人的家属人数较少。华新纱厂每个工人的家属人数平均为3.7人,裕大纱厂工人家属大多数为3人,平均为3.61人,宝成纱厂每个工人的家属人数平均为3.21人,在各纱厂中属

①参见乔志强主编:《近代华北农村社会变迁》,人民出版社,1998,第102、105页。
②参见林颂河:《塘沽工人调查》,载李文海主编:《民国时期社会调查丛编·城市(劳工)生活卷》,福建教育出版社,2005,第822、838、840页。

于最少的。[1]以这几大纱厂的人数看来,这些工人家庭大多是以一对夫妻及两三个孩子组成的核心家庭。

山东中兴煤矿里工与外工的家庭人数有所不同。里工平均每人的家属人数为4.9人,其中电务处工人家属人数平均为5.4人,机务处为5.2人,采矿处为4.6人。因为机务、电务、工人多为技术工人,工资较高,可以供养较多亲属生活,而采矿处工人工资相对较低,因此家属人数也较少,说明工人收入与家庭人口有直接关系,收入多者可以抚养人口较多,收入少的则反之。外工平均每人的家属人数为2.9人,4人以下者占89.7%,而里工家属人数在4人以下者仅占51.6%,可以看出外工家庭人数比里工少很多。[2]这可能与他们的雇佣性质有关,里工是由公司直接雇用和发放工资的人,工作较为稳定。外工是由包工头代为雇用的人,他们的工资受到包工头的克扣和盘剥,而且工作很不稳定,随时面临失业的危险。另外外工大部分为采矿工人,没有技术,工资本身也较低,所以无法维持人口较多的家庭,只能组成小家庭。

(二)婚姻状况

婚姻与家庭是紧密联系在一起的,婚姻是建立家庭的前提。民国时期产业工人由早婚多生向晚婚少育转变,还出现独身及离婚的现象。工人的婚姻状况的变化固然受到当时社会新的思想观念的影响,但主要是与工人本身的经济能力密切相关。

产业工人大多来自农村,华北农村提倡早婚早育,据统计,1929—1934年,华北农村的平均结婚年龄,男子为19.7岁,女子为16.8岁,高于当时全国的平均数字,其中14岁以下结婚的男子占10.9%,女子占9.4%,15~19岁

---

①参见吴瓯主编:《天津市纺纱业调查报告》,天津市社会局,1931,第125、157、196、247、283、349页。

②施裕寿、刘心铨:《山东中兴煤矿工人调查》,载李文海主编:《民国时期社会调查丛编·城市(劳工)生活卷》,福建教育出版社,2005,第899-901页。

结婚的男子占41.3%,女子占70.2%。另外在华北四省中,除山西省以外、河北、河南和山东省农村的结婚夫妇大都是女长男幼。①生育子女在农村被认为是结婚后一项重要的任务,传宗接代及多子多福的封建思想使农村社会提倡早生多生。与上述风俗习惯形成鲜明对比的是,产业工人进入城市以后,由于社会动荡、工作不稳定及工资过低等原因,导致结婚率较低。未婚的产业工人在城市工作后结婚年龄较晚,而且由于生活的压力,仅能维持小家庭的生活,所以通常生育子女较少。

据1927年调查,塘沽久大精盐公司住厂工人的平均年龄约为28岁,其中约有一半的工人已经结婚。已婚者中结婚年龄以16~20岁者最多,占42.2%,他们大概是入厂前于家乡完婚的,在20岁之前结婚比较符合乡村的习俗。但也有一些25岁以上结婚的男子,大概因为在厂工资较低导致娶妻较晚。夫妻年龄差距方面,夫大于妻者占64.5%,妻大于夫者占31.1%。在这些已婚工人中,仅有1/3生育子女。看来工人进城后为人夫者不多,为人父者也较少。久大的住家工人平均结婚年龄约为24岁,比住厂工人平均结婚年龄要大,其中16~30岁之间结婚的人数最多,占79.3%,但是31岁以上结婚者尚有10人,看来工人们由于生计艰难,晚婚者较多。在夫妻年龄差距上,夫大于妻者占82.8%,妻大于夫者仅占12.1%,这与华北农村婚姻中女长男幼的现象已截然相反。久大住家工人养育子女人数也较少,从其每家人口平均数仅有3.72便可看出,大多数家庭只养育一两个子女。②

1931年,在天津六大纱厂工人中,男工已婚者占32.97%,未婚者占67.03%,女工已婚者占42.67%,未婚者占57.33%,从全体工人来看,已婚者

---

① 乔志强主编:《近代华北农村社会变迁》,人民出版社,1998,第76~77页。
② 参见林颂河:《塘沽工人调查》,载李文海主编:《民国时期社会调查丛编·城市(劳工)生活卷》,福建教育出版社,2005,第818、823、824、841页。

占34.25%,未婚者占65.75%。[1]据统计,天津各大纱厂成年工的平均年龄约为25岁,这是适合结婚的年龄,但是未婚者在工厂中所占的比例却很大,远远超过了已婚者的人数,这应该和工人的经济能力有关,而且城市的女子很多不愿下嫁农村入城的工人。天津各大火柴公司工人中的未婚者比例更高,丹华火柴公司的工人有69.59%未婚。荣昌火柴公司工人多出身贫寒,无法承担家室之累,因此三四十岁也多有独身者,其未婚人数占总数的72.22%。北洋火柴公司工人中未婚者竟占到98.44%,因为工人工资仅能自给,没有能力组织和供养家庭。[2]天津的三津寿丰面粉公司工人中有60%已婚,40%未婚。陆记庆丰面粉公司有73.7%已婚工人,26.3%未婚工人。在民丰年记面粉公司工人中,72.54%已婚,27.46%未婚。嘉瑞合记面粉工厂有55.84%的工人已婚,41.56%未婚。[3]从这些数据可以看出,天津各大面粉公司的工人已婚人数居多,但是据统计这些工人的平均年龄大多在30岁以上,且仍有众多未婚者,看来民国时期华北产业工人普遍结婚较晚,还有很多独身者。天津作为一个近代工商业城市,产业工人在社会有职业人口中占有相当比例,工人结婚率的低下也会影响到城市人口的结婚率较低。20世纪30年代,天津市男女的结婚年龄平均约为28岁和22岁。[4]

据1931年调查,山东中兴煤矿外工已婚者占62.5%,未婚者占37.5%。在已婚工人中,其家属人数平均为2.9人,可见矿工生育子女较少。在未婚工人中,16~20岁者占9.9%,21~25岁者占34.4%,26~30岁者占32.6%,31~

---

[1]吴瓯主编:《天津市纺纱业调查报告》,天津市社会局,1931,第49页。
[2]参见吴瓯主编:《天津市火柴业调查报告》,天津市社会局,1931,第30、47、54页。
[3]参见吴瓯主编:《天津市面粉业调查报告》,天津市社会局,1932,第12、42、50、62页。
[4]李竞能主编:《天津人口史》,南开大学出版社,1990,第133页。

35 者占 13.8%,36 岁以上者还占到 9.3%。[1]煤矿工人的工作辛苦,经常打连班,工资微薄,且常有工伤灾害发生,所以很少有女子愿意嫁给煤矿工人,从下面几首歌谣中我们就可以看出矿工婚姻的困难:[2]

当了臭窑黑,一辈子打光棍。

要想娶媳妇,那才没有门。

除非做个梦,醒来可没人。

当了臭窑黑,一辈子打光棍。

要想娶媳妇,只有一个门。

雇个裱糊匠,糊个纸扎人。

流传地区:河北开滦煤矿

有女不嫁张木光[3],一年四季守空房,

大年初一见个面,黑手黑脸黑脊梁。

流传地区:河南焦作煤矿

闺女嫁给窑黑汉,黑水衣服洗不完;

黑人黑衣黑世界,黑窑洞里日子难。

流传地区:山西阳泉煤矿

从上面几首歌谣我们可以看出煤矿工人娶妻的困难,从"大年初一见

---

[1]施裕寿、刘心铨:《山东中兴煤矿工人调查》,载李文海主编:《民国时期社会调查丛编·城市(劳工)生活卷》,福建教育出版社,2005,第 901~902 页。

[2]参见薛世孝、薛毅编:《中国煤矿歌谣集成》,煤炭工业出版社,2009,第 35、38、41 页。

[3]张木光是河南焦作煤矿工人居住比较集中的一个地方。

个面"看出煤矿工人整日于矿井下劳作,没日没夜地打连班,无法正常回家休息。从"黑窑洞里日子难"可以看出煤矿工人生活环境恶劣,经济拮据,女子不愿嫁给他们吃苦受罪,所以很多矿工结婚很晚或是一直独身。

民国时期女工观念的变化也影响了婚姻的变化。华北地区的女工虽然不多,但是这些女子走出家庭,进入工厂接触社会之后观念很快发生变化。从天津纱厂中女工有57.33%的人未婚来看,除了某些特殊原因,如有些工厂可能要求女工不得结婚之外,应该与她们的观念变化有关。女工有了独立的经济地位之后,不再接受父母的包办婚姻,普遍结婚较晚。"我国旧时,有以女子为附属品之习惯。……其地位关系,男主外,女主内,男出谋生,女持家政。……谓妇女依赖男子以生活。……女子之所以乐于婚嫁者,经济上之需要,其大原因也。一生之衣食住,皆有待于人。故不得不预谋一地,以为栖托。若各有职业,以支持其生活,而女权独立之说,又为之推波助澜,则不嫁主义,必滔滔日盛。"①女工婚姻观念的变化也受到社会新的思想观念的影响,很多报刊登载了关于妇女的文章,下面一首诗歌就能反映当时社会要求提高妇女地位的思想:

> 不要以为你是女流,再把传统的观念牢守,什么嫁鸡随鸡嫁狗随狗;
>
> 依赖,只是弱者的表现,自立,方显出你的优秀。
>
> 更不要以为女子天生该有个娇弱之躯,新时代的女性应以弱不禁风为羞。
>
> 也莫再把解放自由等口号空在嘴里叫喊,要脚踏实地的求生奋斗。
>
> 告诉你:为了要推进社会的文化,你得与男人合力共同向成

---

①《女子职业问题》,《东方杂志》1911年第8卷第9号。

功的路上奔走;再不要以为你是女流。①

　　在各种因素的作用下,很多女工改变了传统的婚姻观念,除了婚姻自主、晚婚等,还出现了离婚的现象。有一位缫丝厂的女工,在没有进入工厂之前,一直勤勤恳恳地在家中服务。女工进入工厂后每日可得四五角钱,她的丈夫是推小车度日的,一天所得不到200文钱。女工经济独立以后开始嫌弃自己的丈夫,最后提出离婚,"原因是说男女两性相异,永久没有生息的"②。天津大英烟公司的女工王淑贞,原为静海县人,因为农村破产而进入城市做工。她13岁时经媒人包办嫁给当地一农民。自从来到天津成为一名女工之后,开阔了眼界,增长了见闻,于是有悔婚之意,嫌弃丈夫只是一乡之愚。③

　　工人的离婚观念应该是受到社会离婚现象的影响而产生的。据统计,1921—1925年间山西离婚案件共6523件,夫妻不合与生计艰难是离婚的主要原因,双方主动提出离婚占72.5%。20年代末30年代初,天津、北平离婚的主要原因是虐待、行为不端及意见不合,女方主动提出离婚分别占85.7%和66.1%。④这是因为受到虐待是离婚的第一原因,女子不再忍受而求助于法律途径保护自身的利益。我们从统计中可以看出夫妻不合是离婚的主要原因之一,而且很多案件是双方主动提出,说明只要性格不合、难以相处,人们就会选择和平离婚,重新追求幸福,看来婚姻自由的观念已经渗透到民众心中。离婚现象在华北产业工人当中应该算是少数,因为由于生计的艰难,工人结婚率都很低,更不用谈离婚问题了,但是这一观念及现

---

①《不要以为你是女流》,《女子月刊》1935年第3卷第4期。

②身康:《女工问题》,《星期》1922年第7期。

③王印焕:《1911—1937年冀鲁豫农民离村问题研究》,中国社会出版社,2004,第227页。

④杨子慧主编:《中国历代人口统计资料研究》,改革出版社,1996,第1422-1424页。

象的产生,说明了社会变迁对产业工人的影响。

　　总之华北产业工人与社会变迁之间是互相影响的关系。民国时期的社会变迁,工业的发展、交通的便利及城市建设的发展吸引大量人口聚集城市,产业工人不断增多,为城市工业的发展提供大量廉价的劳动力,推动工业产量的增加及城市规模与设施的进一步发展。同时华北工人运动的发展使国共两党为了争取工人阶级采取了不同的政策,工人在共产党的领导下不断进行着反帝反军阀的斗争。在这个过程中,产业工人的觉悟不断提高,共产党的影响逐渐增强。产业工人多来自农村,农村经济的崩溃及城市工业的发展使大量青年农民进城做工,导致社会阶级结构发生变化,也对社会性别结构及年龄结构产生了一定影响。另外由于城市生活的困难及社会观念的影响,工人的家庭及婚姻状况也发生了变化,工人们结婚普遍较晚,生育子女也较少,建立了经济独立的核心家庭,逐渐与农村的大家庭相分离。这是符合社会发展趋势的,是近代化、城市化发展的必然结果。

结　语

在近代中国经济发展与政治变革中,产业工人发挥了重要的作用。包括北京、天津在内的华北地区在全国的地位十分重要,因此华北近代工业及产业工人的产生必然对社会的发展形成很大的影响。

华北产业工人的产生及发展较为缓慢,晚于广州、上海等地。东南沿海地区由于条约口岸的开放而最早出现近代工业及产业工人,这些工人产生于外资在华经营的企业里。"1845年,英国人在广州黄埔兴建船坞。1853年,英国人又在上海建造董家渡船坞。"①于是近代产业工人在这些船舶修造厂中诞生了。华北产业工人则产生于第二次鸦片战争之后,最早出现在洋务派于1867年创办的天津机器局中,并且直到民国以后才逐渐发展壮大。

就地理分布而言,全国的产业工人主要分布在上海、广州、华中、华北、东北等地。其中上海是近代产业工人最为集中之地。它是中国主要的贸易、轻工业及文化中心,因此这里有众多的造船、码头、棉纱厂、丝厂、面粉厂、火柴厂、榨油厂、卷烟厂及印刷厂工人,其中尤以棉纺、缫丝和烟草工人最多。②广州地区主要聚集了大量的缫丝业和丝织业工人。华中的湖北、

---

① 刘明逵、唐玉良主编:《中国近代工人阶级和工人运动》第1册,中共中央党校出版社,2002,第1页。

② 宋钻友、张季莉、张生:《上海工人生活研究 1843—1949》,上海辞书出版社,2011,第55-56页。

湖南地区重工业较多,因此这里有很多矿工和冶炼工人。东北地区从事重工业的工人也较多。华北地区的煤矿业较为集中,并且修筑了密集的铁路干线,还建立了纺织、面粉及火柴等轻工业工厂,于是这里聚集了大量的煤矿工人、铁路工人及轻工业工厂工人。纺织业是华北轻工业工厂工人主要分布的行业,其中天津和青岛的工厂雇用工人较多,规模较大。但是1930年天津和青岛的纱厂工人仅占全国的12.1%,同一时期上海纱厂工人所占比例高达50.6%,武汉纱厂工人占10.4%。[①]在这些轻工业工厂尤其是纺织工厂中,本应雇用大量女工,但是由于华北地区社会风气闭塞及观念保守,各工厂很少雇用女工,这与江苏地区尤其是上海地区形成鲜明对比。除了轻工业工厂之外,华北的晋冀鲁豫地区有丰富的煤炭资源,这里的煤矿工人在全国的工矿业中占有非常重要地位。另外华北地区有四通八达的铁路网,京汉、京奉、京绥、津浦、正太、道清、陇海、胶济各路沿线聚集了大量铁路工人,在全国铁路工人中所占的比例非常高。华北地区的工人大多是来自周边农村地区的青壮年男子,他们进入城市转化为近代产业工人,对政治、经济、社会产生了一定的影响。

　　民国时期,华北产业工人的劳动条件十分恶劣,生活水平也极为低下。他们每日的工作时间十分漫长。工厂工人每日工作大约在12小时左右,吃饭时间即为休息时间,有的工厂工人甚至是边工作边吃饭。煤矿工人经常打连班,每日工作时间基本在16小时以上,三班制的大多每日做两班,两班制的大多两日做三班,甚至还有隔日做一班的,如山东淄博煤矿一班就连续工作24小时。铁路工人的工作时间普遍在10小时左右,和其他工矿企业相比较为优越,但是和国外路工每天工作8小时,一周工作44小时或48小时的情况还是无法相比。就全年劳动日数而言,河北、山东和山西等省的工厂工人大多都高于全国的平均数。

---

①方显廷:《中国之棉纺织业》,国立编译馆,1934,第132页。

华北产业工人的劳动环境是极其恶劣的,空气污浊、设备简陋是普遍存在的现象。工人除了患有职业病之外,还由于劳动灾害而遭遇很多工伤事故,有的导致伤残甚至死亡。华北地区仅1935年一年就发生工业灾害133次,死伤达1765人。矿山灾害尤为严重,开滦煤矿基本平均不到3天就死亡1人,唐山矿1920年的一次沼气爆炸就死伤矿工556人。淄博矿区1935年发生的透水事件是全国最严重的一次,遇难者达536人。

华北产业工人还随时面临失业的威胁,工人一旦失业就会生活无着。不过即使是在业的工人,其生活也非常困苦。民国时期华北大部分产业工人的工资由每日两三角上升到5角左右。虽然工资呈上升趋势,但其增长速度赶不上物价增长的速度,再加上货币紊乱导致铜圆贬值,以及资本家的克扣和盘剥,工人的实际工资水平很低。工人的生活费大部分用于食物方面,用于杂费的比例很小。"食品费用的支出几乎占工人收入的一半以上,有时达到2/3以上,甚至3/4。"[1]据20年代末的调查,天津纱厂工人家庭食品费占生活费支出的63.8%,杂费占12.7%。[2]上海纱厂工人家庭的食品费占56%,杂费占20.6%。[3]仅从杂费一项便可看出,天津工人的生活水平较上海工人为低。华北产业工人的食物大多为菜根粗饭,衣服是粗布陋衣,住宅亦狭小脏乱。在这种情况下,华北产业工人纷纷起来反抗。

民国早期产业工人的反抗斗争以上海、武汉、广州等地工人为主,华北产业工人到五四运动以后才崭露头角。华北产业工人改善劳动和生活状况的斗争属于经济斗争的范畴,当时的劳资争议案件以工资问题居多。1927年之后,雇用与解雇问题、待遇问题的案件逐渐增多,这是由于各大

①刘明逵、唐玉良主编:《中国近代工人阶级和工人运动》第1册,中共中央党校出版社,2002,第384页。

②方显廷:《中国之棉纺织业》,国立编译馆,1934,第166页。

③杨西孟:《上海工人生活程度的一个研究》,载李文海主编:《民国时期社会调查丛编·城市(劳工)生活卷》,福建教育出版社,2005,第298页。

厂矿受到日本侵华和经济危机的影响而缩减生产、开除工人。除了经济斗争之外，华北产业工人还进行了反帝反军阀的政治斗争，包括争取工会权利、声援其他罢工的同情罢工和反帝爱国运动等。他们在五四运动、五卅运动及反对日本帝国主义侵华的斗争中发挥了重要的作用。在民国时期重大的政治运动中，华北产业工人主要处于响应者、声援者的地位。五四运动和五卅运动均以上海为中心，闽案发生在福建，九一八事变发生在东北，华北产业工人以同情罢工、示威游行、演说演讲等方式积极支援了这些地区的政治斗争，他们的声援有力地推动了这些地区工人运动的发展。除了作为声援者之外，华北产业工人在本地区也展开了一系列的反帝爱国运动。尤其是在日本入侵华北地区之后，他们更是积极地投身于反日斗争，对近代中国政治形势的发展产生了很大的影响。

正是因为产业工人不断地反抗与斗争，北洋政府和南京国民政府制定了一些保护劳工的立法，并建立了改善工人待遇的劳动设施。但是民国政府的劳动保障成效甚微，华北产业工人的劳动及生活状况没有得到改善。在劳动保障立法方面，从理论和制度层面上来讲是前进一大步，但是从实践层面上来讲，这些立法大多都没有得到很好地贯彻实施。有的是因为法律文本本身的局限性，如适用范围过窄或是提出超过当时实际情况的条款等；有的是由于军阀混战、政局动荡无法实施；有的是因为政府机关办事人员执法不力；有的是遭到资方的反对而无法贯彻实施。例如，在《工厂法》公布之前，华北工业协会要求从缓公布，在该法公布之后又遭到资方的一些反对意见，国民政府根据资方的意见对《工厂法》进行修订，修订之后的某些条款明显是退步了。

在劳动保障设施方面也是有一定的局限性，大多名不副实。关于膳宿设施，虽然一些厂矿为工人提供了宿舍和食堂，但是环境和设备较差，其中尤以煤矿工人的锅伙条件最差，经常是几十个人住在通铺上。关于安全设施，华北各煤矿都设有通风、排水、照明、防火等设施，但是民国时期矿山灾害频繁发生,说明各种安全法规及工厂检查并没有得到很好地贯彻执行,安全设施有待加强。关于医疗卫生设施,华北各厂矿设有医院医室的很少,即使有此设施,其医生人数大多也较少。条件设施较优的开滦煤矿医院名不副实,医生并不为工人好好看病,有时延误工人的病情,有时拿患病工人做试验。至于其他卫生设施,华北很多厂矿企业没有工人浴室,即使有此设施者,一般规模较小,设备简陋,卫生欠佳。厕所也是空间狭小,不合卫生要求。关于教育设施,工人补习学校大多规模较小,教员有限,子弟学校大多是为职员子女开设,后来才招收工人子弟入学。关于经济设施,无论是消费合作社还是工人储蓄,都因为工人工资收入过低而影响其成效。关于劳动保险措施,职业介绍所和平民工厂等救济失业的措施对于广大失业工人来说只能算是杯水车薪。在工人抚恤上,有的是抚恤金额过低,没有遵守劳动法规的规定,有的是不同类别工人抚恤金差距过大,如煤矿工人里工和外工的抚恤金差距很大。关于娱乐设施,华北大多数厂矿企业没有建立相关设备,即使有些厂矿企业设立了娱乐设施,主要也是针对职员设置而非面向广大普通工人,其普及性不大。

劳动保障的措施之所以无法有效实施,最主要是因为政府实施的根本目的是为了维护自身统治,安定社会秩序,并未想从根本上改善产业工人的劳动和生活状况及其社会地位,它不是以为工人谋福利为出发点,只是想调和劳资矛盾,压制工人的反抗。政府在劳动立法及劳动保障措施制定的过程中还遭到资方的反对,因为这些措施必然会触犯资本家的利益和权利。政府在资本家和产业工人之间力图寻求维持平衡的办法,当资本家剥削工人过于严重导致工人起来反抗时,政府就要控制资本家的剥削行为以安抚工人,这时候必然会引起资方的反对。在劳资关系尚为稳定的前提下,政府则允许资方剥削工人剩余价值以追求经济利润,这时候又会引起劳方的反对。在劳资矛盾不可控制的时候,政府制定法律规定在其调解劳资纠纷期间,雇主不得解雇工人,工人亦不得罢工,这时候又同时限制了劳资双方的权利。总之民国政府以维护统治为目的进行的劳资调解的行为无法达到其想要的平衡,结果同时引起资本家和工人的不满。就资本家而言,他们对政府的不满表现为不配合甚至反对某些劳动保障措施的制定和施行;就产业工人而言,他们越来越倾向于接受共产党的领导,因为共产党是工人阶级的代表,真正维护工人阶级的利益。

中国共产党领导下的工人运动的发展威胁到国民党的统治,1927年之后国民党由扶助农工的政策改为控制和欺骗劳工的政策,封闭革命工会,建立国民党控制的黄色工会,并预防共产党对工人运动的干预和影响。国民党的劳工机构及劳工行政都是为了把工人运动控制在自己的手掌之中,以对抗共产党的势力。因此国民党不会代表工人的利益,亦不会为工人谋福利。国民党的欺骗政策很快被产业工人识别,他们仍然在中国共产党的影响和领导下继续斗争。尤其是大规模的反帝罢工斗争,使共产党得到了接触群众,号召、指导和发动工人运动的机会。除了罢工之外,华北产业工人还通过演讲宣传、集会游行及捐款捐物等方式推动爱国热潮,并最终推动国共合作共同抗日。

除了推动政府政策的改变及政治形势的发展之外,华北产业工人还促进工业产量不断增加、企业规模与工业领域逐步扩大,促进了近代新兴工矿业城市工业人口的增加并推动了城市建设的发展,在城市化过程中发挥了重要作用。另外他们还对近代工矿业城市的社会阶级结构、性别结构、年龄结构以及家庭婚姻状况产生一定的影响。总之,民国时期华北社会的变迁促进产业工人的产生及发展,华北产业工人的发展壮大又进一步推动了华北社会的变迁。

参考文献

一、社会调查资料(民国时期)

1.顾琅:《中国十大矿厂调查记》,商务印书馆,1916年。

2.丁文江、翁文灏编:《中国矿业纪要》,农商部地质调查所,1921年。

3.谢家荣编:《中国矿业纪要 第二次》,农商部地质调查所,1926年。

4.陈达:《近八年来国内罢工的分析》,《清华学报》1926年第3卷第1期。

5.虞和寅:《临榆柳江煤矿报告》,农商部矿政司,1926年。

6.虞和寅:《平定阳泉附近保晋煤矿报告》,农商部矿政司,1926年。

7.侯德封编:《中国矿业纪要 第三次》,农商部地质调查所,1929年。

8.调查股:《天津各级工会调查概况》,《社会月刊》1929年第1卷第5、6号合刊。

9.《全国工人生活及工业生产调查统计报告书》,工商部1929年、1930年编印。

10.林颂河:《塘沽工人调查》,北平社会调查所,1930年。

11.《山东矿业报告》,山东省政府实业厅编印,1930年。

12.吴半农编:《河北省及平津两市劳资争议底分析》,社会调查所,1930年。

13.于恩德:《北平工会调查》,《社会学界》1930年第4卷。

14. 工商部劳工司编:《十七年各地工会调查》,工商部总务司编辑科,1930年。

15. 陶孟和:《中国目下的失业问题》,《青年进步》1930年第129卷第5期。

16. 陶孟和:《北平生活费支之分析》,商务印书馆,1931年。

17. 吴瓯主编:《天津市纺织业调查报告》,天津市社会局,1931年。

18. 吴瓯主编:《天津市火柴业调查报告》,天津市社会局,1931年。

19. 王子建:《天津面粉厂工人及工资的一个研究》,《社会科学杂志》1931年第2卷第4期。

20. 林颂河:《统计数字下的北平》,《社会科学杂志》1931年第2卷第4期。

21. 王子建:《中国劳工生活程度——十四年来各个研究的一个综述》,《社会科学杂志》1931年第2卷第4期。

22.《调查工人家庭生活及教育程度统计》,中华民国铁道部业务司劳工科编印,1930年。

23. 侯德封编:《中国矿业纪要 第四次》,农商部地质调查所,1932年。

24. 吴瓯主编:《天津市面粉业调查报告》,天津市社会局,1932年。

25. 陶孟和:《中国劳工生活程度》,中国太平洋国际学会编译,中国太平洋国际学会,1932年。

26. 朱晶华:《天津各业工会现状》,《民众运动月刊》1932年第1卷第5期。

27. 施裕寿、刘心铨:《山东中兴煤矿工人调查》,《社会科学杂志》1932年第3卷第1期。

28. 刘心铨:《华北铁路工人工资统计》,《社会科学杂志》1933年第4卷第3期。

29. 贾铭:《铁路工人生活调查》,《铁路职工周报》1933年第33期。

30.《二十一年—二十二年特种工会调查报告》,中国国民党中央执行委员会民众运动指导委员会编印,1933年。

31. 铁道部总务司编:《国有铁路劳工统计 第一种》,1934年。

32.《正太铁路接收周年纪念刊》编纂委员会编:《正太铁路接收周年纪念刊》,正太铁路管理局,1934年。

33.《山东矿业报告(第四次)》,山东省政府建设厅印行,1934年。

34. 王景尊编:《河南矿业报告》,河南省地质调查所,1934。

35. 侯德封编:《中国矿业纪要 第五次》,农商部地质调查所,1935年。

36. 陆涤寰:《几处工厂工人伤病调查之研究》,《劳工月刊》1935年第4卷第1期。

37. 刘心铨:《华北纱厂工人工资统计》,《社会科学杂志》1935年第6卷第1期。

38. 王子建、王镇中:《七省华商纱厂调查报告》,商务印书馆,1935年。

39. 铁道部总务司劳工科编:《国有铁路劳工统计 第二种》,1935年。

40. 道清铁路管理局编:《道清铁路三十周年纪念》,道清铁路管理局,1935年。

41. 平汉铁路工务处编:《平汉铁路二十一年工作报告》,1935年。

42. 吴至信:《最近四年之中国工会调查》,国际劳工局中国分局,1936年。

43. 中国国民党陇海铁路特别党部编:《陇海铁路调查报告》,1936年。

44. 吴至信:《中国劳工福利事业之现状》,《民族》1936年第4卷第10期。

45. 刘大钧:《中国工业调查报告》,经济统计研究所,1937年。

46.《济南市饮食品制造业调查统计报告》,济南市政府秘书处编印,1937年。

47.《一九三六年之中国工会调查》,《国际劳工通讯》1937年第4卷第

10期。

48.《中国劳工阶级生活费之分析》,《国际劳工通讯》1938年第5卷第11期。

49.《一九三七年中国工会组织调查》,《国际劳工通讯》1938年第5卷第12期。

50.吴至信:《中国惠工事业》,世界书局,1940年。

二、年鉴(民国时期)

1.王清彬等编:《第一次中国劳动年鉴》,北平社会调查部,1928年。

2.邢必信等编:《第二次中国劳动年鉴》,北平社会调查所,1932年。

3.《民国二十一年中国劳动年鉴》,实业部劳动年鉴编纂委员会,1933年。

4.《民国二十二年中国劳动年鉴》,实业部劳动年鉴编纂委员会,1934年。

5.实业部中国经济年鉴编纂委员会:《中国经济年鉴》,商务印书馆,1934年。

6.实业部中国经济年鉴编纂委员会:《中国经济年鉴 民国二十四年续编》,商务印书馆,1935年。

三、报刊(民国时期)

1.《大公报》

2.《益世报》

3.《晨报》

4.《民国日报》

5.《矿业周报》

6.《劳工月报》

7.《劳动季报》

8.《清华学报》

9.《东方杂志》

10.《民族杂志》

11.《社会科学杂志》

12.《新青年》

13.《劳工月刊》

14.《社会月刊》

15.《实业部月刊》

16.《国际劳工通讯》

17.《国际劳工消息》

18.《中国工人》

四、档案史料

1.严中平等编:《中国近代经济史统计资料选辑》,科学出版社,1955年。

2.孙毓棠编:《中国近代工业史资料》第1辑,科学出版社,1957年。

3.汪敬虞编:《中国近代工业史资料》第2辑,科学出版社,1957年。

4.陈真、姚洛合编:《中国近代工业史资料》第1辑,生活·读书·新知三联书店,1957年。

5.陈真、姚洛、逄先知合编:《中国近代工业史资料》第2辑,生活·读书·新知三联书店,1958年。

6.南开大学经济研究所编:《南开指数资料汇编(1913年—1952年)》,统计出版社,1958年。

7.陈真编:《中国近代工业史资料》第3辑,生活·读书·新知三联书店,1961年。

8.陈真编:《中国近代工业史资料》第4辑,生活·读书·新知三联书店,1961年。

9.南开大学经济研究所、南开大学经济系编:《启新洋灰公司史料》,生活·读书·新知三联书店,1963年。

10.中国科学院经济研究所、中央工商行政管理局资本主义经济改造研究室编:《旧中国机制面粉工业统计资料》,中华书局,1966年。

11.中华全国总工会中国工人运动史研究室编:《中国工运史料》,工人出版社,1979—1985年。

12.北京市总工会工人运动史研究组:《北京工运史料》第2期,工人出版社,1982年。

13.河南省总工会工运史研究室编:《焦作煤矿工人运动史资料选编》,河南人民出版社,1984年。

14.中华全国总工会中国工人运动史研究室编:《中国工会历次代表大会文献》,工人出版社,1984年。

15.南开大学经济研究所经济史研究室编:《旧中国开滦煤矿的工资制度和包工制度》,天津人民出版社,1985年。

16.公佩钦、徐中民主编:《济南铁路工运史选编》第10辑《济南机车工厂工运史资料选辑》,济南铁路局,1988年。

17.中国第二历史档案馆编:《中华民国史档案资料汇编》(第1—3辑),江苏古籍出版社,1991年。

18.石家庄市政协文史资料委员会编:《石家庄文史资料》第13辑《正太铁路史料集》,1991年。

19.中国第二历史档案馆编:《中华民国史档案资料汇编》第5辑第1编,江苏古籍出版社,1994年。

20.中国第二历史档案馆编:《国民党政府政治制度档案史料选编》(上),安徽教育出版社,1994年。

21.天津市档案馆编:《天津商会档案汇编(1928—1937)》(下),天津人民出版社,1996年。

22.杨子慧主编:《中国历代人口统计资料研究》,改革出版社,1996年。

23.《中国工会运动史料全书》总编辑委员会编:《中国工会运动史料全书(轻工业卷)》,北京图书馆出版社,1998年。

24.刘明逵、唐玉良主编:《中国近代工人阶级和工人运动》(1—9册),中共中央党校出版社,2002年。

25.李文海主编:《民国时期社会调查丛编·社会保障卷》,福建教育出版社,2004年。

26.李文海主编:《民国时期社会调查丛编·社会组织卷》,福建教育出版社,2005年。

27.李文海主编:《民国时期社会调查丛编·城市(劳工)生活卷》,福建教育出版社,2005年。

28.赵津主编:《范旭东企业集团历史资料汇编——久大精盐公司专辑》,天津人民出版社,2006年。

29.李文海主编:《民国时期社会调查丛编 二编 社会组织卷》,福建教育出版社,2009年。

30.薛世孝、薛毅编:《中国煤矿歌谣集成》,煤炭工业出版社,2009年。

31.张研、孙燕京编:《民国史料丛刊》,大象出版社,2009年。

32.李文海主编:《民国时期社会调查丛编 二编 近代工业卷》,福建教育出版社,2010年。

33.北京市档案馆所藏1928—1931年相关档案。

五、著作

1.开滦矿务总局编:《开滦矿务总局惠工现况》,开滦矿务局,1923年。

2.曾鲲化:《中国铁路史》,新化曾宅,1924年。

3.唐海:《中国劳动问题》,光华书局,1926年。

4.贺岳僧:《中国罢工史》,世界书局,1927年。

5.鲁竹书编:《失业问题研究》,中央图书馆,1927。

6.沈丹尼:《童工》,世界书局,1927年。

7.殷寿光:《工会组织研究》,世界书局,1927年。

8.李剑华:《劳动问题与劳动法》,太平洋书店,1928年。

9.陈达:《中国劳工问题》,商务印书馆,1929年。

10.张廷灏:《中国国民党劳工政策的研究》,大东书局,1930年。

11.徐协华:《铁路劳工问题》,东方书局,1931年。

12.钟贵阳:《中国妇女劳动问题》,女子书店,1932年。

13.樊树:《劳动法大纲》,商务印书馆,1933年。

14.龚骏:《中国都市工业化程度之统计分析》,商务印书馆,1933年。

15.骆传华:《今日中国劳工问题》,上海青年协会书局,1933年。

16.陈振鹭:《劳动问题大纲》,大学书店,1934年。

17.方显廷:《中国之棉纺织业》,国立编译馆,1934年。

18.《中国实业志·山东省》,实业部国际贸易局编印,1934年。

19.胡荣铨:《中国煤矿》,商务印书馆,1935年。

20.陈晖:《中国铁路问题》,新知书店,1936年。

21.何德明:《中国劳工问题》,商务印书馆,1936年。

22.朱学范:《今日中国之劳工问题》,1936年。

23.陈振鹭:《劳工教育》,商务印书馆,1937年。

24.郭箴一:《中国妇女问题》,商务印书馆,1937年。

25.实业部劳工司编:《劳工法规汇编》,实业部总务司发行,1937年。

26.谢振民编著:《中华民国立法史》,正中书局,1937年。

27.《中国实业志·山西省》,实业部国际贸易局编印,1937年。

28.孙本文:《现代中国社会问题》第4册,青年书店,1939年。

29.朱子爽:《中国国民党劳工政策》,重庆国民图书出版社,1941年。

30.马超俊:《中国劳工运动史》,商务印书馆,1942年。

31.邓中夏:《中国职工运动简史》,太岳新华书店,1948年。

32.朱斯煌主编:《民国经济史》,银行学会,1948年。

33. 严中平:《中国棉纺织史稿》,科学出版社,1955年。

34. 孙敬之等编著:《华北经济地理》,科学出版社,1957年。

35. 北京师范大学历史系三年级、研究生班编:《门头沟煤矿史稿》,人民出版社,1958年。

36. 中共枣庄矿务局委员会等编著:《枣庄煤矿史》,山东人民出版社,1959年。

37. 中共青岛铁路地区工作委员会等编:《胶济铁路史》,山东人民出版社,1961年。

38. 青岛市工商行政管理局史料组编:《中国民族火柴工业》,中华书局,1963年。

39. 张国辉:《洋务运动与中国近代企业》,中国社会科学出版社,1979年。

40. 郭士浩主编:《旧中国开滦煤矿工人状况》,人民出版社,1985年。

41. 秦孝仪编:《中华民国社会发展史》(第1—3册),近代中国出版社,1985年。

42. 阳泉矿务局矿史编写组编:《阳泉煤矿史》,山西人民出版社,1985年。

43. 薛毅:《焦作煤矿史》,河南人民出版社,1986年。

44. 薛世孝:《中国煤矿工人运动史》,河南人民出版社,1986年。

45. 淄博矿务局、山东大学编:《淄博煤矿史》,山东人民出版社,1986年。

46. 上海市粮食局等编:《中国近代面粉工业史》,中华书局,1987年。

47. 王建初、孙茂生:《中国工人运动史》,辽宁人民出版社,1987年。

48. 中共井陉矿务局委员会井陉煤矿工人斗争史编写组编著:《井陉煤矿工人斗争史》,1987年。

49. 大同矿务局矿史党史征编办公室编:《大同煤矿史》,人民出版社,

1989年。

50.焦作矿务局史志编纂委员会编:《焦作煤矿志 1898—1985》,河南人民出版社,1989年。

51.青岛市总工会工运史研究室编:《青岛工人运动史(1897—1949)》,中共党史资料出版社,1989年。

52.天津市总工会工运史研究室编:《天津工人运动史》,天津人民出版社,1989年。

53.[日]中村三登志:《中国劳动运动史》,王玉平译,中国工人出版社,1989年。

54.孙德常、周祖常主编:《天津近代经济史》,天津社会科学院出版社,1990年。

55.杨俊科、梁勇:《大兴纱厂史稿》,中国展望出版社,1990年。

56.《中国近代煤矿史》编写组编:《中国近代煤矿史》,煤炭工业出版社,1990年。

57.徐纯性主编:《河北城市发展史》,河北教育出版社,1991年。

58.王永玺:《中国工会史》,中共党史出版社,1992年。

59.行龙:《人口问题与近代社会》,人民出版社,1992年。

60.张静如、刘志强主编:《北洋军阀统治时期中国社会之变迁》,中国人民大学出版社,1992年。

61.罗澍伟主编:《近代天津城市史》,中国社会科学出版社,1993年。

62.焦作市地方史志编纂委员会:《焦作市志》第1卷,红旗出版社,1993年。

63.王守谦主编:《唐山工人运动史 1878—1949》,中央文献出版社,1993年。

64.张静如、卞杏英主编:《国民政府统治时期中国社会之变迁》,中国人民大学出版社,1993年。

65. 邓伟志：《近代中国家庭的变革》，上海人民出版社，1994年。

66. 开滦矿务局史志办公室编：《开滦煤矿志（1878—1988）》（第3—5卷），新华出版社，1995—1998年。

67. 石邵敏主编：《山东煤矿工人运动史》，煤炭工业出版社，1995年。

68. 朱汉国：《中国社会通史·民国卷》，山西教育出版社，1996年。

69. 杨勇刚：《中国近代铁路史》，上海书店，1997年。

70. 苑书义等：《艰难的转轨历程——近代华北经济与社会发展研究》，人民出版社，1997年。

71. 郑州市地方史志编纂委员会编：《郑州市志》第3分册，中州古籍出版社，1997年。

72. 刘明逵、唐玉良：《中国工人运动史》（第1—4卷），广东人民出版社，1998年。

73. 乔志强主编：《近代华北农村社会变迁》，人民出版社，1998年。

74. 青岛市史志办公室编：《青岛市志·城市规划建筑志》，新华出版社，1999年。

75. 祝慈寿：《中国工业劳动史》，上海财经大学出版社，1999年。

76. [美]裴宜理：《上海罢工——中国工人政治研究》，刘平译，江苏人民出版社，2001年。

77. 周俊旗主编：《民国天津社会生活史》，天津社会科学院出版社，2002年。

78. 苑书义等编：《河北经济史》（第3、第4卷），人民出版社，2003年。

79. 张利民等：《近代环渤海地区经济与社会研究》，天津社会科学院出版社，2003年。

80. 何一民：《近代中国城市发展与社会变迁（1840—1949）》，科学出版社，2004年。

81. 石家庄市地方志编纂委员会、石家庄市地方志办公室编：《石家庄市志（简本）》，河北人民出版社，2004年。

82.王印焕：《1911—1937年冀鲁豫农民离村问题研究》，中国社会出版社，2004年。

83.张利民：《华北城市经济近代化研究》，天津社会科学院出版社，2004年。

84.池子华：《农民工与近代社会变迁》，安徽人民出版社，2006年。

85.池子华：《中国近代流民》，社会科学文献出版社，2007年。

86.王玉茹：《近代中国的物价、工资和生活水平研究》，上海财经大学出版社，2007年。

87.高爱娣：《中国工人运动史》，中国劳动社会保障出版社，2008年。

88.赵入坤：《雇佣关系与近代中国》，安徽人民出版社，2010年。

89.[美]韩启澜：《姐妹们与陌生人：上海棉纱厂女工，1919—1949》，韩慈译，江苏人民出版社，2011年。

90.宋钻友等：《上海工人生活研究 1843—1949》，上海辞书出版社，2011年。

91.池子华：《近代中国"打工妹"群体研究》，中国社会科学出版社，2015年。

92.[美]贺萧：《天津工人，1900—1949》，许哲娜、任吉东译，天津人民出版社，2016年。

六、论文

1.徐思彦：《20世纪20年代劳资纠纷问题初探》，《历史研究》1992年第5期。

2.姜铎：《中国早期工人阶级状况初探》，《学术季刊》1994年第4期。

3.陆兴龙：《民国时期工人的工资及家庭消费状况简析》，《档案与史学》1995年第1期。

4.饶东辉：《南京国民政府劳动立法研究》，华中师范大学1997年博士学位论文。

　　5.饶东辉:《民国北京政府的劳动立法初探》,《近代史研究》1998年第1期。

　　6.王奇生:《工人、资本家与国民党——20世纪30年代一例劳资纠纷的个案分析》,《历史研究》2001年第5期。

　　7.谷正艳:《论近代产业女工(1872—1937)》,郑州大学2002年硕士学位论文。

　　8.鲁运庚、刘长飞:《民国初年的童工研究》,《民国档案》2002年第2期。

　　9.齐瑜:《民国时期社会保障建设中的劳工保护问题》,中国人民大学2003年博士学位论文。

　　10.岳宗福:《理念的嬗变 制度的初创——近代中国社会保障立法研究(1912—1949)》,浙江大学2004年博士学位论文。

　　11.刘长英:《中国多元劳工法制的近代考察》,广西师范大学2006年硕士学位论文。

　　12.汪华:《近代上海社会保障研究(1927—1937)》,上海师范大学2006年博士学位论文。

　　13.于洋洋:《民国时期产业工人的劳动状况》,吉林大学2006年硕士学位论文。

　　14.周良书、汪华:《国民党初掌政权后的劳工政策解析》,《学术界》2006年第3期。

　　15.安江虹:《民国时期企业福利的发展、特征与效应初探》,天津师范大学2007年硕士学位论文。

　　16.彭贵珍:《上海棉纺织业劳资争议研究(1912—1937)》,北京师范大学2007年博士学位论文。

　　17.赵洪顺:《国民党政府劳工政策研究 1927—1949》,山东师范大学

2007年硕士学位论文。

18.陈柳青:《天津工人经济收入与生活状况考察(1930—1956)》,天津大学2009年硕士学位论文。

19.关永强:《近代中国的收入分配:一个定量的研究》,南开大学2009年博士学位论文。

20.吕蕾:《淄博煤矿工人运动三个历史阶段的发展研究》,山东大学2009年硕士学位论文。

21.董长胜:《驻华英美烟公司工人状况研究》,河北大学2010年硕士学位论文。

22.李忠:《近代中国劳工教育的历史变迁》,《河北师范大学学报(教育科学版)》2010年第5期。

23.马之巍:《二十世纪二、三十年代新式劳动力生活状况研究》,郑州大学2010年硕士学位论文。

24.王丽丽:《民国时期天津工厂女工研究》,河北大学2010年硕士学位论文。

25.闫永增:《近代开滦煤矿工人的生活水平分析》,《唐山学院学报》2010年第4期。

26.张周国:《南京国民政府时期劳动契约制度研究》,华东政法大学2010年博士学位论文。

27.李锦峰:《国民党治下的国家与工人阶级 1924—1949》,复旦大学2011年博士学位论文。

28.孙自俭:《民国时期铁路工人群体研究——以国有铁路工人为中心(1912—1937)》,华中师范大学2012年博士学位论文。

29.刘莉:《京汉铁路工人大罢工再研究——以原因、影响为重点的探索》,苏州大学2017年博士学位论文。